Anonymous

Fürst Bismarck unter drei Kaisern

1884-1888

Anonymous

Fürst Bismarck unter drei Kaisern
1884-1888

ISBN/EAN: 9783743387324

Hergestellt in Europa, USA, Kanada, Australien, Japan

Cover: Foto ©ninafisch / pixelio.de

Manufactured and distributed by brebook publishing software (www.brebook.com)

Anonymous

Fürst Bismarck unter drei Kaisern

Fürst Bismarck

unter drei Kais[ern]

1884—1888.

(Fortſetzung von „Bis

Prinz Wilhelm von Preußen
Alexander. — Bismarck und d
und John Bull. — Die engli
mat. — Die Königin von
„blown

Rengerſche Buchhandlung.

Gebhardt & Wiliſch.

Vorwort.

Das „Niemals", mit dem Kaiser Wilhelm I. als achtzig-
jähriger Mann das Entlassungsgesuch des Fürsten Bismarck vom
27. März 1877 beantwortete, hat dieser selbst als seine Losung
übernommen, als er im Februar 1881 erklärte: „J'y suis, j'y reste,
ich gedenke so lange im Amte zu bleiben, wie Se. Majestät es für
gut befindet. Sein Wille ist das einzige, was mich aus dem
Sattel heben kann". Er hat dabei schwerlich daran gedacht, daß
das Wort, das er sich selbst gegeben, ihn über die Lebens- und Regierungszeit des Begründers des deutschen Reiches hinaus binden
würde. Ein zweiter und ein dritter Kaiser ist gefolgt und ihr Wille
für den deutschen Staatsmann so entscheidend gewesen, wie derjenige
des ersten. In der Krise des Monats März 1877 sagte man in
Paris: „Einem Bismarck ist es allenfalls erlaubt, zu sterben, aber
nimmermehr sich bei Lebzeiten von der Regierung zurückzuziehen."
Dieses Wort ist in einem damals nicht geahnten Sinne wahr geworden.
„Unter drei Kaisern", so wird sich das Bild des ersten deutschen
Reichskanzlers künftig in der Geschichte darstellen, auch wenn unter
dem ersten Kaiser sein Hauptwerk gethan ist.

Den Übergang von Wilhelm I. zu Wilhelm II., vom mehr
als neunzigjährigen Greise zum kaum dreißigjährigen Jünglinge,
darzustellen, ist ein Versuch, der bei der Neuheit der diese Zeit er-
füllenden Ereignisse und bei der Unsicherheit der Umrisse, in denen
namentlich die zwischen den beiden Regierungen liegende tragische
Katastrophe uns entgegentritt, gewagt erscheinen könnte. Der Verfasser hat den Mut dazu aus der Beschränkung seiner Aufgabe

auf die kritische Sichtung und Verarbeitung des in den Zeitungen
enthaltenen Materials geschöpft. Daß ihm hier und da auch andere
Quellen zu Gebote standen, wird dem kundigen Leser nicht ent=
gehen. Der Versuch wurde um so unbedenklicher übernommen,
als es sich darum handelte, eine Serie von Schriften des Ver=
fassers über den Fürsten Bismarck: „Bismarck nach dem Kriege“,
„Zwölf Jahre deutscher Politik“, „Bismarck in Frankfurt“, „Bis=
marck in Petersburg — Paris — Berlin“, „Bismarck in Versailles“,
bis auf die Gegenwart auszudehnen und so für die Besitzer jener
Bücher die Lücke auszufüllen, die durch den Fortgang der Ereig=
nisse seit dem Jahre 1883 entstanden ist. Dem nachsichtigen Wohl=
wollen, mit dem jene früheren Schriften über den deutschen Staats=
mann aufgenommen sind, seien auch die hier folgenden Seiten em=
pfohlen, die vielleicht das Verdienst für sich in Anspruch nehmen
dürfen, in dem Wirrwarr der Mitteilungen und Auffassungen über
die erschütternden Vorgänge seit dem Sommer vorigen Jahres
Übersichtlichkeit und Zusammenhang hergestellt zu haben.

Potsdam, am Sedantage 1888.

Prinz Wilhelm von Preußen in Petersburg.

Im Oktober des Jahres 1883 sagte der damalige Kronprinz des Deutschen Reiches Friedrich Wilhelm, als er von Wiesbaden aus eine Reise nach Oberitalien antrat, zu den Offizieren, die sich am Bahnhof von ihm verabschiedeten: „Wir haben eine große Gefahr hinter uns, der Krieg stand nahe bevor."

Als diese Worte bekannt wurden, fragte man sich in Deutschland, was eigentlich damals hinter den Kulissen, in dem direkten Verkehr der Regierungen von Berlin und Paris vorgegangen sei, das wie im Juli 1870 die Dinge bis zur Schärfe des Krieges hätte treiben können. Die militärischen Vorbereitungen an der französischen Ostgrenze konnten wohl als Symptom einer drohenden Gefahr gelten. Der Kriegsminister Thibaudin bereiste im Monat August die von Longwy und Malmedy, an der belgischen Grenze, über Verdun, Toul, Epinal bis Belfort sich hinziehende Linie von Festungen und Forts und gab der chauvinistischen Presse Gelegenheit, ihren Rachegedanken in lärmenden Ausfällen Luft zu machen. Überdies war in Frankreich von dem Plane die Rede, ein Armeekorps zur Probe zu mobilisieren. Dies sollte gerade an der Ostgrenze geschehen, was ohne Zweifel die Gegenmobilisierung auf deutscher Seite hervorgerufen und die Eröffnung des Krieges sehr nahe gerückt hätte. Die „Feuille de M. de Bismarck", wie die Franzosen die „Norddt. Allg. Ztg." nennen, brachte eine mit vollem Rechte allseits als hochoffiziöse Kundgebung aufgenommene Apostrophe an die chauvinistische Presse Frankreichs, die einen langen Zeitungskrieg inaugurierte. Davon ausgehend, daß die Schmähungen und Hetzereien, welche in der Presse sämtlicher Parteien Frankreichs gegen Deutschland sich kundgaben, bei der nüchternen Weltanschauung des Deutschen und bei dem bisher geringen Grade seiner nationalen

Empfindlichkeit weniger Beachtung fänden, fuhr die „Nordd. Allg.
Ztg." fort: „Von Zeit zu Zeit möchte es aber als ein Gebot der
eigenen Friedensliebe erscheinen, den Eindruck zusammen zu fassen,
welchen diese Angriffe in ihrer stetig zunehmenden Lebhaftigkeit her-
vorzubringen geeignet sind, und der bei allen ruhigen Beobachtern,
selbst bei solchen, die etwa noch in Frankreich selbst zu finden
wären, nur darin gipfeln kann, daß Frankreich durch die maßlose
Heftigkeit seiner Revancheprediger und durch das Echo, welches dieselben beim eigenen Volke und darüber hinaus bis in die Kreise
gesinnungsverwandter Agitatoren in Elsaß-Lothringen finden, als
der einzige Staat sich darstellt, welcher den Frieden Europas dauernd
bedroht. Zugleich mit dieser Erkenntnis wird die Überzeugung
sich aufnötigen, daß ein solcher Zustand nicht andauern kann, ohne
das Ziel aller ernsthaften Politiker, den Frieden, zu gefährden.
Denn je höher die Flut der Leidenschaften anschwillt, welche eine
gewissenlose Agitation für ihre verschiedenartigen Zwecke anzufachen
nicht ermüdet, umsoweniger läßt sich vorhersehen, ob und wie lange
dieselbe noch innerhalb der Dämme des äußerlichen Friedens zurückgehalten werden kann: Mit vollem Rechte gilt hier in verstärktem
Maße das Wort im Volksmunde, daß der Teufel, den man zu oft
an die Wand malt, am Ende in Wirklichkeit erscheint." Obgleich
dieser Artikel einzig gegen die Revancheprediger gerichtet war und
auf die Gefahr hinwies, „daß die zu politischen Parteizwecken an-
gefachten Leidenschaften schließlich die Dämme des äußerlich aufrecht
erhaltenen Friedens durchbrechen könnten," wurde er selbst in deutschen Blättern als eine Brüskierung Frankreichs, als eine den
Frieden gefährdende, feindselige Kundgebung gegen unsere republikanischen Nachbarn gedeutet. Eine ähnliche Kritik wurde in der
„Times" und in einzelnen anderen Blättern des Auslandes laut.
       Inzwischen sah es auch an der deutschen Ostgrenze sehr kriegs-
drohend aus. Von den russischen Kavalleriedivisionen waren zehn
längs der preußisch-österreichischen Grenze verteilt und von diesen
zehn wiederum sechs an der preußischen Grenze, von welchen drei
nur vier bis fünf Meilen, die entfernteste zwanzig Meilen entfernt
lag. Die Umwandlung sämtlicher Reiterregimenter der Linie in
Dragonerregimenter, welche auch eine besondere Ausbildung für das
Gefecht zu Fuß erhielten, und die Zuteilung reitender Batterien

hatten den Wert dieser selbständigen, schon im Frieden auf Kriegs=
stärke gesetzten Kavalleriedivisionen entschieden erhöht. Zudem wur=
den sie noch dadurch bedeutend verstärkt, daß durch kaiserliche
Verordnung jedes Reiterregiment von vier auf sechs Schwadronen
gebracht wurde. Von deutscher Seite wurden Sicherheitsmaßregeln
getroffen. Dazu gehörte, daß zwei Offiziere des großen General=
stabs als Generalstabsoffiziere zur Kommandantur von Königsberg
und von Thorn kommandiert wurden, und daß nach Bromberg,
wo bisher nur drei Infanterieregimenter lagen, noch ein Reiter=
regiment verlegt wurde und weitere Truppenverschiebungen an dieser
Grenze ins Auge gefaßt wurden.

Eine dreitägige Zusammenkunft Bismarcks und Kalnokys in
Salzburg traf mit einer Verstärkung der deutschen Ostseeflotte durch
die beiden stärksten Panzerfregatten und mit Belagerungsmanövern
bei Graudenz zusammen, denen man eine große Bedeutung zu=
schreiben wollte. Noch größeres Aufsehen erregte es, daß Gladstone
auf einer mehrtägigen Vergnügungstour in der Nordsee am 17.
September mit seiner Jacht in Kopenhagen einlief, wo sich der Zar,
der König von Griechenland und der Prinz von Wales befanden,
und daß darauf die „Norddeutsche Allgemeine Zeitung" eine heftige
Polemik gegen die englische Presse eröffnete. Man vermutete, daß
sich hinter den Kulissen irgend ein heftiger Kampf um die Ent=
wickelung der Dinge auf der Balkanhalbinsel abspielte, aber Klar=
heit über diese Vorgänge wurde nicht gewonnen.

„Wir leben in einer Epoche der Bündnisse" — schrieb das
Katkowsche Blatt. — „In Europa wird ein Bündnis nach dem
anderen abgeschlossen. Zuerst traf Deutschland mit Österreich=Un=
garn ein gewisses Übereinkommen, welchem sich dann Italien anschloß;
ferner sagt man, daß die Türkei sich demselben anzuschließen wünsche,
und schließlich wissen wir nicht, wo diese allianzsüchtige Bewegung
stehen bleiben wird. Im Hinblick auf ein solches Konglomerat von
Bündnissen wird gewünscht, daß auch Rußland seinerseits Bündnisse
eingehe, und schon wird der Weg nach dieser Richtung hin ange=
deutet, schon werden ihm Bundesgenossen bezeichnet und wird ihm
zu denselben Glück gewünscht. Eine neue Koalition, die angeblich
von Rußland ins Leben gerufen wird, gilt bereits als abgemachte
Sache, sodaß nach den Erzählungen verschiedener Sensationsmacher,

1*

welche den Ereignissen vorgreifen, Europa sich bereits in zwei Lager geteilt hätte. Auf der einen Seite sei Deutschland, Italien, Österreich-Ungarn e tutti quanti und auf der anderen Rußland, Frankreich und obendrein Herr Gladstone."

Gegen Ende des Jahres 1882 war Herr v. Giers in Varzin und in Wien gewesen. Über Zweck und Bedeutung dieser Reise hatte es lange an Aufklärung gefehlt. Erst im Laufe des Jahres 1883 stellte es sich heraus, daß die unmittelbar jener Reise folgende Erneuerung des deutsch-österreichischen Defensivbündnisses und die gleichzeitige Verstärkung desselben durch den Hinzutritt Italiens die Antwort auf den Besuch des russischen Ministers in Deutschland und Österreich war. Nach diesem Besuche spreizte sich ein gewaltiger Optimismus in der Presse in Bezug auf die Beziehungen Deutschlands und Österreichs zu Rußland und speciell auf das Resultat der Reise des Herrn v. Giers. Es war das ein unbegründeter Optimismus, soweit Rußland in Frage kam. Das deutsch-österreichische Bündnis hatte eine schwere Krise zu bestehen gehabt, und es war eine russische Intrige, die den Ausbruch verschuldete, während Fürst Bismarck seine Not hatte, die Krise siegreich zu Ende zu führen — gegen Rußland.

Erst später ist evident geworden, was Herr von Giers erst in Varzin, später in Wien wollte. Für russische Eroberungspläne sollte erst Deutschland gegen Österreich, dann Österreich gegen Deutschland gewonnen werden. Deutschland hatte in der That die Wahl seiner Allianzen. Es entschied sich aufs Neue für Österreich.

Wäre es nicht herrlich — dachte man im russischen Reiche — wenn Deutschland, anstatt Österreich, Rußland als seinen Busenfreund in seine Arme schlösse, welchen immensen Vorschub könnte das für Deutschland haben! Rußland würde ja bereit sein, selbst in einem Kriege gegen Frankreich Hilfe zu leisten, auch allenfalls gegen Österreich, wenn Deutschland sich nach dieser Seite arrondieren wolle; ja, da man Polen schon einmal Preußen angeboten hat, warum sollte man sich nicht dieses unzuverlässigen Landes entledigen, wenn man dafür die Aussicht hätte, mit Hilfe Deutschlands den östlichen Theil der Balkanhalbinsel und Armenien zu gewinnen?

Aber diese Projekte wurden im Keime zerstört. Noch ehe sie

die Bildfläche erreichten, war die kalte Realpolitik des Reichs=
kanzlers dazwischen gefahren. Fürst Bismarck hat nur ein Be=
streben, den Frieden in Europa zu erhalten. Er besitzt nicht den
Ehrgeiz einer Eroberungs= und Intrigen=Politik, er will weder
auf Kosten Österreichs noch auf Kosten Rußlands Deutschland
bereichern und hält in Beziehung auf den Orient fest an den Ver=
trägen des Berliner Friedens. Zu diesem Zwecke hat er das Bündnis
mit Österreich=Ungarn geschlossen.

Hatte man russischerseits mit Deutschland kein Glück gehabt,
so konnte vielleicht der Versuch mit Österreich einen bessern Erfolg
haben. Obwohl es russischerseits abgeleugnet wurde, so war es doch
eine Thatsache, daß Graf Kalnoky den russischen Verlockungen
gegenüber sich nicht ganz verschlossen hatte. Graf Kalnoky war
von jeher zugänglich für russische Pläne gewesen, und ein eifriger
Verfechter eines engen Zusammengehens von Österreich und Ruß=
land. Österreich konnte ja auch vielleicht auf diesem Wege schnell
nach Salonichi gelangen, während Rußland bis Konstantinopel vor=
rückte. Die Gefahren, die aus einer solchen Allianz hervorgehen
würden, die Stärkung des slawischen Elementes, schien Graf Kal=
noky etwas zu unterschätzen. In dieses Spiel der Intrigen fiel
nun der Brief des deutschen Reichskanzlers an den Grafen Kalnoky,
den Graf Herbert Bismarck in Wien überbrachte. Gleich darauf
erfolgte die Erneuerung des deutsch=österreichischen Bündnisses mit
der Ausdehnung auf Italien.

Wie mit der französischen Presse gerieten die Berliner offi=
ziösen Blätter auch mit der russischen in eine heftige Fehde. Den
Anlaß dazu gab das Bekanntwerden eines Ausspruches, den der
inzwischen verstorbene Fürst Gortschakow in einer früheren Zeit
schon gethan hatte. Interessante Mitteilungen aus dem Leben
desselben wurden in dem Oktoberheft der russischen Monatschrift
„Rußkaja Starina" veröffentlicht, welche ein Herr M—sky nach den
Erzählungen des verstorbenen Reichskanzlers niedergeschrieben hat.

„Ich erfreute mich", erzählte Fürst A. M. Gortschakow, „nicht
des Wohlwollens des Kaisers Nicolai Pawlowitsch und zwar in
Folge der feindseligen Gesinnung des Grafen Nesselrode zu mir.
Viele Jahre hindurch saß ich in Wien, ohne in irgend einer Weise
ausgezeichnet zu werden. Interessant ist es, daß diese Stimmung

des Kaisers Nicolai I. zu mir durch einen an und für sich unbedeuten=
den Vorfall noch gesteigert wurde, der aber doch zur Folge hatte, daß
ich bei den Personen, welche damals den Kaiser umgaben, in den
Ruf kam, ein „Liberaler“ zu sein, was damals höchst traurig war.

Einst traf in einem kleinen Gefolge des Kaisers in Wien der
Graf A. H. Benkendorf ein.   Da der Gesandte abwesend war, so
bereitete ich mich in meiner Eigenschaft als ältester Rat, u. a. auch
dem Grafen Benkendorf meinen Besuch zu machen.   Nach einigen
kalten Phrasen sagte der Graf, ohne mich aufzufordern, Platz zu
nehmen: „Haben Sie die Güte, beim Wirte des Hotels mir
heute Mittag ein Mittagessen zu bestellen.“ Ich ergriff voll=
kommen ruhig die Klingel und befahl dem Diener, den maître
d'hôtel zu rufen.   „Was bedeutet das?“ rief mir der Graf zornig
zu.   „Daß Sie, Graf, sich mit der Bestellung des Mittagessens
selbst an den maître d'hôtel wenden können.“ Diese Antwort
brachte mich in der Meinung des damals allmächtigen Grafen in
den Ruf eines „Liberalen“.   Der verstorbene General Mesenzew
erzählte mir, daß in den Listen der dritten Abteilung viele Jahre
hindurch folgende Notiz gestanden hat: „Fürst Alexander Gort=
schakow ist nicht ohne Fähigkeiten, liebt aber Rußland nicht.“

Selbstverständlich ist es bekannt, daß ich 1877 gegen den Krieg
mit der Türkei war.   Ich erteilte Kaiser Alexander II. den Rat,
Vertreter aller Mächte nach Berlin zu berufen, und dort diesen
mit Festigkeit zu erklären, Rußland sei bereit zum Kriege, werde
aber und wünsche in dem Fall nicht Krieg zu führen, wenn die
Mächte sich entschließen, in Konstantinopel in entschiedener Weise
zu Gunsten der Christen aufzutreten.   Mein Rat wurde nicht an=
genommen, der Krieg wurde beschlossen und dessen Folgen sind bekannt.

Den Berliner Vertrag von 1878 halte ich für eines der dunkel=
sten Blätter in meinem Leben.   Als ich aus Berlin nach St. Peters=
burg zurückkehrte, drückte ich mich in der Denkschrift an den Kaiser
gerade in dieser Weise aus.   Ich schrieb in den allerunterthänigsten
Bericht: „Der Berliner Traktat ist das dunkelste Blatt in meiner
dienstlichen Karriere“.   Seine Majestät Kaiser Alexander Nikola=
jewitsch geruhte höchsteigenhändig diesen Zeilen die Bemerkung hin=
zuzufügen: „In meiner auch.“

An diesen letzten Ausspruch knüpfte sich die vorhin erwähnte

Fehde zwischen deutschen und russischen Blättern. Die Frage, ob Fürst Bismarck auf dem Berliner Kongreß den russischen Interessen zu nahe getreten sei, bildet seit Jahren den stehenden Gegenstand der Kontroverse zwischen der deutsch feindlichen Presse in Rußland und den inspirierten deutschen Preßstimmen. So wurde auch im Herbst 1883 diese Frage in einer Polemik zwischen der „Nowoje Wremja" und den Berliner Korrespondenzen der „Köln.=Ztg." erörtert. In einer dieser Korrespondenzen wurde betont, daß Fürst Bismarck auf dem Berliner Kongresse alle russischen Anträge und die wich= tigsten sogar mit der Erklärung unterstützte, auf weitere Teilnahme zu verzichten, wenn dieselben abgelehnt würden. Weiter als Ruß= land selbst mit Anträgen zu gehen, wäre vom Reichskanzler eine „Aufdringlichkeit" gewesen.

Dann hieß es weiter:

„Daß die russischen Anträge und also auch die deutsche Unter= stützung derselben auf dem Kongreß nicht weiter gingen als geschehen, lag nicht in dem Mangel an deutscher Unterstützung, sondern in der Abneigung Rußlands, es auf einen Krieg mit England ankommen zu lassen; und diese Abneigung war wieder dadurch begründet, daß Rußland es versäumt hatte, in dem Zeitpunkte, wo es hierzu die militärische Möglichkeit hatte, Besitz von Konstantinopel und den Meerengen zu ergreifen. Es war ein politischer Fehler, dies zu unterlassen und dann einen Frieden wie den von San Stefano schlie= ßen zu wollen. Im Besitze der Meerengen hätte Rußland einen Seekrieg abwarten können. Alle Versuche, die Schuld dieses stra= tegischen Fehlers der deutschen Politik aufzubürden, werden vor der Kritik der Geschichte auf die Dauer keinen Bestand haben. Die Andeutung aber, als ob die Politik des deutschen Reichskanz= lers durch persönliche Abneigung gegen Fürst Gortschakow geleitet worden wäre, ist eine unwahre und unwürdige; hätte ein solcher Antagonismus den Kanzler beherrscht, so würde er sicher nicht in seiner Rede vom 19. Februar 1878 gesagt haben, er werde niemals, wo es sich um die Interessen Deutschlands handle, die Verantwortung übernehmen, eine sichere, seit einem Menschenalter erprobte Freund= schaft einer großen, wichtigen Nachbarnation dem Kitzel, eine Rich= terrolle in Europa zu spielen, aufzuopfern. Diese Äußerung würde, wenn er und seine ganze Politik sich unter dem Einfluß einer Ab=

neigung gegen Fürst Gortschakow befunden hätte, vollkommen wider=
sinnig erscheinen."

Die Komplikationen des Jahres 1883 entwirrten sich noch vor
Ablauf derselben. Herr von Giers verweilte Mitte November ein
paar Tage in Friedrichsruh, wo das Abkommen getroffen wurde,
welches zu dem Drei=Kaiser=Verhältnis führte, das vom 1. April
1884 an drei Jahre bestanden hat. Ein russisches Geschwader be=
grüßte den deutschen Kronprinzen, als er im Dezember sich in Genua
nach Spanien einschiffte. Der deutsche Kaiser selbst gab seiner Freude
darüber, daß die guten Beziehungen zu Rußland gesichert seien, Aus=
druck, als er am 28. November das Präsidium des Abgeordneten=
hauses empfing. Ein Besuch des dänischen Kronprinzenpaares in
Berlin am 9. Dezember mochte auch mit den Kopenhagener Vor=
gängen in Beziehung stehen. In Frankreich hatten die gegen den
König von Spanien gerichteten Pöbelinsulten den Rücktritt des
deutschfeindlichen Kriegsministers Thibaudin zur Folge, und da bald
darauf auf Challemel=Lacour das auswärtige Amt verließ, Ferry
aber sich immer tiefer in koloniale Untersuchungen verwickelte, war
von Paris keine Störung des Friedens zu befürchten.

So begann das Jahr 1884 dann unter sehr günstigen Vor=
zeichen. Daß im Januar Giers die österreichische Hauptstadt be=
suchte, zeigte bald seine Folgen. Im Oktober des vergangenen
Jahres hatte noch Graf Kalnoky im Ausschuß der ungarischen Dele=
gation der russischen Rüstungen erwähnt, um Mißtrauen gegen
Rußland auszudrücken und die Besorgnisse friedlicher Gemüter nur
durch die Angabe zu zerstreuen vermocht, daß das russische Reich
seiner inneren Zustände wegen zum Kriege unfähig sei und die Re=
gierung überdies durch das Bündnis zwischen Deutschland und
Österreich in Schranken gehalten werde. Der Besuch des Herrn
v. Giers im Januar 1884 wirkte bereits im Sinne der Abmachungen
von Friedrichsruh. Es war das eine Zeit, wo sich die Freundschafts=
erweisungen zwischen Deutschland und Rußland häuften. Am sieb=
zigjährigen Gedenktage der Schlacht von Bar=sur=Aube, wo Kaiser
Wilhelm als jugendlicher Prinz unter den Augen seines Vaters
zum ersten Male dem feindlichen Feuer sich aussetzte, empfing der
Kaiser eine russische Deputation unter Führung des russischen Groß=
fürsten Michael Nikolajewitsch, welche ihm die Glückwünsche des Kaisers

Alexander III. zu der vor 70 Jahren erfolgten Verleihung des St. Georgenordens überbrachte. Nicht nur das Regiment Kaluga, in dessen Reihen Kaiser Wilhelm sich vor 70 Jahren jene Auszeichnung erwarb, wollte durch eine Deputation am Schlachttage von Bar-sur-Aube dem greisen Herrscher seine Glückwünsche darbringen, sondern es wurde bei dieser Feier auch die Ritterschaft des Georgenordens selbst durch Ritter aller seiner Klassen vertreten. Repräsentant der ersten Klasse war der Feldmarschall Großfürst Michael Nikolajewitsch, der als Oberkommandierender gegen die Türken auf dem asiatischen Kriegsschauplatz den genannten Orden nach dem Fall von Kars erhielt, somit eher als sein älterer Bruder, der Großfürst Nikolaus, dem er erst nach dem Fall von Plewna zu Teil wurde. Die zweite Klasse war durch General Gurko, den Generalgouverneur von Polen, vertreten, die dritte durch den Kommandeur des Gardekorps, Graf Schuwalow, die vierte durch den Kommandeur des Leib-Garde-Regiments Preobraschenski, General der Suite Fürst Obolenski. Im Saale des Königlichen Palais zu Berlin fand am 27. Februar ein politisch-militärisches Fest statt, wie es in den Zeiten unzweifelhafter Intimität zwischen den Höfen von Berlin und Petersburg kaum ein Gegenstück hatte. Der von dem General v. Gurko bei dem kürzeren Diner in dem kaiserlichen russischen Botschaftspalais auf die deutsche Armee ausgebrachte Trinkspruch hatte folgenden Wortlaut: „Durch meine Stellung in naher Nachbarschaft von Preußen residierend, habe ich die Ehre, Ihnen vorzuschlagen, auf das machtvolle deutsche Heer zu trinken, für welches ich die höchste Wertschätzung und tiefen Respekt hege. Den würdigen Vertretern dieses tapferen Heeres spreche ich meinen herzlichsten Dank aus für den liebenswürdigen Empfang und die warme Gastfreundschaft, welche uns hier zu Teil geworden sind. Ich leere mein Glas auf das Glück des deutschen Soldaten." Dieser Trinkspruch des Generalgouverneurs von Polen auf die preußische Armee war um so charakteristischer für die Situation, als dieser tapfere Truppenführer zum Erben Skobelews gestempelt worden war. Den militärischen Festlichkeiten in Berlin war die Mission des Fürsten Dolgorucki in Friedrichsruh vorausgegangen. Man konnte annehmen, daß sie sowohl, als die spätere Anwesenheit des Grafen Waldersee in Petersburg im Zusammenhange stand mit der Ordnung der militärischen Grenz-

verhältnisse, welche noch jüngst den Anlaß zu so weitgehenden Be=
fürchtungen gegeben hatten.

Die Ernennung des Fürsten Orlow zum Botschafter in Berlin
war seit dem 20. Februar eine vollzogene Thatsache. In ganz
Europa herrschte nur eine Ansicht darüber, daß die Annäherung
Rußlands an die von Deutschland vertretene Friedenspolitik nicht
deutlicher sich manifestieren konnte, als durch diese Sendung des
ausgezeichneten russischen Staatsmannes. Fürst Orlow besaß das
Vertrauen seines Souveräns und seiner Landsleute in besonderem
Grade; es hatte ihm zu Hause nichts geschadet, daß er in der Fremde
eine sympathische und hochangesehene Persönlichkeit geworden war;
in Paris hatte man es ihm verziehen, daß er mit dem Fürsten
Bismarck nahe befreundet war, und in Deutschland war man in
dem Charakter und der Haltung des russischen Staatsmannes nicht
dadurch irre gemacht worden, daß er in Paris gerade von seiten
der Kriegspartei zum Gegenstand demonstrativer Sympathiebezeu=
gungen gemacht worden war.

Ein Staatsmann, dem es gelang, in so sich kreuzenden Strö=
mungen die Sicherheit des Ganges, den ruhigen und festen Blick
zu bewahren, war ein sehr wichtiger Faktor im europäischen Völker=
leben. Eine Politik, für die Fürst Orlow gleichsam persönlich eintrat,
mußte ernsthaft gemeint, nicht für den Augenblick berechnet, sondern
jedenfalls von der Meinung eingegeben erscheinen, daß eine dauernde
und konsequente Durchführung derselben möglich war. Auf die
Länge wird die Politik der Nationen stets durch deren elementare
Interessen bestimmt, an dieser Thatsache ist nichts zu ändern; aber
in der Hand der leitenden Persönlichkeiten liegt es, die Friktionen
aufzusuchen und zu verschärfen oder sie zu vermeiden und abzu=
schwächen. In unserer so schnell lebenden Zeit ist der erste Augen=
blick bei einer Friktion regelmäßig der gefährlichste, gelingt es über
diesen hinauszukommen, so findet die ruhige Überlegung Zeit, an
die Stelle der ersten Erregung zu treten, so findet sich bei den
heutigen komplizierten Verhältnissen regelmäßig, daß der Einsatz bei
leidenschaftlichen Entschlüssen den möglichen Gewinn in außerordent=
licher Weise überschreitet. Die Zeit hat niemals ihre beschwich=
tigende Macht rascher zu entfalten vermocht, als es heute der Fall
ist. Das ist einer der Gründe, aus denen Diplomatie und Staats=

mannskunst heute in Europa eine größere Macht sind, als sie es
lange Zeit gewesen waren; damit ist auch die Bedeutung der leitenden Staatsmänner für die Schicksale der Völker ungemein gestiegen, jedenfalls ist ihre Macht, Unheil zu verhüten, in großem
Maßstab gewachsen, allerdings damit auch ihre Verantwortlichkeit.

Erwähnen wir auch noch, daß im April des Jahres 1884 die
Seehandlung und Bleichröder eine russische Anleihe auf den Markt
brachten. Dazu kam, daß bereits seit dem Monat Januar Graf
Herbert Bismarck in die deutsche Botschaft in Petersburg eingetreten war. Die Symptome eines vollständigen Umschwungs der
deutsch-russischen Beziehungen wurden endlich gekrönt durch die
Reise des Prinzen Wilhelm zur Feier der Großjährigkeit
des russischen Thronfolgers. Die Thatsache, daß die Thronfolge in Rußland ohne Zuhilfenahme einer Regentschaft jetzt gesichert war, hob diese Feier über die Bedeutung eines bloßen Hoffestes hinaus. Die Ermordung Kaiser Alexanders II. war ein
noch mehr gegen die Dynastie, als gegen die Persönlichkeit des
Kaisers gerichtetes Verbrechen. Alle Hoffnungen und Erwartungen,
welche die Thäter und Anstifter der Ermordung Kaiser Alexanders
II. an die Bluthat knüpften, waren eine nach der andern in Nichts
zerfallen. Im Innern waren an die Stelle von Loris-Melikow
und Abeza, Graf Tolstoi und Pobedoboszew getreten, in der äußeren Politik war der Bruch mit dem Panslawismus erfolgt, und
die Dynastie der Romanows verzeichnete in diesem Jahre die Ver-
ehelichung zweier Großfürsten und die Erklärung der Großjährigkeit des Thronfolgers. Prinz Wilhelm, bestimmt, einst die deutsche
Krone zu tragen, überbrachte die Glückwünsche des Kaisers Wilhelm
und die höchsten preußischen Ordensauszeichnungen, den hohen Orden
vom Schwarzen Adler nebst dem en santoir zu tragenden Großkreuz
des Roten Adler-Ordens. Die die Abreise des Prinzen begleitenden
Umstände zeugten von der Wichtigkeit, die in Berlin derselben gegeben wurde. Der Prinz hatte am Tage zuvor eine lange Konferenz mit dem Fürsten Bismarck. Im Laufe des Nachmittags des
15. Mai hatte der Prinz Wilhelm sich in Potsdam von seinen erlauchten Eltern und Geschwistern im Neuen Palais und auch von
den anderen zur Zeit dort in Potsdam anwesenden hohen Herrschaften verabschiedet. Abends zehn Uhr zwölf Minuten traf er

dann mit seinem Gefolge von Potsdam kommend in Berlin ein und begab sich sofort nach seiner Ankunft dort vom Potsdamer Bahnhofe aus nach dem Königlichen Palais, um sich von dem Kaiser zu verabschieden. Der Besuch bei demselben dauerte fast eine Stunde. Die dem Prinzen mitzugebenden Instruktionen wurden sorgfältig er= örtert und der junge Diplomat mit der vollen Würdigung seiner hohen Mission erfüllt. Der Prinz erschien kurz vor elf Uhr mit seinen Begleitern auf dem Zentral=Bahnhofe in der Friedrichstraße, woselbst der Kaiserlich russische Botschafter Fürst Orlow, in großer Uniform und zahlreichen Orden, der russische Militärbevollmächtigte General=Major à la suite Fürst Dolgoruki, der Militär=Attaché Oberst von Dahler, beide gleichfalls in großer Uniform und Ordens= band und mit vielen Orden geschmückt, sowie sämtliche Sekretäre und Attachés der russischen Botschaft, diese in der Uniform der Di= plomaten, ferner auch der russische General=Konsul u. s. w. zur Verabschiedung versammelt waren. Prinz Wilhelm begrüßte die= selben bei seinem Eintreffen auf das Freundlichste und unterhielt sich noch einige Zeit mit dem Botschafter Fürsten Orlow, sowie dem Fürsten Dolgoruki und richtete auch einige Worte noch an die übri= gen anwesenden russischen Herren. Sodann begab man sich ge= meinsam nach dem Perron und nach nochmaliger kurzer Verabschie= dung daselbst bestieg der Prinz mit seinen militärischen Begleitern, dem General=Quartiermeister General=Lieutenant à la suite Grafen von Waldersee, und seinen beiden persönlichen Adjutanten Haupt= mann von Krosigk und Hauptmann von Bülow den Kurierzug, welcher darauf die Bahnhofshalle verließ.

Prinz Wilhelm traf am 17. Mai um 6 Uhr Nachmittags in St. Petersburg ein, auf dem Bahnhofe von den Großfürsten, den Spitzen der Behörden und dem Personal der deutschen Botschaft empfangen. Der deutsche Botschafter, Generallentenant v. Schweinitz, war dem Prinzen Wilhelm entgegengereist. Die Begrüßung zwischen dem Prinzen Wilhelm und dem Großfürsten war eine sehr herz= liche. Auf dem Perron des Bahnhofs machte eine Ehrenkompagnie vom Ssemeonowschen Leibgarde=Regiment mit Fahne und Musik die militärischen Honneurs. Der Prinz fuhr sodann nach dem Winterpalais, wo sein Absteigequartier war. Die Straßen, welche der Prinz passierte, waren mit Flaggen geschmückt und ein zahl=

reiches Publikum begrüßte den hohen Gast des Kaiserlichen Hauses
mit lebhaften Zurufen der Sympathie. In Begleitung des Großfürsten Wladimir im Winterpalais angelangt, wurde Prinz Wilhelm
von Preußen daselbst vom Kaiser empfangen, er erhielt alsbald den
Besuch sämtlicher in Petersburg anwesender Mitglieder des Kaiserlichen Hauses. Später begab der Prinz sich zur Familientafel nach
dem Anitschkowschen Palais, woselbst die Kaiserin und die Groß-
fürstinnen versammelt waren. Den Ehrendienst bei dem Prinzen
hatte Generalmajor à la suite Graf Lambsdorff, die Ordonnanzen
stellte das St. Petersburger Grenadier-Regiment König Friedrich
Wilhelm, dessen Uniform der Prinz bei seinem Eintreffen trug.
In der Mittagsstunde des nächsten Tages, eines Sonntags, erschienen der Kaiser und die Kaiserin im Winterpalais, woselbst
Prinz Wilhelm dem Großfürsten Thronfolger die Insignien des
Schwarzen Adler-Ordens überreichte. Alsdann erfolgte die Auf-
fahrt zur Feier der Großjährigkeitserklärung des Großfürsten Thron-
folger. Nachdem das diplomatische Korps und die übrigen geladenen
Gäste sich in der Palaiskirche versammelt hatten, begaben sich die
Majestäten, der Thronfolger und die fürstlichen Gäste, darunter die
Königin von Griechenland, die Großherzogin von Mecklenburg-
Schwerin, Prinz Wilhelm von Preußen, sowie die Mitglieder der
kaiserlichen Familie in feierlichem Zuge dorthin. Hierauf leistete
der Großfürst Thronfolger den Eid, treu zu bleiben dem Kaiser
und dem Vaterlande und die gesetzliche Thronfolgeordnung zu bewahren. Während der Eidesleistung ertönten 101 Kanonenschüsse.
Aus der Kirche begab sich der Zug nach dem St. Georgssaale, wo
der Thronfolger auf die Standarte des Leibgarde-Kosakenregiments,
dessen Hauptmann er war, den militärischen Treueid leistete.

Prinz Wilhelm nahm einen Aufenthalt von 8 Tagen in Petersburg, besuchte auch Kronstadt und Moskau, und bezeugte überall
das lebhafteste Interesse, das russische Land und Volk im Einzelnsten
kennen zu lernen. Er beobachtete scharf und eindringend. Auch
über die Stimmung im Lande unterrichtete er sich genau. Er verfolgte auch die Zeitungen mit Aufmerksamkeit. Seine Unterhaltungen mit Russen und Deutschen bekundeten den Eifer, mit dem
er seinen kurzen Aufenthalt in Rußland zur Bereicherung seiner
Kenntnisse, sowie zur Anknüpfung persönlicher Beziehungen zu be-

nutzen suchte. Alle aus Petersburg eingehenden Nachrichten bestätigten den überaus günstigen Eindruck, den der Prinz sowohl in
dem Kaiserhause, wie auch in der gesamten Bevölkerung hervorbrachte und hinterließ. Das natürliche, herzgewinnende, entgegenkommende und doch fest und sicher in sich ruhende Wesen des
Prinzen gewann im Fluge alle Herzen. Namentlich galt dies vom
Kaiser Alexander III. selbst. Gleich bei seiner ersten Begegnung
mit dem Prinzen war es ersichtlich, daß der Kaiser ein aufrichtiges
und großes Wohlgefallen an ihm fand. Und in der Folge benutzte
er jede Gelegenheit, um dieses Wohlgefallen öffentlich zu bekunden.
Ganz besonders denkwürdig war in dieser Beziehung das Verhalten
des Kaisers bei dem Regimentsfest der Leib-Garde-Kürassiere in
Gatschina und bei der Abreise des Prinzen. Bei dem ersteren brachte
der Kaiser einen Toast auf den Prinzen aus; ein Vorgang, der
in Anbetracht des Umstandes, daß er durch den Charakter des
Festes in keiner Weise indiziert war, sich als Beweis herzlichster
Sympathie darstellte, und als solcher unter den Anwesenden größte
Sensation und allgemeinen Enthusiasmus erregte. Den gleichen
Eindruck brachte in den weitesten Kreisen der Bevölkerung die Thatsache hervor, daß der Kaiser in preußischer Uniform den Prinzen
bei seiner Abreise zum Bahnhofe begleitete. Die Kunde dieses Ereignisses hatte buchstäblich die ganze Stadt auf die Beine gebracht
und allgemein nahm man mit großer Befriedigung Kenntnis von
diesem herzlichsten Sympathie-Erweise des Kaisers gegenüber dem
dereinstigen Erben der deutschen Kaiserkrone.

Ein Russe schrieb aus Petersburg: „Prinz Wilhelm wird hier
mit Aufmerksamkeiten seitens des Hofes wahrhaft überhäuft und
auch die Bevölkerung interessiert sich sehr lebhaft für den preußischen
Gast. Man rühmt das Männliche, Ernsthafte in der Erscheinung
des Prinzen, dessen ganzes Auftreten etwas streng Militärisches
hat. Über die politische Bedeutung der Erscheinung des präsum-
tiven Thronerben dahier herrscht nur eine Stimme, umsomehr,
als von Seiten der anderen Höfe wenig Empressement gezeigt
worden ist, bei der für die Dynastie so bedeutungsvollen Feier besonders mitzuwirken. Die Ansicht, daß Abmachungen zwischen
Deutschland und Rußland existieren, welche den gegenwärtigen Beziehungen eine sehr starke Bekräftigung geben, gewinnt unter diesen

Umständen sehr an Anhängern." Von anderer Seite wurde berichtet:

„Prinz Wilhelm scheint sich hier in Rußland in kurzer Zeit eine ziemliche Popularität errungen zu haben. Der zukünftige deutsche Kaiser interessiert die Russen ganz gewaltig, und bei dem herzlichen Einvernehmen, das augenblicklich zwischen beiden Reichen besteht, ist es nicht zu verwundern, daß selbst die große Bevölkerung ihm eine warme Zuneigung entgegenbringt. Die Heiraten der russischen Großfürsten mit deutschen Prinzessinnen, die Herzlichkeit, mit der der Zar seinen Gast aufgenommen hat, und die Reise der Kaiserin nach Deutschland tragen dazu das Ihrige bei. Mit augenfälliger Genugthuung registrieren die hiesigen Blätter den Umstand, daß Prinz Wilhelm in Gatschina das Kreuz geküßt und daß er bei einigen Gelegenheiten mit den Untermilitärs einiger Truppenteile russisch gesprochen hat. Am Donnerstag fand vor dem Prinzen die Vorstellung der Leibschwadron des Chevalier-Garde-Regiments statt. Halb neun morgens trat der Prinz aus dem Saltykowschen Portale des Schlosses heraus, begrüßte die Schwadron in russischer Sprache und schritt, gefolgt von dem Großfürsten Wladimir, den Korps-, Divisions-, Brigade- und Regimentskommandeurs, die Front derselben ab. Darauf wurde die Schwadron von ihrem Kommandeur in verschiedenen Gangarten, zuletzt im Parademarsch vorbeigeführt. Prinz Wilhelm trat darauf an die inzwischen in Schwadronfront formierten Gardisten heran und rief ihnen ein „spassivo kawalergardi" („danke, Chevalier-Garden!") zu, wonach die Schwadron unter den Klängen eines russischen Marsches wieder abrückte. Alle diese Dinge werden hier sehr eingehend besprochen und hinterlassen einen sichtlich guten Eindruck."

Prinz Wilhelm war in Petersburg auch mit dem Minister des Auswärtigen, Herrn von Giers, in intimen Verkehr getreten, ein Beweis, daß seine Mission auch eine politische war. In Petersburg war es auch, wo der Prinz zuerst in ein näheres Verhältnis zu Graf Herbert Bismarck trat, dessen Beobachtungsgabe und Urteilskraft er dort würdigen lernte.

Der Prinz war kaum nach Berlin zurück, als (an einem der ersten Tage des Monats Juni) die Kaiserin von Rußland, in Begleitung ihres Bruders Waldemar, auf einer Reise durch Deutschland zum ersten Male Berlin berührte. Um so größer war die allgemeine Teilnahme an diesem Besuche. Das Berliner Publikum hielt die Strecke vom Zentralbahnhofe bis zum russischen Botschafts-hotel dicht besetzt. Mit freudigem Hochrufen wurden die Königlichen Equipagen begrüßt, welche die allerhöchsten und hohen Herrschaften an den Bahnhof brachten. Daselbst hatten sich eingefunden: der russische Botschafter Fürst Orlow und der dänische Gesandte v. Bind mit den Herren der Botschaft und der Legation, der Gou-verneur, Kommandant und Polizeipräsident von Berlin, außerdem viele Herren und Damen von Distinktion. Die Kronprinzessin, in tiefe Trauer gekleidet, kam mit der Erbprinzessin Charlotte von Sachsen-Meiningen und der Prinzessin Viktoria angefahren. Der Kronprinz kam in Begleitung der Prinzen Wilhelm und Heinrich, ferner waren die Prinzen Friedrich Leopold und August von Württemberg anwesend. Zuletzt erschien der Kaiser gleich den Prinzen in der Uniform seines russischen Regiments und wie diese mit dem breiten blauen Bande des St. Andreas-Ordens geschmückt. Auch dieser Besuch der Zarewna in Berlin bildete ein Glied in der bereits langen Kette russisch-deutscher Sympathieerweisungen.

Die damaligen Kundgebungen der Freundschaft des offiziellen Rußland wurden von der panslawistischen oder panrussischen Presse alsbald eigentümlich kommentiert. Man feierte den Kaiser Wilhelm I. als den Fürsten des Friedens, um seinen ersten Ratgeber desto feind-seliger gegen Rußland erscheinen zu lassen. Die Annäherung wurde lediglich auf die Persönlichkeit des Kaisers mit deutlicher Aus-schließung des Anteils Bismarcks an der erfreulichen Gestaltung der Dinge zurückgeführt. So bemerkte die „Nowoje Wremja": „Die moderne völkerrechtliche Theorie legt sehr wenig Gewicht auf verwandtschaftliche und freundschaftliche Beziehungen zwischen Herrschern, da die staatlichen Beziehungen, friedliche, wie gespannte und feindliche, durch diplomatische Berechnungen und Raisonnements bestimmt werden. Wenn diese Lehre auch im allgemeinen eine richtige ist, so findet sie doch bei Kaiser Wilhelm keine Anerkennung. Gegenüber Rußland verharrte er bei der entgegengesetzten Ansicht sogar dann, als die deutsche Diplomatie der Politik roher Inter-essen zum Triumph zu verhelfen trachtete. Selbstverständlich kann man einer Waffenbrüderschaft nicht die Bedeutung eines solchen

internationalen Faktors beimessen, auf dem man Festes errichten
dürfte. Freundschaftsgefühle, mögen sie noch so fest, aufrichtig und
heilig sein — sie hören auf mit dem Tode dessen, der sie hegte
und pflegte. Kaiser Wilhelm, der unwandelbare Freund der russi=
schen Kaiser, wird dem allgemeinen Schicksal der Menschen nicht
entgehen. Mit seinem Tode wird die Hauptstütze fortfallen, auf
der die Freundschaft der benachbarten Kaiserreiche ruhte. Die Zu=
kunft steht in der Hand Gottes .... Aber es darf nicht vergessen
werden, daß in der Geschichte nichts spurlos vorübergeht. Und so
wollen wir hoffen, daß die freundschaftlichen Beziehungen, die
Kaiser Wilhelm so aufrichtig und herzlich Rußland gegenüber
unterhalten hat und die ebenso aufrichtig und herzlich auch von
Rußland unterhalten wurden und werden — auch in Zukunft
beiden Staaten als eine gute und rettende Mahnung dienen werden
für den Fall von Schwierigkeiten, die ihnen die Diplomatie be=
reiten kann."

Aus diesem Artikel leuchtete das Bestreben heraus, der Politik
des Kaisers gegenüber der des Fürsten Bismarck einen besonderen
Charakter zu geben. Das traf jedenfalls nicht zu. Wir wissen
alle, daß Fürst Bismarck in der Herstellung freundschaftlicher Be=
ziehungen mit Rußland eine besondere persönliche Genugthuung
und Befriedigung findet. Der Prinz von 1884 war vier Jahre
später als Kaiser zum Besuche bei dem Zaren, und diesem Er=
eignisse wurde dieses Mal in Petersburg deshalb eine so große
Bedeutung beigemessen, weil man genau zu wissen glaubte, daß die
erste Initiative bezüglich des Kaiserbesuches dem Fürsten Bismarck
zuzuschreiben sei. Wir wissen nicht, wie weit das zutrifft, vermut=
lich sind Kaiser Wilhelm II. und sein erster Berater sich in dem=
selben Gedanken begegnet.

Gleichviel, die Meldung von der Initiative Bismarcks hat in
den Petersburger Kreisen um so tieferen Eindruck gemacht, als es
dort als Dogma galt, Fürst Bismarck sei ein absoluter Gegner
Rußlands und „warte lediglich den geeigneten Zeitpunkt ab, um
diese Gesinnung in Thaten umzusetzen". — Es soll uns ganz recht
sein, wenn dieses Dogma jetzt durch die angeblich vom Fürsten
Bismarck herrührende Initiative zur Kaiserreise erschüttert wird.
Bricht sich jetzt mit einem Male eine bessere Einsicht in die Be=

Bismarck.   2

ſtrebungen des deutſchen Reichskanzlers Bahn, ſo kann das ja die
friedliche Wirkung des Kaiſerbeſuches nur verſtärken. Aber man
frägt ſich doch mit Erſtaunen, wie es möglich war, den Fürſten
Bismarck, den ſchon einmal ein deutſches Blatt in einer augen=
blicklichen Anwandlung nationaler Überſpanntheit glaubte warnen
zu müſſen, ſich nicht mit Frankreich in eine „Wettkriecherei“ um die
Gunſt Rußlands einzulaſſen, unter die Gegner Rußlands einzu=
reihen, und man hat einige Mühe, Vertrauen zu der Zuverläſſig=
keit einer Nation zu gewinnen, die einer ſolchen blinden Voreinge=
nommenheit gegen den Staatsmann fähig iſt oder war, deſſen Ge=
ſinnung und Sprache, fern davon, irgendwo mit einem Machtwort
einzugreifen, ſtets eine friedfertige geweſen, deſſen diplomatiſche
Thätigkeit nicht im Schüren des Feuers, ſondern im Löſchen be=
ſtanden, und an deſſen Kaltblütigkeit alle Gehäſſigkeiten, mit denen
ſeine Bemühungen um die Erhaltung des Friedens aufgenommen
worden ſind, wirkungslos abgeprallt ſind.   Führt die Genugthuung,
die man jetzt in Petersburg über die dem Fürſten Bismarck zuge=
ſchriebene Initiative zur Kaiſerreiſe empfindet, zu einer beſſern
Erkenntnis der Politik des leitenden Staatsmannes, ſo wäre dieſe
Wirkung der Reiſe groß genug, um ihr die höchſte politiſche, über
eine „Antrittsviſite“ weit hinausragende Bedeutung beizumeſſen.

Jedenfalls kam im März 1884, alſo kurz vor dem erſten Be=
ſuche unſeres heutigen Kaiſers in Petersburg, das Drei=Kaiſer=
Verhältnis zuſtande, zu dem ſchon bei der Anweſenheit des Herrn
v. Giers in Friedrichsruh und in Wien die Grundlinien entworfen
waren.   Die Sendung des Grafen Herbert Bismarck nach Peters=
burg ſtand damit ohne Zweifel im Zuſammenhang.   Seine An=
kunft im Monat Januar ließ die dortigen Zeitungen nicht zur
Ruhe kommen.   Jede einzelne ſtellte die Frage auf: „Was hat die
Sendung zu bedeuten?“   Die „St. Petersburgſkija Wjedomoſti“
bemerkte in dieſer Angelegenheit, anknüpfend an eine offiziöſe
deutſche Auslaſſung:

„Der derzeitige deutſche Botſchafter, General von Schweinitz,
erfreut ſich der aufrichtigſten Achtung der St. Petersburger Ge=
ſellſchaft und hat es verſtanden, ſich ungeachtet aller Mißverſtänd=
niſſe, die in Bezug auf unſere Sympathien zu unſeren deutſchen
Nachbarn in dieſer Zeit mehrmals entſtanden, ſich dieſe Achtung

stets unverändert zu erhalten. Weder die Polemik der St. Peters=
burger=Berliner Blätter, noch auch die Schwankungen in der
öffentlichen Meinung haben auch nur die geringste Änderung in
dem Verhalten des St. Petersburger Hofes und der St. Peters=
burger Gesellschaft dem deutschen Botschafter gegenüber herbeizu=
führen vermocht. Die Freundschaft, welche ein Jahrhundert hin=
durch Deutschland mit Rußland verbindet, ist auf für beide Mächte
gleich wichtigen und wesentlichen Interessen basiert. In Anbetracht
aller dieser günstigen Bedingungen würde die Thatsache an und
für sich allein, daß Graf Herbert Bismarck von London nach
St. Petersburg versetzt ist, in unseren Augen von besonders wich=
tiger Bedeutung sein; wenn aber noch außerdem der Leiter der
deutschen Politik offiziös erklären läßt, daß er durch die Versetzung
seines Sohnes nach St. Petersburg einen Beweis für die Auf=
richtigkeit der Beziehungen zu liefern wünscht, die zwischen Ruß=
land und Deutschland bestehen, so kann er im voraus dessen sicher
sein, daß seinem Sohne hier der freundschaftlichste Empfang zu Teil
werden wird."

Im Petersburger „Herold" hieß es u. a.:

„Es ist geradezu jede Möglichkeit ausgeschlossen, daß der
älteste Sohn des deutschen Kanzlers, obwohl er sich der Diplo=
matie gewidmet, irgend welch einen diplomatischen Auftrag habe,
da das deutsche Kaiserreich in der Person des Generals von
Schweinitz seinen Vertreter in Petersburg hat. Und der gegen=
wärtige deutsche Botschafter in Rußland nimmt eine so hervor=
ragende Stellung ein, genießt eines gar zu großen Vertrauens
seitens des Berliner Hofes, eines gar zu großen Ansehens seitens
des Hofes von St. Petersburg, als daß man sogar die Möglich=
keit zugeben könne, daß in Anwesenheit einer derartigen Vertrauens=
person jemand anders mit einem wichtigen diplomatischen Auftrag
betraut werden könnte. Eine solche Voraussetzung zulassen —
heißt seine Unbekanntschaft mit den Traditionen der Diplomatie
bekunden."

Richtig war, daß Graf Herbert Bismarck streng genommen
keine offizielle Mission hatte, das entspräche angesichts der in Be=
tracht kommenden Personenfragen nicht dem diplomatischen Ge=
brauche. Graf Bismarck war sicher auch nicht als „geheimer

2*

Agent" in Petersburg, der Verhandlungen zu pflegen und Ab=
machungen zu treffen gehabt hätte, mit denen die Welt überrascht
werden sollte. Man faßte die Sendung des Grafen Bismarck viel=
mehr dahin auf, daß er, in einem eminenten Sinne der Vertrauens=
mann seines Vaters, der von seiner politischen Einsicht beson=
ders viel hält, sich über russische Dinge so direkt wie möglich
orientieren sollte. Die Versetzung des Grafen Redern und dessen
temporäre Ersetzung durch Baron Plessen, der wieder nach Wien
zurückging, boten eine gute Gelegenheit: Graf Herbert Bismarck
wurde mit der Ausfüllung des Interimistikums beauftragt. Ein
halbes Jahr lang oder weniger sollte er in Petersburg verbleiben und
Gelegenheit suchen, Eindrücke in sich aufzunehmen. Von der Art
derselben, soweit sie politischer Natur waren, durfte manches in
der Gestaltung der deutschen Beziehungen zu Rußland abhängig
sein. Und da die Regelung derselben zu den bedeutendsten Auf=
gaben des Reichskanzlers gehört, so durfte man in einem gewissen
Sinne wohl sagen, daß die „Sendung" des Grafen Herbert von
politischer Tragweite war. Sie hatte jedenfalls auch insofern eine
solche Tragweite, als das Interesse des Reichskanzlers, die Be=
ziehungen zu Rußland zu pflegen, aus dieser Sendung unzweideutig
hervorging und der russische Hof dieselbe in diesem Sinne aufzu=
fassen schien. Dem letzteren entsprach auch die überaus warme
Aufnahme, die Graf Bismarck in Petersburg zu Teil wurde. Er
trat zum Hofe in enge Beziehung. Kaiser Alexander III. zeichnete
ihn bemerkbar aus.

Graf Herbert war kaum eine Woche in Petersburg, als er zu
einem Hoffeste geladen wurde. Es fand ein großer Ball gegen
Ende des Monats Januar im Winterpalais statt. Über diesen
liegt uns der Bericht eines Diplomaten vor, der einen Beitrag lie=
fert zu dem Bilde, welches damals die deutsch=russischen Beziehungen
boten, denn auch bei dieser Gelegenheit traten die Aufmerksamkeiten
hervor, welche der Zar und die Zarewna dem deutschen Elemente
erwiesen. Wir übergehen die Einzelheiten eines solchen Hoffestes
und bemerken nur, daß, wie auf diesem Balle, so die ganzen fünf
Monate hindurch, die Graf H. Bismarck in Petersburg verweilte,
er eine Fülle von Eindrücken aufnehmen konnte, die ihn wohl be=
fähigten, seinem Vater als Interpret der sozialen und politischen

Strömungen Rußlands bis in die höchsten Regionen zu dienen. Die erste Unterhaltung, die Graf Herbert auf jenem Balle mit dem Zaren hatte, legte den Grund zu dem hohen Vertrauen des russischen Herrschers zum Sohne des deutschen Reichskanzlers, welches mehr und mehr einen regen Verkehr herbeiführte und zuletzt sich wieder ausdrückte, als beim Empfang Kaiser Wilhelms II. vier Jahre später im Hafen von Kronstadt der Zar schon auf der Hohenzollern Gelegenheit nahm, sich, während Kaiser Wilhelm mit Herrn v. Giers in Unterhaltung war, in ein längeres Gespräch mit dem Grafen Herbert einzulassen und ihn auch später beim Besuche in Gatschina und in Krasnoje Sselo auszuzeichnen.

Graf Herbert Bismarck verließ Petersburg Ende Mai. Vor seiner Abreise machte noch ein Vorgang, der ihn betraf, einiges Aufsehen. In seiner Antwort auf eine Anrede, womit er in Reval in dem Hause „Die schwarzen Häupter" in deutscher Sprache begrüßt wurde, betonte Graf Bismarck, wie er es bedauere, daß seine kurze Anwesenheit in Rußland ihm noch nicht die russische Sprache so weit zu eigen gemacht habe, um ihm zu gestatten, die erzeigte Liebenswürdigkeit mit gleicher Liebenswürdigkeit zu vergelten und die an ihn gehaltene Rede in der Sprache ihres Landes, der russischen, zu erwidern. „Wir wissen nicht, sagte die „Nowoje Wremja", wie die Revaler Deutschen diesen Wink aufgenommen haben, sie können ein Gericht und eine Verurteilung ihres Verhaltens darin erkennen. Die „Nowoje Wremja" knüpfte dann eine heftige Strafpredigt an die Ostseeprovinzen daran, welche der Russifizierung einen Widerstand entgegenstellen, der nun schon 170 Jahre dauere, der aber wie die Rede des Grafen Bismarck beweise, von den eigentlichen Deutschen nicht gebilligt werde und dem in einer oder der anderen Weise ein Ende gemacht werden müsse.

Prinz Wilhelm war bereits in die Heimat zurückgekehrt. In Berlin wurde bestritten, daß Graf Herbert den Deutschen in Reval hätte eine Lektion erteilen wollen.

Seit Petersburg war Graf H. Bismarck dem Zaren sowohl, als dem späteren Kaiser Wilhelm näher gerückt, bis letzterer im Auswärtigen Amt sein Schüler wurde und sodann als Kaiser mit ihm zum zweiten Male Petersburg aufsuchte.

Die Abmachungen zwischen den drei Kaiserreichen, die im Winter

1883—1884 getroffen waren und das sogenannte Drei-Kaiser-Verhältnis schufen, führten sodann im September zu der Monarchenbegegnung in Skierniewice. Die öffentliche Meinung beschäftigte sich
insbesondere im Monat Februar des Jahres 1884, nach der Rückkehr des Herrn von Giers nach Petersburg, lebhaft mit den Resul-
taten seiner Reise. Der „Nord" feierte das gute Einvernehmen, das
sich zwischen Rußland, Deutschland und Österreich ergeben habe.
Er behauptete, daß es dem russischen Minister des Auswärtigen
auf den Stationen, welche seine Hin- und Rückreise unterbrachen,
gelungen sei, die Spitze der Tripel-Allianz abzustumpfen und an die
Stelle dieses Systems eine andere Gruppierung zu setzen, in welcher
Rußland einen Platz gefunden habe. „Die Tripel-Allianz" schrieb
das offiziöse Organ, war, was man auch gesagt haben mag, ein
Akt des Mißtrauens, während die Unterredungen von Friedrichs-
ruhr und Wien im Gegenteil Zeichen des Vertrauens sind. Heute
ist die Tripel-Allianz nicht mehr als ein Wort, denn sie findet sich
durch das gemeinschaftliche Einvernehmen der Kontrahenten mit derjenigen Macht aufgelöst, gegen welche diese politische Kombination
hauptsächlich gerichtet sein sollte. Diese Macht ist nunmehr gewissermaßen in dieses Einvernehmen verschmolzen."

Über die Monarchenbegegnung in Skierniewice hob die Moskauer
Zeitung hervor, daß sie die völlige Sicherstellung der wesentlichsten
Interessen jeder der drei Großmächte nach sich ziehen dürfte. Als
vorzüglichstes Ergebnis der Entrevue betonte das Blatt die Herstellung jener herzlichen Beziehungen Rußlands zu Österreich, wie sie
zwischen Rußland und Deutschland bereits hergestellt waren. Letztere
herbeizuführen, sei freilich viel leichter gewesen, weil zwischen Rußland und Deutschland nur Mißverständnisse persönlichen und zu-
fälligen Charakters obgewaltet hätten. Allein zwischen Rußland
und Österreich könnten reale Mißhelligkeiten entstehen, diese seien jetzt
gehoben.

Folgender Zug war bezeichnend für den Geist, der die Zusammenkunft beherrschte. Nach dem Diner standen die drei Kaiser in
gemeinsamer Unterhaltung. Während derselben Zeit unterhielt die
Kaiserin sich mit Bismarck. Als dabei ihr Blick auf die Kaiser fiel,
bemerkte sie zu dem Fürsten in bewegtem Tone: „Wie glücklich bin
ich über dieses Zusammenstehen der drei Fürsten, es hätte schon

längst geschehen sein müssen und sollte immer so bleiben." Der
Reichskanzler antwortete darauf: „Ew. Majestät dürfen überzeugt
sein, daß es meine Lebensaufgabe ist, diesem Wunsche Erfüllung zu
sichern; und sollte dies einmal durch unabwendbare Verhältnisse
nicht möglich sein, dann wird mich die Neugestaltung nicht mehr
als Minister sehen."

Die Kaiserin — es war die Dagmar von Dänemark — ge=
dachte auch des herrlichen Empfanges, den sie im Juli in Berlin
gefunden hatte, und wiederholte die Worte, die bei ihrer Rückkehr
nach Petersburg in demselben Monat der Zar so laut, daß alle
Anwesenden es hören konnten, gesprochen hatte. Er sei glücklich,
hatte er gesagt, daß die Kaiserin wohlbehalten zurückgekehrt sei, aber
wenn möglich noch glücklicher, daß ihre Reise dazu beigetragen habe,
die Bande der Freundschaft, welche die Höfe von Berlin und Peters=
burg vereinige, noch fester zu knüpfen.

Thränen standen in den Augen des greisen Kaisers Wilhelm,
als er in Skierniewicze von den russischen und österreichischen Herr=
schaften Abschied nahm. Es waren Thränen der Freude. Es regte
sich in ihm das beglückende Bewußtsein, das Staatsschiff nach langer,
sturmbewegter Fahrt wieder im alten „sicheren" Hafen geborgen zu
sehen. Kein Zweifel, daß er in jener Stunde, da er den alten, zu
wiederholten Malen schwer erschütterten Freundschaftsbund der drei
Ostmächte aufs neue besiegelt sah, des politischen Testamentes ge=
dachte, in welchem sein in Gott ruhender Vater an den Erben der
preußischen Krone die Mahnung richtete:

„Verabsäume nicht, die Eintracht unter den europäischen Mäch=
ten, so viel in deinen Kräften, zu befördern; vor allem aber mögen
Preußen, Rußland und Österreich sich nie von einander trennen;
ihr Zusammenhalten ist als der Schlußstein der großen europäischen
Allianz zu betrachten."

Diese Mahnung war das Ergebnis bedeutsamer Erfahrungen
aus schwerer Zeit, und die beiden zum Throne berufenen Söhne
des vielgeprüften Königs sind der Worte des Vaters eingedenk ge=
blieben. Welche Wandlungen auch die Beziehungen zu den beiden
großen Nachbarreichen erfahren mußten, wenn Preußen in Deutsch=
land seine große Mission erfüllen sollte, so zieht sich doch der Ge=
danke, daß das alte Bündnis dem Frieden Europas die festeste

Stütze gewähre, als roter Faden durch die gesamte Politik des Kaisers Wilhelm I. und seines Kanzlers.

Staatsklug und unbeirrt durch alles Toben und Schelten der damaligen Oppositionspartei sicherte sich Fürst Bismarck schon im Beginn seiner Amtsthätigkeit als Minister des Auswärtigen durch seine Aktion gegenüber der polnischen Insurrektion zunächst die wohlwollende Neutralität Rußlands in Sachen Schleswig-Holsteins, gleichzeitig aber erschloß er sich freie Bahn für die weiteren großartigen Akte seiner nationalen Politik. Je mehr unsere Freundschaft mit Österreich erkaltete, um so mehr befestigte sich unser gutes Verhältnis zu Rußland, und als schließlich die kriegerische Auseinandersetzung mit ersterem unabweisbar geworden, war uns die wohlwollende Haltung Rußlands von unschätzbarem Werte. Aber selbst inmitten des stürmischen Siegeslaufes unserer Heere hat es unser weitblickender Staatsmann keinen Augenblick vergessen, daß die feindliche Stellung gegen Österreich nur ein durch die historische Notwendigkeit bedingter Ausnahmezustand sein dürfe, der so rasch wie möglich wieder dem durch die Natur der Dinge vorgezeichneten Freundschaftsverhältnisse weichen müsse. Daher Bismarcks weise Fürsorge, daß Österreich beim Friedensschlusse nicht durch Gebietsverluste schwer gekränkt und nicht finanziell tief geschwächt werde. Kaum war dem Frieden und der Aufrichtung der neuen Ordnung in Deutschland ein kurzes Jahr gefolgt, als Preußens schon hochbetagter König auf dem Bahnhofe Dos erschien, um dem auf der Reise nach Paris begriffenen, viel jüngeren Kaiser Franz Joseph die Hand zu reichen und ihm zu bezeugen, daß trotz allen Unmutes, der damals die Herzen der Österreicher noch erfüllte und von Herrn v. Beust geflissentlich genährt wurde, Preußen-Deutschland keinen lebhafteren Wunsche hege, als die Wiederherstellung des alten Freundschaftsverhältnisses. Indes die Wunde, die Österreich geschlagen war, vermochte so rasch nicht zu vernarben. Als Frankreich uns den Krieg erklärte, stand Österreich auf dessen Seite; ein Bündnis zwischen beiden Ländern — dem auch Italien zum Danke dafür, daß wir ihm Venetien erobert hatten, sich angeschlossen hatte — war bereits perfekt. Dank den raschen glänzenden Erfolgen, welche die deutschen Heere im Beginn des Krieges errangen, und dank der Rückendeckung, die uns Rußland gewährte, traten die Bundesgenossen Frankreichs indes nicht in Aktion.

Unsere Dankesschuld gegen Rußland wurde noch im Laufe des Krieges von 1870 einigermaßen beglichen: die Unterstützung Preußen=Deutschlands und die Ohnmacht des besiegten Frankreich ermöglichten es Rußland, sich von der drückendsten, für eine Großmacht unerträglichen Fessel zu befreien, welche ihm der Pariser Frieden von 1856 auferlegt hatte. Trotz der Fortdauer des Benstschen Regimentes gewann auch unser Verhältnis zu Österreich noch im Laufe des Krieges eine erfreuliche Wandlung. Bevor im Feldlager von Versailles die Aufrichtung des neuen Kaisertums und damit die national=politische Einigung Deutschlands proklamiert wurde, suchte Fürst Bismarck die Zustimmung Österreichs nach, und dieses gewährte, was es zu versagen nicht in der Lage war, damit war der Boden für eine ostmächtliche Allianz wieder einigermaßen geebnet.

Der weit entgegenkommenden Haltung des allerwärts die Herzen erobernden Kaiser Wilhelms und der Politik des Kanzlers gelang es nunmehr, das Verhältnis zum Wiener Hofe alsbald wieder zu einem durchaus freundschaftlichen zu gestalten und gleichzeitig die Spannung zu mildern, welche seit dem Krimkriege zwischen Rußland und Österreich obwaltete. Schon im September 1872 schlossen die drei Monarchen in Berlin das sogenannte Dreikaiserbündnis, durch welches das revanchelustige Frankreich in Europa vollständig isoliert und auf ein Lustrum hinaus der Frieden des Erdteils gesichert wurde.

So bedeutsam und erfolgreich dieses Bündnis war, so vermochte es unter den damaligen Verhältnissen doch nicht den Charakter einer dauernden internationalen Institution zu gewinnen. Noch waren die Verhältnisse Europas nicht ausreichend konsolidiert. Frankreich konnte jeden Augenblick die Monarchie wieder herstellen und dadurch bündnisfähig werden. In Österreich gab es noch eine mächtige Partei, die das Jahr 1866 nicht verschmerzt hatte und sehnsüchtig dem Einzuge Heinrichs V. in Paris entgegensah. In der nationalrussischen Bevölkerung regte sich ein chauvinistischer Geist, der, ähnlich wie die Franzosen einst „Revanche für Sadowa," Revanche für den kriegerischen Ruhm Deutschlands und dessen poli=

tischen Aufschwung forderte. Das Haupthindernis aber war, daß die tiefwurzelnden Interessengegensätze, welche zwischen Rußland und Österreich im Orient obwalteten, nur zeitweise beglichen waren und durch jeden äußeren Anlaß wieder lebendig werden konnten. Es gelang dem Fürsten Bismarck, den aus dem „Bischen Herzego= wina" entstandenen orientalischen Krieg zu lokalisieren, indem er als „ehrlicher Makler", nicht als Schiedsrichter oder Schulmeister, zwischen den widerstrebenden Interessen der nächstbeteiligten Mächte Rußland und Österreich die Vermittelung übernahm. Das wurde ihm von Rußland nicht gedankt. Den letzten Grund ihres Un= mutes sprach die deutschfeindliche Presse in Rußland nie offen aus: Deutschland hätte im Frühjahr 1878 die Knochen des pommerschen Musketiers für die Gortschakow=Ignatiewsche Politik einsetzen sollen, es hätte am Rhein, an der Donau und an der Nordsee Konstantinopel für die Russen erobern sollen, das diesen selbst unerreichbar war, als es bereits unter ihren eigenen Kanonen lag. Das friedliche deutsche Volk wurde nicht aufgeboten, um die damalige russische Orientpolitik gegen die zu jener Zeit in der Luft liegende Koalition von England, Österreich und Frankreich herauszuhauen — das war die unverzeihliche Sünde der deutschen Politik. Da die russische Presse dieses letzte Wort nie aussprach, so kam die Diskussion mit ihr überhaupt zu keinem Abschluß. War Deutschland verpflichtet, einen Weltkrieg zu führen, damit Rußland Konstantinopel besitze? Wenn das der Preis der Freundschaft mit Rußland sein sollte, so war er dem Deutschen Volke zu teuer. Niemand ist imstande, aus den Kongreßverhandlungen von 1878 einen einzigen Fall nachzuweisen, wo russische Anträge von der deutschen Vertretung bekämpft oder auch nur nicht unterstützt wor= den sind. In einigen Fällen hat sich die deutsche Vertretung ge= meinschaftlich mit der russischen in der Minderheit befunden; in den meisten aber ist es dem deutschen Einfluß bei entstehender Meinungs= verschiedenheit über russische Wünsche gelungen, den letzteren die Zustimmung der anderen Mächte zu verschaffen; mitunter gerade bei den wichtigsten Fragen der Gebietsabtretungen an Rußland nicht ohne Schwierigkeiten und nur durch die unumwundene Er= klärung, daß Deutschland auf seine Beteiligung an den Kongreß= verhandlungen verzichten werde, wenn die russischen Anträge abge=

lehnt würden. Der Reichskanzler konnte daher in seiner Rede am 6. Februar 1888 mit Recht sagen, er habe auf dem Kongreß als der vierte Bevollmächtigte Rußlands (neben Gortschakow, Schuwalow, Oubril) gehandelt. Das erkannte aber Rußland so wenig an, daß es 1879 an Deutschland unerfüllbare Forderungen stellte und mit Kriegsdrohungen offen hervortrat. Deutschland und Österreich sicherten sich durch Abschluß jenes engen Bündnisses, das seitdem den Angelpunkt der europäischen Politik bildet. Unverkennbar richtete dieses Bündnis seine Spitze zunächst gegen Rußland. Ein völliger Bruch ward indes glücklich vermieden. Kaiser Wilhelm, an der traditionellen Freundschaft festhaltend, pflegte die Beziehungen von Hof zu Hof und die Staatskunst des Fürsten Bismarck wirkte in gleich friedlichem Sinne, wenn auch nicht selten andere Wege gehend und zu energischeren Mitteln greifend. Die Schwierigkeiten berührten vornehmlich in den innern Verhältnissen Rußlands, deren einigermaßen Herr zu werden, es für den Zaren selbst der Jahre bedurfte. Fanden doch die panslawistischen Tendenzen bis in die Reihen der höchsten Staatsbeamten, der obersten Heerführer hinauf, ja selbst am Hofe ihre entagiertesten Vertreter. Erst im Jahre 1883 gelang es unserm leitenden Staatsmanne, mit Hilfe der offiziösen Presse, in der öffentlichen Meinung Rußlands der Überzeugung Bahn zu brechen, daß die unsere Nachbarn so wenig befriedigenden Ergebnisse des Berliner Kongresses wesentlich auf den Mangel an Entschlossenheit in der russischen Kriegführung und auf die Fehler des Fürsten Gortschakow zurückzuführen seien. Andere bestimmende Gründe kamen hinzu, die rein politischen Beziehungen zwischen Preußen-Deutschland und Rußland wieder eben so freundschaftlich zu gestalten wie die der beiderseitigen Kaiserhöfe.

Damit aber waren die Schwierigkeiten, welche einer Wieder=aufrichtung des alten gegenseitigen Verhältnisses der drei Ostmächte entgegenstanden, noch keineswegs überwunden. Regte sich bei den Russen Deutschland gegenüber vorwiegend ein unklares Gefühl natio=naler Abneigung und politischen Neides, so standen einer festbegrün=deten Freundschaft mit Österreich Hindernisse realerer Natur entgegen. Die weitgehende Autonomie, welche Österreich den Polen in Galizien gewährt hatte, widerstrebte der russischen Politik, die in ihren polnischen Gebieten weit belangreichere Interessen zu vertreten hatte.

Die Einverleibung Bosniens und der Herzegowina in das österreichische Machtgebiet und die Perspektiven, welche sich damit für Österreich eröffneten, das keinerlei kriegerische Anstrengungen gemacht hatte, begründeten, namentlich für die öffentliche Meinung Rußlands, einen weiteren, tief einschneidenden Gegensatz. Dazu kam auf Seiten Österreichs der Antagonismus der Ungarn gegen, und das Liebäugeln seiner slawischen Bevölkerung mit Rußland. Unsere russischen Nachbarn hatten längst erkannt, daß ein gutes Einvernehmen mit Deutschland geboten sei, wenn man den Frieden wahren und in Europa nicht isoliert stehen wollte. Auf die wechselnden Parteiströmungen in Frankreich und England ließ sich ein festes politisches System nicht bauen. Aber die Freundschaft Deutschlands war nur um den Preis der Freundschaft mit Österreich zu haben. Es hatte lange gewährt, bis diese Erkenntnis sich in Rußland durchrang. Die Entrevue von Skierniewicze schien eine ausreichende Bürgschaft zu geben, daß der Freundschaftsbund der drei Ostmächte wieder historische Thatsache war, mit der die Welt zu rechnen hatte.

Als Prinz Wilhelm von Preußen sich ein zweites Mal nach Rußland begab — er wohnte im September 1886 den Manövern bei Brest-Litowsk bei — hatten die Vorgänge, welche zur Thronentsagung des Fürsten Alexander von Bulgarien führten, das Drei-Kaiser-Verhältnis wieder erschüttert. Welche Sendung Prinz Wilhelm damals im Zusammenhange mit den Zeitereignissen zu erfüllen hatte, wird erst später erwähnt werden; er begab sich von Brest aus direkt in das Manöverhauptquartier des Kaiserlichen Großvaters nach Straßburg. Im November 1887 empfing und geleitete er dann den russischen Kaiser bei dessen kurzer Anwesenheit in Berlin.

Fürst Bismarck und Fürst Alexander.

Am 21. April 1879 erscholl in der konstituierenden Versammlung zu Tirnowa der einstimmige Ruf: „Battenberg ist unser Fürst." Am 3. Juli desselben Jahres hielt dieser seinen Einzug in Sofia. Es war der russische General-Kommissar Fürst Dondukow, welcher dem Fürsten Alexander im Namen des Zaren während seines Einzuges zur Seite blieb, ihn auf der Überfahrt von Konstantinopel nach Warna am 6. Juli 1879 mittelst Dampfbootes auf die offene See entgegenfuhr und ihn hier im Namen Rußlands begrüßte. Bei der Einfahrt in Rustschuk feuerten die dem Bahnhofe gegenüber auf der Donau in Linie postierten russischen Kriegsdampfer den Ehrensalut. Recht bezeichnend für die Beziehungen zu Rußland war die Ansprache, welche eine junge Bulgarin, Frl. Militza Petrovits, an den Fürsten in Rustschuk richtete, und aus der folgende interessante Stelle mitgeteilt werden mag. Die Dame sagte u. a.: „Plus de deux ans sont écoulés depuis que le glorieux et puissant Empereur de toutes les Russies entreprit la délivrance des Bulgares oppressés depuis des siècles. C'est vers ce magnanime Souverain que les regards de mes compatriotes se tournèrent dans l'infortune, c'est à sa voix que ses nobles et valeureux enfants de la Russie répondirent pour nous délivrer du joug oppresseur qui pesait sur nous depuis si longtemps . . ." Eine Kompagnie russischer Infanterie war auf dem Bahnhofe als Ehrenwache aufgestellt, und die russische Generalität und eine große Anzahl russischer Offiziere bewillkommneten den Fürsten beim Eintritt in sein Palais, vor welchem zwei Tafeln mit folgenden Inschriften in bulgarischer Sprache prangten: „Dem durchlauchtigsten Fürsten Alexander I.: Du bist unser Trost und unsere Hoffnung!" „Sr. Majestät dem Kaiser Alexander II. von Rußland

ewiger Dank Dir, großer Kaiser und Befreier!" Auf der Weiter-
fahrt durch das Reich gab Fürst Dondukow dem Fürsten Alexander auf speziellen Befehl des Zaren das Ehrengeleit über den
Balkan bis in die Residenz Sofia. Schon im Januar 1880 ging
das Gerücht von der Abdankung Alexanders. Es wurde zuerst
bestritten. Man schrieb aus Sofia nach Berlin: „Was die Zeitungen über eine Abdankung des Fürsten Alexander berichten, ist
alles erfunden und eine Machination der österreichischen Presse;
Fürst Alexander ist nicht der Mann, die Flinte so schnell ins Korn
zu werfen; erst wird er seine ganze Energie aufwenden und pro-
bieren, ob und was zu erreichen ist. Das Volk liebt den Fürsten
wirklich, und dieser weiß sehr wohl, daß ein Volk, das auf so tiefer
Stufe steht, viel Geduld erfordert, er weiß auch, daß ein Volk mit
so viel Fähigkeiten nach allen Seiten hin diese Geduld einst lohnen
wird. Die Vorgänge im Parlament waren ja hochtraurig, daran
ist aber nicht das Volk schuld, sondern die Konstitution, von der
das erstere, gleich einem Kinde, das noch nicht laufen kann, keinen
Gebrauch zu machen versteht. Das Laufen will gelernt sein, und
der Bulgare muß erst für eine freie, nur für schon zivilisierte
Staaten geeignete Konstitution erzogen werden. Einige in Rußland gebildete Bulgaren, mit dem Gift der Nihilisten genährte
Fanatiker, lenkten einen Haufen Bulgaren, wie der Hirt die Heerde,
und da sie genug Beredsamkeit besaßen, gewannen sie leicht eine
Menge ihrer Landsleute, so daß die Opposition eine überwiegende
war. Das Land kann sich fremdem Einfluß nur langsam entziehen,
es hat auf seine Befreier natürliche Rücksicht zu nehmen; aber es
wird sich eines Tages emanzipieren, das ist sicher."

Eitler Optimismus! Mit einem unmündigen und demnach
einer demokratischen Verfassung überlieferten Volke, mit dem Radikalismus der Großbulgaren, mit der Einmischung einer diesen Radikalismus unter der Hand begünstigenden Macht, mit Leuten, die
demselben Frieden, dem sie ihre Selbständigkeit verdankten, ins
Gesicht spotteten, ließ sich nicht regieren. Während noch jene beruhigenden Worte geschrieben wurden, verlautete bereits von anderer
Seite, daß der Fürst und sein Vater, der Prinz Alexander von
Hessen, die verschiedenen Höfe, zu denen sie Beziehungen unterhalten, schriftlich und mündlich auf die Unhaltbarkeit der bul-

garischen Zustände unter der gegenwärtigen Verfassung hingewiesen hatten.

Es fehlte dabei nicht an der Andeutung, daß der russische Generalgouverneur Fürst Dondukow-Korssakow, welcher bekanntlich eine Zeit lang sich selber darauf Rechnung gemacht hatte, den bulgarischen Fürstenthron zu besteigen, die bulgarische Verfassung absichtlich in einer Form, die das Regieren damit fast zu einer Unmöglichkeit mache, habe zustande kommen lassen, um dem ersten Fürsten von Bulgarien das Leben möglichst sauer zu machen und den Entschluß zur Abdankung ihm nahezulegen. Und die in Bulgarien zurückgebliebenen russischen Zivil= und Militärbeamten hatten durch ihre Haltung am wenigsten dazu beigetragen, dem Fürsten das Regieren zu erleichtern.

Seitdem hatten die bulgarischen Fortschrittler mehr und mehr die Oberhand gewonnen und bei dem Fürsten den Entschluß befestigt, seine Krone auf den Altar des bulgarischen Vaterlandes niederzulegen. Man vermutete, daß er sich auf seiner letzten Rundreise in Europa (1881) der Zustimmung der Kabinette von Wien, Berlin, Petersburg zu diesem Schritte versichert habe. Es war aber nicht jede Möglichkeit ausgeschlossen, daß diese Mächte einen Druck auf die Bulgaren versuchten, dem sie nicht zu widerstehen vermochten, und der dem Fürsten Alexander das Weiterregieren möglich machte.

Wie aber, wenn der Druck nicht gelang? Wollte man das Demokratennest sich selber überlassen? Unmöglich. Sollte es eine Beute Rußlands werden? Nach Abschluß des Berliner Friedens sagte man: „Zwischen Rußland und Konstantinopel hat sich ein neues staatliches Element eingeschoben, das unter der Aufsicht Europas steht. Der Entfernung zwischen Petersburg und Konstantinopel ist ein gutes Stück Wegelänge hinzugefügt worden, und es besteht die Sicherheit, daß, wenn früher oder später zur Liquidation der türkischen Masse ein weiterer Schritt geschehen muß, Rußland nicht der curator bonorum sein wird."

Mit der Vakanz des Thrones würde diese Frucht des Berliner Friedens in Frage gestellt worden sein. Dem neuen Zaren bot sich jetzt eine Probe für die Richtung seiner auswärtigen Politik. Der verstorbene Zar wollte von einer Verfassungsänderung in Bul=

garien, die der Fürst Alexander zum Schutze gegen die Demokraten
verlangte, nichts wissen. Man dachte jetzt vielleicht anders darüber
in Petersburg und zeigte den „lieben Bulgaren" einmal etwas Ernst.
Den Nihilismus hier totschlagen, dort als Panslawismus hätscheln:
das ging nicht länger. Auch das schlug fehl. Der deutsche Fürst
in Bulgarien rettete durch einen kühnen Staatsstreich sein Land
vor der drohenden Anarchie und brach dadurch einer zwar dikta-
torischen, aber geordneten Regierung Bahn. Desto größer wurden
die Wirren mit Rußland. Es kam so weit, daß, als die bulgarische Kammer (1883) die Abberufung der russischen Generale
Kaulbars und Sobolew von der Leitung der Verwaltung des
Fürstentums verlangte, Kaiser Alexander III. durch seinen Gesandten Jonin dem Fürsten von Bulgarien die Forderung zugehen
ließ, die Nationalversammlung unverweilt aufzulösen. Der Gesandte des Zaren drohte, wenn nicht der Fürst sich binnen vierundzwanzig Stunden für die Annahme der Kaiserlichen Vorschläge
entscheide, abzureisen. Er führte jedoch seine Drohung nicht aus,
obwohl Fürst Alexander es rundweg ablehnte, auf die ihm gemachten
Vorstellungen einzugehen. Wie hätte er auch die Kammer jetzt
auflösen können, nachdem er ihr noch wenige Monate vorher seine
wärmste Anerkennung für die Erfüllung der ihr vom Volke anver-
trauten Mission ausgesprochen? „Sie werden in der Geschichte
Ihres Vaterlandes eine ruhmreiche Spur und ein nachahmens-
wertes Beispiel des Eifers und der Vaterlandsliebe zurücklassen"
— mit diesen Worten hatte er die Sobranje verabschiedet, seit jener
Zeit hatte die Versammlung nichts gethan, was eine Auflösung
von seiten des Fürsten rechtfertigen konnte. Die russischen Minister-
Generale hatten notorisch in Petersburg gegen ihn intrigiert, sie
hatten die ihm feindliche Partei im Lande unterstützt und jetzt kam
Herr Jonin und verlangte von dem schwerbedrängten Fürsten, er
solle sich zur Beibehaltung dieser sein Ansehen untergrabenden
Minister verpflichten — solche Zumutung hätte kaum der Sultan
einem seiner Vasallen zu machen gewagt. Fürst Alexander folgte
der Pflicht der Selbstachtung, als er die russischen Forderungen
ohne weiteres ablehnte.

In Berlin schien es zuerst, als ob damals Fürst Alexander
noch in Ansehen stände. Die „Norddb. Allg. Ztg" charakterisierte

die Lage in Bulgarien wie folgt: „Seit dem letzten Orientkriege
ist das russische Element auf der Balkanhalbinsel in einen Gegensatz zu dem „politischer Selbständigkeit" teilhaftig gewordenen
Bulgarentum geraten, welcher sich um so mehr verschärft, je
kräftiger der nationale Gedanke sich bei den Südslawen entwickelt.
Eine ganz besonders drastische Wendung ist durch das Auftreten
des außerordentlichen russischen Gesandten Jonin in die politische
Situation Bulgariens gebracht worden. Derselbe stellte an den
Fürsten Alexander unerfüllbare Forderungen, während er
andererseits die Liberalen für sich zu gewinnen wußte, so daß die
Wahrung der bulgarischen Nationalität und Unabhängigkeit nun-
mehr einzig bei dem Fürsten und den Konservativen liegt. Der
Versuch der Verständigung zwischen den beiden Parteien, dem der
Erfolg bereits gewinkt hatte, muß mit dem Abschwenken der Libe-
ralen in das russische Lager als gescheitert angesehen werden."
Gleich in den nächsten Tagen aber brachte das genannte Blatt einen
Artikel, der dem „Journal de St. Pétersbourg" Anlaß gab, seine
Anerkennung über den Standpunkt des Organs Bismarcks auszusprechen, indem es den Artikel als einen Protest bezeichnete gegen
die Angriffe auf Rußland wegen seiner Politik in Bulgarien und
auf die Friedensmission Jonins, dank welcher die drohende Krisis
gelöst zu sein schien. Rußland habe Bulgarien mit großen Opfern
geschaffen und sei an dessen Erhaltung interessiert. Wenn die
Aufgabe des Fürsten Alexander mißglücken sollte, dann wäre die
Existenz Bulgariens, der Friede im Orient und die Ruhe Europas
bedroht. Der Erfolg des Fürsten von Bulgarien hänge von einer
starken Regierung und der Unterstützung derselben durch das Volk
ab. Das Statut von Tirnowa habe das Problem der Verfassung
lösen sollen, sei aber durch die Sobranje, welche sich zur mißlun-
genen Nachahmung einer für andere europäischen Staaten passenden
Verfassung habe verleiten lassen, abgeändert und verschlechtert
worden. Die Mission Jonins bezwecke nun die Herstellung
eines Kompromisses, welches am besten von einem durch die
Sobranje zu genehmigenden neuen Statute ausgehen dürfte
und die Verbindung zwischen Fürst und Volk wiederherstellen
solle. Die gegenwärtige Lage sei dazu günstig. Die „Nordd.
Allg. Ztg." mache den Feinden Rußlands begreiflich, wie ver-

geblich es sei, die Loyalität der russischen Politik im Orient zu verleumden.

Die Bulgaren kehrten sich weder an Rußland, noch an dessen Unterstützung durch die „Norbb. Allg. Ztg." Die Liberalen vereinigten sich mit den Konservativen gegen Rußlands Forderungen, welche die von der Nationalversammlung von Sistowa dem Fürsten übertragenen außerordentlichen Vollmachten beseitigen wollten, um dafür die russische Diktatur einzusetzen, und beide Parteien erklärten am 18. September in einer Adresse an den Fürsten, es sei der einstimmige Wunsch der Nation, daß die Verfassung mit den vom Fürsten anzugebenden Änderungen wiederhergestellt werde und diese Adresse wurde durch Zuruf angenommen. Da die russischen Minister sahen, daß ihnen der Boden vollständig entzogen sei, daß die beiden großen Parteien des Landes zu ihrem Sturze sich vereinigt hatten und der Fürst damit einverstanden war, so gaben sie am 19. September ihre Entlassung ein, welche der Fürst mit Vergnügen annahm. General Sobolew sagte in dieser Audienz: „Das war Ihr letzter Triumph, Hoheit, und zugleich die letzte Unart, die der Kaiser ungestraft lassen wird". Die beiden Generale reisten auf Weisung von Petersburg gleich darauf von Sofia ab. Das neue Ministerium bestand aus Liberalen und Konservativen. Dragan Zankow übernahm die Präsidentschaft. Das Manifest des Fürsten vom 19. September stellte die Verfassung von Tirnowo wieder her.

Der vom Fürsten Alexander mit dem jüngern Kaulbars abge= schlossene Vertrag versprach den Konflikt mit Rußland beizulegen. Aber dieser setzte sich 1884 infolge der fortwährenden Agitation des russischen Agenten Jonin und infolge der Ernennung des russischen Generals Fürsten Kantakuzenos wieder fest. Dem Drängen des ersteren wurde es zugeschrieben, daß aus dem liberalen Ministe= rium Zankow die beiden konservativen Mitglieder Stojilow und Natschewiz austraten und an ihrer Stelle Pompanow zum Justiz= minister, Sarafow zum Finanzminister ernannt wurde. Zwar wurde Jonin, dessen Anwesenheit in Bulgarien nicht in das Programm des Ministers v. Giers, der eine Annäherung Rußlands an das deutsch= österreichische Bündnis anstrebte, paßte, im März abberufen und zum russischen Gesandten in Rio de Janeiro ernannt; aber die von 3000 Personen besuchte Versammlung, welche am 31. März in Sofia stattfand und die Vereinigung Bulgariens mit Ostrumelien zu einem einzigen Staate verlangte, schien noch unter seiner Einwirkung und Inspiration getagt zu haben. Fürst Alexander I. freilich mußte sich in dieser Frage einer diplomatischeren Haltung befleißigen. Einer Deputation von Tirnowa, wo in einer Versammlung der nämliche Beschluß gefaßt worden war, erwiderte er: „Als Bulgare sympathisiere er mit der Bewegung, als der auf Grund des Berliner Vertrags gewählte Fürst müsse er aber sagen, daß die Stunde noch nicht gekommen sei." Die im Juni vollzogenen Neuwahlen für die Nationalversammlung hatten ein für das Ministerium Zankow ungünstiges Ergebnis. Daher bot dieses am 18. Juni dem Fürsten seine Entlassung an. Der Fürst wollte die Entscheidung von irgend einem Akt der Nationalversammlung abhängig machen. Dieselbe trat am 6. Juli in Tirnowa zu= sammen und wählte infolge einer Koalition der Konservativen und Radikalen den Führer der radikalen Partei, Karawelow, zu ihrem Präsidenten. Darauf erfolgte der Rücktritt des Kabinetts Zankow und die Bildung eines neuen Ministeriums. In diesem übernahm Karawelow das Präsidium und die Finanzen, Czanow das Auswärtige. Zum Präsidenten der Nationalversammlung wurde Stambulow gewählt.

Im Mai desselben Jahres war Fürst Alexander wieder bei sei= nem Bruder Heinrich, der in Potsdam bei der Garde stand, welcher er einst selbst angehört hatte, zum Besuch und fand in „Friedrichs= kron", die beste Aufnahme. Er konferierte auch sehr lange mit dem Fürsten Bismarck. Damals war es in Berlin allgemeines Stadt= gespräch, daß die Verlobung des Fürsten mit der Prinzessin Viktoria unmittelbar bevorstände. Es hieß sogar, diese Verlobung würde bei einem kronprinzlichen Diner im Neuen Palais proklamiert werden. Das Diner fand allerdings statt, und zwar zu Ehren des anwesenden Fürsten von Bulgarien; alle übrigen daran geknüpften Gerüchte entbehrten aber der Bestätigung. Jetzt hieß es, diese An= gaben wären nicht unbegründet gewesen; vorhandene Absichten des Fürsten von Bulgarien seien aber an der ablehnenden Entscheidung des Kaisers Wilhelm gescheitert. Die Besprechungen, welche Fürst Bismarck mit dem Kaiser und dem damaligen Kronprinzen hatte, standen mit dieser Angelegenheit im Zusammenhange. So meldete

3*

u. a. die „Kreuzzeitung," die es doch wohl wissen mußte. Es wurde
schon damals ausdrücklich in mehreren Zeitungen erwähnt, daß
nicht bloß Kaiser Wilhelm, sondern auch der Kronprinz dem Plan
widerstrebte, und daß der letztere, als im Jahre darauf die Er=
hebung in Bulgarien ausbrach, sich Glück wünschte, seine Tochter
nicht dem schwankenden vulkanischen Boden jenes Landes anvertraut
zu haben. Es hatte sich u. a. auch die Königin von Rumänien
zu gunsten der Verbindung verwandt. Der Plan des Fürsten Alex=
ander durchkreuzte durchaus die Absichten des Zaren Alexander III.
Er wollte die Prinzessin Miliza, die zweite, 18 Jahre alte Tochter
des Fürsten von Montenegro mit dem Fürsten Alexander von Bul=
garien verloben. Die Prinzessin Miliza war im Smolenschen In=
stitut in St. Petersburg erzogen worden und beherrscht fünf
Sprachen: die russische, serbische, bulgarische, französische und italie=
nische vollkommen. Sie wurde als Typus einer südslawischen
Schönheit bezeichnet. Es hieß, daß ihre Mitgift vom Kaiser von
Rußland besorgt werden solle, wie dies auch bei der Vermählung
ihrer älteren Schwester mit dem serbischen Thronprätendenten, Prinz
Peter Karageorgewitsch, geschehen war.

Die Neigung der Prinzessin Viktoria für den Fürsten Alexander
wurde durch das ruhmreiche Auftreten desselben im Kriege mit
Serbien nur verstärkt. Der Fürst fügte zu dem Ruhme des ener=
gischen und selbständigen Staatsmannes noch den des Kriegführers,
der berufen erschien, das Recht der Bulgaren auch nach außen mit
dem Schwerte zu vertreten. Die Bulgaren wurden einst unter dem
türkischen Joche als eine ganz verkommene, unkriegerische Rasse ge=
schildert. Sie haben sich schon im Kriege von 1877 jenseit des
Balkan und im Schipkapaß tapfer geschlagen und ihr Blut strom=
weise vergossen. Jetzt fanden sie am eigenen Monarchen auch noch
den als Vorbild voranleuchtenden und den echten Soldatengeist
ihnen einflößenden Führer. Aber Fürst Alexander sollte wiederum
die alte Wahrheit erfahren, deren Lehre die Geschichte trotz der
leuchtendsten Beispiele vergeblich zu predigen scheint, daß das
Paktieren mit der Revolution selbst bei den populärsten Bewegungen
schließlich doch zum Schaden des Paktierenden ausschlägt. So
glaubte Fürst Alexander der Umsturzbewegung für die Union
zwischen Bulgarien und Ostrumelien nicht widerstreben zu können

und ließ sich von ihr von That zu That tragen, bis dieselbe ihn
selbst auf den Strand setzte.

Nachdem Fürst Alexander von der Revolution in Ostrumelien
sich nicht nur hatte tragen lassen, sondern sie sogar zu seinem Nutzen
ausgebeutet hatte, gelang es ihm allerdings, und zwar durch seine
glänzenden Siege über das voreilige Serbien, sich im Fluge Sympathien in Europa zu erringen und die Scharte von Philippopel
selbst in den Augen der kühleren Politiker einigermaßen auszuwetzen.
Zu gleicher Zeit hatte der Fürst es sich zur Aufgabe gestellt, die
unbequemen Gängelbande Rußlands abzustreifen, wobei allerdings die Gefahr war, daß ihm die Kraft fehlen würde, gegen den
Widerstand des Zarenreiches auf eigenen Füßen stehen zu bleiben.
Denn die Erinnerung an den Sudan, Egypten, Südafrika u. s. w.
mußte den Fürsten belehren, daß England nicht die Macht war,
ihn über Wasser halten zu können. Die Folgen blieben nicht aus,
der Handstreich von Sofia — mochte derselbe immerhin ein Buben-
stück sein — zeigte dem Fürsten die Macht der realen Verhältnisse.
Mit Gewalt wurde ihm die Unterschrift zur Abbankung entrungen.
Kaum aber wieder frei, erklärte er — ob mit Recht oder Unrecht,
bleibe unerwogen — seine Unterschrift als keine bindende Verpflichtung und verkündete in Lemberg, daß er wieder an die Spitze der
Regierung trete, ja, wenn man seinen journalistischen Freunden
glauben durfte, daß er über Haufen von Leichen seinen Thron und
sein Reich behaupten werde. Man sah mit natürlicher Spannung
den späteren Ereignissen entgegen, um so mehr, als der Fürst unter
dem Jubel der Bevölkerung sich wirklich nach Rumelien begab.
Um so größer aber war die Überraschung, als statt der angekün-
digten schneidigen Aktion die demütige Bitte des Fürsten an den
russischen Kaiser veröffentlicht wurde. Die kalte, wenig höfliche
Antwort des russischen Zaren ließ zwar keinen Zweifel über die
Gesinnung der Regierung in Rußland aufkommen; aber dennoch
blieb Fürst Alexander im Vormarsch gegen Sofia, überwand alle
ihm entgegenstehenden Hindernisse, rückte in das jubelnde Sofia ein
— und dankte dann freiwillig und feierlich zum zweiten Male ab.

Bei der ersten überraschenden Nachricht über diesen entschiedenen Schritt wurde hier und da geglaubt, daß die höhere Einsicht
von der Stabilität der realen Machtverhältnisse in Europa den

Fürsten zu diesem Beschlusse geführt hätte, der von diesem Gesichts=
punkte aus als ein selbstloses, dem Frieden Europas dargebrachtes
Opfer erscheinen konnte. Doch wiederum stand man vor einer
Überraschung, denn die merkwürdige Äußerung des Fürsten, daß
er bereit sei, in erster Linie „im Feldzuge in Mazedonien" zu
kämpfen, zeigte, daß der Fürst Neigung hatte, wiederum mit der
Revolution zu paktieren, wenigstens blieb eine solche Äußerung, die
wohl geeignet war, dem Fürsten in den Kreisen, welche in einer
stetigen Entwickelung eine gesunde Grundlage für die Politik er=
blicken, die Sympathien zu entziehen, unwidersprochen.

Seit der Erhebung Ostrumeliens war der Bruch Alexanders I.
mit Alexander III. ein vollständiger geworden. Die Beziehungen
Beider waren seit Jahren die gespanntesten. Alexander III., der
Mann mit dem nüchternen hausbackenen Verstande, dem große
Geradheit und Zähigkeit des Charakters eigen sind, ist ein abgesagter
Feind alles über die normalen Lebensverhältnisse Hinausgehenden,
alles ans Abenteuerliche Streifenden. Fürst Alexander, ein leb=
hafter, aufbrausender Geist, ist ein entschlossener, aber nicht zäher
Charakter von großer, geistiger Schnellkraft und Biegsamkeit, bereit,
sich jeden Augenblick über die gewöhnlichen Lebensregeln hinaus=
zusetzen. Er ist eine jener Persönlichkeiten, die an der Spitze eines
großen Staatswesens überaus anregend wirken, in minder hervor=
ragenden Verhältnissen aber und ohne die vortreffliche Erziehung
und Vorbildung, wie sie der Fürst von Bulgarien erhalten hat,
leicht auf gefährliche, abschüssige Bahnen geraten können. Zwei so
verschiedene Charaktere werden sich immer schwer verstehen und so
war denn auch dem Kaiser sein jugendlicher Vetter vom ersten Tage
ihrer Bekanntschaft an unsympathisch. Diese Stimmung trat schon
während des türkischen Krieges zutage, woran Fürst Alexander
allerdings zum größten Teile die Schuld trug. Damals kaum 20
Jahre alt, machte er den Feldzug teils in den Reihen eines russischen
Kavallerie=Regiments, teils im Kaiserlichen Hauptquartier mit.
Während des Feldzuges trat er mehr als es die Klugheit gebot,
als preußischer Offizier auf. Er legte seiner Zunge keinen Zaum
an und tadelte jedem gegenüber, der es hören wollte, die russische
Kriegführung, die innern Verhältnisse der russischen Armee re. in
schärfsten Worten. Alle derartigen Äußerungen gelangten, natür=

lich noch mit entsprechenden Entstellungen, zu unrechten Ohren.
Kaiser Alexander II. nahm sie dem jugendlichen Neffen, den er sehr
gern hatte, nicht übel, nicht aber so seine Söhne und namentlich
der Thronfolger, und dies umsomehr, als dieser selbst die Richtigkeit mancher jener tadelnden Bemerkungen empfand. Fürst Alexander hatte bald unter den jüngeren Mitgliedern der Kaiserlichen
Familie keine Verteidiger, ausgenommen die weiblichen Angehörigen
derselben, welche den jugendlich schönen Fürsten nicht so hart beurteilten, wie ihre Gatten, Schwager und Vettern. So lange Alexander II. am Leben war, blieben auch nach der Neuordnung der Dinge
auf der Balkanhalbinsel die russischen Beziehungen zu dem Fürsten
Alexander sehr gute. Man hatte diesem aus Petersburg als Kriegsminister einen General, Parenzoff, geschickt, der, ein herrschsüchtiger,
unverträglicher, in jeder Beziehung wenig angenehmer Charakter,
sich mit dem Fürsten nicht zu stellen wußte. Es bedurfte von
seiten des letzteren nur einer Vorstellung bei dem Kaiserlichen Oheim,
und sofort wurde Parenzoff abberufen und durch einen General
v. Ernroth ersetzt, der dem Fürsten sehr genehm war. Die russische
Regierung mischte sich auch möglichst wenig in die bulgarischen
Parteiwirren. Anders gestalteten sich die Verhältnisse nach dem
Regierungsantritte Kaisers Alexander III. Als der Fürst am 9. Mai
1881 einen ersten Staatsstreich, und zwar ohne die russische Regierung vorher verständigt zu haben, dadurch in Szene setzte, daß
er sich für sieben Jahre als Selbstherrscher erklärte, nahm dies Alexander III. sehr übel auf. Es mißfiel ihm, daß der Fürst, der sich seinem
Vater so ehrerbietig untergeordnet hatte, sich über ihn, der jetzt an
der Spitze Rußlands, der bulgarischen Schutzmacht, stand, hinweg-
setzte und die bulgarische Verfassung, ein russisches Werk, für sieben
Jahre beseitigte. Andere Beweise der fürstlichen Selbständigkeit
folgten. Der russische Minister in Bulgarien, Oberst Remlingen,
wurde entlassen und durch einen Bulgaren ersetzt; der russisch gesinnte Minister Zankoff wurde verhaftet und interniert; zwischen
dem Fürsten und dem russischen Konsul Pitrowo trat eine scharfe
Spannung ein. In Petersburg war schon damals von der Ab-
setzung des Fürsten die Rede. Im April 1882 besserten sich die
Verhältnisse einigermaßen infolge der Reise nach Petersburg. Es
gelang ihm dort, die Abberufung des mißliebigen Konsuls Pitrowo

durchzusetzen; dafür erhielt er aber als Kriegsminister den russischen
Baron Kaulbars und als Minister des Innern, an Stelle des bis=
herigen bulgarischen Inhabers dieser Stelle, den General Sobo=
lew, zwei Persönlichkeiten, deren Bestreben es war, den Einfluß
Rußlands in Bulgarien auf Kosten der Macht des Fürsten zu er=
höhen. Sie traten diesem gegenüber nicht als Untergebene, sondern
gewissermaßen als gleichgestellte Ratgeber auf. Damals machten
sich in Bulgarien die ersten Anzeichen des Unwillens gegen die
russische Bevormundung geltend. Fürst Alexander trat dieser Stim=
mung nicht nur nicht entgegen, sondern bestärkte sie durch seine
stillschweigende Billigung. Im Mai desselben Jahres (1883) be=
gab sich der Fürst zur Krönung nach Moskau; aber seine dortige
Anwesenheit besserte sein Verhältnis zum Kaiser nicht. Wenige
Wochen später kam es, wie oben gezeigt worden ist, zu einer ge=
radezu feindseligen Stimmung zwischen dem Fürsten im Verein mit
seinem Lande gegen die russischen Ministergenerale. Alle Parteien
vereinigten sich, um Alexander I. zur Bildung eines politisch ge=
mischten Kabinetts mit Ausschluß der Russen und um Wiederauf=
nahme der 1881 für sieben Jahre vertagten bulgarischen Verfassung
zu bitten. Fürst Alexander gab dem Willen seines Volkes nach.
Die Spannung erreichte ihren Höhepunkt, als auf Betreiben jener
Generale mehrere dem Fürsten besonders ergebene und nahesteh=
ende russische Offiziere nach Rußland zurückberufen wurden, wo
man ihnen wegen ihrer Ergebenheit für den Fürsten die schwersten
Vorwürfe machte, eine Maßregel, welche Alexander I. damit beant=
wortete, daß er alle in seinem Gefolge befindlichen russischen Offi=
ziere aus diesem entließ. Es folgten nun fortwährende Reibereien,
die Kaiser Alexander unmittelbar persönlich auffaßte. Jedes außer=
gewöhnliche Ereignis mußte den Bruch vollständig machen. Der
Staatsstreich von Philippopel führte ihn herbei. Kaiser Alexander
wußte, daß jetzt, nachdem er übereilt die russischen Offiziere zurück=
berufen, nachdem er den Fürsten aus der Armee ausgestoßen und
sich geweigert hatte, den siegreichen Feldherrn in St. Petersburg
zu empfangen, jede Geltendmachung des russischen Einflusses auf
Bulgarien unmöglich sei, so lange Fürst Alexander auf dessen Thron
saß. Aber der Kaiser war nicht gewillt, diesen Einfluß aufzugeben
und darum konnte man mit Sicherheit voraussagen, daß die Ruhe

in Bulgarien nur eine scheinbare, für eine kurze Zeitdauer be=
messene war.

Vor dem Putsch, den Alexander von Battenberg zur Ver=
einigung von Rumelien und Bulgarien unternahm, wurde derselbe
zu Giers nach Franzensbad berufen. Da Bulgarien und Rumelien
la stets durch russische Agenten beobachtet wurden, so war es natür=
lich, daß der russischen Regierung Mitteilungen über die Vorbe=
reitungen zum Putsch zugingen. Die Zusammenkunst zwischen dem
damaligen Fürsten von Bulgarien und dem russischen Minister
sollte den Zweck haben, der russischen Regierung Gewißheit
über die Zukunftspläne des Fürsten zu schaffen; die russische
Regierung wollte absolut jeden Gewaltstreich verhindern, da sie
Gefährdung des europäischen Friedens befürchtete. Alexander von
Battenberg gab dem Zaren Alexander durch Giers das Wort,
Rumelien mit Bulgarien nicht durch einen Gewaltstreich zu ver=
einigen, überhaupt nichts ohne Einwilligung Rußlands zu unter=
nehmen, was leicht verständlich war, da er vor dem Putsch, vor dem
serbischen Kriege mehrmals nur durch Autorität des russischen
Zaren auf seinem Thron gehalten wurde und außerdem nur von
russischem Gelde lebte, da er eine jährliche Subvention von 116,000
Rubel bezog.

Wenige Wochen nach dem Rendezvous in Franzensbad war
Alexander von Battenberg in Rumelien und hatte derart, da man
seinem Worte geglaubt hatte, sogar das über Bulgarien stets gut
instruierte Rußland überrumpelt. Die Entziehung der Subvention,
die schon erwähnte Ausstoßung des Battenbergers aus der russischen
Armee erfolgten unmittelbar darauf. Jede Nachricht, daß Kaiser
Alexander schon als Thronfolger dem Battenberger Abneigung ent=
gegenbrachte, ist falsch, denn ohne seine Zustimmung hätte Alexan=
der II. nie dem Battenberger den bulgarischen Thron verschafft,
außerdem hat Alexander III. einmal die jährliche Subvention für
den bulgarischen Fürsten erhöht; eine nochmalige Erhöhung hat er
zwar bei den Krönungsfeierlichkeiten in Moskau abgeschlagen, da
er bei seiner bekannten Sparsamkeit, seiner schlichten Lebensweise,
116,000 Rubel für genügend hielt.

Die tragische Verschuldung des Fürsten Alexander bestand
darin, daß er, mehr geradezu handelnder Kavalier und Offizier, als

vorsichtig abwägender Staatsmann, sich durch englische Einflüste=
rungen hatte verleiten lassen, sich an die Spitze der russenfeindlichen
national=bulgarischen Bewegung zu setzen, statt durch kühle politische
Vernunftgründe mäßigend auf diese leidenschaftliche Bewegung ein=
zuwirken. Das Mißverhältnis zwischen der weltumspannenden Größe
des brittischen Reiches und der lächerlichen Schwäche seiner mili=
tärischen Zentralkraft bringt es mit sich, daß die englische Staats=
kunst darauf angewiesen ist, sich nach einem kontinentalen Degen
umzusehen, der Englands Schlachten schlage. Und wie im Großen,
so übt England dieses klug ersonnene Abwälzungssystem gleicher=
maßen im Kleinen; es schiebt auch kleine Völker gern als Schach=
figuren gegen seine großen Gegner vor. Die englische Presse
klatschte der russenfeindlichen Politik des Battenbergers Beifall zu,
erklärte aber nach dem Sturze des Fürsten gleichmütig, England
bedaure sein Schicksal, könne aber nichts für ihn thun, Deutschland
aber solle sich schämen, daß es für einen so edlen Fürsten und
Landsmann nicht mit Infanterie, Kavallerie und Artillerie ins Feld
rücke. Fürst Alexander fand diese Haltung Englands begreiflich,
empfand dagegen mit Erbitterung die Unthätigkeit, ja Russenfreund=
lichkeit Deutschlands, obschon die deutsche Diplomatie ihm mit keiner
Silbe Anlaß gegeben hatte, irgend etwas anderes zu erwarten. Die
in Deutschland selbst gegen die Politik des Fürsten Bismarck gegen=
über Alexander I. einerseits und Rußland andrerseits unternomme=
nen Angriffe wies die Berliner offiziöse Presse in geharnischten Ar=
tikeln ab. Da wurden zunächst die „Zugeständnisse,“ welche Deutsch=
land an Rußland bezüglich Bulgariens und überhaupt in der
Orientfrage gemacht habe, geleugnet. Solche Zugeständnisse seien
weder verlangt noch bewilligt. Das Berliner Kabinett sei bisher
auch noch gar nicht in der Lage gewesen, es als sicher anzunehmen,
daß die Besetzung Bulgariens von Rußland beabsichtigt werde oder
wahrscheinlich sei. Thatsache wäre ja allerdings, daß Bulgarien
von 1878 bis 1885, bis zu der ostrumelischen Revolution, so gut
wie ganz unter russischem Einflusse gestanden hätte, durchaus „auf
Grund der europäischen Verträge“ und ohne daß damals jemand
eine unberechtigte Vergewaltigung in diesem Abhängigkeits=Verhält=
nis erblickt hätte. Jetzt aber lägen die Dinge doch so, daß in
Petersburg „die heutige Situation in Bulgarien gewiß nicht als

eine Überantwortung des Landes an Rußland aufgefaßt werde". Und was weiter die Frage nach dem Widerstand, auf den Rußland mit etwaigen Okkupationsabsichten auf der Balkanhalbinsel bei den andern Mächten stoßen würde, betrifft, so sei wieder irrtümlich, daß ein solcher Widerstand bereits hätte geübt werden müssen, und daß, wie gewisse Blätter in Deutschland behaupteten, Rußland „durch ein Einvernehmen Englands mit Italien an der Besetzung . Bulgariens verhindert wäre". Als wahrscheinlich sei nur anzunehmen — und hier folgten hochbedeutsame Sätze — „daß schon, wenn England allein, ohne Italien, entschlossen wäre, sich jeder „Besetzung Bulgariens durch die Russen", zu widersetzen, dann die Situation eine ganz andre sein würde, als sie ist. Das wäre schon dann der Fall, wenn auch nur bekannt wäre, daß England ernstlich nach einem Partner suche, der sich in Gemeinschaft mit ihm dem russischen Einmarsch zu widersetzen geneigt sei. Bisher habe man nur wahrgenommen, daß England nach einer Macht sucht, die diese Widersetzlichkeit allein und ohne England zu üben bereit sein möchte.

Zu diesen deutlichen Worten war jeder Kommentar überflüssig. Das offiziöse Blatt wies nach, daß selbst eine in sehr weiten Grenzen erfolgende Wiederherstellung des russischen Einflusses in Bulgarien lediglich den status quo ante 1885 zurückrufen würde, daß vorerst aber die Verhältnisse in Bulgarien wie auf der Balkanhalbinsel überhaupt noch keineswegs so glatt für Rußland lägen, daß dasselbe bereits einen reellen und nicht bloß auf mehr oder minder trügerischen Eindrücken beruhenden Erfolg für sich zu verzeichnen hätte. Der Artikel richtete ferner eine nicht mißverständliche bestimmte Aufforderung an England, sich darüber zu erklären, in wie weit es bereit sei, sich der Interessen, die in erster Linie die seinigen und nicht diejenigen Deutschlands sind, auch mit Thaten anzunehmen. Dieser Appell erging offen vor Europa.

Die offiziöse Presse wiederholte diese Herausforderung in einem späteren Artikel „Der deutsche Michel und sein brittischer Vetter." In demselben wurde erwartet und verlangt, daß England in irgend einer Form dem deutsch-österreichischen Bündnis, welches sich gegen Rußland, den Todfeind Englands, richten könne, beitrete, weil man wünschte und ersehnte, daß England endlich ernst-

lich nach einem Partner für einen gemeinsamen Widerstand gegen
Rußland suche, und weil man gerade von einer energischen Haltung
des Kabinetts von St. James, von einer Haltung etwa im Geiste
von Palmerston oder Beaconsfield, eine Gewähr für die Erhaltung
des Friedens erblickte. Charakteristisch für die Wendung, welche
die deutsch-russischen Beziehungen genommen hatten, war ein Artikel
der „Norbb. Allg. Ztg.", worin Deutschland und Österreich als
die „beiden einzigen ehrlich befreundeten Nationen, welche heutzutage
in Europa existieren" bezeichnet wurden.

Auch gegen die fortschrittlich-ultramontanen Verdächtigungen
der Politik Bismarcks gegenüber Rußland wendete sich das offiziöse
Blatt. Es war gesagt worden, daß die „nationalen Empfindungen
des deutschen Volkes" auf Seiten des vertriebenen Fürsten ständen,
daß durch seine Entthronung deutsche Interessen berührt wären,
daß dieselbe „ein russischer Faustschlag ins deutsche Antlitz sei"
und dergleichen mehr. „Woher diese plötzliche leidenschaftliche Erregung für den Fürsten Alexander? Fühlen Herr Eugen Richter
und Herr Windthorst sich etwa verpflichtet, für die Aufrechterhaltung der bestehenden Verträge einzutreten? Dann ist es unbegreiflich, warum sie nicht vor einem Jahre beim Ausbruche der
rumelischen Erhebung gegen jenen Vertragsbruch zu Felde gezogen
sind. Ist es die Verehrung für die Person des Fürsten Alexander,
welche die ultramontan-freisinnige Liga zu den in Rede stehenden
Preßerzeugnissen begeistert? Auch das scheint uns kaum glaublich.
Selbst diese Herren sollten doch soviel Verständnis besitzen, daß sie
ihr politisches Urteil nicht lediglich nach persönlichen Schwärmereien einrichten. Herr Windthorst und Herr Richter werden doch
nicht umhin können, anzuerkennen, daß kein deutscher Staatsmann
das Recht hat, unsere freundschaftlichen Beziehungen zu Rußland
zu Gunsten eines Fürsten von Bulgarien zu opfern, und wäre derselbe ein Engel in Menschengestalt .... Nicht wir, sondern
Rußland hat seiner Zeit den Prinzen Alexander zum Fürsten von
Bulgarien gemacht; ist seine Entthronung ein Faustschlag, so müßte
es ein gegen Rußland gerichteter sein."

Zum Schluß verglich das offiziöse Blatt die Schwärmereien
für den Battenberger mit jenem Polen-Enthusiasmus, von dem
Deutschland vor 50 Jahren heimgesucht worden sei, ein Vergleich,

gegen den in Deutschland noch von anderer als von fortschrittlich=
ultramontaner Seite protestiert wurde. Die Kreuzzeitung sprach von
der „subalternen Denkweise", welche den Ausdruck nationaler Sym=
pathie für einen Fürsten aus deutschem Stamme mit der „Polen=
schwärmerei" der dreißiger Jahre zusammenstelle. Damals wären
es in der That fremde Interessen gewesen, für die sich die Deutschen
erwärmten; jetzt sei es unzweifelhaft der Ausdruck wachsenden
Nationalgefühles, womit wir es zu thun hätten, das solle man
pflegen, nicht verspotten.

So sehr die Mehrheit in der deutschen Bevölkerung der Politik
Bismarcks beistimmte, die um Bulgariens willen nicht den Frieden
Europas aufs Spiel setzen wollte, so war doch der Verdruß über
gewisse leichtherzige und wenig angemessene Wendungen, mit denen
einzelne anscheinend offiziöse Stimmen die Ereignisse in Bulgarien
begleiteten, ein allgemeiner. Die Kreuzzeitung trat diesen Stimmen
entgegen, indem sie das Verdienst des Fürsten von Bulgarien her=
vorhob, das gethan zu haben, was in seinen Kräften stand, um
den Mächten die Aufgabe der Erhaltung des Weltfriedens zu er=
leichtern, und zwar dadurch, daß er Bulgarien verließ. Die N.
Pr. Ztg. sagte, man solle das billiger Weise anerkennen, statt den
Fürsten mit Anzapfungen zu verfolgen, die schlechterdings keinen
anderen Erfolg haben könnten, als den ohnehin ins Kraut ge=
schossenen russischen Übermut bis ins Maßlose zu steigern. — Das=
selbe Blatt sprach bei dieser Gelegenheit auch von jenem „servilen
Übereifer", der den Frieden dadurch zu sichern glaube, daß er den
dreistesten Anmaßungen Rußlands mit einer Zuvorkommenheit ohne
Ende die Spitze abzubrechen bestrebt sei. Mit sachlichen Zugeständ=
nissen, wenn sie ein ernstes Ziel im Auge haben, müsse man sich ab=
finden, die bekannte Methode gewisser Diplomaten aber, welche sich im
siebzehnten Jahrhundert und wohl auch später noch dem Geschäft
zu Liebe sich bereit finden ließen, vor orientalischen Herrschern
niederzuknien, sei immer verächtlich gewesen.

Über die nationale Bewegung Deutschlands im September 1886
sagte später Fürst Bismarck: „Betreffs Bulgariens haben wir kein
eigenes Interesse; er (der Kanzler) hätte verdient, wegen Landes=
verrat vor Gericht gestellt zu werden, wenn er solche Dumm=
heiten unternommen hätte, wie die fortschrittliche und klerikale Presse

sie ihm wegen Bulgariens zugemutet hätte. „Bulgarien ist uns so gleichgültig wie Hekuba.“

Graf Herbert Bismarck hat in gleichem Sinne gesprochen mit der bulgarischen Deputation, die im Dezember 1886 über Wien nach Berlin kam, bestehend aus den Herren Grekow, Stoilow, Kaltschew. Über den Empfang derselben bei dem Sohne des Kanzlers berichtete ein Berliner Interviewer des Herrn Kaltschew, daß die Deputation über die Audienz sehr niedergeschlagen war; Graf Bismarck habe betont, daß Deutschland gar keine Interessen in Bulgarien habe, die Freundschaft mit Rußland einen Angelpunkt der deutschen Politik bilde und daß daher Deutschland keinesfalls zwischen Bulgarien und Rußland vermitteln könne. Die Bulgaren hätten keinen andern Ausweg, um aus der Sackgasse zu kommen, in welche sie sich durch die Schuld des Fürsten Alexander und der von ihm eingesetzten Regentschaft verrannt hätten, als sich direkt mit Rußland zu verständigen.

Über den Besuch der Deputation beim türkischen Botschafter sprach sich dagegen Herr Kaltschew mit großer Befriedigung aus.

Der Interviewer frug nun Herrn Kaltschew, was die Deputation weiteres beginnen werde.

„Wir werden morgen oder übermorgen nach Frankreich und England weiterreisen.“

„Um mit dem Prinzen Battenberg zu unterhandeln?“

„O nein, der Prinz verläßt ja heute London, um nach Darmstadt zurückzukehren. Übrigens sagte ich Ihnen, daß er ein abgethaner Mann ist, und niemand in Bulgarien an seine Wiederwahl denkt.“

„Herr v. Huhn berichtet aber doch im entgegengesetzten Sinne.“

„Das ist lediglich Tendenzmacherei! Glauben Sie mir, wir sind einsichtsvoll genug, um zu begreifen, daß Prinz Battenbergs Rolle in Bulgarien für immer ausgespielt ist.“

„Was machen Sie aber dann in England? Sind Sie denn durch die traurigen Erfahrungen der letzten Jahre und durch die Äußerungen der englischen Presse in neuester Zeit noch nicht gewitzigt genug? Von England haben Sie außer schönen Worten und leeren Versprechungen nichts zu erwarten. Man wird Sie höchstens wieder gegen Rußland hetzen und dann sitzen lassen.“

„Wir erwarten von England ohnehin nichts, aber da man zu Hause wünscht, daß wir auch in England das Terrain sondieren, so werden wir, vorausgesetzt, daß wir nicht inzwischen Gegenweisung erhalten, nach London und dann nach Paris und Rom reisen. Ob ich selbst die ganze Reise mitmache, weiß ich noch nicht, da ich mich unwohl fühle."

„Nach Petersburg gehen Sie nicht?"

„Was sollten wir dort machen? Giers will uns nicht einmal privatim empfangen!"

„Das wundert mich nicht. Aber, sagen Sie mir doch, was Sie denn schließlich machen werden, wenn Sie den Mingrelier durchaus nicht wollen?"

„Wir werden eben trachten, einen Fürsten ausfindig zu machen, der auch ohne Rußlands Zustimmung annimmt."

„Das dürfte Ihnen schwerlich gelingen, welcher Fürst sollte es wagen, gegen Rußlands Willen den bulgarischen Thron anzu= nehmen? Höchstens ein Souverän wie z. B. der König von Ser= bien oder Rumänien könnte unter Umständen den Versuch wagen. Denken Sie vielleicht an einen derselben?"

„König Milan als bulgarischer Fürst wäre wohl einerseits die beste Lösung, aber vorläufig ist die Erinnerung an den Krieg noch zu frisch, den man bei uns dem König persönlich zur Last legt, daher er bei uns noch unpopulär ist. Und was den König von Rumänien betrifft, so dürfte er schwerlich annehmen. Überdies entfällt bei dieser Kombination der einzige Faktor, welcher eine bulgarisch=serbische Personalunion annehmbar macht: die Stamm= verwandtschaft der beiden Völker!"

„Ja, aber wer soll denn dann zuletzt bulgarischer Fürst werden?"

„Wenn alle Stricke reißen, bleibt uns noch der Ausweg, einen Bulgaren zum Fürsten zu wählen."

„Einen Bulgaren! Wo fände sich ein passender Thron= kandidat?"

„Das ist nicht so schwer! Der Prinz Bogorides ist ein Bulgare."

„Bogorides? Aleko Pascha? Der Grieche?"

„Bogorides ist in Kotel geboren, also Bulgare, und hat sich auch als bulgarischer Patriot gezeigt."

„Der Prinz Koburg ist also gänzlich abgethan?"

„Gänzlich. Rußland will von ihm nichts wissen."

„Nun, jetzt können Sie mir aber doch reinen Wein einschenken; nicht wahr, Kalnoky hat Ihnen diesen Kandidaten souffliert?"

„Durchaus nicht. Wohl aber haben uns des Prinzen persönliche Freunde während unseres Aufenthaltes in Wien zugeredet, ihm den bulgarischen Thron anzubieten. Er hat sich also gewissermaßen selbst aus eigenem Antriebe angeboten."

„Nun noch einige Fragen über die verflossenen Ereignisse in Bulgarien. Ist Karawelow wirklich an dem Fürsten Alexander zum Verräter geworden?"

„Nach den Ergebnissen der Untersuchungen unterliegt dies keinem Zweifel. Übrigens war Karawelow immer ein verächtlicher, charakterloser Mensch. Gottlob ist er jetzt für immer abgethan!"

„Und Zankow?"

„Ebenfalls ein Verräter."

„Wie, der große bulgarische Patriot? Ich kann es nicht glauben! Vielmehr vermute ich, daß er bloß sein Manöver aus dem Jahre 1884 wiederholt: den Russen schmeicheln, bis er mit ihrer Hilfe die Herrschaft errungen und dann doch wieder nationale Politik treiben und gegen Rußlands ungerechte Forderungen Stellung nehmen."

„Das ist schon möglich; dann aber ist Zankow doch schon zu weit gegangen. Auch er hat bei uns schon alles Ansehen verloren."

„Sagen Sie mir doch noch, wieso es kam, daß gerade die Armee sich gegen den Fürsten Alexander gewinnen ließ?"

„Das ist sehr einfach. Der Fürst verstand es nicht, das Verdienst entsprechend zu belohnen. Er betrachtete alle ihm und dem Lande erwiesenen Dienste als Pflicht und Schuldigkeit des Betreffenden und geizte mit Belohnungen und Auszeichnungen in unbegreiflicher Weise. Auf diese Art mußte er sich die Meisten entfremden. Bei den wenigen Beförderungen, welche er im allgemeinen vornahm, ließ er sich überdies von Parteilichkeit beeinflussen und das mußte natürlich die Zurückgesetzten noch mehr erbittern. So z. B. blieb der Haupträdelsführer Benderew Kapitän, obschon er sich bei Slivnitza sehr ausgezeichnet hatte und seine viel unfähigeren Kameraden Petrow, Nikiforow, Parow und Popow befördert worden waren. Ebenso erhielt Major Gudschew, welcher bekanntlich bei Slivnitza den Oberbefehl führte, für seinen Sieg nicht die mindeste Belohnung, weil sich der Fürst fürchtete, es werde dadurch in die Öffentlichkeit kommen, daß er während der ganzen Schlacht vom Schlachtfelde abwesend war (?), daß folglich nicht er, sondern Gudschew der Sieger von Slivnitza sei. Fürst Alexander könnte noch heute regieren, wenn er es verstanden hätte, die Armee und seine Diener durch reichliche Belohnungen treu zu erhalten."

Die Herren aus Bulgarien verließen Berlin unverrichteter Sache, ohne in London und Paris besser zu fahren. Seitdem hat das Land den Koburger als zweiten Fürsten erhalten. Prinz Alexander hat beharrlich und entschieden alle bulgarischen Beschwörungen, wieder nach Sofia zurückzukehren, abgewiesen, aber er hat kein Hehl daraus gemacht, daß diese Verneinung in eine Bejahung umschlagen würde, wenn die internationale Lage, wenn besonders die Haltung Deutschlands sich ändern sollte. Unter der Regierung Friedrichs III. trat seine Person einige Zeit hindurch wieder auf den Vordergrund der politischen Bühne, wovon in einem späteren Abschnitt die Rede sein wird.

Bismarck und die Revanche.

Für den geschicktesten Diplomaten galt vor Zeiten derjenige,
der es am besten verstand, die Absichten des eigenen Hofes zu verbergen und die Geheimnisse des fremden auszukundschaften. Man
weiß aus der Vorgeschichte des siebenjährigen Krieges, wie damals
die diplomatische Kunst in einem gegenseitigen Auflauern und Aus-
spionieren bestand. Friedrich der Große selbst hielt es nicht unter
seiner Würde, untergeordnete Leute zu bezahlen, die ihm die Geheimnisse fremder Kabinette verrieten. Die seltsamsten und delikate-
sten Wege wurden nicht gescheut, um hinter das zu kommen, was
im Verborgenen von einer gegnerischen Macht Unheilvolles geplant
wurde. Dem Lustspiel mehr als dem Heldenstück gehört die Thätigkeit eines Diplomaten aus der alten Schule an, und wirklich
haben die Lustspieldichter manchen hübschen Stoff aus dieser Sphäre
aufgegriffen und verarbeitet.

Doch die Lustspieldichter künftiger Zeiten werden einen Stoff
besitzen, der noch unendlich dankbarer ist, als ihn die kunstreichen
Intrigen vergangener Tage lieferten. Unvergleichlich komisch müßte
doch die Situation eines Diplomaten sein, der, in den alten
Traditionen seiner Kunst erzogen, dadurch aus dem Konzept gebracht wird, daß er wider seinen Willen in alle Geheimnisse des
Hofes eingeweiht wird, den er belauern soll. Er kommt, um zu
beobachten, zu spähen, auszuhorchen; aber während er das Ohr an
die Wand legt, wird ihm die Thüre aufgethan, auf die verbindlichste
Weise wird er hereinzutreten genötigt und — all' sein Sträuben
ist vergeblich — zum Vertrauten aller der Unternehmungen gemacht, die auf schlaue Weise auszukundschaften ihm aufgetragen
worden war. Ist es ein Wunder, wenn er den Kopf verliert, wenn
er von Mißtrauen gegen die ganze Welt erfüllt wird, erschöpft

nach Hause kommt und zuletzt in die Klage ausbricht, daß die schönen Tage der alten regelrechten Diplomatie unwiderbringlich dahin sind?

Benedetti heißt der Mann, der wirklich Jahre lang in dieser Situation sich befunden und sie uns mit unnachahmlicher Naivität in seinem Buche „Ma mission en Prusse," welches gleich nach dem Kriege erschien, enthüllt hat. Jede Schuld an dem für sein Land unglücklichen Kriege will er, der eine Hauptperson gewesen ist, in diesem Buche dadurch von sich abwälzen, daß er nachweist, seine Regierung nie im Unklaren über die Entwürfe der Bismarckschen Politik gelassen zu haben. Und in gewissem Sinne gelingt ihm auch die Rechtfertigung. Er ist in Berlin stets auf dem Laufenden erhalten worden, und er hat von dem, was er erfahren, stets am folgenden Tage getreulich Bericht erstattet. Die Schuld trifft den Kaiser und seine Ratgeber, die wohlunterrichtet waren und mit sehenden Augen ins Verderben rannten. Was aber Benedetti schwerlich beabsichtigte, ist der Eindruck, den man aus seinem Buch von der ungeheuren Überlegenheit des Mannes erhält, mit dem er es zu thun hatte. Er bemerkt nicht, daß, so oft er wieder von einer bedeutenden Unterredung mit Bismarck berichtet, er selbst zur gänzlichen Nullität zusammenschrumpft. Mit weit geöffneten Augen empfängt er die vertraulichen Mitteilungen, denen er nicht auszuweichen vermag, die erstaunliche Kunde raubt ihm die Sprache: er sagt nichts, denn er hat nichts zu sagen, und zu Hause setzt er sich hin und schüttet dem Minister sein Herz aus über die Bedrängnis, in die ihn die unerwünschte Vertraulichkeit des deutschen Kanzlers versetzt. Man hat die Überlegenheit der deutschen Waffen nunmehr vielfach an das Licht gestellt, das Buch Benedettis erinnert zur Abwechselung einmal wieder an die Überlegenheit der deutschen Staatskunst. Und wer die Methode alter und neuer Diplomatie vergleichen will, wird sich keines instruktiveren Führers bedienen können.

Zu den interessantesten Stücken der reichen Sammlung gehören einige Depeschen, welche das Verhältnis Preußens zu Italien in den Jahren 1866 und 1867 betreffen und die, wie es scheint, noch wenig bemerkt worden sind. Sie verdienen aber nicht unbeachtet zu bleiben, denn sie zeigen den französischen Botschafter eben in jener komischen Situation.

4*

Am 14. März 1866 war der italienische General Govone in
Berlin angekommen. Benedetti hatte, wie er erzählt, durch eine
Indiskretion des Feldmarschalls Wrangel frühzeitig davon Wind
bekommen, doch erhielt er zunächst die Auskunft, Govone sei ge=
kommen, um die preußischen Militäreinrichtungen zu studieren. Allein
schon am 17. März, also drei Tage nach der Ankunft des Gene=
rals, wird Benedetti durch Bismarck in den Zweck dieser Sendung
eingeweiht. Alle Details der Instruktionen, die Govone mitgebracht,
werden in dieser Unterredung dem französischen Botschafter mitge=
teilt, er wird gleichzeitig über die augenblicklichen Beziehungen Preu=
ßens zu Österreich und zu den anderen deutschen Staaten unterhalten,
sogar die damals beabsichtigte Reise Moltkes nach Italien wird
ihm nicht verschwiegen. Mit welchen Gefühlen er diesen Eröffnungen
zuhörte, mag man aus dem Schlußsatz der Depesche vom 18. März
entnehmen, die über diese Unterredung berichtet: „Die italienische
Gesandtschaft hält sich mir gegenüber in absoluter Reserve. Doch
weiß ich nicht, ob ich mich darüber beklagen soll. Die Vertraulich=
keiten Bismarcks, die ich für jetzt nicht abweisen kann, versetzen mich
bereits in eine hinreichend delikate Lage." Also ein Diplomat, der
eingestandenermaßen dadurch in Verlegenheit gesetzt ist, daß der zu
beobachtende Minister nicht hinter dem Berge hält, sondern ihn
mit offenherzigen Mitteilungen überschüttet. Der Reichtum von
Eröffnungen erdrückt ihn, am liebsten möchte er gar nichts mehr
hören, und er ist froh, daß er wenigstens von Seiten der italieni=
schen Gesandtschaft nicht auch noch belästigt wird.

Ähnliche Seufzer kehren in den Enthüllungen Benedettis mehr=
mals wieder. Am bezeichnendsten ist wohl die Depesche, welche der
Gesandte am 10. November 1867, also nicht lange nach Mentana,
an seinen Minister absandte. Er berichtet darin, daß Bismarck ihm
im Vertrauen zwei überraschende Thatsachen mitgeteilt habe. Die
Thatsachen sind folgende:

Als Garibaldi im Begriffe stand, in den Kirchenstaat einzufallen,
schrieb er an Bismarck einen Brief, worin er um thatkräftige Unter=
stützung seines Unternehmens, um Geld und Waffen bat. Um
sicher zu gehen, hatte er einen eigenen Vertrauensmann abgesandt,
der Bismarck den Brief einhändigte. Bismarck scheint nicht getraut
zu haben — sei doch die Handschrift Garibaldis leicht nachzuahmen —,

kurz, er bemerkte dem Abgesandten, er könne über keine Gelder
verfügen, über die er nicht der Kammer Rechenschaft abzulegen hätte,
und fügte verschiedene Ermahnungen hinzu. Frankreich könne selbst=
verständlich den Einfall von Banden in den Kirchenstaat nicht dulden,
und das Unternehmen scheine ihm ein gänzlich aussichtsloses. Dieser
Enthüllung ließ Bismarck sofort eine zweite folgen. Sobald Frank=
reich sich anschickte, mit den Waffen in Italien zu intervenieren,
telegraphierte das Kabinett von Florenz an seinen Gesandten in
Berlin, er solle bei Bismarck anfragen, ob und in welchem Maße
Italien auf die Unterstützung Preußens rechnen könne. Bismarck
erwiderte, Frankreich habe einen gerechten Grund, wenn es dem
Papste zu Hilfe komme und es könne Preußen nicht zugemutet
werden, die Unterstützung des Einfalls in das Gebiet eines Sou=
veräns zuzusagen, mit dem es friedliche Beziehungen unterhalte.

Diese Antworten an die Italiener ließen offenbar an Loya=
lität nichts zu wünschen übrig. Benedetti weiß auch nur einzu=
wenden, daß Bismarck eigentlich den Garibaldianer hätte gar nicht
empfangen und ihm nicht noch gute Ratschläge über die Aussichts=
losigkeit des Unternehmens geben sollen. Allein was ihn ganz
bestürzt macht, ist der Umstand, daß ihn Bismarck überhaupt mit
diesen Vertraulichkeiten beschenkt, „die ganz außergewöhnlich und
unvereinbar mit den gesunden Überlieferungen regelmäßiger Regie=
rungen sind." So sehr ist er überrascht, daß er es, wie er selbst
hinzusetzt, unterläßt, weitere Aufklärungen sich auszubitten, er rät
herum, warum ihn wohl Bismarck ins Vertrauen gezogen habe, und
schließt seine Depesche mit den Worten: „Aber zu welchem Zweck hat
Herr von Bismarck, der niemals ohne Berechnung indiskret ist, mir
freiwillig diese Mitteilungen gemacht? Hatte er Grund zu glauben,
daß wir auf einem anderen Wege davon unterrichtet sein könnten, und
es für rätlich gehalten, seine Unterredungen mit dem Abgeordneten Ga=
ribaldis und mit dem Geschäftsträger Italiens auf diejenige Tragweite
zurückzuführen, die er einzugestehen für gut fand, um desto leichter
andere Einzelheiten ableugnen zu können, deren Bestätigung ihm
unbequem war? Oder hat er sich einzig vorgesetzt, uns zu benach=
richtigen, mit welcher Beeiferung die Parteien und selbst die Re=
gierung in Italien bereit sind, sich an Preußen zu wenden, und
wie leicht es ihm nötigenfalls wird, Verbündete jenseits der Alpen

zu finden? Diese verschiedenen Vermutungen sind gleichmäßig
wahrscheinlich; jedenfalls ist sicher, daß er nicht ohne irgend einen
Hintergedanken mir diesen Beweis seines Vertrauens schenken
wollte." Ein kostbares Aktenstück. Man glaubt ordentlich die Ver=
legenheitsmiene des Diplomaten zu sehen, der sich vergeblich ab=
müht, nicht hinter die Geheimnisse der Bismarckschen Politik zu
kommen, sondern die Ursache der Vertraulichkeit zu ergründen, mit
der sie ihm enthüllt wurden.

Diese Vertraulichkeit hatte freilich ihren guten Grund. Indem
Bismarck von Anfang an über seine Entwürfe in Deutschland das
Tuilerienkabinett nicht im Zweifel ließ, machte er es allerdings
gewissermaßen zum Bundesgenossen. Der Vertraute wurde von
selbst zum Mitschuldigen. Indem die Kaiserliche Regierung fast
von Tag zu Tag in Mitwissenschaft gezogen wurde, wußte sie den
Moment nicht zu finden, wo sie ihren Protest rechtzeitig hätte ein=
legen können. Sie besann sich von Stunde zu Stunde und ver=
paßte die rechte. Schon in Biarritz hatte Bismarck den Kaiser
durch seine Offenherzigkeit in Staunen gesetzt, aber in angenehmes
Staunen: man hörte ihm mit Vergnügen zu und hielt ihn für einen
höchst amüsanten Schwadroneur, dessen Plaudereien man nicht ernst=
haft nahm und den man vollständig zu übersehen eingebildet genug
war. Seit dem Jahre 1866 änderte sich diese Meinung erheblich; aber
man wußte nicht mehr, wie es angreifen, um dem rollenden Rad
in die Speichen zu fallen. Man gewinnt den Eindruck, daß eben
Bismarcks fortgesetzte Vertraulichkeit die französische Politik wie
mit einem magischen Netze einspann, das sie zur Unthätigkeit ver=
urteilte. Zuletzt fand der Kaiser, daß er nur mit einem brutalen
Streiche dieses Netz durchbrechen könne, und er that es zu seinem
Verderben.

Es gehört eine gewaltige Sicherheit dazu, dieses offene Spiel
zu spielen. Nur ein überlegener Geist durfte es wagen, den ge=
fährlichsten Feind dadurch lahm zu legen, daß man ihn mit Ver=
trauen überhäufte. Aber jene Sicherheit durfte Bismarck zugleich
aus der Größe und Gerechtigkeit der Sache schöpfen, die er hinaus=
zuführen sich getraute. Vor aller Welt durfte er sich zu dem
Entwurf der deutschen Einigkeit bekennen. Und wozu verbergen,
was Alle gleichwohl wußten, was die Sperlinge von den Dächern

pfiffen? Das war kein Kabinettsgeheimnis, dem die anderen erst durch die Schlüssellöcher hätten beikommen müssen. Die Sache war reif dazu, im großen Stil, in aller Öffentlichkeit mit ruhiger Ankündigung aller Motive und aller Wege behandelt zu werden. Wer diese Aufgabe unternahm, durfte ein gutes Gewissen haben. Der überlegene Staatsmann vertrat zugleich die überlegene Sache.

Aber ist Bismarck gegen Benedetti ebenso offen über die belgischen Ideen gewesen? Man weiß, daß bereits am 16. August 1866 Herr Benedetti in Person, auf Anweisung seines Hofes in Berlin, jene Verhandlungen über die Annexion Belgiens einfädelte, welche in der Geschichte den Beinamen der „dilatorischen" führen werden. Was Louis Napoleon gegen Belgien unternahm, das haben andere französische Regierungen vor ihm auch unternommen, und unter ihnen am eifrigsten und erfolgreichsten die tugendhafteste von allen: Die heilige Republik von 1792. Die Eroberung Belgiens war die erste auswärtige Großthat der edlen Girondisten und der Beginn des Weltkrieges, welcher erst in den Ebenen von Waterloo sein Ende fand. Die Erwerbung Belgiens war das erste — allerdings fehlgeschlagene Unternehmen, mit welchem das bürgerlich ehrbare Julikönigtum seine diplomatische Laufbahn eröffnete. Damals schrieb (unter dem 1. Februar 1831) Lord Palmerston an Lord Granville in Paris:

„Talleyrand sondierte mich, ob ich die Ernennung des Herzogs von Nemours zum König der Belgier gutheißen würde. Ich sagte ihm, wir würden das als eine Einverleibung in Frankreich und nichts anderes ansehen, und Frankreichs Sache sei es, sich alle Folgen einer solchen Abweichung von eingegangenen Verbindlichkeiten wohl zu überlegen; ich glaube nicht, daß die Masse der französischen Nation Belgien um den Preis eines allgemeinen Krieges begehre, und ich glaube auch nicht, daß die Masse der Belgier Einverleibung in Frankreich oder einen französischen Prinzen wünsche. Die andern drei Mächte sind ganz einhellig über diesen Punkt, und ich muß sagen, wenn die Wahl auf Nemours fällt und der König der Franzosen annimmt, so wird das beweisen, daß die französische Politik einer ansteckenden Krankheit gleicht, welche an den Wänden der Wohnung klebt und jeden neuen Bewohner ergreift, der ihrem Einfluß nahe kömmt."

Die Wahl fiel nicht auf Nemours, aber es bedurfte sehr starker Worte, um den Tuilerienhof zum Fahrenlassen seiner Beute zu bewegen. Am 15. Februar schreibt der britische Minister über die Haltung der französischen:

„Ihre Freundschafts= und Friedensbeteuerungen sind freilich sich immer gleich und beständig, aber sie betreiben unausgesetzt ihre Kriegsrüstung, während doch niemand sie bedroht und während ihre Anschläge auf Belgien sich täglich deutlicher verraten. Sie zeigen unaufhörlich die Neigung, mit uns anzubinden und uns in einer Weise zu behandeln, die wir uns nimmermehr gefallen lassen können. Machen Sie doch in allen Ihren Unterredungen dem Marschall Sebastiani recht begreiflich, daß unsere Friedensliebe nie uns bewegen wird, Beleidigungen in Wort oder That zu dulden.“

Und noch stärker am 15. August:

„Wird Frankreich seine Truppen zurückziehen, sobald die Hol= länder Belgien geräumt haben? Machen Sie doch dem Kabinett alles, was davon abhängt, deutlich. Grey schreibt Ihnen. Er ist in diesem Punkte peremtorisch, und selbst wenn das Ministerium den leisesten Wunsch hegte, (was nicht der Fall ist) hierin nachzu= geben, die öffentliche Meinung in England würde es daran hindern. Es handelt sich also um Krieg oder Frieden. Sebastiani und Soult wollen anscheinend mit allen ihren Nachbarn Händel anfangen oder jedermann zwingen, sich ihrer Insolenz und ihren Aggressionen zu unterwerfen — vergleiche ihre Sprache über Spanien.“

Man braucht in der That nur ein paar Eigennamen zu ver= ändern, um diese Äußerungen auf die Geschichte der Jahre 1866 bis 1870 zu übertragen. Die ansteckende Krankheit, die an den Wänden der Tuilerien klebte, war schon 1830 ebenso bösartig, wie wir sie beobachtet haben. Man bedenke, daß hier ein englischer Staatsmann spricht, welcher die Allianz mit Frankreich eifrig wünschte, und daß er von einer französischen Regierung spricht, welche von ihren Unterthanen wegen zu friedfertigen Temperaments gestürzt worden ist.

Ein erheblicher Unterschied zwischen der Palmerstonschen und der Bismarckschen Methode bei Behandlung des ansteckenden morbus gallicus springt in die Augen. Der britische Minister sagte seinem Benedetti sofort und unumwunden: aus euren belgischen Phantasien

wird nichts; besinnt euch wohl; es handelt sich um Krieg oder
Frieden. Der deutsche Minister sprach seinem kleinen Talleyrand
gegenüber nicht so deutlich. Zwar als dieser Mainz und anderes
deutsches Land begehrte, wurde er mit einem runden Nein abgewiesen; seine belgischen Ideen dagegen wurden zu bilatorischen Verhandlungen verwertet, d. h. man ließ ihn zwischen Furcht und Hoffnung schweben, ohne ihm in der Sache selbst Vorschub zu leisten.
Auf den ersten Blick nimmt sich die Haltung des englischen Staatsmannes besser aus, und sie hatte auch einen besseren Erfolg. Das
offene Quod non Lord Palmerstons verhinderte den Krieg; des
Grafen Bismarck hinhaltende Vorsicht hat den Frieden nicht zu
retten vermocht. Allein bei näherer Erwägung verschwindet der
Schein der Überlegenheit des englischen Ministers. Der letztere befand sich in einer ganz anderen, viel weniger schwierigen Lage. Ganz
abgesehen von seiner insularen Unangreifbarkeit, mußte er, daß das
entschiedene Nein am sichersten seinen Zweck fördern werde. Er
konnte sich auf den einhelligen Beistand der europäischen Mächte
berufen, und er durfte voraussetzen, daß Frankreich vor diesem Appell
die Segel streichen werde, was denn auch geschah. Graf Bismarck
hatte im Jahre 1866 einen solchen Rückhalt nicht; höchstens konnte
er sich auf Rußlands Neutralität verlassen. Im übrigen sah er
sich auf die isolierten Kräfte Preußens angewiesen; Süddeutschland
war noch nicht gesichert, Skandinavien war feindselig, Holland und
Belgien voll Argwohns, Italien unberechenbar, und Österreich hatte
noch seine Armee auf dem Kriegsfuße. Seine Politik mußte daher
eine ganz andere sein als die Lord Palmerstons im Jahre 1830.
Anstatt die Entscheidung herauszufordern, mußte er sie hinhalten,
bis die Umstände sich günstiger gestaltet haben würden. Er schrieb
darüber in seinem bekannten Rundschreiben vom 29. Juli 1870:
„Von der Zeit an (nämlich 1866) hat Frankreich nicht aufgehört,
uns durch Anerbietungen auf Kosten Deutschlands und Belgiens in
Versuchung zu führen. Die Unmöglichkeit, auf irgend welche Anerbietungen der Art einzugehen, war für mich niemals zweifelhaft:
wohl aber hielt ich es im Interesse des Friedens für nützlich, den
französischen Staatsmännern die ihnen eigentümlichen Illusionen
so lange zu belassen, als dieses, ohne ihnen irgendwelche auch nur
mündliche Zusage zu machen, möglich sein würde. Ich vermutete,

daß die Vernichtung jeder französischen Hoffnung den Frieden, den zu erhalten Deutschlands und Europas Interesse war, gefährden würde. Ich war nicht der Meinung derjenigen Politiker, welche dazu rieten, dem Krieg mit Frankreich deshalb nicht nach Kräften vorzubeugen, weil er doch unvermeidlich sei. So sicher durchschaut niemand die Absichten göttlicher Vorsehung bezüglich der Zukunft, und ich betrachte auch einen siegreichen Krieg an sich immer als ein Übel, welches die Staatskunst den Völkern zu ersparen bemüht sein muß. Ich durfte nicht ohne die Möglichkeit rechnen, daß in Frankreichs Verfassung und Politik Veränderungen eintreten könnten, welche beide große Nachbarvölker über die Notwendigkeit eines Krieges hinweggeführt hätten — eine Hoffnung, welcher jeder Auf= schub des Bruches zugute kam. Aus diesem Grunde schwieg ich über die gemachten Zumutungen und verhandelte dilatorisch über dieselben, ohne meinerseits jemals auch nur ein Versprechen zu machen.

Nach dem Kriege haben die diplomatischen Beziehungen eine totale Umgestaltung erfahren. Es giebt keine Anlässe mehr, welche von deutscher Seite dilatorisch zu behandeln wären. Aber wieder= holt hat sich in dem ersten Nachfolger Benedettis jene komische Situation des Diplomaten, dem „während er das Ohr an die Wand legt, die Thür aufgethan wird", der aber fortwährend sich getäuscht glaubt und dadurch den heillosesten Wirrwarr anrichtet. Wiederholt hat sich ferner jene Notwendigkeit für den Kanzler des Deutschen Reiches, denjenigen Politikern gegenüber zu treten, welche dazu rieten, dem Kriege mit Frankreich deshalb nicht nach Kräften vorzubeugen, weil er doch unvermeidlich sei. Diese Abweisung jedes Präventivkrieges ist sogar der hervorstechende Zug der deutschen Politik seit dem Kriege gegenüber dem ununterbrochenen Revanche= geschrei Frankreichs, wie in den letzten Jahren auch gegenüber den Drohungen Rußlands geworden. Er gipfelt in der Reichstagsrede des Fürsten Bismarck vom 9. Januar 1876, wie in derjenigen vom 6. Februar 1888.

Der zuerst nach 1871 am diesseitigen Hofe beglaubigte franzö= sische Botschafter Vicomte de Gontaut=Biron zettelte den Jesuiten und ihrem tötlichen Haß gegen das Deutsche Reich zu Liebe eine auf systematischer Fälschung beruhende Intrige, um Deutschland

bei Rußland und England in Mißkredit zu bringen, wobei man
auf die bereitwillige Mitwirkung des russischen Reichskanzlers
Fürsten Gortschakow rechnen zu können meinte, indem man letzterem die seiner persönlichen Eitelkeit schmeichelnde Rolle des Bän-
digers Deutschlands und Erretters Frankreichs vorbehielt. Kaiser
Alexander II. durchschaute die Beweggründe, die seinen Kanzler ver-
anlaßten, jenen Zettelungen des internationalen Jesuitismus ein
geneigtes Ohr zu leihen, so vollständig, daß er sich selbst während
seiner Anwesenheit am Berliner Hofe im Mai 1875 über das Gebahren des Fürsten Gortschakow lustig machte.

Wenn man die ersten Monate des Jahres 1875 sich vergegenwärtigt, so fällt vor allem ins Auge, daß damals an der Spitze
der französischen Republik als Präsident noch der Marschall Mac
Mahon stand, daß die souveräne und konstituierende Gewalt noch
von derselben Nationalversammlung ausgeübt wurde, welche 1871
zur Bestätigung oder Verwerfung der Friedenspräliminarien von
Versailles gewählt worden war. Diese Versammlung, deren Mehrheit aus Anhängern der monarchischen und klerikalen Parteien bestand, war nach vielfältigem Tasten eben dabei, dem französischen
Staat eine republikanische Verfassung zu geben, weil, nachdem Graf
Chambord die Krone mit einer Ausflucht abgelehnt, vorläufig keine
andere Staatsform möglich war. In Deutschland stand der Kulturkampf auf der Höhe. Im Sommer 1874 war in Kissingen das
Kullmannsche Attentat erfolgt, in Frankreich hatten verschiedene
Bischöfe in ihren Hirtenbriefen in herausfordernder Weise Bezug
auf den deutschen Kulturkampf genommen. In Belgien hatte ein
Individuum, Namens du Chesne, sich erboten, den deutschen Reichskanzler zu ermorden. Da beschloß im Februar 1875 die französische
Nationalversammlung ein Kadregesetz, welches die französische Armee
auf eine in keinem Großstaat bisher erreichte Stärke bringen sollte.
Mit größter Anstrengung wurde das Kriegsmaterial erzeugt und
natürlich für den Bedarf einer weit größeren Armee, als die napo-
leonische je gewesen, vervollständigt. Die Pferdeankäufe für die
französische Armee erfolgten in solchem Maßstab, daß die deutsche
Regierung ein Pferdeausfuhrverbot erlassen mußte. Die auswärtigen Angelegenheiten Österreich-Ungarns leitete Graf Andrassy, ein
deutschfreundlicher Staatsmann. Allein das Schreiben eines Erz-

herzogs, welches, man weiß nicht in welcher Veranlassung und Ab=
sicht, an die Öffentlichkeit gelangte, atmete glühenden Haß gegen
Deutschland. Man wußte recht gut, daß eine einflußreiche Partei
des Klerus, der Aristokratie und im Heere selbst mit leidenschaft=
lichem Verlangen das Bündnis mit einem klerikalen Frankreich er=
sehnte. Endlich wußte man, daß in der Umgebung des Papstes
Pius IX. sogar es nicht an Eiferern fehlte, welche, haßentflammt
durch den deutschen Kulturkampf, die Meinung vertraten, wenn das
königliche Italien für jenes Bündnis, welches 1870 mißlungen war,
das Bündnis zwischen Italien, Frankreich und Österreich, jetzt ge=
wonnen werden könnte, so müsse man ihm vorläufig den Raub des
weltlichen Staates so weit und so lange als möglich nachsehen. In
diesen Moment fiel ein Besuch des Kaisers von Österreich beim
König von Italien in Venedig. Es herrschte in allen ultramon=
tanen Kreisen, soweit sie an der hohen Politik Anteil hatten, eine
leidenschaftliche Gährung.

Es ist eine wohlfeile Weisheit, eine solche Gährung nachträg=
lich für ein harmloses Ding auszugeben, namentlich wenn man,
wie heute nach den Leflô'schen Enthüllungen, den Beleg schwarz
auf weiß zu haben glaubt, wie sehr die damalige Regierung Frank=
reichs einen Krieg fürchtete. Aber im Frühjahr 1875 sollte der
Krieg auch nicht eröffnet werden. Erst wollte man rüsten, politisch
und militärisch. Weder die Bündnisse noch die Heeresorganisation
waren fertig. In diesem Augenblick, am 8. April 1875, schrieb die
Post den bekannten Artikel: „Ist der Krieg in Sicht." Man macht
noch heute ihr den Vorwurf, sie hätte eine völlig grundlose Un=
ruhe damals in die Welt gebracht. Fürst Bismarck nahm in seiner
Reichstagsrede vom 9. Februar 1876 das genannte Blatt in Schutz.
Er bemerkte: „Ich habe den Artikel nicht getadelt, denn ich finde,
wenn man das Gefühl hat, daß in irgend einem Lande eine Mi=
norität zum Kriege treibt, dann soll man recht laut schreien, damit
die Majorität darauf aufmerksam wird; denn die Majorität hat ge=
wöhnlich keine Neigung zum Kriege, der Krieg wird durch Minoritäten
oder in absoluten Staaten durch Beherrscher oder Kabinette ent=
zündet. Aber der ist ganz gewiß nicht des Krieges, der Brand=
legung verdächtig, der zuerst Feuer schreit. Wenn es wirklich
einen Minister gäbe, der aus irgend einem gänzlich unbegründeten

Zwecke zum Kriege drängen wollte, der würde es doch wahrlich
ganz anders anfangen, als daß er zuerst in der Presse Lärm schlüge,
damit würde er nur die Löschmannschaft rufen; vor allen Dingen
müßte er doch die Zustimmung seines Souveräns zu gewinnen
suchen."

Die Warnung der „Post" vor einer Intrige, die gegen Deutsch=
land gesponnen wurde, sah man im Auslande vielmehr als ein
Symptom der bösen Absichten, der bösen Pläne, die Deutsch=
land im Schilde führe, an. Es erschien am 6. Mai 1875 ein Artikel
des Herrn von Blowitz in der „Times," worin ein förmlicher Kriegs=
plan Deutschlands gegen Frankreich denunziert wurde. Diesen
Artikel hatten Fürst Gortschakow und der Herzog von Decazes be=
stellt, damit Fürst Gortschakow, der am 10. Mai mit dem Kaiser
Alexander in Berlin eintraf, eine Gefahr vorfinde, die er wie Cäsar
als der stärkere Leu bezwingen könne. Denn das Schauspiel des
Schiedsrichters von Europa und des väterlichen Friedensbewahrers
wollte er der Welt geben, und zwar in Berlin, in der Höhle des
Löwen selbst. Der Herzog von Decazes aber fürchtete, daß Deutsch=
land, der ultramontanen Intrige zuvorkommend, das noch isolierte
und noch nicht gerüstete Frankreich niederschlagen könne. Deshalb
ließ er sich von dem französischen Botschafter Gontaut=Biron eine
angebliche Äußerung des Herrn v. Radowitz berichten, dahingehend,
Deutschland werde, wenn es sehe, daß Frankreich unter allen Um=
ständen die Wiederaufnahme des Krieges wolle, nicht warten, bis
Frankreich den ihm gelegensten Moment gefunden habe. Diese
Äußerung ist niemals gefallen.

In der bereits erwähnten Reichstagsrede vom 9. Februar 1876
wies Fürst Bismarck den Gedanken an einen Präventivkrieg wiederum
in der Weise ab, wie er das in der Depesche vom 24. Juli 1870
gethan, und wie er das wiederum in seiner berühmten Rede vom
6. Februar 1888 gethan. Schon kurz vor dieser Rede that er den
Ausspruch: Für ihn existiere der militärische Gesichtspunkt nicht,
daß Deutschland Frankreich überlegen sei, vielmehr bestände der
einzige Gesichtspunkt, aus dem die Sache anzusehen sei, in der
Thatsache: Wenn Deutschland es mit einem ungerechten Angriff zu
thun hat, ist es imstande, das Doppelte und Dreifache dessen zu
leisten, was ihm rein militärisch an Mitteln zu Gebote stände.

Fürst Bismarck hat den Krieg 1870/71 nicht vermeiden können, er hat aber vermöge seiner antimilitärischen Auffassung des Krieges den Frieden konsequent aufrecht erhalten, insbesondere auch in dem Winter von 1887 und 1888, wo wir dem Kriege mit Rußland so nahe waren. Der Gedanke des Präventivkrieges wurde in der Rede des Fürsten Bismarck vom 6. Februar 1888 mit nachdrücklicher Bestimmtheit und gewiß nicht bloß als akademische Betrachtung ab= gelehnt. Unsere Militärs haben ihre Ansichten über den Krieg bei verschiedenen Gelegenheiten nicht zurückgehalten, so schon 1867 zur Zeit der Luxemburger Frage, so 1874, als Frankreich mit fieber= hafter Hast die Reorganisation der Armee betrieb und die Arsenale füllte, während das klerikale Ministerium in Rom und in Wien Bundesgenossenschaften suchte. Im August 1874 gab es eine inter= nationale Konferenz für Kodifikation des Völkerrechts zu Brüssel. Einer der militärischen Vertreter Deutschlands war General=Major v. Voigts=Rhetz. Bluntschli schreibt über ihn in seinem Tagebuche: „Heute dinierten wir zusammen. Ich bekam den Eindruck, daß General v. Voigts=Rhetz und sicher die preußische Militärpartei auf baldigen Krieg hofft und den Krieg wünscht. „Wir sehen ja, daß Frankreich mit äußerster Anstrengung sich auf den Revanchekrieg vorbereitet. Sollen wir denn warten, bis die Franzosen vollständig gerüstet sind?“ sagte der General. Ich hatte gehofft, keinen Krieg mehr zu erleben. Die Hoffnung ist eitel, wie ich fürchte. Ich rechne darauf, daß wir mit der Weltgeschichte, nicht gegen diese marschieren.“

Die Besorgnisse vor einem Kriege mit Frankreich, die im Jahre 1875 herrschten, wurden aufs Neue lebendig in Frühjahr 1877, als Mac Mahons Versuch eines kleinen Staatsstreiches und die schwierige Stellung Deutschlands zwischen Österreich und Rußland Gefahren in sich bargen, denen gegenüber, um ein bekanntes Wort von Thiers anzuwenden, in der deutschen Politik kein Fehler ge= macht werden durfte, wenn Deutschland nicht in kriegerische Ver= wickelungen geraten sollte. Die Ultramontanen betrieben in Europa ihre letzte große Verschwörung. Das Ministerium Jules Simon in Frankreich hatten sie beseitigt und Broglie und Fourtou an die Stelle gesetzt; diese neuen Minister würden einen Staatsstreich gegen die republikanische Verfassung ins Werk gesetzt haben, wenn der Marschall Mac Mahon der Mann dazu gewesen wäre. Sie traten im Mai 1877 in das Amt, als der Krieg an der Donau begonnen hatte. Die gute Gelegenheit, daß Rußland in Krieg verwickelt und daß andere große Mächte genötigt waren, den Gang des Krieges zu überwachen und für alle Fälle ihre Kräfte bereit zu halten, diese vermeintliche gute Gelegenheit sollte dazu benutzt werden, um mit französischen Waffen das Königreich Italien anzufallen und es zu zertrümmern. Es sollte ferner die ultramontane Bewegung nach Österreich getragen und ein Bündnis zwischen Frankreich und Österreich geschaffen werden, so daß nach gänzlicher Vernichtung der seit 1872 zwischen den Regierungen von Petersburg, Wien, Berlin und Rom bestehenden Beziehungen das deutsche Reich nur allein noch Rußland zum Freunde gehabt hätte. Erst im Dezember 1877 wurden mit dem Sturze des Ministeriums Broglie diese Anschläge hinfällig.

Dem Kampfe zwischen Republik und Monarchie in Frankreich gehört ein interessanter Zwischenfall an, über den erst im Jahre 1880 öffentlich gesprochen wurde. Es handelte sich um eine von Frankreich aus erstrebte Einmischung des deutschen Reichs in die große Frage. Diese Angelegenheit kam auf folgende Weise zur Sprache. Die „Nordd. Allg. Ztg." verwahrte im Februar 1880 in einem inspirierten Artikel die deutsche Reichsregierung mit großer Entschiedenheit vor der Verantwortlichkeit für Äußerungen unabhängiger deutscher Blätter über die inneren Zustände in Frankreich. Die „Nordd. Allg. Ztg." hatte dabei einen Artikel der „Köln. Ztg." im Auge, der Deutschlands Interessen an der Gestaltung der französischen Regierung betonte und in der englischen und französischen Presse vielfach und zum Teil mit großer Schärfe kommentiert wurde. Die deutsche Politik fand in folgenden Ausführungen der „Nordd. Allg. Ztg." ihre Darlegung:

„Wer die deutsche Politik Frankreich gegenüber seit dem Frieden auch nur oberflächlich beobachtet hat, dem kann die Sorgfalt nicht entgangen sein, mit welcher der Reichskanzler jede Einmischung und jeden Anschein einer Einmischung in die innere Politik Frankreichs vermieden hat. Daß die gegenwärtige deutsche Politik dahin gerichtet ist, den Frieden zu erhalten, wird seit dem Kongreß bona fide kaum mehr angezweifelt werden können. Wir zweifeln nicht, daß bei diesen Bestrebungen der Reichskanzler sich stets gegenwärtig

hält, daß für die Freundschaft großer und ehrliebender Völker nichts
schädlicher ist, als der Glauben, daß die inneren Angelegenheiten
des einen von der Regierung des anderen beeinflußt würden.
Namentlich Deutschland ist in dieser Beziehung mit Recht vorsichtig
geworden durch die unberechtigten Klagen über German influence
in England und über angeblich deutsche Einflüsse in Rußland. Wir
glauben deshalb auch nicht, daß der Reichskanzler die deutschen Artikel über die jüngste französische Krisis, welche er inspiriert haben
soll, und in denen man sogar seinen Stil erkennen wollte, mit Vergnügen gelesen oder gar in denselben eine Unterstützung seiner Politik erkannt haben wird. Wir sind überzeugt, daß die Abneigung
gegen jede Einmischung in Frankreichs innere Angelegenheiten, welche
das Ergebnis der Achtung vor Frankreichs Unabhängigkeit bildet,
wie bisher so auch ferner maßgebend für die deutsche Politik bleiben
wird.

Versuche einzelner Parteien, Deutschlands Unterstützung zu gewinnen, mögen in früheren Jahren, bevor Graf St. Vallier Frankreich in Berlin vertrat, vielleicht stattgefunden haben. Wir kennen
die Details der intimeren Beziehungen natürlich nicht, sind aber
überzeugt, daß dieselben, wenn sie überhaupt stattgefunden haben, in
der Richtung des 18. Mai und des Staatsstreichs gelegen haben
können, aber durchaus nicht im Interesse einer der jetzt mit einander ringenden Parteien. Jedenfalls müssen sie resultatlos gewesen
sein und würden das auch ohne Zweifel bleiben, welches immer die
Stellung der betreffenden Partei in der inneren französischen Politik
sein möchte."

Dieser Artikel machte in der ganzen europäischen Presse ein
berechtigtes Aufsehen. Die so gekennzeichnete Politik fand den nahezu
einhelligen Beifall Europas und in Frankreich brachte diese Darlegung einen sichtlich beruhigenden Eindruck hervor. Die merkwürdige
Andeutung des Schlusses jenes Artikels führte zu einer Zeitungs-
fehde, die größere Dimensionen annahm.

Daß während des beinahe gleich kräftigen Ringens zwischen
Republik und Monarchie in Frankreich ein Druck von Seiten Deutschlands die Schale nach der von ihm gewollten Seite hätte sinken
machen, ist nicht zu bezweifeln. Es lag eine Zeitlang in der Macht
Deutschlands, der legitimistischen Monarchie zur Herrschaft zu

verhelfen. Die deutsche Politik hat jede Einmischung in die inneren
französischen Angelegenheiten als das Verhältnis der beiden Nati=
onen auf die Dauer vergiftend unbedingt abgelehnt und damit den
Zorn der Monarchisten auf sich gezogen, selbst wo diese sich auch
gestehen mußten, daß diese Enthaltung unbedingt im deutschen Inte=
resse geschah. Wie weit die Parteien des 16. Mai und des Staats=
streiches in ihren Zumutungen für den moralischen Beistand Deutsch=
lands gegangen sind, darüber fehlt es bis jetzt an jedem äußeren
Anhalt. Die Sendung des Herrn v. Gontaut=Biron zur Begrüßung
des Kaisers in Metz am fünften Mai 1877 hatte zu merkwürdigen
Gerüchten in dieser Beziehung Anlaß gegeben, denen aber eine au=
thentische Bestätigung bis jetzt fehlt.

Im „Figaro" meldete sich Herr Ernst Daudet, und gab seine
Erklärungen wie folgt, ab:

„Der von der „Agence Havas" verbreitete Artikel der „Nordd.
Allg. Ztg.", so schrieb Herr Daudet, hat, wie es scheint, die Absicht,
im Wege der Insinuation und unter hypothetischer Form eine neue
Legende über den 16. Mai einzuführen. Wollte man ihr glauben,
so hätte die Regierung jener Epoche das Kabinett von Berlin aufge=
fordert, in die inneren Angelegenheiten unseres Landes sich zu mischen
und seinen Beistand für einen Staatsstreich zu leihen. Welches
auch der Ursprung dieses Artikels in dem anerkannten Organ des
Fürsten Bismarck ist, — wir haben Ursache zur Annahme, daß der
Artikel nicht vom Fürsten Hohenlohe stammt — so war es unmög=
lich, daß er unbemerkt blieb. Alle Zeitungen, und unter ihnen der
„Temps," welcher gutgläubig genug ist, den Artikel nicht für un=
wahrscheinlich zu erklären, verlangen Aufklärungen darüber von den
Herzogen von Broglie und Decazes, von dem ersteren als Minister=
präsident während der Periode des 16. Mai, von dem zweiten als
Minister der Auswärtigen Angelegenheiten zu gleicher Zeit. Wir
sind in die Geheimnisse der Regierung des 16. Mai nicht einge=
weiht. Aber wir kennen schon allzulang die ehrenwerten Personen,
von denen wir gesprochen haben, um sicher zu sein, daß sie die
gegen sie formulierte Anklage nicht verdient haben und wir hatten
bereits den Entschluß gefaßt, darauf zu antworten, als uns der
Gedanke kam, dieselben über die Form der Antwort zu konsultieren.
Sie haben diese Form gebilligt. Wir erklären daher mit ihrer for=

mellen Billigung, daß die Behauptung der „Norbd. Allg. Ztg." eine
dumme und groteske Verleumdung (une sotte et grotesque calom-
nie) darstellt."

Herr Daudet machte dann noch weiter der „Korresp. Havas"
den Prozeß darüber, daß sie den Artikel der „Norbd. Allg. Ztg."
übernommen habe, beruhigte sich aber in einer zweiten Veröffentlichung über diesen Fall damit, daß die Regierung der Verbreitung
durch die „Agence Havas" fernstehe und die verleumderische „Insinuation" ein lediglich deutsches Manöver sei, dem niemand Glauben
beimesse.

Da Herr Daudet schon von der „Verleumdung" überzeugt
war, noch ehe er die Herzoge Decazes und Broglie nur befragt
hatte, so könnte sein Unglaube schwerlich den Maßstab für minder vertrauensselige Personen abgeben. Auch erklärte bereits der
„Temps:"

„Der Herzog von Broglie und der Herzog Decazes dürften sich
nicht verhehlen, daß nur ein mit ihren Namen unterzeichnetes Dementi entscheidend ins Gewicht fallen könnte."

Da die „Norbd. Allg. Ztg." die Periode, ehe Graf Saint
Vallier Frankreich in Berlin vertrat, ausdrücklich hervorhob, so war
damit das Gebiet, auf welches sich die Andeutung bezog, ziemlich
klar bezeichnet und umgrenzt.

Der Umschwung der Dinge im Dezember 1878 führte die Abberufung des Vikomte de Gontaut-Biron von Berlin herbei. Waddington, der neue Minister des Auswärtigen, ersetzte den zwar in
der Berliner Gesellschaft und am Hofe sehr geschätzten, aber dem
Fürsten Bismarck längst antipathisch gewordenen Vikomte durch den
Grafen Saint Vallier, der die nächsten vier Jahre die Republik in
Berlin vertrat. Sein Name erinnert uns an den bedeutsamen Ge-
dankenaustausch des Fürsten Bismarck mit ihm behufs eines deutsch-
österreichisch-französischen Bündnisses. Rußland drohte mit einem
Revanchekrieg wegen des Berliner Kongresses, der deutsche Staatsmann war nach Wien gegangen und hatte hier das Bündnis
abgeschlossen, das heute noch die Situation Europas beherrscht.
In England wurde bald darauf der Held des Berliner Kongresses,
Lord Beaconsfield, gestürzt. Bereits in Wien hatte Bismarck den
dortigen französischen Botschafter Teisserenc de Bort aufgesucht und

ihm gesagt: „Ich bediene mich niemals der Sprache, um meine Ge=
danken zu verheimlichen, Herr Waddington hat davon den Beweis
in Berlin erhalten, und mein Wunsch, mit Frankreich herzliche Be=
ziehungen zu pflegen, ist aufrichtig." In Varzin gab es gleich nachher
intime Besprechungen zwischen Bismarck und dem Grafen Saint=
Vallier. Es handelte sich um nichts Geringeres, als um einen
Freundschaftsbund, der an Innigkeit und Bedeutung alle bisherigen
Allianzen in den Schatten gestellt hätte, der den Wetteifer der Völker
auf ein viel weiteres und fruchtbareres Gebiet übertragen und eine
neue Ära für Europa inaugurieren sollte.

In die Zeit Waddingtons und Valliers fiel der Berliner
Kongreß, wo dem Vertreter Frankreichs — Waddington — nicht
bloß äußerlich mit der größten Distinktion begegnet wurde, er trug
Tunis aus den Händen Bismarcks davon. Ein Jahr später kam
das deutsch=österreichische Bündnis, dessen Spitze sich gegen Ruß=
land richtete. Frankreich verhielt sich zu jener Zeit friedfertig,
Waddington war noch am Ruder, Mac Mahon gestürzt und Grévy
sein Nachfolger. Waddington sagte in einer späteren Zeit, aber
mit Bezug auf den unruhigen Sommer von 1879, indem er die
Äußerung des Herrn v. Varnbüler, daß damals Rußland die
Allianz mit Frankreich gesucht habe, entkräften wollte: „Herr von
Bismarck weiß recht gut, daß ich stets gegen ein solches (russisch=
französisches) Bündnis war; Fürst Orlow und Fürst Gortschakow
wissen es ebenfalls, und die russische Regierung hätte sich also
nicht mutwillig mit Eröffnungen dieses Inhalts einer Schlappe
ausgesetzt. . . . . So lange ich Minister war, hatten wir mit
Rußland vortreffliche Beziehungen, darüber hinaus ging aber das
Verhältnis nicht. Mein Vorgänger, der Herzog Decazes, dachte
anders, er war für eine Allianz mit Rußland und ließ es dieser
Macht gegenüber an keiner Schmeichelei fehlen." Jedenfalls geht
aus diesen Worten hervor, daß Frankreich gerade zu einer Zeit,
wo Rußland bereit war, jeden Augenblick auf Deutschland loszu=
schlagen, nicht daran dachte, sich an dem Kriege zu beteiligen. Aber
versucht hat es dennoch damals Rußland, Frankreich für ein krie=
gerisches Zusammengehen zu gewinnen. General Obrutschew und
Graf Miljutin waren zu diesem Zwecke in Paris, wenn auch ohne
eine streng offizielle Mission. Daß die Eröffnungen, welche von

dieser Seite im Sommer 1879 in Paris notorisch erfolgten, dem
Minister des Auswärtigen gemacht sein sollten, ist allerdings sehr
unwahrscheinlich, und so konnte dieser, Herr Waddington, die Sache
mit einigermaßen gutem Gewissen dementieren, wobei man sich noch
gegenwärtig halten muß, daß vertrauliche diplomatische Verhandlungen im allgemeinen nicht so wie gerichtliche Zusendungen fixiert
werden. Fürst Bismarck kannte die offiziösen Versuche Rußlands
in Paris sehr genau, die Sache war um so ernster, als die russische
Grenze damals ebenso von aufgehäuften Truppen wimmelte, als
heute. Seit dem Berliner Frieden grollte Rußland dem Deutschen
Reiche, weil dieses „als das Haupt des europäischen Schiedsgerichts"
ihm nicht den vollen Preis zuerkannt hätte, den es nach seinem
schwer errungenen Siege über die Türkei beanspruchen zu können
vermeinte. Die Presse machte sich immer lauter und leidenschaft-
licher zum Organ des Grolles, des ausgeprägtesten Deutschenhasses
der Panslawisten und der offenen Kriegshetzungen. „Konstantinopel
muß in Berlin erobert werden," wurde zum geflügelten Worte.
Solche Ausbrüche des Hasses in der Presse würden allein den
Fürsten Bismarck nicht bestimmt haben, seine Kur in Kissingen abzubrechen und nach Wien zu eilen. Aber die Regierung selber
eignete sich die Haltung der Presse an, sie übertrug das Säbel-
gerassel aus den Redaktionsbüreaus auf die Wirklichkeit, die Grenze
füllte sich mit Truppen, und, als die Österreicher mit Bosnien
Ernst machten, erfolgten Kriegsdrohungen der russischen Regierung.
Als Herr von Varnbüler, den wir schon genannt haben, ein Jahr
später, in einer Wahlrede von 1880, auf die Gefahr hinwies, von
der wir 1879 bedroht waren, wurde er — als Schutzzöllner —
von ,den liberalen Blättern Berlins ausgelacht. Eins derselben
sagte: „Es ist bekannt, daß in der Zeit, von welcher hier die Rede
ist, die russische Regierung damit beschäftigt war, die Zurückziehung
ihrer Truppen aus der Türkei zu Ende zu führen. Sie hatte viel
entstandene Lücken auszufüllen, sie konnte nicht aus einem Kriege
stehendes Fußes in einen zweiten Krieg übergehen." Als im
Februar 1888 der Vertrag vom 7. Oktober 1879 veröffentlicht
wurde, schrieb dasselbe Blatt in Bezug auf eben jene Zeit: „Die
Zusammenkunft unseres Kaisers mit Alexander II. in Alexandrowa
fand am 3. September statt, nachdem die russische Presse eine wilde

Polemik gegen Deutschland und Österreich geführt und die Auf=
rechterhaltung der russischen Kriegsbereitschaft des Türkenkriegs
schwere Bedenken hervorgerufen hatte." Also hatte Herr von
Varnbüler doch recht gehabt.

Waddington hielt sich bis Ende 1879. Er hatte die Anerken=
nung des Fürsten Bismarck gefunden, die für ausländische, zumal
französische Minister schwer zu tragen ist. Der Parlamentarismus
ist überhaupt unfähig für eine opferbereite, konsequente äußere
Politik. Wie im Jahre 1880 in England der Minister, welcher
das deutsch=österreichische Bündnis freudig begrüßt hatte, unerwartet
in der Versenkung verschwand, um dem Manne Platz zu machen,
welcher den Österreichern „hands off" zugerufen hatte, so büßten
in Frankreich nach einander Waddington, Freycinet, Ferry für ihre
kluge Haltung gegenüber Deutschland. Es ist eine bekannte That=
sache, daß im Jahre 1882 als ein Hauptgrund gegen das Ministe=
rium Freycinet die Unterstützung geltend gemacht wurde, welche
Fürst Bismarck der ägyptischen Politik desselben zugewandt hatte.
Wenn, wie nicht zu bezweifeln steht, die Republik durch den Ver=
lust der Stellung in Ägypten in ihrem Prestige den schwersten
Stoß erlitten hat, so war es gerade Fürst Bismarck, der diesen
Stoß aufhalten wollte, indem er versuchte, dem Ministerium Frey=
cinet in einer gefährlichen Position zu Hilfe zu kommen.

Als Herr von Freycinet von der Kammer einen Kredit für
die gemeinsame Besetzung Ägyptens durch französische und englische
Truppen verlangte, wurde er im Stich gelassen, das Niland geriet
in die Hände der Britten. Dem diplomatischen Feldzuge, welchen
Ferry 1884 gegen England eröffnete, um den Fehler wieder gut
zu machen, bereiteten die Deputierten im Jahre 1885 ein jähes
Ende, indem sie Ferry stürzten, weil in Hinterindien die franzö=
sischen Truppen eine kleine Schlappe erlitten hatten. Seitdem sich
Frankreich auf diese Weise einen Verlust zugezogen hat, der schäd=
licher und demütigender ist, als der von Elsaß=Lothringen, ist es
noch viel unfähiger zu einer verständigen auswärtigen Politik ge=
worden.

In die Zeit des Grafen St. Vallier als Botschafter in Berlin
fiel noch die Episode des kurzen Ministeriums Gambetta. Als dieses
zusammenbrach, waren alle Friedliebenden, alle Feinde von Abenteuern

froh, eines Mannes entledigt zu sein, der mit der auswärtigen
Politik sehr unvorsichtig spielte. Die Abstimmung vom 26. Januar
(über die Listenabstimmung) wurde in ganz Europa als eine
Friedensmanifestation der Kammer gegenüber den Kriegs= und
Revancheplänen des gestürzten Ministerpräsidenten angesehen. Fürst
Bismarck soll einmal privatim gesagt haben: „Gambetta in der
Regierung bringt auf die Nerven Europas den nämlichen Effekt
hervor, wie ein Mann, der die Trommel in einem Krankenzimmer
schlägt." Von eben diesem Chauvinist und Revanchehelden sagte die
„Nordd. Allg. Ztg." nach seiner Cherbourger Rede von 1880, in
der er mit Bezug auf Elsaß=Lothringen von der „immanenten Ge=
rechtigkeit der Geschichte" sprach: das seien Worte, keine Thaten.
Sie nannte ihn bei dieser Gelegenheit, wenn sie auch die Rede
bedauerte, einen „Freund, man könnte fast sagen, eine Bürgschaft des
Friedens." Die tadelnden Bemerkungen des offiziösen Berliner
Blattes gaben den konservativen Gegnern Gambettas in Frank=
reich neuen Mut. In Gesprächen mit konservativen Republikanern
und Monarchisten begegnete man sehr oft der Bemerkung, daß der
Wettkampf mit Gambetta doch unmöglich sei. „Denn, so sagte man,
er stützt sich auf den Einfluß des Fürsten Bismarck." Daß Gam=
betta der Freund Bismarcks sei, war eine stehende Redensart, wenn
seine Zukunft besprochen wurde.

Fürst Bismarck bezeichnete dem Fürsten Orlow gegenüber im
Februar 1882 den Grafen Ignatiew „als die einzige Gefahr für
den europäischen Frieden" im Gegensatz zu Gambetta, der im
tiefsten Innern ganz andere Zwecke habe, als den Krieg mit
Deutschland. „Nur Ignatiew stehe hinter dem Skobelew=Lärm."
Herr von Freycinet erklärte in einer spätern Zeit seinen Freunden,
er würde an einer förmlichen Allianz mit Rußland nicht Teil
nehmen, zu deren Abschluß er, wie er vermuten ließ, aufgefordert
war. In dieser Beziehung folge er der Politik seines großen Ri=
valen. Gambetta habe oft seinen Freunden gesagt, daß Rußland ihn
stets am Rock zupfe, aber er wolle nicht stehen bleiben, um es anzu=
hören. Von anderer Seite wurde behauptet, daß Gambetta sehr gegen
Rußland eingenommen war, während Freycinet es nicht sei. Gam=
betta, welcher in den alten polnisch=republikanischen Traditionen er=
zogen worden, habe sogar gehofft, Elsaß=Lothringen wieder zu ge=

winnen, indem Frankreich Deutschland in einem Kriege gegen Rußland
rettete. So wurde bei Gelegenheit der Äußerungen Freycinets be=
hauptet. „Der Krieg mit Deutschland, so äußerte sich Gambetta
einmal privatissime, kommt nur, wenn Frankreich in die Hände
eines Cäsaren fällt, der einen Vorwand benutzt, um den militä=
rischen Geist der Nation zu unterhalten. Die Welt muß durch
den Frieden, nicht durch den Krieg fortschreiten. Ein neuer Krieg
würde die Republik um 20 bis 30 Jahre zurückwerfen — außer
wenn Frankreich im Stande wäre, in einer siebentägigen Kampagne
Deutschland niederzuwerfen und das kann es nicht".

In Händen eines Cäsaren? Strebte er nicht selbst nach dieser
Würde? Der Pariser Berichterstatter der „Daily=News" berichtete
nach dem Tode Gambettas: „Hätte derselbe weitergelebt, so würde
er gesucht haben, sich zum Kaiser zu machen. Das war sein Ziel!"
Bei einem Manne, der den ehemaligen Diktator im freundschaft=
lichen Verkehr viele Jahre lang genau zu beobachten Gelegenheit
hatte, war dieses Urteil gewiß von Bedeutung. Auch mag erwähnt
werden, daß zwischen den beiden in keiner Weise eine eigentliche
Trübung des persönlichen Verhältnisses vorgekommen war.

Gambettas vertraulicher Umgang mit dem General Galliffet
fiel seinerzeit in Paris bei den aufmerksamen Kennern der Lage
mit Recht auf. Dieser Soldat galt ihnen als der künftige Staats=
streichdegen. Daß der republikanische Führer sich von Getreuen
wegen seiner Stellung in der Kammer als „Président-Soleil",
Sonnen=Präsident (in Erinnerung an das für Ludwig XIV. gebrauchte
Schmeichlerwort: Roi-Soleil) bezeichnen ließ, konnte auch als Finger=
zeig betrachtet werden. Mittels des von ihm so eifrig gepflegten
Entwurfs der Listenabstimmung wollte Gambetta sich unzweifelhaft
zum „nationalen Diktator" erheben lassen. „Der Schatten der
kommenden Macht liegt schon auf seiner Stirn!" sagten damals
einige von denen, die es allzu eilig hatten, in seiner Umgebung
zu glänzen, als daß sie sich mit größerer Klugheit ausgedrückt
hätten. Unvergessen bleibt, wie Gambetta, als die erste über seinen
Entwurf (denn es war der seinige, obwohl ein anderer ihn vor=
trug) vorgenommene Abstimmung stattfand, schweißtriefend, nervös
furchtbar aufgeregt, in einem Seitenzimmer der Kammer auf einem
Stuhle sitzend gefunden wurde — gerade als ginge es um Leben

oder Tod für ihn. Erst als er erfuhr, daß die Vorlage mit acht Stimmen durchgegangen war, atmete er tief auf.

Sein Versuch, die Presse durch massenhaften Ankauf ganz in die Hand zu bekommen, stand mit diesem hochfliegenden Streben in engster Verbindung. Ab und zu eine täuschende Kriegsrede haltend, ließ er gleichwohl seine wahre Absicht öfter merken. So klang es fast wie Ironie, als er bei einem Bankett ausrief: „Frankreich kann nie groß genug sein; es kann der Bevölkerung nie genug haben. So oft die Zahl seiner Bürger vergrößert wird — sei es an den Thoren des Vaterlandes (Rheinlandes! Belgien!) oder in Ansiedelungen jenseits der See (Tunis! Tongking! Madagaskar!), so vermehrt sich die Erhabenheit seiner Stellung." Die französische Republik entging einer großen Gefahr, einmal durch die nachträglich erfolgte Wiederverwerfung der Listenabstimmung, sodann durch den Tod Gambettas. Man mag den Gang der Geschichte so tief auf= fassen, wie man will: die einzelnen starken Charaktere werden bei großen Krisen stets von entscheidendem Einflusse sein. Im täglichen Strome der Begebnisse bewahren sich aber wenige den Blick für die ersten Ansätze zu den wichtigsten, oft für das Leben eines Volkes auf ein Jahrhundert oder mehr hinaus entscheidenden Wendungen.

In der „Münchener Allg. Zeitung" stand ein Nachruf für Gambetta aus der Feder eines Pariser Korrespondenten, der mit dem Verstorbenen in langjährigem freundschaftlichem Verkehr ge= standen hatte. In der Einleitung fand sich folgende Notiz: „Wohl suchte er durch die Kräftigung der Landeswehr Frankreich vor einem Angriff zu wahren, wohl ließ er gern an diplomatische und kriege= rische Kombinationen glauben, die eine Wiedergewinnung der ver= lorenen Provinzen herbeiführen sollten; und trotzdem trug er in seinem Geiste mehr oder minder phantasiereiche Ideen, die eine andere Lösung des Völkerstreites als diejenige des Krieges bringen konnten. Ihm wäre es möglich gewesen, ein Verständnis anzu= bahnen, wenn er sich mit dem berühmten Manne hätte aussprechen können, dessen Zuthun dabei nötig war."

In Bezug auf den im Herbst 1881 dem Kammerpräsidenten Gambetta zugeschriebenen Plan, Bismarck in Varzin aufzusuchen, bemerkte dieser einmal in einem Gespräche, daß Gambetta an ihm vorübergereist sei und gab dabei der Vermutung Ausdruck, daß

Gambetta wirklich beabsichtigt habe, ihn aufzusuchen, aber vielleicht unterwegs von Paris aus durch seine Freunde eine Warnung er=halten habe, daß ein solcher Schritt in Frankreich bedenklichen Ein=druck machen könnte, und daß Gambetta darum an Varzin vorbei=gefahren sei. In Paris glaubte man allgemein an eine Entrevue Gam=bettas mit Bismarck. Der phantasiereiche Korrespondent der „Times" in Paris veröffentlichte eine lange, höchst merkwürdige Korrespondenz über Unterredungen, welche derselbe mit dem Fürsten Bismarck und Gambetta, sowie mit Baron Holstein bezüglich des Planes eines geheimen Zusammentreffens der ersten beiden Staatsmänner gehabt haben will. Der Korrespondent benutzte das sensationelle Gerücht von Gambettas Anwesenheit in Dresden und Frankfurt a. M. zum Anlaß dieser Mitteilung. Dieselbe reichte ihrem Entstehen nach in den Juli des Jahres 1878 zurück, um welche Zeit der Korrespon=dent eine vierstündige Unterredung mit dem Fürsten Bismarck hatte, bei welcher auch der deutsche Botschafter in Paris, Fürst Hohenlohe, und der bekannte Legationsrat des auswärtigen Ministeriums, Baron Holstein, zugegen waren. Unter den verschiedenen Gegen=ständen des Gesprächs sei auch Gambettas Name im Laufe des=selben genannt worden, was dem Fürsten Bismarck zu dem Aus=rufe Veranlassung gab: „Gambetta! das ist ein Mann, den ich noch gern sehen möchte, ehe ich sterbe. Er ist trotz alles Gegenteils, was man von ihm sagt, ein merkwürdiger Mensch. Er ragt über die Köpfe aller seiner Landsleute hervor. Man hat mir gesagt, er sei bezaubernd. Männer aber, welche bezaubernd sind, heißt es, sind nie große Staatsmänner." Die Wiederholung des nämlichen Wunsches, Gambetta zu sehen, etwas späterhin, nahm der Korre=spondent, der, wie der Reichskanzler wußte, Gambetta persönlich kannte, als einen Fingerzeig, mit dem Fürsten Hohenlohe und Baron Holstein besonders die Möglichkeit der Ausführung des Planes, dem Beide geneigt schienen, eine Zusammenkunft des Fürsten mit dem großen Republikaner zuwege zu bringen, vertraulich zu be=sprechen. In einer weiteren Unterredung etwas später mit Baron Holstein wurden ihm von diesem die Bedingungen eines so wich=tigen Schrittes auseinandergesetzt: Die Zusammenkunft sollte vor allen Dingen eine geheime sein und zu Kissingen während des ver=längerten Aufenthaltes des Reichskanzlers daselbst stattfinden. Als

weitere Bedingungen der geplanten Zusammenkunft wurden ihm von
Baron Holstein bezeichnet, da des Reichskanzlers erster Wunsch Erhal=
tung des Friedens sei: „vor allen Dingen eine Annäherung zwischen
diesem und dem Manne, von dem eines Tages die Entscheidung
über diese Frage abhängt, und den er sich deshalb gern genauer
ansehen möchte, und kein auf der Mensurstehen.“ Aus einer Unter=
redung mit demselben wünsche der Reichskanzler die Privatge=
danken, welche derselbe hege, kennen zu lernen, gleichviel wie
offen er sich auch zeigen möge. Aber Vergangenes müsse ver=
gangen sein und unberührt bleiben, um den Zweck und den Charakter
der Zusammenkunft nicht zu trüben, welche mit der Absicht eines
friedlichen Begegnens und der Anerkennung der gegenseitigen Pflichten
heilsame Früchte tragen möchte, selbst mit Hintenansetzung des
ehrgeizigen Wunsches von der einen wie von der anderen Seite,
einen persönlichen Triumph der Überlegenheit davon zu tragen.
Fürst Bismarck, hob der Korrespondent hervor, sprach bei der Ge=
legenheit ganz gegen seine sonstige Gewohnheit, mit ernster Mäßigung
über Frankreich, bezüglich dessen er die Bemerkung gemacht, daß seit
dem Gesandtenwechsel Frankreich in Berlin sehr gut vertreten sei,
was für Alle von Glück sei. Bei seiner Zurückkunft nach Paris,
erzählt der Korrespondent weiter, habe er alsbald Gelegenheit ge=
sucht, Gambetta zu besuchen, um den delikaten und schwierigen
Gegenstand seiner Mission in passender Weise einzufädeln. Wadding=
ton war von dem Kongreß in Berlin zu der Zeit noch nicht zurück,
auch Fürst Hohenlohe noch nicht in Paris angekommen. Bei seiner
ersten Mitteilung der Worte des Fürsten Bismarck sei Gambetta
gegen das ihm gemachte Kompliment augenscheinlich nicht unempfind=
lich gewesen, und auf seine Frage an denselben, wie die Zusammen=
kunft geheim gehalten werden könne, habe Gambetta ihm geant=
wortet: „Wenn es nur darum zu thun ist, seien Sie versichert,
will ich es schon machen, daß man meine Spur verliert.“ Nach=
dem alle Präliminarien soweit geordnet und besprochen waren, gab
der Korrespondent dem Fürsten Hohenlohe Kenntnis von der Ge=
neigtheit Gambettas zu dem ihm gemachten Vorschlage eines ver=
traulichen Besuchs bei dem Reichskanzler in Kissingen. Zwei Tage
später sollte er den Botschafter auf dessen Wunsch wieder besuchen,
womit dann die Sache ein Ende hatte.

Ein französisches Blatt berichtete bei Gelegenheit des Besuches Crispis in Friedrichsruh 1887 über das Unternehmen Gambettas im Herbst 1881 das Folgende: Gambetta, der sich damals auf dem Gipfel des politischen Einflusses in seinem Lande befand, sei der Ansicht gewesen, daß es nur noch zwei große Männer in Europa gebe, nämlich ihn selber und den Fürsten Bismarck. „Vielleicht träumte er davon, sich mit dem Reichskanzler in die Herrschaft über die alte Welt zu teilen. Den Eintritt der politischen Ferien benutzend, verschwand er plötzlich aus Paris. Die Einen vermuteten ihn in Italien, andere wähnten ihn in New-York, noch andere versicherten, daß er zum Besuche seines angeblichen Neffen nach Dresden gegangen sei. Während man sich in allen möglichen Vermutungen erging, klopfte Gambetta an das Thor von Friedrichsruh, das sich indessen ihm nicht in derselben Weise erschließen sollte, wie es sich vor dem italienischen Ministerpräsidenten geöffnet hat. Ein wenig enttäuscht kehrte Gambetta nach Berlin zurück, von wo er, immer im Einvernehmen mit dem Grafen St. Vallier und dem Herrn v. Bleichröder, seine Bemühungen, eine Zusammenkunft mit dem Fürsten Bismarck zu erlangen, erneuerte. Nun begab sich Fürst Bismarck von Friedrichsruh nach Varzin. Einige Tage darauf erschien Gambetta auf dem kleinen Bahnhof der hinterpommerschen Stadt Schlawe, wo man den Zug verläßt, wenn man dem Fürsten Bismarck in Varzin seine Aufwartung machen will. Ein besonderer Postdienst ist zwischen Schlawe und Varzin eingerichtet.

Gambetta mußte unverrichteter Sache abziehen. Seine Hin- und Herfahrten in Pommern waren jedoch nicht unbemerkt geblieben und aus der Gesamtheit der begleitenden Umstände zog man den Schluß, daß dieselbe Persönlichkeit, die nach Varzin gegangen war und der fremde Herr, den man in der Umgebung des Schlosses Friedrichsruh gesehen, identisch seien. Wie nun diese Reisen erklären, ohne sich den Sticheleien der Spötter und den Angriffen der chauvinistischen Presse auszusetzen? Gambetta fand einen Ausweg. Nach Frankreich zurückgekehrt, wohnte er in Havre einem Bankett bei, das zu seinen Ehren die Vertreter der Handelskammer und sonstige Bewunderer veranstaltet hatten und in einer glänzenden Ansprache teilte er mit, daß er die Häfen von Danzig, Stettin, Hamburg und Bremen besucht habe, um die dortigen Einrichtungen

kennen zu lernen und ihre Anwendbarkeit auf die französischen
Häfen einer Prüfung zu unterziehen.

Wenige Personen kennen genauer diese Episode aus dem Leben
Gambettas, der noch vor seinem Ableben sein Bedauern darüber
aussprach, daß es ihm nicht vergönnt gewesen, mit dem Fürsten
Bismarck einen Händedruck zu tauschen."

Interessant waren die Nachrufe, die von Berlin aus, man
darf sagen: von Bismarck selber, dem verstorbenen französischen
Staatsmanne gewidmet wurden.

Wir führen hier einen an, der die Gedanken Bismarcks wieder=
gibt, wenn sie auch in eine andere Form umgegossen sind:

„Von den festen Punkten am politischen Firmamente, die wäh=
rend des letzten Jahrzehnts Freund und Feind zur Orientierung
dienten, ist abermals einer erloschen. Im Vollbesitz seiner Kräfte,
auf der Höhe des Lebens ist der hervorragende Mann dahingerafft
worden, den sein Vaterland als den patriotischsten seiner Söhne,
die gesamte gebildete Welt als den Träger einer bewunderungs=
würdigen staatsmännischen Energie kannte. Vierundvierzig Jahre
alt ist Léon Gambetta, der populärste Franzose seiner Zeit, nach
mehrwöchentlicher Krankheit verstorben. In die Blätter der Ge=
schichte, welche von unserm Geschlechte handeln, ist der Name Gam=
betta mit so markigen Zügen eingetragen worden, daß sich schon
sagen läßt, derselbe werde den Wechsel der Zeiten und der Ver=
hältnisse überleben und einen dauernden Platz im Gedächtnis der
Menschen bewahren. Zu der deutschen Geschichte steht dieser Name
in so enger Beziehung, daß es uns näher liegt, als den übrigen
Frankreich benachbarten Völkern, Zeugnis abzulegen von der außer=
ordentlichen Bedeutung des Zeitgenossen, der am 31. Dezember 1882
abgerufen worden ist. Hat es doch nicht erst der versöhnenden
Wirkungen der Zeit und der bewältigenden Sprache des Todes be=
durft, damit wir Deutsche rühmend anerkannten, daß der unerschrockene
Patriot, der im Winter 1870/71 die Verteidigung Frankreichs leitete
ein Mann im vollsten Sinne des Wortes gewesen ist, und daß er
eine große und edle Pflicht erfüllte, als er nur die Erfüllung der
unsrigen mit allen ihm zu Gebote stehenden Mitteln zu erschweren
suchte. Die deutsche Geschichtsschreibung hat ihre Ehre darein ge=
setzt, in jeder Hinsicht dem ausgezeichneten Gegner gerecht zu wer=

den, der unter den denkbar schwierigsten Verhältnissen den Kampf für die kriegerische Ehre seines Vaterlandes aufnahm, inmitten einer Welt von Hindernissen ungebrochenen Mutes fortsetzte und dabei ein Geschick entfaltete, das nur von der Energie übertroffen wurde, welche die Trägerin dieses reichen Talentes war. So stark war der Eindruck, den das Volk von der Persönlichkeit des französischen Landesverteidigungs-Ministers von 1870 empfangen hatte, daß das zu Anfang der siebziger Jahre erfolgte zeitweise Verschwinden Gambettas von dem Vordergrunde der öffentlichen Bühne uns keinen Augenblick in der Überzeugung beirrte, einem Manne, der so Bedeutendes geleistet, müsse unter allen Umständen eine bedeutende Zukunft gesichert sein. Und auch in der Folge, als der Parteien Haß und Gunst das Bild ins Schwanken zu bringen drohte, das die Zeitgenossenschaft sich von Léon Gambetta gemacht hatte, war uns nicht zweifelhaft, daß ein staatsmännisches Talent von dem festen Gefüge des seinigen sich allen ihm bereiteten Schwierigkeiten zum Trotz schließlich durchsetzen werde. Wenn in dem verwirrenden Kampfe der Meinungen die Stimme des einen, unbekümmert um seine Gefolgschaft auf dem eingeschlagenen Wege beharrenden Mannes immer wieder zur Geltung kam, so hatte das vornehmlich darin seinen Grund, daß hinter der Meinung Gambettas ein mächtig gebietender, fest auf einen Punkt gerichteter Wille stand. Einheit des Wesens und Folgerichtigkeit des Denkens aber haben zu allen Zeiten den Stoff abgegeben, aus welchem die Geschichte ihre Gestalten formt. Über einem Toten, den ein ganzes großes Volk betrauert, prüfend die Wage zu halten, auf welcher alles menschlich Thun gewogen wird, kann unsere, der ehemaligen Gegner Sache nicht sein. Als Zeitgenossen aber haben wir das Recht und die Pflicht, mit Zeugnis abzulegen von der außerordentlichen Bedeutung des Mannes, den wir in heißem, ehrenvollem Kampf kennen lernten und dessen späteren Geschicken wir mit dem achtungsvollen Anteil folgten, den er sich bei Freund und Feind erzwungen hatte."

Man datiert von der Übernahme der Konseilspräsidentschaft durch Léon Gambetta, den Träger des Systems der Volksverteidigung, den Wendepunkt in dem Zustande des öffentlichen Geistes bei unsern westlichen Nachbarn. Es muß in der That anerkannt werden, daß in den ersten zehn Jahren nach Beendigung des deutsch-französischen Krieges zwar neben der Deutschenhetze und der Spio-

nenriecherei auch) der Rachegedanke gepflegt wurde, aber doch noch
nicht mit der heutigen Intensität, und zwar aus dem sehr triftigen
Grunde, weil einmal der Eindruck der davongetragenen Niederlagen
bei den Massen noch zu lebhaft nachwirkte, und zweitens, weil die
Wiederherstellung der offensiven und defensiven Wehrkraft Frank=
reichs noch nicht weit genug fortgeschritten war, als daß man den
baldigen Ausbruch des „heiligen Krieges" hätte wünschen sollen.
Dazu traten dann noch die deprimierenden Erfahrungen des tune=
sischen Feldzuges, kurz es fehlte nicht an Dämpfern eines allzu
hitzig auflodernden Chauvinismus.

Wenn seit Gambettas Regierungszeit ein Wachsen dieser re=
vanche= und kriegslustigen Stimmung der Franzosen wahrnehmbar
ist, so sind es besonders die Kriegsminister von Champenon bis
Boulanger gewesen, die unabhängig von den offiziellen Beziehungen
der französischen Regierungen zur deutschen auf eigene Faust mit
dem Säbel zu rasseln liebten und so das Kriegsfeuer geschürt
haben. Seit 1883 haben, gleichen Schritt haltend mit der all=
mählichen Vervollkommnung der Armee und des Landesverteidigungs=
systems, auch die Patriotenliga, die Schützen=, Turner= und andere
patriotische Vereine, sowie das Selbstvertrauen, die Aussicht auf
Erfolg und endlich der Übermut erheblich zugenommen.

Diese Tendenz überdauerte sowohl den Wechsel der Systeme
als den der Persönlichkeiten. Die öffentliche Meinung schwankte
auf und ab, je nach den Chancen auswärtiger Koalitionsmöglich=
keiten. Das zu Anfang 1884 neubefestigte Einvernehmen der drei
Kaisermächte wirkte zwar wie ein kaltes Sturzbad auf die erhitzten
Köpfe, wozu dann auch noch der ungünstige Verlauf der Expedi=
tionen nach Tonkin und Madagaskar sich gesellte, aber den Be=
mühungen der Opportunitätsregierung Ferrys gelang es gleichwohl
nicht, die Herstellung ehrlicher Beziehungen zu Deutschland den
Franzosen annehmbar erscheinen zu lassen. Monarchisten und Ra=
dikale bekämpften und besiegten das Ferrysche Regime durch den
chauvinistischen Wahlspruch: „Mit Deutschland verhandeln, heißt
Frankreich verraten." Die Haltung der Menge, die unter dem
Rufe „A bas le Prussien"! Ferrys Rücktritt bejubelte, die Wut=
ausbrüche der Kammer bei Verlesung der Depesche Ferrys an
Herrn de Courcel in Berlin vom 29. März 1885 lieferten ein

Zeugnis, daß die Regierungsgegner das rechte Mittel gewählt hatten, die Opportunisten in Mißkredit zu bringen.

Es waren die Radikalen und die Monarchisten, die sich ver=einigten, die chauvinistische Ader im ganzen Lande gegen Ferry zu erhitzen. Seit dem Sturze Ferrys am 30. Mai 1885 hat man in Berlin angefangen, die Befestigung des europäischen Friedens auf den gegebenen Grundlagen für minder hoffnungsvoll anzusehen, insbesondere aber seit Frankreich sein Geschick in die Hand des Generals Boulanger gelegt zu haben schien. Die militärischen An=ordnungen, welche in Frankreich getroffen wurden, deuteten nicht nur auf einen bloß möglichen Krieg hin, sondern geradezu auf einen sehr nahe bevorstehenden. Im April 1886 erzählte man in militärischen Kreisen in Berlin ein Wort des Kaisers Wilhelm, das er zu dem Reichskanzler gesprochen. Derselbe hielt dem Kaiser Vortrag über sehr ernste Angelegenheiten; angeblich handelte es sich um eine sehr bestimmte Note, deren Wirkung nicht voraus zu berechnen war. Der Vortrag soll den Kaiser tief berührt haben, dann habe er gesagt: „Wenn es sein müßte, die Armee wird mich stets an ihrer Spitze finden." So erzählte man sich. Auch von mehreren anderen Seiten wurde bestätigt, daß der europäische Friede damals ernstlich gefährdet war. So erhielt die „Badische Landes=zeitung" die folgende Korrespondenz aus Metz vom 7. Juni: „In hiesigen höheren Militärkreisen wird die kürzliche Anwesenheit des General von Loë, sowie des elsaß=lothringischen Statthalters Fürsten zu Hohenlohe=Schillingsfürst in Paris vielfach besprochen, und ge=winnt es dadurch den Anschein, als ob wir dem Ausbruch des Krieges mit Frankreich damals näher standen als man geglaubt hat. Es wird als ganz bestimmt versichert, daß der Mobilmachungs=befehl für die westlichen Korps (Westfalen, Rheinland und Elsaß=Lothringen) bereits im Kabinett des Kaisers gelegen habe, und daß dieser in seiner friedlichen Absicht sich nur nicht entschließen konnte, dieselbe zu vollziehen. Hierauf folgte als letzter Versuch, die kriege=rischen Gelüste Frankreichs, besonders seines Kriegsministers, des Generals Boulanger zu dämpfen, die Reise der beiden Diplomaten. Als Gegenstände der Verhandlung werden auch das Spionage=gesetz und der Gesetzentwurf bezüglich der Ausweisung der Prinzen (?) genannt." Für die Richtigkeit der Einzelheiten dieser Meldung mag das Karlsruher Blatt einstehen. Jedenfalls war eine Bedrohung des Friedens vorhanden. Die kritische Lage ging auch aus allerlei anderen Symptomen hervor, wie die Unterlassung der Einladung der frembländischen Offiziere, an den Kaisermanövern in Elsaß= Lothringen Teil zu nehmen, und die Versagung des Sommerurlaubs an die Offiziere der preußischen Armee. Die letztere Nachricht wurde allerdings später in Abrede und auch die erste dahin richtig gestellt, daß die Militärbevollmächtigten der Mächte in Berlin auf jeden Fall bei den Manövern anwesend sein würden. Nichtsdestoweniger scheinen beide Meldungen, wenn die Maßregeln später auch vielleicht geändert oder gar zurückgenommen wurden, in einem gewissen Augen= blick vollbegründet gewesen zu sein. Dieser Augenblick war offen= bar der Zeitpunkt der anonymen französischen Broschüre „Avant la guerre“, welche, da sie auf direkte Inspiration des Kriegsministers Boulanger zurückgeführt wurde, Frankreich als nunmehr gänzlich gerüstet und bereit zur Revanche darstellte und insofern dem ver= hängnisvollen Worte, welches Rouher am 16. Juli 1870 an den Kaiser richtete: „Dank Ihrer Fürsorge steht Frankreich fertig da!“ seltsam ähnelte. Ein anderes, bei der bekannten Verblendung der Franzosen vielfach für glaubhaft gehaltenes Gerücht wurde endlich noch in der folgenden Münchner Korrespondenz verzeichnet: „Die Lage der Königlich bayerischen Kabinettskasse ist nach wie vor die gleiche. Gerüchte gegenteiliger Art sind unrichtig und wohl auf Anerbietungen zurückzuführen, die ihrer Natur nach nicht annehm= bar waren und sind. Selbstverständlich gehen solche Angebote viel= fach von irrtümlichen Voraussetzungen über die möglichen Garan= tien aus; bei anderen liegt das persönliche Motiv hierbei sofort auf der Hand. Dies alles ist mehr oder minder schon in die Öffent= lichkeit gedrungen, jetzt aber wird weiter noch bekannt, daß auch die Politik in die Sache hineinspielte und zwar bei einer abenteuerlichen Offerte aus Frankreich, welche die Neutralität Bayerns für den Fall eines Krieges als Bedingung enthielt. Daß eine solche Offerte, die die krasseste Unkenntnis der staatsrechtlichen Verhältnisse zur Vor= aussetzung hat, ohne jede Berücksichtigung bleiben muß, bedarf wohl kaum der Erwägung und wir müssen deshalb entschieden bezweifeln, daß ein solches Anerbieten von seriöser und politisch zurechnungs= fähiger Seite gestellt werden konnte.“

Ein Jahr später kam die Zeit, wo Boulanger die Verstärkung der Garnisonen an der Grenze, den Barackenbau u. s. w. betrieb. Er beabsichtigte auch, einen Versuch mit einer Mobilmachung an der deutschen Grenze zu machen. Dieselbe unterblieb, als Deutsch= land intervenierte. Boulanger war aus dem Ministerium Freycinet in dasjenige von Goblet eingetreten, ging aber nicht mehr in das Ministerium Rouvier (Mai 1887) über. In die Zeit Goblets und zwar noch in den Monat April 1887 fiel wieder eine nahe Kriegs= gefahr. In der Verhaftung des französischen Polizeikommissars Schnäbele in Pagny sah die radikale Presse in Paris eine Heraus= forderung, sprach von einem Hinterhalt, in welchen derselbe gelockt worden sei, und verlangte die Ausweisung sämtlicher Deutschen. Die gemäßigten Blätter beglückwünschten sich gegenseitig, daß Frankreich während dieser ganzen Krisis die feste, maßvolle und würdige Haltung eines Volkes bewahrte, welches sich seines guten Rufes bewußt ist. Mit diesem Selbstlob stand im grellen Widerspruch die Thatsache, daß nicht nur die Presse, welche Deutschland für „vogelfrei unter den Völ= kern" erklärte und von dem „Attila Europas" sprach, das Maß= halten nicht gut verstand, sondern auch die Regierenden von der all= gemeinen Aufregung sich angesteckt fühlten. In einem Ministerrate, welchem auch der Präsident Grevy anwohnte, beantragte Minister= präsident Goblet, Deutschland, für den Fall, daß es Schnäbele nicht freigebe, ein Ultimatum zu stellen, und fügte hinzu, der Krieg sei unvermeidlich; man könne ihm mit Aussicht auf Sieg entgegen= gehen, da ein hitziges Fieber des Patriotismus das Land ergriffen habe. Flourens, der Minister des Auswärtigen, sprach gegen den Antrag und wollte nicht leichten Herzens das Wohl des Landes aufs Spiel setzen, und der Präsident Grevy stimmte ihm bei. Darauf bot Goblet seine Entlassung an. Aber Grevy weigerte sich, dieselbe unter den gegenwärtigen Umständen anzunehmen. „Wenn der Zwischenfall geschlossen ist, können Sie thun, was Sie wollen, und für diesen Fall behalte ich mir meinen Entschluß vor; aber ich glaube, daß es für den Augenblick Ehrensache für Sie sein muß, Ihren Posten nicht zu verlassen." Bei der Abstimmung über die Stellung des Ultimatums, die begreiflicherweise die Bedeutung einer Kriegserklärung hatte, stimmten Goblet, der Kriegsminister Bou= langer, der Marineminister Aube, die beiden radikalen Minister des

Handels und der Posten, Lockroy und Granet, für den Antrag,
Grevy, Flourens und die Minister des öffentlichen Unterrichts, der
Justiz, der öffentlichen Bauten, der Finanzen und des Ackerbaues
dagegen. Somit wurde die Kriegserklärung mit 7 gegen 5 Stim=
men abgelehnt.

Inzwischen war am Pariser Platz in Berlin zweimal ein Per=
sonenwechsel eingetreten. Graf Saint Vallier wurde im Februar
1882, als Freycinet die Stelle Gambettas angetreten, abberufen.
Bei seinem Scheiden von Berlin hoffte er noch, einmal wieder nach
Berlin zurückzukommen. Er äußerte sich gegenüber seinem Freunde
und Nachfolger, dem Baron de Courcel: „Bereiten Sie sich darauf
vor," sagte er ihm, „Sie sind jetzt mein Nachfolger; ich werde der
Ihrige, wenn ein Umschwung eintritt und meine Freunde wieder
an die Regierung kommen. Trete ich jemals in den Staatsdienst
zurück, so werde ich keine andere Stelle annehmen, als die, welche
ich jetzt aufzugeben durch mein Gewissen gezwungen bin." Baron
Courcel erlebte die Blütezeit guter offizieller Beziehungen zwischen
Frankreich und Deutschland. Unzufrieden mit der seit dem Sturze
Ferrys zunehmenden radikalen Richtung der französischen Regierung,
in welcher Boulanger die Hauptperson spielte, zog Baron Courcel
sich im Sommer 1886 von seinem Posten zurück. Sein Nachfolger
wurde Jules Herbette.

Jules Ferry hat seine Friedensliebe und insbesondere seine guten
Beziehungen zu Deutschland während seines zweijährigen Ministe=
riums seitdem durch freundliche Worte an und für den Chauvinismus
wett machen zu müssen geglaubt. Er schrieb noch vor einigen Monaten
an den Zentralausschuß der Allgemeinen Vereinigung von Elsaß=
Lothringen: „Meine Herren und teueren Landsleute! Der von
Ihnen einstimmig gefaßte Beschluß, mich zu einem Sitz in Ihrer
Mitte zu berufen, hat mich wahrhaft gerührt. Den hartnäckigen,
ungeheuerlichen Verleumdungen, die der Mann von Herzen ver=
achten, die aber leider schwache Geister beeinflussen können, haben
Sie das öffentliche und freiwillige Zeugnis derjenigen entgegen=
stellen wollen, welche alle Befugnis haben, im Namen Elsaß=
Lothringens zu sprechen, und angesichts so vieler Beweise von An=
hänglichkeit und Vertrauen seitens derjenigen, die hoffen, wie
seitens derjenigen, die leiden, habe ich das Recht, zu sagen: Ganz

Elsaß erhebt Einspruch mit Ihnen. Für mich ist dies eine große Ehre und ein großer Trost. Es ist ein weiteres Band mit jener geheiligten Sache, die andere Diener nötig hat, als Schönredner und Hetzer."

Zu Jules Ferrys Regierungszeit war es, daß Fürst Bismarck im Reichstage sagte: „Wir haben mit Frankreich seit vielen Jahren — ich kann wohl sagen seit der Zeit von 1866 — nicht in so guten Beziehungen gestanden, wie heute. Es ist dies das Ergebnis einer weisen und gemäßigten Regierung in Frankreich, die die Wohlthaten des Friedens ebenso hoch zu schätzen weiß, wie wir: beide Regierungen wissen, daß es auf dem Kontinente kaum eine größere Kalamität giebt, als einen deutsch-französischen Krieg."

Ja Fürst Bismarck hätte beinahe den Kollegen Ferry in Paris besucht. Diese Absicht ist freilich seiner Zeit (Dezember 1884) offi-ziös bestritten worden, aber doch so, daß man nicht die Unmöglich-keit behauptete. Der Reichskanzler war leidend, er sollte irgend einen entlegenen und geschäftliche Beziehungen ausschließenden Ort, sei es Madeira oder Egypten, sei es Tiflis oder Drontheim auf-suchen; da es auf die klimatische Lage nicht ankäme, — sagte die Nordd. Allg. Ztg. — so sei die Reise nach dem Süden also auch die Berührung von Paris nicht notwendig. Es sei daher auch nicht angebracht, Vermutungen darüber aufzustellen, welchen Empfang der Reichskanzler bei einem Besuche in Paris zu erwarten hätte, und zu berechnen, welches Gewicht auf einer Seite die Ritterlichkeit des französischen Charakters einem ehrlichen Gegner gegenüber und auf der anderen Seite eine künstliche Erregung feindlicher Minoritäten in die Wagschale legen könnten. Die Be-ziehungen beider Länder und beider Regierungen zu einander seien derart, daß auffallende und übelwollenden Deutungen ausgesetzte Schritte zu ihrer Erhaltung und Befestigung nicht erforderlich wären; die beiderseitigen Botschafter erfreuten sich des Vertrauens der beiden Regierungen, zwischen denen sie zu vermitteln hätten, und wenn dennoch der Fall einträte, daß die Leiter der deutschen und der französischen Politik einer persönlichen Besprechung bedürften, so würde sich eine solche erreichen lassen, auch ohne das Aufsehen und die Parteivorwände herbeizuführen, welche sich an einen Be-such des Reichskanzlers in Paris knüpfen könnten.

6*

Hier erhielt Jules Ferry wieder ein Kompliment. Man weiß, daß es namentlich die gemeinsamen Interessen in der Kongo-Frage waren, welche Frankreich und Deutschland einander näher brachten. Aber das Glück verließ den französischen Ministerpräsidenten, eine einzige Nachricht aus Ostasien genügte, um ein Kabinett zu zermalmen, das man felsenfest gegründet glauben konnte. Abgeordnete, die Vertrauensvotum nach Vertrauensvotum abgegeben, Kredit nach Kredit bewilligt hatten, schrieen am lautesten gegen den „Verbrecher Jules Ferry" und seine Kolonialpolitik; Leute, die sich noch tags vorher nicht tief genug vor ihm hatten bücken können, riefen ihm die heftigsten Schimpfworte zu, und der Ministerpräsident, der sich daran gewöhnt hatte, von der Kammer nach jeder Rede wie ein Heldentenor mit Händeklatschen und Bravorufen ausgezeichnet zu werden, verließ das Parlamentsgebäude auf einer Leiter, mit deren Hilfe er über die Hintermauer des Gartens in das Ministerial-Hotel am Quai d'Orsay gelangte.

Jules Ferry wurde seit seinem Sturze von seinen Feinden mit allen möglichen und unmöglichen Schimpfworten traktiert, worunter „le Prussien", „le vendu à Bismarck", „le traitre", „le rénégat" bestimmt waren, den Haupteindruck zu machen. Eine ganze Anzahl unflätiger Karrikaturen stellten den Konseil-Präsidenten dar, wie er in den verschiedensten Beziehungen zu dem Fürsten Bismarck stand und wie er sich von dem Leiter der deutschen Politik die Instruktionen für seine Kolonialpolitik erteilen ließ. Jetzt galt es für den Gestürzten, sich in der öffentlichen Meinung zu rehabilitieren. Dazu giebt es in Frankreich nur ein Mittel. Jules Ferry benutzte die erste Gelegenheit, seinen „Patriotismus" zu betonen und zu versichern, daß er, wie alle andern Patrioten, den Verlust der zwei Provinzen niemals verschmerzen werde.

Er sagte im Juli 1885 in der Deputiertenkammer: „Bezüglich der politischen Seite der Kolonialpolitik hat der ehrenwerte Herr Pelletan die folgende Formel angewendet: „Es ist ein System, das darin besteht, im Orient Kompensationen für die Zurückhaltung und die Sammlung zu suchen, welche uns augenblicklich in Europa auferlegt sind." Ich möchte mich darüber aussprechen. Ich liebe dieses Wort „Kompensation" nicht, von dem man ohne Zweifel nicht hier, aber anderswo einen oft perfiden Gebrauch machen konnte.

Wenn man sagen oder insinuieren wollte, irgend eine Regierung in diesem Lande, ein republikanisches Ministerium hätte glauben können, daß irgendwo in der Welt Kompensationen für die Un= glücksfälle existieren, von denen wir betroffen sind, so fügt man dieser Regierung eine große Beleidigung zu. (Beifall im Zentrum und auf der Linken.) Diese Injurie weise ich mit aller Kraft meines Patriotismus zurück. (Neuer Beifall.) Es giebt keine Kom= pensation, nein, es giebt keine für die Niederlagen, die wir erlitten haben."

Heute fährt Jules Ferry fort, seinen „Patriotismus" in dieser Weise zu forcieren. Rechte Früchte davon sieht er noch nicht. Der „Prussien", der in ihm steckt, oder stecken soll, läßt sich nicht so leicht austreiben. Im übrigen darf man nicht vergessen: die meisten Franzosen betreiben die Revanche nur als Sport, als noble Passion, die zum guten Ton gehört, oder als eine angenehme Auf= regung. Wie sehr man bei den Franzosen eine solche Liebhaberei oder Spielerei — die allerdings gefährlich werden kann — dennoch trennen muß von einer ernsten, ihrer Verantwortlichkeit sich bewußten Politik, hat gerade Jules Ferry evident gezeigt. Als verantwort= licher Ministerpräsident wurde er „Prussien" im französischen Sinne des Wortes, jetzt sitzt er im Ausschuß der allgemeinen Vereinigung von Elsaß=Lothringen und hält Reden wie etwa in einem Jockey= Klub, oder in einer Jagdgesellschaft. Derselbe Sport!

Alle Welt verlangt in Frankreich Elsaß=Lothringen zurück, aber — ohne Krieg. Im Juli 1885 sagte Clémenceau in seiner zu Bor= deaux gehaltenen Rede: „Wir hegen keinerlei Gedanken von mili= tärischer Revanche, wir denken vielmehr an eine friedliche Revanche durch eine emanzipierende reformatorische Republik, die ihre Strahlen über die Welt hinwerfen wird und welcher Gerechtigkeit widerfahren zu lassen man eines Tages gezwungen sein wird." Als hier ihn der Ruf unterbrach: „Und Elsaß=Lothringen?" fuhr Clémenceau fort: „Wenn man denkt, wie ich eben sagte, so muß man außerhalb des Kreises derjenigen bleiben, welche Europa regieren. Nicht als ob man sich völlig isolieren müßte, aber man muß nicht in gewisse Allianzen eintreten; denn wenn man auf den Kongreß von Berlin geht, so zeigt man Ihnen Tunis und da muß man Mißtrauen hegen. Ja, mißtrauen Sie denen, die Sie ermutigen, das Geld

Ihres Landes und das Blut Ihrer Soldaten in fernen Expeditio=
nen zu vergeuden. Mißtrauen Sie und erinnern Sie sich, daß es
Ihre Pflicht ist, auf Frankreich zu schauen und sich zu sagen, was
der Bürger, der mich eben unterbrach, sagte: Und Elsaß=Lothringen?
Es giebt in Europa nur Unabhängigkeit und eine Würde, deren
Wächter wir sind. Und dieselben zu bewahren, müssen wir festen
Fußes auf unserem Territorium verharren und keinen Zollbreit da=
von preisgeben." Sonach also will Clémenceau keinen Revanche=
krieg, weil er auf den Zauber seiner Fortschritts=Republik zählt, um
Elsaß=Lothringen wiederzugewinnen. Andererseits will er aber auch
keine Kolonialpolitik, um nicht Frankreichs Kräfte zu zersplittern
und zu schwächen, sondern intakt zu erhalten für etwaige nähere
Eventualitäten. Letzteres macht ein wenig mißtrauisch gegen die
revanchefeindlichen Auslassungen des radikalen Führers.

Herr Spuller, Unterrichtsminister im Kabinett Rouvier, ein
großer Freund des Friedens, präzisierte als Vizepräsident der De=
putiertenkammer in einer 1884 zu Grenoble gehaltenen Rede die
Aufgabe der Republik dahin, daß dieselbe fortan auf friedlichem
Wege, auf dem Wege der Wahrheit, der Gerechtigkeit und des
Fortschritts, ihr begonnenes Werk fortsetzen und ausbauen müsse.
Derselbe Staatsmann hielt im Juli 1887 geharnischte Reden gegen den
Boulanger=Kultus. Im Trokadero=Palast sprach der frühere Freund
Gambettas zu den Lehrern, sie möchten Männer heranbilden, welche
es als eine Schande betrachten, sich vor einem Manne zu ernied=
rigen, nachdem ihre Väter für sie das Recht erobert haben, vor
dem Standbilde der Freiheit stolz und aufrecht zu bleiben. Sie
würden nicht würdig sein, eine republikanische Nachkommenschaft zu
haben, wenn sie fähig wären, sich in den Koth zu werfen, unter
die Räder eines Wagens, der nur ein Götzenbild trägt, nur einen
Eintags=Triumphator. Und in Lyon sprach Spuller von einem
„gewissen unqualifizierbaren Ehrgeize," der sich gegen die Gesetzlich=
keit auflehne, von einer „gewissen Volkstümlichkeit, die gestern ent=
standen, morgen tot sei und von der man schon heute nicht mehr
spreche." An demselben Tische, an welchem Herr Spuller diese Worte
sprach, konnte General Davoust erklären, daß „die Armee die Augen
beständig auf die Grenze gerichtet habe." Die Tischgesellschaft klatschte,
Herr Spuller mit. Auch er fordert Elsaß=Lothringen zurück —

ohne Krieg, wenigstens ohne einen Angriffskrieg. Fürst Bismarck sagte im Januar 1887: „Wir werden Frankreich nicht angreifen, unter keinen Umständen," gab aber zu bedenken, daß in Frankreich viele darauf warten, weil sie lieber einen Verteidigungskrieg als einen Angriffskrieg führen wollen. Die Entschließungen Frankreichs seien in schweren Momenten immer durch energische Minoritäten, nicht durch die Majoritäten und das ganze Volk bewirkt worden.

Wie Elsaß-Lothringen ohne Krieg zu gewinnen ist, hat der bekannte Baron Stoffel, ehemaliger Militärbevollmächtigter in Berlin, seine Landsleute vor etwa 10 Jahren belehrt. In dem bonapartistischen „Ordre" erörterte er die Frage, ob Deutschland im Jahre 1871 die Grenzen der Mäßigung überschritten habe, indem es sich einen Teil von Lothringen und namentlich die Festung Metz aneignete. Selbstredend glaubte er diese Frage bejahen zu müssen. „Denn Frankreich" führte er aus, „kann ohne Metz oder vielmehr, so lange diese Festung in deutschen Händen ist, immer nur eine unruhige Existenz haben. Napoleon I. sagte von Antwerpen, diese Festung sei in den Händen Frankreichs eine geladene und auf das Herz Englands zielende Pistole. Mit noch mehr Recht kann man sagen: „So lange Deutschland Metz besitzen wird, wird es eine geladene Pistole auf das Herz Frankreichs gezielt halten." Aus diesem ungeheuren verschanzten Lager könne eine deutsche Armee sich auf Paris stürzen, welches davon nur fünfzehn Tage= märsche entfernt ist. Eine große Nation dürfe so in beständiger Furcht vor einer ihr unmittelbar drohenden Gefahr nicht leben." Der Verfasser gelangte dann zu dem Schlusse: „Soll man aus den vorstehenden Betrachtungen schließen, daß die Frage von Metz früh oder spät einen Krieg mit Deutschland herbeiführen wird? Keineswegs. Wir wollten nur darthun, daß sie jeder Wiederkehr des Vertrauens zwischen den beiden Ländern im Wege steht. Deutsch= land hat, indem es sich Metz aneignete, einem unmäßigen Ver= größerungsgelüste und einem Verdacht gegen einen hundertjährigen Feind Raum gegeben. Es verfuhr so, um Frankreich zu schwächen und um selbst im Falle eines neuen Angriffs stärker zu sein. Aber wir haben zu großes Vertrauen in die Weisheit Deutschlands, um nicht zu hoffen, daß es seinen Irrtum früher oder später einsehen wird. Wenn die Zeit die Leidenschaften beruhigt und Deutschland sich der friedlichen Absichten Frankreichs vergewissert haben wird, dann wird es sich geneigt zeigen können, eine für das gute Verhältnis zwischen den beiden Völkern und für ihre Interessen so nachteilige Lage zu ändern. Wir glauben aus sicherer Quelle zu wissen, daß im Rate des deutschen Kaisers bei den Friedensunterhandlungen Fürst Bismarck sich gegen den Erwerb von Metz erklärte. Wir erblicken in dieser Thatsache noch etwas anderes als einen Beweis von dem treffenden Urteile dieses großen Staatsmannes, wir erblicken darin die Möglichkeit, daß in einer ziemlich nahen Frist und unter der Gunst der Umstände Deutschland darein willigen könnte, Frankreich im Wege diplomatischer Unterhandlungen die Festung Metz und vielleicht Lothringen überhaupt zurückzugeben."

Baron Stoffel mochte an politische Verwickelungen denken, die etwa Deutschland es wünschenswert erscheinen lassen könnten, Frankreich durch die Herausgabe der Kriegsbeute von 1871 zu gewinnen. Die Franzosen haben vergebens darauf gewartet. Später setzten sie ihre Hoffnung auf den „friedlich gesinnten" Kronprinzen des deutschen Reiches, der das Unrecht von 1871 wieder gut machen sollte. Sie sind in der That mit diesem Ansinnen im März 1888 beim Regierungsantritt des Kaisers Friedrich III. hervorgetreten. Es gab auch Franzosen, welche von dem Nachfolger des Kaisers Wilhelm I. eine Erschütterung des Gefüges der deutschen Armee erwarteten. Gambetta sagte zu einer Zeit, als ungünstige Nachrichten über den Gesundheitszustand des Kaisers Wilhelm I. verbreitet waren, in einem Privatgespräch: „Das Hinscheiden des Kaisers wäre eine Thatsache von enormer Tragweite, nicht bloß für Deutschland, sondern auch für ganz Europa, womit ich nicht gesagt haben will, daß es für uns ein ungünstiges Ereignis wäre. Aber alles in allem, ich betrachte den Kaiser von Deutschland als einen außerordentlichen Herrscher (un souverain tout-à-fait hors ligne). Und insbesondere vom militärischen Standpunkte. Er ist die idealste Verkörperung des deutschen Militärstandes. Er ist es, der durch seine exzeptionelle Persönlichkeit der deutschen Armee ihren eigentümlichen Ton gegeben hat, ihre lebendige Kraft, ihr strammes Zusammenhalten. Das ist der Mann, der den modernen militärischen Geist in der eigenartigsten Weise zu verschmelzen gewußt hat mit dem ritterlichen Geiste der Kämpfer des Mittelalters. Der

feudale Ritter und der wissenschaftliche Generalstäbler sind hier
vereinigt. Herr von Moltke ist gewiß ein großer General, aber ich
glaube nicht, daß er jemals einen gleichen Einfluß, eine gleiche un=
mittelbare Aktion auf die deutsche Armee auszuüben im Stande gewesen
wäre, wie sie vom Kaiser Wilhelm ausstrahlen. Kaiser Wilhelm
ist, um ihn mit einem einzigen Worte zu bezeichnen, der wahre Im=
perator. Wohl wird die deutsche Armee auch nach seinem Tode
ihre ausgezeichnete Fügung behalten, allein es wird ihr gewisser=
maßen der Schlußzapfen, der geistige Zusammenhalt, abgehen."

Der Zar in Berlin.

Am 25. Dezember 1886 gab es sehr ernste Weihnachtsartikel in der deutschen Presse. Man sagte, eine so gedrückte Stimmung an einem solchen Feste sei, so viel bewegte Jahre auch das deutsche Volk erlebt habe, noch nicht vorhanden gewesen. Das bedrohliche Ansehen der Lage war eingetreten seit dem 13. November, wo Graf Kalnoky seine Erklärungen über die bulgarische Frage in der ungarischen Delegation zu Pest abgab. Er unterschied in der bulgarischen Frage zwischen dem, was rein bulgarische, und dem, was auch europäische und eben damit auch österreichisch-ungarische Interessen berühre, sowie zwischen dem, was einen bleibenden und giltigen Charakter hätte, und dem, was nur als vorübergehende Phase angesehen werden könnte. Zu letzterem rechnete er die Sendung des General Kaulbars, deren Ergebnisse eigentlich nur die seien, daß es ihm gelang, den Bulgaren die Einwirkung Rußlands in der denkbar unangenehmsten Weise fühlbar zu machen, und daß er die öffentliche Meinung Europas für das bulgarische Volk in bisher nicht gekannter Weise sympathisch gestimmt habe. Die Interessen Österreich-Ungarns liegen dort, wo teils Prinzipienfragen, teils allgemeine Vertragsrechte in Betracht kommen. Das Streben der Reichsregierung gehe daher dahin, daß keine den Verträgen widersprechende Schädigung der von Europa den Bulgaren gewährleisteten Selbständigkeit stattfinde. „Wenn Rußland beabsichtigt oder versucht hätte, einen Kommissionär nach Bulgarien zu entsenden, welcher mehr oder weniger die Regierung des Landes an sich genommen hätte, oder wenn es zu einer militärischen Besetzung, sei es der Küstenplätze oder des Landes selbst, geschritten wäre, so wären dies Handlungen gewesen, welche uns unter jeder Bedingung zu einer entschiedenen Stellungnahme gezwungen hätten."

Auf die Beziehungen Österreich-Ungarns zu den einzelnen
Mächten übergehend, sprach er zuerst von dem verbündeten Deutschland und erweiterte die damals viel besprochene Frage, inwieweit
die Freundschaft zwischen Österreich-Ungarn und Deutschland sich
praktisch bethätigen würde, und ob der eine Staat unter gewissen
Eventualitäten auf den anderen zählen könne. „Es ist wohl selbstverständlich, daß bei zwei Großstaaten von solcher Ausdehnung, die
vom baltischen Meere bis zur Adria und von der Nordsee bis an
die untere Donau reichen, jeder auch Sonderinteressen hat, welche
vollkommen außerhalb der Interessensphäre des anderen liegen können
und die zu schützen in den Verpflichtungen des anderen nicht gelegen
ist. Es ist gar nicht denkbar, daß ein Großstaat, ohne jede Selbst-
ständigkeit seiner Aktion aufzugeben, sich verpflichten könnte, für jedes
Interesse eines Bundesgenossen einzustehen. Setzen wir den Fall,
daß Deutschland am baltischen Meere eine Interessenfrage verfolgen
würde, die für dasselbe von großer Wichtigkeit wäre, so würde
Deutschland gewiß nicht daran denken, hiefür unsern Beistand zu
verlangen. Es liegt aber auch in der Natur der Sache und in
dem Selbstgefühl eines Großstaates, daß ihm das selbständige Eintreten für seine eigenen Interessen in erster Linie allein zusteht, und
daß ein Verhältnis, wie es zwischen Österreich-Ungarn und Deutschland besteht, nur dann praktisch in volle Kraft zu treten berufen ist,
wenn es sich um vollkommen solidarische gemeinsame Interessen
beider handelt. Für ein solches Verhältnis sind nicht Worte und
Buchstaben, sondern die gegenseitigen Interessen das festeste Funda-
ment. Der Fortbestand des andern als einer starken und unabhängigen Großmacht bildet für jedes der beiden Reiche ein wichtiges
eigenes Interesse. In der jetzigen Konstellation Europas läßt sich
Deutschlands Stellung kaum denken, wenn ein mächtiges Österreich-
Ungarn an seiner Seite fehlen würde, ebenso wie wir das größte
Interesse daran haben, daß Deutschland als starke Großmacht neben
uns fortbestehe. In diesem Sinn ist denn auch die Gemeinsamkeit
der Stellung Deutschlands und Österreich-Ungarns stärker und un-
erschütterlicher, als wenn man sich dieselbe als lediglich auf Para-
graphen gegründet vorstellen wollte. Die deutsche Regierung hat
nie einen Hehl daraus gemacht, daß Bulgarien sie nur soweit in-
teressiere, als damit der Friede im Orient und in Europa in Ver-

bindung steht. Auch jetzt hat es erklärt, daß es in Bulgarien keine
deutschen Interessen zu verteidigen habe. Demgemäß hat auch
der deutsche Reichskanzler nicht für die Wünsche der einen oder der
anderen Macht, sondern für den Frieden seine Ratschläge und seine
vermittelnde Thätigkeit geltend gemacht. Es ist dies in der loyalsten
und für den Weltfrieden, sowie für unsere eigenen Interessen er-
sprießlichsten Weise geschehen und es hat auch über diesen Punkt
zwischen den beiden Kabinetten eine Disharmonie oder eine andere
als die freundschaftlichste und vertrauensvollste Gesinnung nie bestanden."

Nach diesen Erklärungen, welche uns einen Blick in die neuesten
Abmachungen von Kissingen und von Gastein gönnten, berührte
Kalnoky auch die Beziehungen Österreich-Ungarns zu den übrigen
Mächten. Er sprach es als Gewißheit aus, „daß wir auch England an unserer Seite sehen würden, wenn es sich darum handeln
sollte, für die Erhaltung des Berliner Vertrags und des Rechtszu-
standes, den derselbe geschaffen, einzutreten," und daß in Italien
in jüngster Zeit die Auffassung zu Tage getreten sei, es habe dieser
Staat als Mittelmeermacht gewichtige Interessen wahrzunehmen
und eine Verschiebung der dortigen Machtverhältnisse könne ihm
nicht gleichgiltig sein. Von Rußland erhalte die Reichsregierung
die Versicherung, daß es an den Verträgen festhalte und weder an
eine Einschränkung der Autonomie Bulgariens, noch an eine Änderung seines internationalen Verhältnisses denke, daß es überhaupt
nichts ohne Mitwirkung der Mächte unternehmen werde. Der türkischen Regierung machte Kalnoky den Vorwurf, daß sie bezüglich
der im Berliner Vertrag ihr zugedachten Stellung, auf die man
für die Dauerhaftigkeit der Zustände gerechnet hatte, den gesagten
Erwartungen nicht entsprochen habe, und in einem Zeitpunkte, wo
ihr niemand das Einschreiten gewehrt hätte, nicht einmal dazu sich
habe entschließen können, von ihren Souveränitätsrechten in Ostrumelien Gebrauch zu machen.

Die panslawistische russische Presse war sehr erbittert über diese
Rede, welche Rußland so nachdrücklich auf die Achtung der Verträge hinwies, einem einseitigen Vorgehen Rußlands in Bulgarien
das Vorgehen Österreich-Ungarns entgegenstellte und bereits die
Bundesgenossen, die letzteres in diesem Falle haben würde, auf-

zählte. Die ganze Rede sei nichts als eine Drohung gegen Rußland, und wenn die österreichischen Staatsmänner fortfahren würden, eine so hochfahrende Sprache zu führen, so würde Rußland in der einzigen seiner würdigen Weise antworten, mit der Mobilisierung der russischen Streitkräfte.

Zu der drohenden Haltung der russischen Presse kam die Abstimmung vom 3. Dezember in Paris, welche das Ministerium Freycinet stürzte, dessen Haupt soeben Schritte zur Wiederanbahnung eines leidlichen Verhältnisses mit Deutschland gethan hatte. Wenn der preußische Kriegsminister erklärte, dem am 25. November eröffneten Reichstage sei die Militärvorlage mit ihrer Forderung einer erhöhten Präsenzstärke bereits vom 1. April künftigen Jahres an auf Grund ganz neuerlicher Veranlassungen in dieser Gestalt gemacht worden, so lagen die Veranlassungen ohne Zweifel in dem Eindruck der Delegationsverhandlungen zu Pest auf maßgebende russische Kreise. In Paris war zwar an die Stelle des Herrn Freycinet in der Leitung der auswärtigen Angelegenheiten ein ebenso inoffensiver Minister, Flourens, getreten und neuerdings strömte die französische Presse sogar über von Friedensbeteuerungen, aber aus der Haltung des ganzen Landes klang es heraus, daß man die Stunde der Revanche in der Nähe glaubte. Es konnte auch nicht anders sein, als daß man, nachdem der Entschluß Revanche zu nehmen, fünfzehn Jahre unerschütterlich geblieben war, soweit kam, um keine Gelegenheit mehr vorübergehen zu lassen, und Kombinationen, die einen erfolgreichen Angriff auf den gehaßten Nachbar oder die Möglichkeit einer Herausforderung desselben, der er sich nicht entziehen konnte, darzubieten schienen, bildeten sich alle Jahre.

Dazwischen war nun freilich am 15. Dezember die Verwarnung des russischen Regierungsanzeigers an die dortige Presse gegen die unaufhörlichen Herausforderungen Deutschlands erschienen. Man bemerkte in Berlin dagegen:

„Es hat nur eines Winkes seitens der Regierung bedurft, um den Hetzereien der russischen Presse ein Ende zu machen; aber man darf nicht vergessen, daß diese Wirkung in vierundzwanzig Stunden auch wieder aus der Welt geschafft werden kann." — Nun das sollte schon in den nächsten Tagen eintreffen.

Die Ansprüche, welche nach der Katastrophe von Sofia

(21. August 1886) Rußland auf die Übernahme einer Protektorrolle in Bulgarien machte und welche es auf die ganze Balkanhalbinsel aus= dehnen zu wollen schien, waren weder mit den Bestimmungen des Berliner Vertrags noch mit den Interessen Österreich=Ungarns, Eng= lands und Italiens vereinbar. Infolgedessen machten alle Mächte, die großen und die kleinen, Rüstungen an Mannschaften und an Kriegsmaterial. „Ganz Europa starrte in Waffen." Die deutsche Reichsregierung, im Bewußtsein ihrer Pflicht, die Sicherung der deutschen Grenzen nach allen Seiten hin zu wahren, wandte sich ver= gebens an die Reichstagsmehrheit, welche aus welfischen, demokrati= schen, polnischen und französischen Elementen zusammengesetzt war. Diese Mehrheit, welche der Regierung die für eine gesunde Finanz= wirtschaft nötigen reichlicheren Mittel verweigerte und stundenlang um die Exigenz für den Bau eines einzigen Aviso stritt, behandelte die angesichts der drohenden politisch=militärischen Lage eingebrachte Militärvorlage in einer Weise, welche die Ablehnung derselben als sicher voraussehen ließ. Es bedurfte der Auflösung und der Neu= wahl des Reichstages, um die Regierungsvorlage durchzubringen.

Die deutsche Regierung legte großen Eifer an den Tag, der öffentlichen Meinung Frankreich als den eigentlichen und einzigen Störenfried zu bezeichnen. Schon in dem Streite im Jahre zuvor wegen der Haltung Deutschlands zu den in Bulgarien ausge= brochenen Wirren wurde denen, welche die Schuld an der Unge= wißheit und Besorgnis, welche die Welt erfüllten, in den bulgarischen Verhältnissen suchten, bemerkt, daß sie die Lage Europas völlig falsch beurteilten, Deutschland habe an Bulgarien gar kein Inter= esse, die Nötigung für seine Rüstungen ginge von Frankreich aus, welches seine Kriegsmacht unaufhörlich steigere und für die Lage Mitteleuropas verantwortlich zu machen sei . . . Die Frage des Bruches mit Rußland habe 1879 nahe genug gelegen und wenn ein solcher einträte, so würden, wie man in Frankreich sagt, die Chassepots von selber losgehen. „Wir sind nicht kleinmütig genug, um vor einer solchen Lage zurückzuschrecken, wenn sie unausweich= lich werden sollte oder unsere eigenen Interessen sie uns aufnötigten. Aber wir sind nicht gewissenlos genug, um zu empfehlen, daß die deutsche Nation, ohne jede in der Sache liegende Nötigung, ledig= lich aus französischem Prestigebedürfnis, einem Krieg in dieser Aus=

dehnung durch ihre eigene Regierung mutwillig entgegengeführt werden sollte."

In den Septennatsverhandlungen des Reichstags im Januar (1887) sprach sich Fürst Bismarck über die Lage dahin aus:

„Die Beziehungen zu Rußland sind dieselben, wie unter Alexander II., es ist sicher, daß sie unsrerseits nicht werden gestört werden und Fürst Bismarck glaubt nicht, daß Rußland uns angreifen wird, oder daß es von einem von anderer Seite auf Deutschland erfolgenden Angriff Vorteil ziehen will. Betreffs Bulgariens haben wir kein eigenes Interesse; er (der Kanzler) hätte verdient, wegen Landesverrat vor Gericht gestellt zu werden, wenn er solche „Dummheiten" unternommen hätte, wie die fortschrittliche und klerikale Presse sie ihm wegen Bulgariens zugemutet hätte. Das Verhältnis zu Österreich wurde dahin definiert, daß das Bündnis zwischen Deutschland und Österreich eine festere Vereinigung geschaffen habe, als im deutschen Bunde oder im alten Reiche bestand; doch wurde später hinzugefügt, daß zwar für jeden von beiden Teilen die Existenz des anderen wesentlich sei, daß darum aber die Politik der beiden Reiche nicht in allen Einzelheiten identisch zu sein, nicht jedes für alle Interessen des anderen einzutreten brauche. Und vorher war im Gegensatz zu der Zuversicht, daß zwischen Deutschland und Rußland kein Kriegsgrund vorhanden sei, hervorgehoben worden, schwieriger liege allerdings die Erhaltung des Friedens zwischen Österreich und Rußland — woraus sich in Verbindung mit der Erklärung, daß wir für Österreichs Existenz als Großmacht einzutreten haben, offenbar die Eventualität ergiebt, daß Deutschland trotz allem, was vorher über unsre eigenen Beziehungen zu Rußland gesagt war, in einen Krieg zwischen diesem und Österreich verwickelt werden kann. In Bezug auf die Beziehungen Deutschlands zu Frankreich entwickelte der Kanzler die ganze Offenheit, welche schon so oft Erstaunen erregt hat. In erster Reihe gegen Frankreich, sagte er, bedürfen wir der Verstärkung des Heeres. Noch hat kein französisches Ministerium gewagt, den Frankfurter Frieden öffentlich als ungiltig anzuerkennen, solange aber keine dortige Regierung dies dürfe, sei der Krieg mit Frankreich nur eine Frage der Zeit; er könne in zehn Jahren, aber auch in zehn Tagen oder zehn Wochen kommen, je nachdem man in Frankreich die Hoffnung habe, uns überlegen zu sein, oder je nachdem man des Krieges als eines Ventils gegen innere Schwierigkeiten bedürfe. In diesem Zusammenhang wurde direkt von der Möglichkeit eines Ministeriums Boulanger gesprochen. Deutschland werde so wenig wie anläßlich der Luxemburger Verwickelungen den Krieg nur darum beschleunigen, weil man besser als der Gegner gerüstet zu sein glaube, man könne der „Vorsehung nicht in die Karten blicken", vielleicht bedeute Verzögerung des Krieges, Vermeidung desselben. Komme er aber, so werde er die ernstesten Folgen haben, wir müßten für den Fall des Unterliegens gefaßt sein auf den Verlust nicht bloß Elsaß-Lothringens, sondern auch des Rheinlandes, Schleswig-Holsteins, vielleicht auch Posens, auf die Wiederherstellung des Königreichs Hannover, auf eine Aussaugung bis auf die Knochen. Aber wenn wir wieder Sieger blieben, dann würde der Frieden auch anders aussehen, als der von 1871, wir würden dann Frankreich für ein Menschenalter bündnisunfähig machen.

Es machte in Frankreich einen begreiflichen Eindruck, aus dem Munde des Fürsten Bismarck wie auch des Generals Bronsart v. Schellendorff und des Feldmarschalls Grafen Moltke die Bemerkung zu hören, daß Frankreich nur auf eine Gelegenheit warte, um Deutschland anzugreifen, daß es bisher nur darum ruhig geblieben sei, weil es Deutschlands überlegene Kraft gefürchtet habe, daß der Krieg eben so gut am nächsten Tage wie in zehn Jahren ausbrechen könne, daß Deutschland die größten Anstrengungen machen müsse, um der beständig drohenden Gefahr beständig gewachsen zu bleiben. In Paris vergaß man, daß die fieberhafte Thätigkeit des Generals Boulanger, der anfangs geleugnete, später notgedrungen eingestandene Bau der Baracken an der Ostgrenze und die Verstärkung der dortigen Besatzungen, die fast einer teilweisen Mobilmachung gleichkamen, der erste Anlaß der deutschen Gegenmaßregeln war und man gab sich den Anschein, zu glauben, oder glaubte wirklich, daß diese Gegenmaßregeln von der Absicht Deutschlands eingegeben seien, in einem Angriffskriege unter einem vom Zaun gebrochenen Vorwande über Frankreich herzufallen. Herr Flourens bewahrte zwar selbst sein kaltes Blut, allein er hatte große Mühe, den General Boulanger von gefährlichen Kundgebungen abzuhalten und die Presse, soweit sie seiner Überredung oder anderweitigen Beeinflussung zugänglich war, auf einen gedämpften und ruhigen Ton zu stimmen.

Kaum war die Aufregung über die Septemberverhandlungen vorüber, als sich Ende April urplötzlich der Schnäbele-Fall zutrug. Wieder gewann die Lage ein äußerst bedrohliches Ansehen. Es ist schon mitgeteilt worden, daß im französischen Ministerrat einen Augenblick lang Beschlüsse geplant wurden, die, wenn sie übereilt gefaßt oder gar ausgeführt worden wären, unvermeidlich zum Kriege geführt hätten. Um diese Zeit sprach die „Norbb. Allg. Ztg." von dem Irrtum der französischen Blätter, „daß sie die Haltung von Katkow und seinem in Paris ansässigen Agenten Chon, sowie die Korrespondenzen russischer Militärs, welche Franzöfinnen geheiratet haben und in Frankreich begütert find, für die „russische Politik" ansehen. Diese Politik wird vom Kaiser von Rußland durch sein Organ d. h. seinen auswärtigen Minister, Herrn v. Giers betrieben, sie ist eine friedliebende und gegen Deutschland vielleicht gleichgiltige, aber sicher nicht feindliche. Die französische Presse schmeichelt sich und den Revanchepolitikern in Frankreich mit der Hoffnung, es werde zwischen Deutschland und Rußland ein Krieg ausbrechen und dann sei der Moment für Frankreich gekommen, auch seinerseits Deutschland anzufallen. — Wir halten es mehr für Frankreich als für Deutschland nachteilig, wenn es der Pariser Presse gelingt, diesen Irrtum in der Meinung zu befestigen und auszubilden."

Der russische „Regierungsanzeiger" trat in einem „Mitgeteilt" vom 21. März den Hetzereien der Presse und den Gerüchten über ungünstige Beziehungen zu Deutschland entgegen; aber während alle anderen russischen Blätter dieses „Mitgeteilt" vorschriftsmäßig abdruckten, brachte die Katkowsche „Moskauer Zeitung" nur eine Notiz hierüber unter den telegrapischen Depeschen und fügte hinzu, daß dieses „Mitgeteilt" nicht die Politik des Zaren vertrete, sondern nur die des Auswärtigen Amtes, die durchaus nicht identisch seien. Auf die Beschwerde des Herrn von Giers beim Kaiser erhielt Katkow einen milden Verweis. Unter Kaiser Nikolaus' hätte er nach einem derartigen Auftreten Bekanntschaft mit Sibirien gemacht. Was machte sich der mächtige Wirkliche Geheime Staatsrat aus einem Verweis, den ihm ein Senator, Ljuboschißki, über-

brachte! Er mußte doch, daß er noch immer und jetzt sogar noch
mehr der Mann war, auf welchen das ganze gebildete Rußland
sah und dessen Wort gewaltig in die Wagschale der öffentlichen
Meinung fiel. Herr v. Giers aber mußte es jetzt unterlassen, die
deutsch-feindliche Haltung der Presse zu zügeln, weil er schließlich
davon nur Unannehmlichkeiten hatte. Der Kaiser bestand darauf,
Herrn v. Giers zu behalten, weil er ihm außerordentlich bequem
ist. Der Katkowsche Kandidat für den Minister der auswärtigen
Angelegenheiten war Graf Ignatiew, eine dem Kaiser unsympathische
Persönlichkeit.

Der Gaulois brachte unter der Überschrift: „Die Herren v.
Giers und Katkow" interessante Mitteilungen. Angesichts der Gerüchte, welche über die Demission des russischen Ministers der auswärtigen Angelegenheiten im Umlauf waren, hatte das genannte Blatt
einen seiner Redakteure zu Herrn Dr. de Cyon gesandt. Dieser,
der frühere Direktor des Gaulois, ein Freund und Mitarbeiter des
Herrn Katkow, teilte über den Konflikt zwischen den beiden russischen
Staatsmännern das Folgende mit:

„Seit Juli des vergangenen Jahres hat Herr Katkow nicht
einen einzigen Augenblick aufgehört, seine, der Erneuerung des Drei-
kaiserbündnisses feindliche Stimmung zu dokumentieren. Dieses
für das russische Reich verhängnisvolle Bündnis, welches die erste
Ursache aller der in Bulgarien entstandenen Schwierigkeiten bildete,
ist am 31. März d. J. abgelaufen. Herr Katkow hat erklärt, daß
für Rußland eine Politik der freien Hand eine Notwendigkeit sei.
Dieselbe würde Rußland seine ganze Unabhängigkeit, seine Aktionsfreiheit belassen und ihm gegebenen Falles gestatten, sich der von
Herrn v. Bismarck beabsichtigten Vernichtung Frankreichs zu widersetzen. Dank dieser neuen, von dem Zaren inaugurierten Politik
hat Rußland vor zwei Monaten es vermocht, Deutschland zu
zwingen, auf seine aggressiven und allzu offen kundgegebenen Pläne
bezüglich Frankreichs zu verzichten. In diesem Augenblick ist es
für niemand mehr ein Geheimnis, daß alle die Demarschen mißlungen sind, welche Herr v. Bismarck in St. Petersburg zu dem
Zwecke unternommen hat, um von Rußland das Versprechen zu
erlangen, im Falle eines Konflikts zwischen Frankreich und Deutschland neutral zu bleiben. Deutschland ist gezwungen worden, den

Rückzug anzutreten, Herr v. Giers, der Urheber der Tripel=Allianz, neigte mehr zu einer entgegengesetzten Politik hin, und obwohl er gezwungen war, sich vor dem ausdrücklichen Willen des Zaren zu beugen, folgte er doch nur mit Widerstreben einer politischen Rich= tung, welche er nicht billigte . . .

Aus Anlaß der letzten Ereignisse in Bulgarien haben sich die Beziehungen zwischen Herrn Katkow und dem St. Petersburger Kabinett verschärft. Man erinnert sich, daß Herr Katkow in dem Augenblicke, in welchem die russischen Vertreter aus Bulgarien zu= rückberufen wurden, darauf bestanden hatte, daß die russischen Unter= thanen dem Schutze des französischen Konsuls anvertraut wurden. Das war auch zuerst die Absicht des Kaisers gewesen. Lediglich infolge der aus Berlin gekommenen Proteste hat Herr v. Giers darin eingewilligt, daß die russischen Unterthanen in Bulgarien dem Schutze des deutschen Konsuls und in Ostrumelien dem Schutze der französischen Konsuln unterstellt würden. Die deutschen Konsular= Agenten, welche mit den bulgarischen Regenten sehr gute Beziehungen unterhielten, hatten den russischen Interessenten nicht den vollen Schutz zu Teil werden lassen, den diese erwarten konnten. Herr Katkow beschuldigte besonders den deutschen Konsul, Herrn v. Thiel= mann, daß er mehr als lässig gewesen sei in der Vertretung der jüngst in Rustschuk fusilierten russischen Unterthanen. Herr v. Bis= marck zeigte sich über diese Beschuldigung sehr verletzt und beklagte sich in einem nach St. Petersburg gerichteten Schreiben über die hartnäckige Feindschaft des Herrn Katkow gegen Deutschland. Er versicherte unter anderem, daß die deutschen Vertreter stets ihre Pflicht erfüllten. Darauf ließ Herr v. Giers in dem russischen Regierungsboten ein langes Kommuniqué erscheinen, welches gegen die Moskauer Zeitung, ohne jedoch dieselbe zu nennen, alle diese Beschuldigungen des Herrn v. Bismarck vorbrachte.

Herr Katkow hat sich hierdurch nicht einschüchtern lassen und mit einem entrüsteten Artikel geantwortet, in welchem er es lebhaft beklagt, daß der russische Minister der auswärtigen Angelegenheiten, statt die nationale Politik zu vertreten, den Interessen und An= schuldigungen der deutschen Regierung das Wort rede. Er hat in diesem Artikel besonders daran erinnert, daß er Herrn Thielmann in keiner Weise der Verletzung seiner Pflicht als deutscher Konsul

bezichtigt habe. Die Schuld liege an denen, welche die russischen
Interessen in Bulgarien den deutschen Vertretern anvertraut hatten,
die den russischen Bestrebungen offenkundig feindselig gesinnt waren.
Infolge dieses Vorgehens wäre Herr Thielmann vor die Alter=
native gestellt worden, entweder seine Regierung direkt zu verraten
oder die Interessen seiner neuen Schützlinge zu vernachlässigen.
Herr v. Giers wollte durch eine Verwarnung antworten. Er ver=
gaß offenbar, daß eine 15 Jahre vorher Herrn Katkow unter ana=
logen Verhältnissen von dem Grafen Walujeff erteilte Verwarnung
diesem letzteren das Portefeuille gekostet hatte. Der Minister des
Innern, Graf Tolstoi, welcher ebenfalls einer der energischsten Ver=
treter der nationalen russischen Politik ist, konnte dem Ansinnen
des Herrn v. Giers umsoweniger nachkommen, als eine Desavou=
ierung des Herrn Katkow bei dieser Gelegenheit fast gleichbedeutend
gewesen wäre mit einem Tadel der von dem Zaren vertretenen
Politik der freien Hand. Herr Katkow hat sich nach St. Petersburg
begeben, um aus nächster Nähe die letzten Versuche zu bekämpfen,
welche dort die deutsche Partei macht, um ein Flickwerk der Tripel=
Allianz zu erlangen. Wenn Herr Katkow, wie wir im Interesse
Frankreichs hoffen, als Sieger aus dem Streite hervorgeht, so wird
der Rücktritt des Herrn v. Giers unvermeidlich sein. Sein prä=
sumtiver Nachfolger dürfte der Graf Ignatiew sein, welcher unstreitig
von allen russischen Diplomaten der hervorragendste Vertreter der
nationalen russischen Politik ist."

Von Interesse in den Ausführungen des Gaulois war insbe=
sondere die von Herrn von Cyon, dem Pariser Agenten Herrn Kat=
kows, aufgestellte Behauptung, Fürst Bismarck beabsichtige Frank=
reich zu vernichten. In ähnlichem Sinne sprach sich ein Artikel
des Matin aus, welcher unter der Überschrift: „Der Zar allein hat
den Krieg verhindert," seinen Lesern vorerzählte, in Berlin sei Alles
zur Aktion vorbereitet gewesen, der Kanzler habe schließlich selbst
den dem Kriege abgeneigten Kaiser durch seine „Bitten" überredet,
und die Erhaltung des Friedens sei nur dem Verhalten Rußlands
zu verdanken, welches es abgelehnt habe, sich formell zur Neutrali=
tät zu verpflichten. Dabei sei für den Zaren zunächst die Er=
wägung bestimmend gewesen, daß es den Interessen Rußlands ent=
spreche, diejenige Macht zu erhalten, welche allein der formidablen

Hegemonie Deutschlands als Gegengewicht dienen könne; außerdem hege das russische Kaiserpaar sehr lebhafte Sympathien für
Frankreich.

Es war kaum drei Monate her, daß der Kanzler im deutschen
Reichstage die Erklärung abgab: Wir werden Frankreich niemals
angreifen. „Wenn die Franzosen so lange mit uns Frieden halten
wollen, bis wir sie angreifen, wenn wir dessen sicher wären, dann
wäre der Friede ja für immer gesichert. Was sollten wir' denn
von Frankreich erstreben?" Daß der Kanzler diese Worte ehrlich
gemeint hatte, davon war die ganze Welt einschließlich der Pariser
Journalisten überzeugt. Wenn letztere trotzdem, gegen ihr besseres
Wissen, dem Kanzler die Absicht eines Angriffs auf Frankreich zu-
schrieben, so war dafür nur die eine Erklärung möglich: Man
suchte in Paris nach einem Vorwande, um die Rüstungen Frankreichs der Welt gegenüber zu rechtfertigen. Herr Boulanger mußte
den Krieg wollen, weil er sich anders auf der politischen Bühne
auf die Dauer nicht halten konnte. Er gehört zu den Politikern,
die sich nur durch Knalleffekte in der Gunst des Publikums erhalten. Gelang es ihm, das Übergewicht über seine Kollegen zu
gewinnen, so würde er über Deutschland hergefallen sein. Die Vorbereitungen dazu wurden schon getroffen; aber Herr Boulanger,
wohl wissend, daß seine Kollegen und die öffentliche Meinung ihm
entgegen waren, war genötigt, ein heimliches Spiel zu treiben.
Während er sich in Wahrheit zum Angriff rüstete, suchte er den
Schein zu wahren, als ob es sich nur darum handele, die Defen-
sivkraft Frankreichs zu stärken, und um diesen Schein glaubhaft
zu machen, ließ er durch seine Preßagenten urbi et orbi vorer-
zählen, der Reichskanzler wolle den Krieg.

Wie es mit der Wirkung der Warnung des erwähnten russischen
Regierungsanzeigers vom 21. März vor Hetzereien der Presse stand,
zeigte sich schon nach wenigen Tagen, wo die Presse fortfuhr, dar-
zuthun, daß Deutschland der hauptsächliche Feind Rußlands sei;
daß Deutschland im Bund mit Österreich und mit den englischen
Tories auf Schritt und Tritt in der perfidesten Weise Rußlands
Politik durchkreuze; daß nur Frankreich uneigennützig und offen-
herzig die Interessen Rußlands im Auge habe; daß also Rußland
die Klugheit gebiete, die bulgarische Frage vorderhand in den Hinter-

grund treten zu lassen, durch keine Allianz und durch keinen Krieg
sich die Hände zu binden, um, wenn der erwartete deutsch=französische
Krieg ausbreche, Herr seiner Entschlüsse zu sein, denselben zur Ver=
wirklichung seiner orientalischen Pläne zu benutzen und andererseits
die völlige Besiegung Frankreichs durch Deutschland nicht zu dulden;
denn dann wäre Deutschland allmächtig und Rußland würde einer
unseligen Zukunft entgegengehen. Deutschland wurde als der Frie=
densbedroher und Friedensstörer dargestellt, der die Aktionsfreiheit
aller anderen Staaten beeinträchtige. Die Berliner Kreuzzeitung
hatte unter der Überschrift „Warum Krieg?" einen längeren Artikel
gebracht, in welchem sie als die Hauptursache der jetzigen Gegner=
schaft Rußlands gegen Deutschland die Unzufriedenheit in maßgeben=
den russischen Kreisen mit den durch den Berliner Frieden der
russischen Machtvergrößerung gezogenen Schranken und das Streben,
diese Schranken zu durchbrechen, bezeichnete. Rußland wünsche Deutsch=
land, obgleich von unserer Seite eine aggressive Neigung gegen
Rußland durchaus nicht vorhanden sei, erheblich geschwächt und
zwar durch einen Krieg mit Frankreich, in welchem Rußland, ent=
weder durch drohende Haltung und in Schachhalten mehrerer deutschen
Armeekorps, oder bei sich findendem Anlaß auch unmittelbar, Frank=
reich unterstützen würde. Das Blatt hielt es aber für sehr wahr=
scheinlich, daß das mit Frankreich verbündete Rußland außer Deutsch=
land nicht nur Österreich=Ungarn, sondern auch England und Ita=
lien gegen sich haben würde. Es wäre also wohl geraten, wenn
vor einem Losbruch gegen Deutschland, welcher den Stein des
Völkerkrieges ins Rollen bringe, die Machthaber Frankreichs und die
antideutsche Partei Rußlands, wenn sie wirklich Patrioten sind, sich
ernstlich fragten: warum Krieg? Dieser Artikel veranlaßte die Mos=
kauer Wedomosti zu einem Ausfall gegen Deutschland, indem sie
u. a. schrieb: „Niemand bedroht Deutschland mit Krieg; man will
ihm nur den gebührenden Platz anweisen. Weder Frankreich noch
Rußland gaben bisher auch nur den geringsten Anlaß zur Annahme,
als suchten sie einen Vorwand zum Kriege. Wenn jemand früher
und jetzt zu Befürchtungen für den Frieden Europas Anlaß gab,
so war das gerade Deutschland mit all seinen Rüstungen, Ränken
und seiner Händelsucht bezüglich Frankreichs, bis zu der treu=
brüchigen Arretierung eines französischen Beamten „während der

Ausübung seiner Dienstpflicht" herab. Deutschland ist voll und ganz schuld Allen gegenüber: Deutschland hat Frankreich zwei Provinzen entrissen, die von ihm nichts wissen wollten und wollen; dasselbe Deutschland gesteht nolens-volens ein, daß es, und zwar ganz allein, als Hindernis der russischen Politik und der „Entwickelung russischer Macht" dasteht. Europäische Koalitionen gegen Rußland und Frankreich sind zur Zeit noch Hirngespinnste: die durch nichts und von niemand im Zaum gehaltene preußische Hegemonie in Europa ist niemand nach dem Herzen noch vorteilhaft, während Europa mit dem Status vor 1870 und namentlich vor 1866 ganz zufrieden war."

Im Monat Mai hatte die „Nordd. Allg. Ztg." eine Auseinandersetzung mit der panslawistischen Presse Rußlands, welche seit 1878 behauptet, daß, nachdem Rußland und Preußen so lange aufs friedlichste nebeneinander gelebt hatten, erst der Berliner Vertrag, die Unterstützung der Orientpolitik Österreichs und die „unaufrichtige" Politik der deutschen Regierung in der öffentlichen Meinung Rußlands Mißtrauen gegen die deutsche Freundschaft erweckt habe. Insbesondere wirft die panslawistische Presse Deutschland vor, die bosnische Okkupation verschuldet zu haben. Das offiziöse Berliner Blatt wußte es historisch zu begründen, daß Rußland schon im Jahre 1876, ohne Mitwirkung und ohne Wissen Deutschlands, mit dem Grafen Andrassy unterhandelte und im Januar 1877 ein Vertrag unterzeichnet wurde, worin Österreich die Besetzung Bosniens und der Herzegowina zugestanden war. Die Zusammenkunft der Kaiser von Rußland und von Österreich, welche am 8. Juli 1876 in Reichstadt stattfand, und die Sendung des Generals Obrutschew an das Kaiserliche Hoflager in Pest, welche im Januar 1877 erfolgte, standen mit diesen Thatsachen im engsten Zusammenhang. Der Beschuldigung Deutschlands, durch den Berliner Vertrag zur Benachteiligung Rußlands beigetragen zu haben, trat die „Nordd. Allg. Ztg." mit den Worten entgegen, daß der Berliner Kongreß nur auf Rußlands Verlangen berufen worden sei und Deutschland auf demselben jeden Wunsch, den Rußland überhaupt geäußert, befürwortet und durchgesetzt habe. „Wenn Rußland außer den zu unserer Kognition gekommenen, noch andere Wünsche hatte, über die es Stillschweigen beobachtete, so würde das der

Fehler des Fürsten Gortschakow gewesen sein, der damals russischer Minister war. Die Verabredungen, welche Rußland durch den Vertrag von 1877 über Bosnien und die Herzegowina mit Öster= reich bindend getroffen hatte, ließen sich im Jahre 1878 in Berlin nicht mehr rückgängig machen, und ist dies von russischer Seite auch gar nicht versucht worden."

Einzelne Blätter wollten aus dem Wortlaut der Artikel, welche die „Norbb. Allg. Ztg." zum Zweck der Richtigstellung panslawistischer Mythen und Fälschungen über die Vorgeschichte des letzten Orientkrieges gebracht hatte, auf eine Erkaltung der deutsch= österreichischen Beziehungen schließen; namentlich auch die Äußerung des Berliner Blattes über den Mangel jedes deutschen Interesses am Schicksal Bosniens und der Herzegowina wurde als Beweis dafür angeführt, wie gering man in Berlin von vital österreichisch=unga= rischen Fragen denke. Beim Lesen der diesbezüglichen Aus= führungen fragte man sich unwillkürlich, ob diese Blätter wirklich so wenig klar über die Ziele jener Veröffentlichungen waren, daß sie eine gegen das Donaureich gerichtete Spitze da erblickten, wo es nur Abwehr der Angriffe subversiver russischer Elemente galt. Die Berliner Publikationen nahmen auf die Zeit vor Ausbruch des russisch=türkischen Krieges Bezug. In jener Zeit standen aber bekanntlich Bosnien und die Herzegowina in gar keiner Beziehung zur österreichisch=ungarischen Monarchie, ebensowenig bestand da= mals, wenn wir recht unterrichtet sind, das vom Grafen Andrassy so glücklich eingeleitete intime Verhältnis mit Berlin. Mit Recht konnte daher die „Norbb. Allg. Ztg." sagen, Deutschland habe da= mals durchaus kein Interesse an diesen beiden, überdies einer dritten, fernerstehenden und nicht benachbarten Macht gehörigen Provinzen gehabt. An sich, gewissermaßen als Abstrakta betrachtet, bilden die beiden Provinzen auch heute noch ebensowenig ein deutsches In= teresse, wie etwa Bulgarien oder irgend ein Land der habsburgischen Monarchie, wenn man sich dasselbe aus dem Verbande Österreich= Ungarns losgelöst denken könnte. Nach der vom Berliner Vertrag sanktionierten Okkupation der mehrgenannten zwei Provinzen ist aber die Stellung Deutschlands zu denselben eine andere geworden. Dermalen schützt das Friedensbündnis der beiden Kaisermächte die von Österreich=Ungarn okkupierten Provinzen, ebenso wie jeden Teil

der österreichisch=ungarischen Monarchie; darüber bestanden an
leitender Stelle in Berlin niemals Zweifel. Die der Politik des
Fürsten Bismarck stets feindliche „Neue Freie Presse" in Wien
hatte damals geschrieben: „In einem Augenblick, da zweifellos
Rußland alle Hebel ansetzt, um in Belgrad den österreichischen Ein=
fluß zu verdrängen und sich für seinen bulgarischen Mißerfolg
schadlos zu machen, erklärt die „Nordd. Allg. Ztg." das Schicksal
Bosniens und der Herzegowina für die deutsche Politik gleich=
giltig, bezeichnet sie, soweit Deutschland in Betracht kommt, die von
Österreich=Ungarn okkupierten Provinzen für die Zukunft gleichsam
für vogelfrei, giebt sie den revolutionären Elementen, welche Bos=
nien und die Herzegowina rings umlauern, eine Ermutigung.
Und nicht bloß ihnen, sondern auch den Panslawisten, die sich
schwerlich, wenn sie in Belgrad das Terrain erobert hätten, davor
scheuen würden, ihre Wühlereien und Intrigen auf den von
Österreich=Ungarn okkupierten Boden zu verpflanzen . . . . Das
Mandat, das Österreich=Ungarn vom Berliner Kongresse erteilt
wurde, galt und gilt noch als ein Teil des internationalen euro=
päischen Rechtes, von dem man meinen sollte, daß es auch dem
mit Österreich=Ungarn verbündeten Deutschland als ein solcher er=
scheinen müsse. Wenn nun die „Nordd. Allg. Ztg." die Okkupation
Bosniens und der Herzegowina auf die Verantwortung Rußlands
und Österreich=Ungarns zurückwälzt, Deutschland aber als völlig
uninteressiert erklärt, so braucht man in St. Petersburg sich für=
wahr über den Fürsten Bismarck nicht zu beschweren, denn ihn sieht
die Welt jeden Stein der russischen Orientpolitik aus dem Wege
räumen, ohne freilich auch das Äquivalent wahrzunehmen, welches
ihm dafür von Rußland geboten wird."

Herr Katkow mußte in dieser Preßkampagne den Rückzug an=
treten. Die Mitteilungen des Berliner offiziösen Blattes wurden
durch die Erklärungen des ungarischen Ministerpräsidenten Tisza,
womit er im Unterhause am 21. Mai die Interpellation des Ab=
geordneten Iranyi beantwortete, bestätigt.

Mehr noch als die Enthüllungen selbst, beschäftigte jedermann
die Frage, weshalb der deutsche Reichskanzler gerade jetzt, nach
zehn Jahren, dieses scharfe Geschoß aus seinem Köcher entsendete.
Die Antwort wurde aus Berlin folgendermaßen gegeben: „Die letzten

Monate haben gezeigt, wie in Paris und Petersburg die Wünsche nach einem aktiven russisch-französischen Bündnisse gewachsen sind. Es hat sich aber herausgestellt, daß das französische Heer zur Zeit noch nicht „fertig" ist. Im vergangenen Jahre erfuhr dies durch= aus deutlich der Kriegsminister Boulanger aus dem Munde seiner eigenen Generale, als sich dieselben über die betreffende kitzliche Frage zu äußern hatten. Das ist hier wohlbekannt und gilt als einer der Gründe, an denen damals die russisch-französische Allianz vorläufig Schiffbruch litt. Unter solchen Umständen blieb auch der „Zwischenfall Schnäbele" ein ziemlich harmloser „Zwischenfall". In Paris herrschte zeitweise eine gewisse Beklemmung und es wird erzählt, daß ihretwegen eines Tages von französischer Seite ver= traulich bei unterrichteten Persönlichkeiten sogar sondiert wurde, ob wohl die Schweiz darauf genügend vorbereitet sei, nicht nur gegen Deutschland und Frankreich), sondern auch gegen einen Durchbruch italienischer Truppen ihre Neutralität mit Erfolg zu wahren. — Der russischen Politik kann mit einem ängstlichen Frankreich nichts gedient sein, und um den Mut derselben wieder zu heben, um der zur Zeit etwas zurückgedrängten Revanchepartei den Rücken zu stärken, wurde in Petersburg gerade während der allerletzten Wochen die Melodie von dem starken und ehrlichen Rußland angestimmt, das der Freund seiner wahren Freunde sein wolle, weswegen auch der Zar das Dreikaiserverhältnis nicht erneuern, sondern die Po= litik der freien Hand fortan befolgen werde. Gegen das russische Selbstbewußtsein und seine Wirkungen auf unruhige französische Politiker richtet sich nun ersichtlich Bismarcks neueste Kampagne. Nachdem die Franzosen inne geworden, daß sie noch nicht fertig sind, wird von Berlin aus der Welt gezeigt, mit welcher Schwäche Rußland in den Orientkrieg ging. Nicht nur mußten ihm militä= risch vorher Serbien und nachher Rumänien helfen, ganz abgesehen von Montenegro; ohne das, vorher heimlich erkaufte Wohlwollen des Wiener Kabinetts hätte sich Rußland überhaupt nicht getraut gegen die armen Türken ins Feld zu ziehen. Darum bläst Bis= marck auf der großen Posaune ein Lied von der Schwäche und Unzuverlässigkeit Rußlands, auf daß die Töne mahnend und warnend nach Petersburg und Paris dringen, dort ins Gedächtnis zu rufen, daß der Weg nach Konstantinopel nur über Wien geht; in Frank=

reich dagegen diejenigen zu unterstützen, welche der Kraft und Zu=
verlässigkeit Rußlands mißtrauen. General Boulanger hat inzwischen
zur Freude seiner russischen Freunde mit der bekannten Vorlage der
Probemobilmachung eines Armeekorps geantwortet. Und die russi=
sche Politik legt den Finger auf Serbien, um die schwache Stelle
Österreichs zu markieren. (Königin Natalie von Serbien ist mit
dem jungen Thronfolger zum Besuche des Zarhofs abgereist.) Dafür
macht Graf Herbert Bismarck seine unerwartete Erholungsreise nach
England."

„Nicht unglaubhaft, wenigstens höchst interessant" wurde diese
Kombination genannt. Graf Herbert Bismarck reiste damals zum
irischen Vizekönig nach Dublin. Das legte man so aus: er fand
Gelegenheit, in London mit dem Premier Salisbury und anderen
englischen Politikern zusammenzutreffen, um über Kolonialfragen
und Orientpolitik vertraulich zu unterhandeln.

In Frankreich trat das Streben nach einem Schutz= und Trutz=
bündnisse mit Rußland immer deutlicher hervor. Der Mobilmachungs=
versuch im Herbste wurde vorgenommen, um in St. Petersburg
Eindruck zu machen. Frankreich kam Rußland entgegen in der
bulgarischen Angelegenheit durch Abberufung seiner Konsule in
Bulgarien und Rumänien. Der russische Botschafter von Mohren=
heim in Paris wurde bei jeder Angelegenheit mit einer Überschwäng=
lichkeit gefeiert, die ihm zu Kopfe steigen mußte. Die Anwesenheit
russischer Kriegsschiffe in französischen Häfen gab Anlaß zu Ver=
brüderungsfesten. Bei der Ernennung von Ministern, ja sogar bei
der Wahl eines Präsidenten der Republik fragte man sich: „Was
wird Rußland dazu sagen?"

In der bulgarischen Frage liefen die französische und die deut=
sche Politik durchaus parallel, wenn auch die Motive sie trennten.
Beide würden wohl Rußland kein Hindernis bereiten, wenn ihm
das Mandat zur Wiederherstellung des status quo ante zufiele,
sofern sich aus der neuesten Wandlung der bulgarischen Angelegen=
heit eine Bedrohung des europäischen Friedens ergeben und Prinz
Ferdinand diesem allen Ernstes im Wege stehen sollte. Ein deutsches
Blatt warnte die deutsche Staatskunst sogar vor dem „Wettkriechen"
mit Frankreich um die Gunst Rußlands. Es wurde ihm bedeutet: „der
Prinz von Koburg, so gut wie der von Battenberg vor ihm haben

Verträge gebrochen, auf Grund deren Bulgarien überhaupt existent
geworden ist. Deutschland hält an diesen Verträgen fest, nicht aus
Gefälligkeit gegen andere Mächte, sondern aus Achtung vor der
eigenen Unterschrift, und weil jede Basis für seine Friedensbestre=
bungen fortfallen würde, wenn man die Verträge, welche unter dem
Vorsitze Deutschlands geschlossen wurden, nach beliebiger politischer
Konvenienz zu Gunsten strebsamer junger Fürsten ignorieren wollte.
In diesem Sinne widerstand die Regierung vor einem Jahre dem
Preßsturm zu Gunsten Battenbergs, und widersteht sie heute der
Zumutung, die von ihr vollzogenen Verträge und damit die Basis
ihrer Friedenspolitik dem ihr von Haus aus gemißbilligten Or=
leans=Koburgschen Unternehmen zu opfern."

Das Streben Frankreichs nach einem Bündnis mit Rußland
fand fortgesetzt an Katkow den leidenschaftlichsten Förderer. Er
stand in Petersburg mit dem französischen Botschafter Laboulaye
und in Paris durch den russischen General Bogdanowitsch, der
wegen seiner Zettelungen gegen Deutschland verabschiedet worden
war, mit Boulanger in Verbindung, um die Bedingungen eines
russisch = französischen Bündnisses zu vereinbaren, zu dessen Gut=
heißung er den Kaiser zu überreden hoffte. Dieser soll den
Geh. Staatsrat wegen dieser Intrigen wiederholt zur Rede gestellt
haben. Der „Pester Lloyd" teilte damals mit, daß schon im
August 1886 zwischen Katkow und französischen Vertrauensmännern
ein politisch=militärisches Programm verabredet worden, das so=
wohl Rußlands orientalische Pläne, als den Ausbruch eines deutsch=
französischen Krieges in Berechnung zog, wobei Katkow die Aufgabe
übernahm, den deutschen Einfluß am Zarenhofe systematisch zurück=
zudrängen.

Katkow starb am 1. August 1887 auf seinem Gute Snamensky.
Drei Tage nach dem Leichenbegängnis, am 9. August, kamen die
Vertreter der Patriotenliga, Deroulède und Goupil, in Moskau
an, um einen Kranz auf sein Grab zu legen, wobei ersterer nach=
träglich noch eine Rede hielt. Von da begab sich Deroulède nach
Nischnei=Nowgorod, wo ihm zu Ehren am 14. August ein Bankett
veranstaltet wurde. Während General Baranow die Patriotenliga
hoch leben ließ, brachte Deroulède einen Trinkspruch aus auf die
Verbrüderung Rußlands und Frankreichs, auf den gemeinsamen

Waffenruhm im Kriege gegen Deutschland. Für dieses Auftreten
erhielt Baranow später einen Verweis vom Zaren.

Es ist der überlegenen Meisterschaft des Fürsten Bismarck gelungen, die von Katkow empfohlene auswärtige Politik Rußlands
nicht bis zu ihren äußersten Konsequenzen ausreifen zu lassen.

Der Tod des Moskauer Publizisten hatte gleichwohl eine Bedeutung, welche über die eines innerrussischen Ereignisses hinaus-
ging. Wenn auch die Natur Alexanders III. kriegerischen Abenteuern
und Wagnissen so entschieden abgeneigt ist, daß ihm auch fernerer
Widerstand gegen eine Agitation zugetraut werden darf, welche unmittelbar zu Zusammenstößen mit dem Auslande führen mußte,
so reichte der Einfluß Katkows doch weit genug, um diese Zusammen-
stöße mittelbar vorzubereiten und schließlich unabwendbar zu machen.
Der wirtschaftliche und soziale Krieg war es, den Katkow mit dem
vollen Bewußtsein gepredigt hat, daß er den Kampf mit den Waffen
nach sich ziehen müsse und werde. Alle die barbarischen Maßregeln
gegen das Deutschtum in Rußland, deren Zeuge die letzten Jahre
gewesen sind, die rücksichtslosen Zollerhöhungen, von denen namentlich Deutschland betroffen wird und betroffen werden soll, der Ukas
gegen den Grundbesitz der Ausländer, und wie die gehässigen Ab-
sperrungs- und Isolierungsmaßregeln heißen mögen — im letzten
Grunde war alles auf den fanatisch vorpetrinischen Standpunkt zurückzuführen, von dem Katkow die russischen Dinge betrachtete, in dessen
Wiederherstellung er die Zukunft und das Heil Rußlands erblickte.
An eifrigen Handlangern und Helfershelfern hat es ihm dabei nicht
gefehlt. Die Pebodonoszew, Tolstoi, Kapustin u. s. w. standen ihm
an regem Fanatismus und Haß gegen alles Nichtrussische in keiner
Weise nach; ihre Begabung und ihre Willensstärke aber sind, mit
der seinigen verglichen, Null. Sie alle mögen in ihrer Weise ge-
scheite und selbst hervorragende Leute sein, keiner von ihnen besitzt
aber nur annähernd die Fähigkeit, in äußerlich vergleichsweise be-
scheidener Stellung die Politik eines Weltreiches so nachdrücklich zu
beeinflussen, wie dies Katkow während nahezu einem Vierteljahr-
hundert gelungen war.

Im Jahre 1844, als der polnische Aufstand noch im vollen
Gange war, ist er es gewesen, der das damals noch völlig schlum-
mernde russische Nationalgefühl mächtig zu wecken und so nach-

haltig anzufeuern wußte, daß die einseitig chauvinistische Richtung der Gegenwart, die bis zum Fratzenhaften gehende Übertreibung des Nationalen, die dem Auslande gegenüber aber gleichwohl schwer in die Wagschale fällt, wesentlich als sein Werk betrachtet werden muß, wenn ihm auch Männer wie Iwan Aksakow u. a. unschätzbare Helfer gewesen sind. Eine hohe Vertrauensstelle am Hofe hat er einst klug zurückgewiesen, sein privater Einfluß galt ihm mehr und er hat ihn sich bei einem Herrscher, wie Alexander III., zu erhalten vermocht, obwohl dessen feiner Empfindung für den Ehrenpunkt in Geldangelegenheiten die mehr landesübliche Auffassung Katkows in diesem Punkte unmöglich zusagen konnte.

Über die Art, wie letzterer sich an allerhöchster Stelle geltend zu machen wußte, wird viel Falsches erzählt. Die persönliche Einwirkung war nicht Regel, sondern Ausnahme. Meist sind es kurze Gutachten gewesen, durch die Katkow den Kaiser zu beeinflussen verstand. Bei den nicht eben häufigen Audienzen, die er sich bei wichtigen Gelegenheiten erwirkte, wurde Katkow, wie das des Kaisers Gewohnheit ist, meist schweigend angehört, ob er gewonnen oder verloren hatte, wurde ihm erst später klar. Auch nur den Schein einer unmittelbaren Beherrschung würde Alexander III. nie geduldet haben, und Katkow war viel zu klug, um nicht jeder Zeit mit dieser Thatsache zu rechnen. Sein Nimbus, das wußte er sehr genau, beruhte ausschließlich auf innerer Sympathie, darauf, daß der Kaiser in Liebe und Haß alle Ansichten teilte, welche ihm der Publizist seit frühester Jugend gepredigt.

Am 23. August jenes unruhigen Jahres reiste Alexander III. mit seiner Familie nach Kopenhagen. Als im September der eventuelle Besuch desselben in Stettin von der in- und ausländischen Presse erörtert wurde, schrieb die „Nordd. Allg. Ztg." vom 9. September:

„Ein Höflichkeitsbesuch in Stettin, wenn er stattfände, wäre an sich keine Gegenleistung, für welche eine Macht wie Deutschland sich bewogen fühlen könnte, ihre Politik anders als nach den Interessen der Nation einzurichten. Ein solcher Besuch würde auf die europäische Politik nicht maßgebender einwirken, wie der in Danzig oder in Skierniewice oder der in Kremsier."

Der Besuch erfolgte nicht und längere Zeit hindurch wurde der Zar fast nur in seiner Eigenschaft als Gast des dänischen

Königshauses von den Blättern erwähnt. Als jedoch infolge der Erkrankung der kaiserlichen Kinder die russischen Majestäten veranlaßt wurden, ihre Abreise von Kopenhagen zu verschieben, fühlte ein dänisches Blatt, die „Ritzausche Telegraphenagentur" sich veranlaßt, die Nachricht zu verbreiten, daß Kaiser Alexander seine Rückkehr über Deutschland ausführen und bei dieser Gelegenheit Sr. Majestät dem Kaiser Wilhelm einen Besuch abstatten werde. Nachdem von den Zeitungen das für und wider dieser Meldungen reichlich erörtert und mit allerlei politischen Kombinationen verknüpft worden war, erschien in der „Nordd. Allg. Ztg." folgende offiziöse Mitteilung:

„Anläßlich der von der Ritzauschen Telegraphenagentur verbreiteten Nachrichten über einen beabsichtigten Besuch des Kaisers von Rußland am hiesigen Hofe hat der „Börsen-Kourier" es für bemerkenswert erklärt, daß wir in unserer Zeitung von den durch andere Blätter erfolgten Dementierungen und Anzweiflungen mit keiner Silbe Notiz genommen hätten. Wir haben bisher die Nachricht von dem Besuch des Zaren als einen Lückenbüßer der Zeitungen in der an Stoff jetzt gerade nicht reichen Zeit angesehen, der ja immerhin in der Anzweiflung der Nachricht und in der Entwickelung, warum die Reise nicht stattgefunden, der Stoffarmut der Blätter abhelfen kann. Wir haben uns deshalb nicht um die Sache bekümmert, da wir es nicht für unsern Beruf halten, jede aus der Luft gegriffene Nachricht zu widerlegen. Wenn aber von dem „Börsen-Kourier" aus unserem Schweigen der Schluß gezogen wird, wir hätten irgend welchen Grund, die angegebene Nachricht für möglich oder wahrscheinlich zu halten, so nötigt uns diese Zumutung zu der ausdrücklichen Erklärung, daß wir die Nachricht der Ritzauschen Korrespondenz für eine müßige, wenn nicht böswillige Erfindung halten. Böswillig in der Voraussetzung, daß es, ebenso wie bei der angeblich in Stettin beabsichtigten Monarchenzusammenkunft im antideutschen Interesse liegt, dergleichen Gerüchte zu erfinden und zu verbreiten, und wenn dieselben nicht in Erfüllung gehen, daraus politische Schlüsse zum Nachteil Deutschlands abzuleiten."

Hiernach schien die Reise des Zaren über Deutschland ausgeschlossen und es tauchte unmittelbar darauf die Nachricht auf, der

russische Herrscher werde durch Schweden die Heimreise antreten.
Man wußte sogar, daß verschiedene schwedische Schlösser für den
Kaiser Alexander bereits in Stand gesetzt worden seien. Nach einer
Privatmeldung, welche der „Kreuzzeitung" aus Paris zuging, sollte
der Zar jedoch beabsichtigen, in Libau zu landen und von dort über
Riga-Dünaburg direkt nach Petersburg zu reisen. Dann lag wieder
folgende, dem offiziösen Kopenhagener „Nationaltidende" entnom=
mene Mitteilung vor:

„Nachdem der Leibarzt des russischen Kaisers, Geh. Rat Hirsch,
der zur Behandlung der kaiserlich russischen Kinder aus Peters=
burg berufen worden war, dringend angeraten hat, die Heimreise
der Kinder bis zu ihrer vollständigen Genesung auszusetzen, scheint
keine Rede von etwas anderem mehr zu sein, als daß die ganze
Familie, den Zaren eingeschlossen, auf Fredensborg versammelt
bleiben wird, bis alle gleichzeitig aufbrechen können. Was die Heim=
reise der Kaiserfamilie betrifft, — die selbstverständlich frühestens
erst Mitte November stattfinden dürfte, — so ist es fortgesetzt am
wahrscheinlichsten, um nicht zu sagen als abgemacht zu betrachten,
daß dieselbe über Land, d. h. über Deutschland erfolgen wird. Der
kaiserlich=russische Salonzug, der an der russisch=deutschen Grenze bereit
steht, und der auf den westeuropäischen Bahnen laufen kann, wird,
wie anzunehmen, nach Friedericia gehen, zum Teil auch (die kaiser=
lichen Personenwagen) bis Fredensborg. Die Kaiserfamilie wird dann
in wenigen Tagen in aller Bequemlichkeit nach Hause kommen können,
ohne nötig zu haben, den warmen Wagen öfter zu verlassen, als
ihr selbst beliebt."

Inwieweit diese Mitteilungen auf Thatsachen beruhten, war
natürlich abzuwarten. Jedenfalls trat mit obiger Meldung die
Möglichkeit der Reise des Zaren nach Deutschland wieder in den
Vordergrund der Erörterung. „Graschdanin" schrieb:

„Infolge der Erkrankung der kaiserlichen Kinder wird ange=
nommen, daß der kaiserliche Hof nicht vor Ende Oktober oder
Anfang November zurückkehren werde. Aus diesem Anlasse werden
in höchsten diplomatischen Kreisen alle möglichen Gerüchte verbreitet.
Es ist z. B. bekannt geworden, daß die kaiserliche Jacht „Dorschawa"
Ordre erhalten hat, aus Kopenhagen nach Kronstadt zurückzugehen.
Hieraus schließt man, daß der allerhöchste Hof seine Rückreise nicht

zur See, sondern zu Lande unternehmen würde. Sobald irgend jemand diese Vermutung ausspricht, so taucht in diplomatischen Kreisen natürlich sofort die Frage von einer Reise durch Deutsch= land auf und diese Frage zieht von selbst die Frage von der Entrevue der beiden Kaiser nach sich. Dieses Gerede begegnet sich mit dem in deutschen Blättern aufgetauchten Gerücht von einer Zusammenkunft der Kaiser in Warnemünde. Zur jetzigen Zeit aber versteht es sich von selbst, daß eine solche Episode, wie die Zu= sammenkunft der beiden nordischen Kaiser, unstreitig die Bedeutung eines wichtigen politischen Ereignisses erhält. Sodann aber ist die Frage von besonderem Interesse: sind solche Gerüchte mehr oder weniger begründet? That is the question. Ich weiß bestimmt, daß ernstliche und authentische Gründe hierfür nicht vorliegen, denn aus Kopenhagen sind bezüglich der Rückreise nicht die geringsten Nachrichten eingetroffen. Nur Eines ist begründet: das ist die Anschauung, daß, wenn die Reise über Deutschland angetreten werden sollte, und nicht zur See, die Zusammenkunft ein Akt tra= ditioneller internationaler Liebenswürdigkeit sein würde; das ist alles! Aber politische Ursachen und Beweggründe, die die Zu= sammenkunft beider Kaiser irgendwie notwendig machen könnten, giebt es nicht. Dafür kann man bürgen."

Wie der „Grashdanin" die Behauptungen, die Zusammenkunft würde die Bedeutung eines wichtigen Ereignisses haben und dann, dieselbe würde lediglich ein Akt internationaler Liebenswürdigkeit sein, zusammenzureimen vermochte, mußte dem Scharfsinne des Fürsten Metscherski überlassen bleiben. Die „Post" antwortete diesen und ähnlichen Artikeln in folgender Weise:

„Als die Rede davon war, der Zar werde den Kaiser Wilhelm in Stettin begrüßen, ist dem ersteren das Wort in den Mund ge= legt worden: diese Reise bedeute für ihn einen Gang nach Kanossa. Kanossa, wir wissen es alle, ist das Symbol der tiefsten politischen Demütigung. Ob nun jenes Wort echt ist, was wir entschieden bezweifeln, es ist jedenfalls der Ausdruck derjenigen russischen Stimmung, welche in einer von Seiten ihres Zaren unserem Kaiser dargebrachten Begrüßung eine Demütigung des russischen Stolzes sich zu erblicken zwingt. Früher waren diese Begrüßungen ein häufiger Akt der befreundeten Herrscherhäuser. Wir erinnern uns, daß Kaiser Alexander II., als er am 2. März 1855 den Thron bestiegen, wenige Wochen darauf in Berlin erschien. Wenn der gegenwärtige Zar heute die Bande alter Freundschaft wiederknüpfen wollte und zu diesem Zwecke nach Berlin käme, so hätte sicherlich die Weisheit der klügsten Staatsmänner Rußlands dagegen nichts einzuwenden. Aber der verblendete Deutschenhaß der russischen Gesellschaft hat diesen Schritt, schon da er nur als eine Möglichkeit erschien, zum Kanossagang gestempelt, in dem beschämenden Bewußt= sein, daß die grund= und maßlose Haltung der russischen Presse gegen Deutschland dem Besuch den Charakter einer Entschuldigung geben könnte. Jetzt bemüht sich die mit der russischen Gesellschaft verbundene Presse in Kopenhagen, den Besuch des Zaren als ein lediglich durch die Reisenotwendigkeiten des Herbstes auferlegtes, aller Freiwilligkeit entbehrendes, daher unwillkommenes Anstands= opfer darzustellen, als eine Handlung, die natürlich aller und jeder politischen Bedeutung entbehrt. Dazu bemerken wir, daß ein Be= such, welchem man, ehe er erfolgt, solche offiziöse Kommentare vor= ausschickt, durch dieselben, wenn sie unwiderlegt bleiben, zur Be= leidigung des deutschen Volkes wird. Wir bemerken ferner, daß es eine unerhörte Steigerung dieser Beleidigung wäre, wenn die russische Presse, fortfahrend in ihren Äußerungen eines in Ver= leumdungen und komischen Wutausbrüchen sich ergehenden Deutschen= hasses, solchen Äußerungen noch den Triumph zufügen würde, daß der heimgekehrte Zar zwar soeben die Gastfreundschaft des Ber= liner Hofes aufgesucht, im übrigen aber der getreue Vollstrecker der haßerfüllten Gefühle der russischen Gesellschaft gegen Deutschland geblieben sei. Wir halten unter diesen Umständen den Besuch des Zaren für das, wofür wir ihn von Anfang an gehalten, für ein spekulatives Märchen. Sollte dieser Besuch, allen Erwartungen entgegen, sich verwirklichen, so wird er den hochmütigen Kommen= taren der dänischen Presse zum Trotz, ein politisches Ereignis von den größten Folgen sein. Er wird entweder die alte Freundschaft zwischen Deutschland und Rußland wieder herstellen — was die sofortige Umkehr der russischen Presse zur Folge haben muß — oder die längst dieser Freundschaft versetzte Wunde beträchtlich er= weitern."

Am 24. Oktober wurde noch von Kopenhagen gemeldet: Der

Zar bleibt noch weitere drei Wochen hier. Das Begleitgeschwader ist nach Kronstadt zurückgekehrt.

Diese Nachricht bestätigte in einem Punkte die Meldung des „Nationaltidende", nach welcher die Heimreise der Kaiserlichen Familie frühestens Mitte November erfolgen sollte.

Der Zar — das war ersichtlich — wollte Kaiser Wilhelm nicht besuchen, aber er konnte seinem Schicksal nicht entgehen. Infolge der Krankheit seiner Kinder zog sich die Abreise von Kopenhagen bis in die Mitte November hinaus, wo die Schiffahrt bereits gehemmt war. Es stand dem Zaren noch frei, über Stettin mit der Bahn nach Rußland zurückzukehren. Die Höflichkeit erforderte die Berührung von Berlin. Er traf am 18. vormittags dort ein. Prinz Wilhelm war ihm bis Wittenberge entgegengefahren. Der Zar nahm in dem russischen Botschaftsgebäude sein Absteigequartier. Dort begrüßte ihn Kaiser Wilhelm und hatte eine längere Unterredung mit ihm. In einem Schreiben an den russischen Botschafter, Grafen Schuwalow, hatte Fürst Bismarck, auf den Wunsch des Kaisers Wilhelm, eine Audienz bei dem Zaren nachgesucht; dieselbe fand nachmittags statt und dauerte etwa eine Stunde. Über den Inhalt der zwischen dem Zaren und dem Reichskanzler gepflogenen Unterredung gab es höchst interessante Aufschlüsse. Dieselbe scheint die Verhältnisse in Bulgarien zu ihrem Ausgangspunkt genommen und der Zar dem Fürsten Bismarck den Vorwurf gemacht zu haben, daß er hinter dem Rücken Rußlands und im Widerspruch mit seinen offiziellen Depeschen eine russenfeindliche Politik treibe, wobei sich der Zar auf amtliche Noten berief, welche Bismarck an deutsche Botschafter geschrieben haben sollte. Die Verwunderung des Zaren war nicht gering, als Bismarck ihm erwiderte: „Majestät! Wenn man Ihnen solche Noten, als von mir herrührend, vorgelegt hat, so hat man Sie betrogen; ich habe dergleichen nie geschrieben und ähnliches hat mir auch ein Botschafter nie berichtet." Nachdem einmal diese im ersten Augenblick für beide Teile verblüffende Aufklärung geschehen war, wurde es leicht, der Sache näher zu rücken und dabei stellte sich heraus, daß es sich um eine angebliche Korrespondenz zwischen dem Prinzen Ferdinand von Koburg mit der Gräfin von Flandern handelte. Dieselbe wurde später veröffentlicht. Der Inhalt war der folgende: Prinz Ferdinand behauptet,

8*

daß die deutsche Regierung zwar äußerlich sehr heftig gegen ihn Partei nehme, im geheimen aber ihm sehr wohlwolle, weil er ein Stein in dem Schachspiele des Fürsten Bismarck sei. Der Prinz bittet die Gräfin von Flandern, sich mit Hilfe der Könige von Belgien und Rumänien für seine Anerkennung durch Rußland und seine Unterstützung durch Österreich verwenden zu wollen. Zum Beweise seiner Behauptung, daß er eigentlich vom Fürsten Bismarck zu seinem Abenteuer ermutigt worden sei, bringt der Prinz ein Schreiben des Prinzen Reuß, des deutschen Botschafters in Wien, bei. Ob durch diese Fälschungen das russisch-französische Kriegs=bündnis beschleunigt oder auch der Zar gegen Deutschland und namentlich seinen leitenden Staatsmann verstimmt werden sollte, läßt sich nicht entscheiden.

Über die Unterredung Bismarcks mit dem Zaren wird noch bemerkt, letzterer habe nach den ihm vom Reichskanzler gegebenen Aufklärungen in sehr bestimmter Weise versichert, daß er überhaupt die Erhaltung des Friedens wünsche und jetzt sehr gern die Ver=sicherung wiederhole, daß ihm weder ein Angriff gegen Deutschland, noch die Teilnahme an einer gegen Deutschland gerichteten Koalition in den Sinn komme. Darauf habe Fürst Bismarck den Kaiser ge=beten, er möchte auch der von Deutschland abgeschlossenen Allianzen gedenken; denn wer mit Deutschland in Frieden leben wolle, dürfe auch dessen Verbündete nicht angreifen. Der Zar habe geantwortet, daß er wie gegen Deutschland, so auch gegen Österreich=Ungarn keinen Angriff plane und an keiner Koalition teilnehmen werde, unter der selbstverständlichen Voraussetzung, daß von dieser Seite keinerlei Herausforderungen gegen Rußland erfolgen, eine Voraus=setzung, die er übrigens als außer Frage stehend betrachten zu dürfen glaube. Die nächste Folge dieser Unterredung war der Be=fehl des Zaren, daß die russische Presse keine deutschfeindlichen Artikel veröffentlichen solle.

Einen unmittelbaren Ausdruck ihrer Bedeutung fand die Unter=redung dadurch, daß unmittelbar nach derselben der Fürst Bismarck zum Vortrag bei Sr. Majestät in das Kaiserliche Palais fuhr, und daß an demselben Abend der russische Botschafter Graf Schuwalow durch die Verleihung des hohen Ordens vom Schwarzen Adler ausgezeichnet wurde. Wie der Zar, so machte auch die Zarin dem

Kaiser einen Besuch, und zwar die letztere mit ihren fünf Kindern, die sie dem Großoheim vorstellte. Auch statteten der Großfürst Thronfolger, sowie Großfürst Georg, als die ältesten beiden Kinder des Zaren, nicht nur bei allen verwandten Prinzen, sondern auch bei dem Reichskanzler und dem Chef des großen Generalstabes einen Besuch ab. Bei dem Diner nahm der russische Zar Gelegenheit, dem Fürsten Bismarck und dem General-Feldmarschall Grafen v. Moltke mit dem Glase zuzutrinken. Zwischen neun und zehn Uhr abends reiste der Zar mit seiner Familie von Berlin ab und kam am 20. November glücklich in Gatschina an.

Wer die Fälscher der bezeichneten Aktenstücke waren, ist „bisher" unermittelt geblieben. In Berlin hatte man die Orleanisten in Verdacht; dieselben haben jede Beteiligung rundweg geleugnet; allein auch jedes Mitglied des dänischen Hofes hat in Abrede gestellt, dem Zaren diese Aktenstücke in die Hand gespielt zu haben, und doch sprechen alle Anzeichen für diesen Verdacht; es ist auch alle Wahrscheinlichkeit vorhanden, daß erst die Überlieferung dieser Papiere den Zaren zu dem Entschlusse gebracht hat, den geplanten Besuch in Stettin aufzugeben. Jedenfalls steht fest, daß der Fürst von Bulgarien an diesem Intrigenspiel keinerlei Anteil hatte, wie man nach den heftigen Ausfällen offiziöser Artikel aus Berlin gegen den Fürsten hätte vermuten müssen. Prinz Ferdinand von Koburg hat niemals mit der Gräfin von Flandern in irgend einer Korrespondenz gestanden.

Der Zusammenhang, in dem das Haus Orleans zu dem Fürsten Ferdinand steht, wurde zu jener Zeit in Berlin durch die Enthüllung der „Geheimgeschichte der Kandidatur des Fürsten Ferdinand" dargethan. Mit dem Gedanken, der Nachfolger des Fürsten Alexander zu werden, trug sich Prinz Ferdinand schon zur Zeit, als sein Vorgänger noch regierte. Damals konnte er sich nicht russenfreundlich genug geberden und buhlte um die Gunst hochgestellter russischer Persönlichkeiten. Seine Verbindungen in Bulgarien zum Zwecke seiner späteren Kandidatur bestanden, wenn auch noch sehr geheim, bereits im November 1886, als er sich gelegentlich des Geburtstages der deutschen Kronprinzessin in Berlin befand, wo er natürlich über seine Pläne nichts verlauten ließ. Dieser Besuch am Berliner Hofe, der damals gar nicht bemerkt

wurde, sowie eine Audienz beim deutschen Kaiser am 21. November
fanden in der Absicht statt, später hieraus für seine bulgarische Kan=
didatur Kapital schlagen zu können, wie es auch thatsächlich ge=
schehen ist. In die Öffentlichkeit drangen sodann seine Bemühungen
um den bulgarischen Thron, als im Dezember desselben Jahres
die drei Abgesandten der Nationalversammlung von Tirnowa auf
ihrer Rundreise bei den europäischen Regierungen in Wien eintrafen.
Den auf der Suche nach einem Fürsten befindlichen Bulgaren ließ
sich Prinz Ferdinand höchstselbst antragen, und nachdem man sich
bulgarischerseits einmal mit ihm eingelassen hatte, ließ er seine Kan=
didatur nicht wieder los. Hätte er sich den Bulgaren nicht förm=
lich aufgedrängt, so ist gar nicht abzusehen, wie dieselben auf einen
Prinzen verfallen wären, von dessen persönlichen Eigenschaften keine
einzige bekannt geworden war, welche ihn militärisch oder politisch
zu einer der schwierigsten Stellungen in Europa befähigte. Im
Anfang des folgenden Jahres 1887, Januar oder Februar, hatte
Prinz Ferdinand eine geheime Zusammenkunft mit seinem Vetter,
dem Grafen von Paris, um dessen Rat betreffs der bulgarischen
Kandidatur einzuholen. Aus gelegentlichen Ausplauderungen ein=
geweihter Personen hat man erfahren, daß der Graf von Paris
ausdrücklich dies Unternehmen gebilligt und seinen Vetter dazu er=
mutigt hat. Diese Thatsache wird auch noch dadurch bestätigt, daß
der Graf von Paris zugleich für den künftigen Hofmarschall am
Hofe zu Sofia sorgte und einen solchen in der Person des Grafen
Gernaud de St. Christophe dem Prinzen Ferdinand beigab. Es
muß noch bemerkt werden, daß dieser Vertrauensmann des Grafen
von Paris vorher dem Prinzen nicht bekannt war. Auf diese Weise
hat das Haupt der Familie Orleans einen beglaubigten Vertreter
am bulgarischen Hofe und dieser Umstand deckt wenigstens eine der
vielen Verzweigungen der geheimen orleanistischen Diplomatie auf.
Aus den erwähnten Beratungen mit dem Grafen von Paris läßt
sich allein schon ersehen, was es mit dem angeblich bulgarischen
Ursprung der Kandidatur Koburg auf sich hat. Der weitere Ver=
lauf der Angelegenheit hat dies noch mehr bestätigt.
      Die oben erwähnte Geheimgeschichte bringt eine ins einzelne
gehende Darstellung der diplomatischen Entwickelung der Kandida=
tur, aus der zunächst zu erwähnen ist, daß Stambulow die letztere

lediglich darum förderte, um die beabsichtigte Rückberufung des Für=
sten Alexander zu verhindern und sich gleichzeitig in der Macht
zu halten. So ließ er, indem er zum Scheine dazu seine Mithilfe
lieh, um die Rückkehr des Fürsten Alexander zu veranlassen, die
Kandidatur des Prinzen von Koburg in Aufnahme bringen, sandte
Dr. Stoilow nach Wien, um durch ihn die Verbindung zwischen
dem Prinzen und dem Wiener Auswärtigen Amte herzustellen und
veranlaßte dann, daß auch in Bulgarien für den Prinzen gewählt
wurde. Eine besonders wichtige Stelle aus diesem Teile möge hier
wörtlich folgen:

„Während Prinz Ferdinand in Wien durch Vermittelung
Stoilows seine Verbindungen mit der Regentschaft unterhielt, war
er seinerseits nicht unthätig, zu Gunsten seiner Kandidatur auch in
seiner Art zu wirken. Er setzte seine Familienbeziehungen in Be=
wegung, um sich dem russischen Kaiser genehm zu machen und ihn
seiner Ergebenheit zu versichern; er trug sich der russischen Politik
als Vermittler und Versöhner zwischen Bulgarien und Rußland
an; er erklärt sich zu allem bereit, was man in dieser Richtung von
ihm verlangen werde, ohne zu bedenken, ob er dann auch in Bul=
garien in der Lage sein würde, seine Rußland gegenüber eingegange=
nen Verpflichtungen zu halten, falls seine Eröffnungen und Aner=
bietungen in Petersburg günstige Aufnahme gefunden hätten. Die
Bewerbungen um die Gunst Rußlands hinderten ihn nicht,
seine Beziehungen in Wien und Pest in dem Sinne zu verwerten,
daß er sich als den künftigen Vertreter der österreichisch=ungarischen
Politik auf der Balkanhalbinsel aufspielte. Mehrere ungarische
Magnaten, unter ihnen auch der Graf Zichy, unterstützten die Pläne
des Prinzen Ferdinand mit großem Eifer und betrachteten ihn als
den künftigen Begründer des österreichisch=ungarischen Einflusses in
Bulgarien, denselben Prinzen, der sich zu gleicher Zeit dem Zaren
als willfähriges Werkzeug Rußlands nicht dringend genug anbieten
konnte."

Es wird nun geschildert, wie man durch einen gewissen Wald=
apfel (Ingenieur aus Pest) in Bulgarien für die Kandidatur Stim=
mung machen ließ und wie schlau Stambulow die entschiedene
Abneigung der Bulgaren gegen die Koburgische Kandidatur durch
das Vorgeben abzuschwächen verstand, sie sei gar nicht ernst gemeint

und solle nur dazu dienen, den Russen den Weg zu verlegen. Prinz Ferdinand werde in Wirklichkeit den Thron niemals besteigen. So gelang es Stambulow, der Nationalversammlung die Wahl förm= lich abzuringen. Als die Abordnung beim Prinzen erschien, erklärte er nur im Sinne des Berliner Vertrags die Wahl annehmen zu wollen. Es ist bekannt, daß er diese Erklärung auch dem Grafen Kalnoky gegenüber abgab (es wurden darüber unlängst „Enthül= lungen" im „Pest. Lloyd" gebracht), und daß alle Welt glaubte, er werde in der That ein Fürst des Friedens und der Ordnung sein. Die „Köln. Ztg." erklärte den Widerspruch dieser Haltung mit seiner späteren durch die Thatsache, daß die Familienbeziehungen der Fürstin Klementine noch in Thätigkeit waren, um den Kaiser von Rußland den Unternehmungen des Fürsten günstig zu stimmen. Auch hatte sich derselbe in einem Schreiben unmittelbar an den Zaren gewandt, um seine guten Dienste im Sinne der russischen Politik anzubieten. Da diese aber vom Zaren abgelehnt wurden, deckte der Prinz die Karten auf, wurde antirussisch und ging plötz= lich nach Bulgarien, woraus es klar wurde, daß die Notabeln da= selbst von Stambulow hintergangen worden waren. In der damaligen Zwangslage, in der das Land sich befand, mußte man sich aber damit zufrieden geben. Der Regierungsantritt des Prinzen Ferdi= nand bedeutete vorläufig den Sieg und die Befestigung der Diktatur Stambulows; in der nationalen Kräftigung Bulgariens aber brachte sie einen entschiedenen Rückgang mit sich. Die Militärpartei, die Hauptstütze der nationalen Politik, wurde erschüttert, wie denn über= haupt in der ganzen Nationalpartei eine tiefe Spaltung eintrat. Es begannen jene persönlichen und bis zur äußersten Gehässigkeit getriebenen Verfolgungen gegen Männer, welche eben noch in der Verteidigung der nationalen Sache in erster Reihe gestanden hatten. Das starke Sinken des Ansehens und der Beliebtheit Stambulows erklärt sich zum größten Teil aus dem Umstande, daß er mit aller= hand Vorspiegelungen und Zweideutigkeiten den unerwünschten Fürsten dem Lande aufgenötigt hatte.

Der Verfasser dieser hochinteressanten und bedeutsamen Enthül= lungen weist nunmehr auf die Beziehungen hin, die der Fürst mit dem Papste anknüpfte und bemerkt dabei einleitend:

„Wenn sich Fürst Ferdinand bei seinem Regierungsantritt den

Titel Königliche Hoheit zulegte, zu dem er weder als Prinz von
Koburg, noch als Fürst von Bulgarien berechtigt war, so stimmt
auch dieser kleine Eitelkeitszug zu seiner ganzen Haltung. Gleich
nach Ankunft des neuen Fürsten in Sofia erschien der katholische
Erzbischof Menini in der Hauptstadt, um sich, wie er sagte, im
Auftrage des Papstes zur Verfügung des Fürsten zu stellen. Dieser
Prälat ging geschäftig im Palais aus und ein, suchte eine diplomatische
Rolle zu spielen, schwatzte auch bei seiner Wichtigthuerei mitunter
aus der Schule, wobei er Anspielungen auf die orleanistischen sowie
päpstlichen Beziehungen des Prinzen machte. Als sein Auftreten
etwas zu heftig und zu unbequem wurde, ließ man ihn abtreten.
Der thatsächliche Hintergrund dieses Zwischenspiels war folgender:
Nach der Beratung mit dem Grafen von Paris hatte Prinz Fer=
dinand persönlich in Rom auch den Papst für sein Unternehmen
zu interessieren gesucht."

Nach dieser Darstellung erwähnt der Verfasser der Geheimge=
schichte auch die renommistischen Behauptungen gegenüber den bulga=
rischen Ministern, daß es ihm an der Anerkennung der Mächte, dank
seinen weitreichenden, an allen Höfen vorhandenen Familienbeziehungen
nicht fehlen werde. Was die Haltung Deutschlands anbetrifft, so
sagte er seinen Ministern, dieselbe sei nicht ernst zu nehmen,
und gab zu verstehen, man brauche nach dieser Seite nicht be=
sorgt zu sein, da er über die wirkliche Politik Deutschlands in der
bulgarischen Frage vollständig unterrichtet sei. Zweideutigkeit und
Trug hätten die Hauptrolle bei diesem Abenteuer gespielt und in
diesem Rahmen erst werde der Vorgang mit den gefälschten Schrift=
stücken verständlich. Der Fürst habe erkannt, daß es ihm unmög=
lich sein werde, sich auf die Dauer zu halten. Die einzige Aussicht
habe ihm ein Krieg zwischen Rußland und Österreich und Deutsch=
land geboten.

„Wie sollte ohne Friedensstörung darin eine Änderung zu
Gunsten des Prinzen eintreten? Und wie sollte er ohne Anerken=
nung der Mächte auf die Dauer seine Herrschaft in Bulgarien auf=
recht erhalten, wo er nur von Stambulows Gnaden ein klägliches
Scheindasein fristet! Persönliche Eigenschaften standen ihm nicht zu
Gebote; außer dünkelhaftem Hochmut, weiblicher Eitelkeit und grenzen=
loser Doppelzüngigkeit ist keine einzige Eigenschaft hervorgetreten,

die ihn militärisch oder politisch der Lage in Bulgarien einiger=
maßen gewachsen zeigte. Fand der ersehnte Krieg statt, so bot sich
doch wenigstens die Möglichkeit günstiger Umstände, die ihm erlaubt
hätten, sich in Bulgarien zu halten. Wurde der Friede erhalten,
so mußte das künstliche Kartenhaus seiner Erfolge bald zusammen=
klappen. Hier also deckte sich das persönliche Interesse des Fürsten
Ferdinand mit dem der orleanistischen Politik."

Die Schlußbetrachtung des diplomatischen Verfassers läuft auf
die Hoffnung hinaus, daß das koburgische Unternehmen seinem Schick=
sal nicht entgehen, und daß es sich als einen großartigen politischen
Humbug, verbunden mit leichtfertiger Gefährdung des europäischen
Friedens erweisen werde. „Es wird dann unbegreiflich erscheinen,"
meint der Verfasser, „wie dieser gemeingefährliche Unfug überhaupt
irgendwo politisch ernst genommen werden konnte. Wenn es auch
Diplomaten giebt, die darauf angebissen haben, so dürfte das Er=
wachen angesichts der Wirklichkeit kein angenehmes sein. Den Bul=
garen aber kann man nur wünschen, daß ihnen das orleanistisch=
koburgische Abenteuer nicht zu teuer zu stehen komme".

Gerade in der Zeit, als das Fernbleiben des Zaren von Stettin,
wo im Königlichen Schlosse die Zimmer für ihn bereits eingerichtet
waren, die Gemüter allenthalben lebhaft beschäftigte, erhielt Fürst
Bismarck in Friedrichsruh den Besuch des Grafen Kalnoky, welcher
seit dem Jahre 1884 jährlich bei dem Reichskanzler eintrifft, um
mit ihm die politischen Verhältnisse Europas zu besprechen. Eben
dahin, nämlich am 2. Oktober, kam der italienische Ministerpräsident
Crispi. Ohne Zweifel gab die Haltung Rußlands und Frankreichs
gerade in diesem Jahr viel zu denken. Die beim Besuch des Zaren
in Berlin erfolgende Entlarvung einer der umfassendsten Intrigen,
von welchen die Geschichte zu erzählen weiß, einer Intrige, an
welche unabsehbare Folgen sich hätten knüpfen können, mußte be=
ruhigend wirken. Durchschaute doch nun einmal der Zar die un=
lauteren Manöver, vor denen die Feinde Deutschlands nicht zurück=
schreckten, um den Fürsten Bismarck zu verdächtigen. Die Folgen
dieser Aufklärung müßten doch, so glaubte man, in früherer oder
späterer Zeit der Welt zum Verständnis kommen, wenn der russische
Zar, aus den heimischen Kreisen, in die er zurückkehrte und die bis=
her eine so bedauerliche Einwirkung auf die russische Politik gehabt

hatten, heraus die ferneren Regierungsakte leiten werde. Alle Be=
weise, auf welche er sich stützte, um seinen Groll gegen Deutschland
zu begründen, waren hinfällig, waren Lug und Trug; die deutsche
Regierung hatte nicht den geringsten Anlaß zu der Meinung ge=
boten, daß sie ein doppeltes Spiel treibe, daß sie öffentlich den
Prinzen Ferdinand als einen vertragsbrüchigen Störenfried abkanzle,
heimlich aber ihn ermuntere und anfeuere. Indessen, wenn auch,
wie man sagt, der Zar persönlich vor einem die halbe Welt in Mit=
leidenschaft ziehenden Kriege zurückschreckt, und sich nicht nur in
Berlin, sondern auch später als einen Gegner des Krieges bekannte,
vermag er doch nicht allein darüber zu entscheiden und muß den
Einflüssen Raum geben, die sich in einer der seinigen entgegenge=
setzten Richtung geltend machen. Das Jahr 1887 hat eine
Klärung gebracht. Die Ursache der Beunruhigung liegt nicht mehr
bei Frankreich, wo man sie so lange Zeit gesucht hat, sondern bei
Rußland. Unsere Beziehungen zu Frankreich sind durchaus nicht
angenehmer Natur; wir sind darauf vorbereitet in dem Augenblick,
wo wir einen Krieg haben werden, Frankreich an der Seite unserer
Feinde marschieren zu sehen; aber der Fall ist aus dem Bereiche
der Wahrscheinlichkeiten ausgeschieden, daß Frankreich aus seiner
Initiative heraus zu einem Kriege gegen uns schreitet. Ist eine
Kriegsgefahr vorhanden, und die Möglichkeit einer solchen leugnet
ja niemand, so geht sie von Rußland aus, und ihre Verwirklichung
hängt ab von dem Willen eines Mannes, der es verstanden hat,
während seiner sechsjährigen Regierungszeit über seine Gedanken
und Empfindungen, über seine Maßregeln und Absichten die Welt
in Zweifel zu lassen.

Der Zar hatte kaum im November Berlin verlassen, als der
Eindruck der Thronrede, mit der am 24. jenes Monats der deutsche
Reichstag eröffnet wurde, von einem Berliner Blatte so zusammen=
gefaßt wurde: „Die Sonne eines russisch=österreichischen Krieges
wird am Morgenhimmel sichtbar." Das Blatt wurde deshalb
reichlich verhöhnt. Man sagte, mit Anspielung auf frühere Artikel
desselben („Ist Krieg in Sicht?" — „Auf des Messers Schneide"):
in seinem Reiche ginge die Kriegssonne nicht unter. Wenige
Wochen später beschäftigten sich die Blätter aller Farben mit dem
Anblick dieser Sonne. Sie ging im Osten auf. Die deutsche und

österreichische Presse schlugen Lärm über das, was an der Grenze
vorging. Der „Pester Lloyd" machte darauf aufmerksam, daß Ruß=
land seit Monaten Truppen, Kriegsmaterial und Verpflegungsvor=
räte an der deutschen und österreichischen Grenze aufhäufe. Das
„Wiener Fremdenblatt" erklärte, daß die Fortsetzung der militäri=
schen Maßregeln Rußlands Österreich=Ungarn zwingen würde, gegen
die bedrohlichen Vorbereitungen des Nachbars nicht zurückzubleiben.
In einem Artikel des „Invaliden", eines Organs des russischen
Kriegsministeriums, wurde erklärt, nicht Rußlands militärische
Stellung an der Grenze sei aggressiv, sondern diejenige Österreich=
Ungarns und Deutschlands, während jenes lediglich Verteidigungs=
maßregeln getroffen habe. Indem sodann die Zeitung hervorhob,
welche Vermehrung an Mannschaften, Pferden und Geschützen
Deutschland und Österreich=Ungarn in den letzten Jahren ausge=
führt, wie viele Truppen diese beiden Reiche an ihren Ostgrenzen
versammelt und um wie viele Kilometer sie ihr östliches Eisenbahn=
netz vergrößert hätten (Deutschland um 4850, Österreich=Ungarn
um 4500 Kilometer), während Rußland seinen Friedensstand ver=
mindert und sein westliches Eisenbahnnetz um nur 2828 Kilometer
vergrößert habe, kam sie zu dem Schluß, daß Rußland, das viel
größere Schwierigkeiten habe, große Armeen an der Grenze zu=
sammenzuziehen, als die beiden Nachbarreiche, durch die im vorigen
Jahre verstärkten militärischen Vorbereitungen derselben gezwungen
sei, eine Reihe von Gegenmaßregeln zu entwerfen, die nun allmäh=
lich ausgeführt werden würden, damit Rußland einem raschen Ein=
fall seiner Nachbarn gewachsen sei. Hierauf wurde aus Berlin
entgegnet: Eine Erhöhung des Truppenbestandes an der russischen
Grenze über den normalen deutscherseits, sei erst im Frühjahr 1887
eingetreten und habe nicht annähernd den Umfang gehabt, welchen
der „Invalide" angebe. Die allgemeine Erhöhung des Friedens=
bestandes der deutschen Armee habe nur ihren Grund in den un=
geheueren Rüstungen Frankreichs. Als Rußland nach dem Ber=
liner Frieden vom Juni 1878 große Truppenmassen nach den
westlichen Provinzen verlegte, und zu dieser auffallenden Maßregel
ein Ton äußerster Feindseligkeit gegen Deutschland in der russischen
Presse hervortrat, schob Deutschland zum ersten Male einige
Bataillone und Schwadronen an die Ostgrenze. Bezüglich der

Eisenbahnen an der Ostgrenze Deutschlands sei es Thatsache, daß
das Eisenbahnnetz nach strategischen Rücksichten weder angelegt noch
ausgebaut worden sei, die kurzen Bahnstrecken, welche sich im
deutsch=russischen Grenzgebiet vorfänden, seien für Handelszwecke,
insbesondere zur Verbindung der deutschen Ostseehäfen mit Rußland
gebaut. Bezüglich der Lagerfestungen wurde dem „Invaliden" er=
widert, daß Danzig keine solche sei und eine Absicht, Graudenz dazu
umzugestalten, bestände bei der Militärverwaltung nicht. Man
sehe aus der Bemerkung des „Invaliden" betreffs der Gebiete
Österreich=Ungarns, welche der Schauplatz eines Krieges mit Ruß=
land sein könnten, wie ernstlich dies österreichische Gebiet in Ruß=
land bereits als Kriegsschauplatz in Betracht gezogen worden, den
es doch nur infolge einer glücklich vordringenden Offensive abgeben
könne. Die Festungen Przemysl und Krakau beständen seit langer
Zeit und der Umstand, daß man aus den Forts von Krakau
russisches Gebiet beschießen könne, sei doch kein Beweis eines offen=
siven Zweckes. Er träte nur in Wirksamkeit, wenn die Forts vom
russischen Gebiet aus angegriffen würden. Die Angaben des „In=
validen" über den Friedensbestand der russischen Armee seien schwer
zu vergleichen, es wäre aber schwer zu verstehen, wie das geringe
Truppenerforderniß in Afghanistan die Erhöhung einer Gesamt=
stärke bedingt haben sollte, die noch 800000 Mann betrug. Man
werde nicht fehlgehen, den Zweck der Kriegsbereitschaft im Westen
zu suchen.

Die Regierungen von Deutschland und von Österreich=Ungarn
thaten alles, was sich in einer solchen Lage thun ließ. In Wien
fand unter dem Vorsitz des Kaisers am 8. Dezember eine militärische
Beratung statt, an welcher der von der Reise zurückberufene Erz=
herzog Albrecht, Graf Kalnoky, der Kriegsminister Bylandt, der
Generalstabschef Beck und mehrere Stabsoffiziere teilnahmen. Es
folgten in den nächsten Tagen weitere Beratungen, eine Vorbe=
sprechung der österreichisch = ungarischen Minister und unter dem
Vorsitz des Kaisers ein Kronrat, in welchem die drei Ministe=
rien, das von Österreich, das von Ungarn und das vom Gesamt=
reich vertreten waren. Dem Kronrat diente zur Grundlage seiner
Beratung das Gutachten der vom Erzherzog Albrecht geleiteten
militärischen Konferenz und die in der Vorbesprechung der Minister

vereinbarten finanziellen Maßregeln. In Berlin war am 24. No=
vember die richtige Antwort abgegeben worden. Das Landwehr= und
Landsturmgesetz, das die Stärke der deutschen Heere um mehr als eine
halbe Million Streiter vermehrte, war die schneidigste Note, welche
an Rußland erlassen werden konnte. Am 17. Dezember hatte Kaiser
Wilhelm eine lange Beratung mit dem Prinzen Wilhelm, dem
Generalfeldmarschall Grafen Moltke, dem Generalquartiermeister
Grafen Waldersee, dem Kriegsminister v. Bronsart und dem General
v. Albedyll. Wem die Beratung galt, ergab sich aus der Sachlage
von selbst.

Die Dinge blieben wochenlang in der Schwebe. Im Februar
1888 kamen sie im deutschen Reichstag zur Sprache. Am 3. des
genannten Monats veröffentlichten der deutsche „Reichsanzeiger"
und die „Wiener Abendpost" das deutsch=österreichische Bündnis
vom 7. Oktober 1879. Man suchte sich darüber klar zu werden,
aus welchem Grunde das bisher sorgfältig geheim gehaltene Akten=
stück gerade in diesem Augenblicke von den verbündeten Mächten
an die europäische Öffentlichkeit gebracht wurde. Der Inhalt des
Vertrages selbst bot da den besten Fingerzeig. Wenn aus dem=
selben unzweideutig hervorging, daß es sich für das Deutsche Reich
wie für Österreich=Ungarn lediglich um Verteidigungszwecke handelt,
und wenn andererseits rund und deutlich ausgesprochen wird, daß
es die Haltung Rußlands war, welche das Bündnis nötig gemacht
hatte, so konnte sich niemand darüber täuschen, daß die Veröffent=
lichung eine Warnung bedeutete, die nach Petersburg gerichtet war,
eine Warnung, die ihren loyalen Charakter vor allem darin be=
kundete, daß sie zu einer Zeit erfolgte, wo noch nichts geschehen
war, was ihre Beachtung erschweren oder gar unmöglich machen
könnte. Rußlands militärische Vorbereitungen hatten zwar einen
Umfang angenommen, der die Nachbarn nicht länger gleichgiltig
lassen konnte; sie waren aber bei alledem noch nicht bis auf einen
Punkt gediehen, wo ihre Absicht schlechthin unverkennbar wurde.
Noch ließen sie sich mit Zielen diplomatisch=friedlicher, wenn auch
nicht freundlicher Natur erklären. Aber wie lange noch? Das
war die schwere Sorge der Zeit, und deshalb war es vom Stand=
punkte echter Friedensliebe, wie sie die Leiter der deutschen und
österreichischen Politik erfüllt, geboten, schon jetzt mit der Warnung

hervorzutreten, daß jeder Schritt, der nicht mehr zurückgethan wer=
den konnte, beide Mächte unauflöslich vereinigt finden würde, bis
der gemeinsame Zweck erreicht ist.

Am 6. Februar erfolgte sodann die große Rede des Fürsten
Bismarck im deutschen Reichstage, in der er nicht nur die aktuelle
Situation scharf beleuchtete, sondern auch einen Rückblick auf die
letzten vierzig Jahre that, um den gegenwärtigen Zustand mit der
Wucht der Thatsachen als einen dauernden erscheinen zu lassen.

Was der Kanzler über unsere Beziehungen zu Frankreich und
Rußland sagte, schloß sich zum Teil eng an die bekannten Äußerungen
vom 11. Januar 1887 an, nur daß es, soweit Frankreich in Betracht
kam, günstiger klang, als vor einem Jahre. Damals erschien
General Boulanger als der mögliche „Zukunftsmann", der die
„Revanche=Bewegung" vielleicht in Fluß bringen würde. Heute
gilt er als abgethan — ein anderer aber ist noch nicht an seine
Stelle getreten.

Rußland gegenüber hat sich diplomatisch nichts geändert. Wie
1887 keine unmittelbaren Gefahren zwischen dem Deutschen Reiche
und seinem Nachbar im Osten bestanden, so sind auch gegenwärtig
keine da; auch die persönliche friedliche Gesinnung des Zaren ist
dieselbe geblieben. Neu sind allerdings die Truppenansammlungen
an der West= und Südwestgrenze des Reiches; davon war vor
einem Jahre noch nichts da. Allein auch darin meinte Fürst Bis=
marck nichts an sich Bedrohliches zu sehen. Er erklärte die Ver=
schiebung des russischen Heeres nach Westen mit Zielen diplomati=
scher Natur, mit der Absicht, zumal für den Fall einer im Orient
eintretenden kritischen Lage, fertig zu sein, um dem Einflusse Ruß=
lands einen Nachdruck zu geben, der ihm unter anderen Umständen
nicht in dem gleichen Maße würde beiwohnen können.

Daß dieser Stand der Dinge zum Anlaß offizieller Anfrage
gemacht werden könnte, wies der Reichskanzler zurück, gab aber zu,
daß unter Umständen Gegenmaßregeln die geeignete Antwort seien.
Wie gern man sich der beruhigenden Auffassung anschließen wird,
die er im Anschluß hieran über die Bedeutung russischer Truppen=
anhäufungen im Westen äußerte, — die Möglichkeit, daß diese
Streitkräfte auch in einer anderen Richtung gebraucht würden, als
das in der Vergangenheit geschehen, ist denn doch da.

Wie früher schon, ließ sich Fürst Bismarck auch diesmal die
Gelegenheit nicht entgehen, den Angriffen und Verleumdungen, denen
seine russische Politik seit dem Berliner Kongresse ausgesetzt gewesen
ist, mit einer eingehenden Schilderung unserer Beziehungen zu Ruß=
land entgegenzutreten. Er erinnerte an den Dank, den Preußen
1813 dem Kaiser Alexander I. schuldig geworden und den es nie
vergessen habe, obwohl die Ansicht, daß wir auch Nikolaus I. ähn=
lich verpflichtet seien, zu den „historischen Legenden" zähle. Nach=
dem er dann weiter ausgeführt, wie dieses Verhältnis durch die
vielfachen Verstimmungen, welche der Krimkrieg sowie der italienische
Feldzug von 1859 zur Folge hatten, keine dauernde Störung er=
fahren habe, kam Fürst Bismarck ausführlich auf den Berliner
Kongreß zu sprechen und hob in der schärfsten Weise hervor, daß
er sich auf demselben Verdienste um Rußland erworben habe, die
dem Fürsten Gortschakow nicht zugesprochen werden könnten.

Der Reichskanzler wird sich, wie er deutlich sagte, durch die
Mißdeutungen, denen sein Verhalten ausgesetzt ist, und vielleicht
bleibt, nicht abhalten lassen, Rußland, da er es im Recht glaubt,
seine Unterstützung angedeihen zu lassen. In diesem Sinne kann
es nach wie vor darauf rechnen, daß alle diplomatischen Schritte,
welche es beim Sultan etwa zu thun gedenkt, um seine ehemalige,
durch den Berliner Vertrag begründete Stellung in Bulgarien
wieder zu erlangen, in Berlin freundlicher Beihilfe sicher sind.

Weiter zu gehen, hat Deutschland keinen Grund. Jede orien=
talische Krise interessiert uns erst in zweiter Linie. Damit war nur
wiederholt, was der Reichskanzler seit Beginn der Wirren auf der
Balkanhalbinsel stets gesagt hat. Wer mit dieser Haltung nicht zu=
frieden ist, handelt auf seine eigene Rechnung und Gefahr. Denn
bei aller Friedensliebe sind wir stark und auf alles gefaßt. Der
zweite Teil der Bismarckschen Rede, die zunächst an das deutsche
Volk gerichtet war, wurde auch vom Auslande voll gewürdigt. Mit
einem Selbstgefühl, das nichts von Übertreibung an sich hatte, wies
der Kanzler darauf hin, daß das neue Wehrgesetz, welches uns
700 000 ausgebildete Soldaten zuführt, dem Beitritt einer vierten
Macht zum Dreibunde gleichzuachten sei, mehr aber noch der
Leistungsfähigkeit dieser Krieger wegen, als um der Zahl willen,
die ja auch andere zur Verfügung hätten.

In derselben Rede des Fürsten Bismarck wurde wieder der Gedanke des Präventivkrieges mit nachdrücklicher Bestimmtheit ab= gelehnt, gerade wie zur Zeit der Luxemburger Frage vor 20 Jahren und wie 1875, ein Beweis, daß im verflossenen Winter, wenn es auf die Militärs angekommen wäre, der Krieg bereits beschlossene Sache war.

Seitdem sind zwei deutsche Kaiser gestorben und hat Kaiser Wilhelm II. seinen Antrittsbesuch dem Zaren gemacht. Als am 18. November 1887 der Reichskanzler nach beendigter Audienz aus den vom Zaren bewohnten Gemächern der russischen Botschaft in Berlin heraustrat, kam ihm Graf Schuwalow entgegen und fragte ihn, wie die Unterredung verlaufen wäre? Der Fürst erwiderte darauf: „Otschen carascho" („Sehr gut"). Kaiser Wilhelm II. hat, als er auf der Rückreise aus Rußland nach Friedrichsruh kam, dem Reichskanzler auf dessen Frage ebenfalls sagen können: „Otschen carascho". Beide Herren sprechen ja russisch.

Es ist bezeichnend, daß gleich darauf die Aussöhnung zwischen Floquet und Mohrenheim in Paris stattfand, d. h. die Aussöhnung des Zarenreiches mit dem Präsidenten der französischen Deputierten= kammer, dem Vive-la-Pologne-Schreier von 1867. Baron von Mohrenheim erschien am 13. Februar auf dem glänzenden Fest des Herrn Charles Floquet.

Bismarck und John Bull.

Als Friedrich der Große den Sieg über den französischen Marschall Soubise bei Roßbach davon getragen, wurde die Begeisterung Deutschlands für den König von Preußen von derjenigen Englands noch übertroffen. Macaulay schreibt darüber: „Der Geburtstag unseres Verbündeten wurde nicht minder gefeiert, wie der unseres eigenen Königs, die Straßen Londons erglänzten nachts im Illuminationsscheine, Bilder des Helden von Roßbach, mit seinem aufgekrämpten Hut und seinem langen Zopf, fanden sich in jedem Hause. Aufmerksame Beobachter entdecken noch heutigen Tags in den Gaststuben alter Wirtshäuser und in den Mappen der Bilderhändler zwanzig Porträts Friedrichs des Großen gegen eins Georgs des Zweiten."

England hat solche Huldigungen den großen Männern Preußens, so oft diese seine Geschäfte auf dem Kontinente mitbesorgten, wiederholt dargebracht. Man denke an den Empfang Blüchers in London nach der Kampagne von 1815. Was Preußen und England im siebenjährigen Kriege betrifft, so ist der für Friedrich den Großen siegreiche Ausgang des Riesenkampfes gegen eine Koalition dreier Großmächte (von dem deutschen Reiche und Schweden ganz abgesehen), deren jede dem kleinen Preußen an Umfang und Bevölkerungszahl weit überlegen war, dem Beistande Englands zugeschrieben worden. Daß dies Bündnis eine Zeit wirksamer Kraft gehabt hat, kann nicht bestritten werden, wenngleich dasselbe selbst in den Zeiten seiner Blüte doch nicht das geleistet hat, was Friedrich von demselben zu erwarten berechtigt war. Sehr treffend faßt Duncker in einem Artikel der Preußischen Jahrbücher (1885) den wechselnden Charakter der Allianz von 1756 in den Worten zusammen: „Nach sehr schwachen, unsicheren, ja sogar in höchst hemmenden Anfängen hat sie eine Periode wirksamer Kraft besessen, um schließlich in Gegnerschaft umzuschlagen."

Bei dem im Januar 1756 zu Westminster abgeschlossenen Ver= trage mit Friedrich dem Großen verfolgte England lediglich den Zweck, für Hannover gegen Frankreich, mit dem es im Kriege sich befand, von seiten Preußens den Schutz zu gewähren, den Öster= reich versagte. Die Folge dieses Vertrages war, daß Frankreich der Koalition gegen Friedrich beitrat. Dagegen hielt England trotz der eindringlichsten Mahnungen Friedrichs und seiner Bemühungen, der sich bildenden österreichisch=französisch=russischen Koalition eine Koalition Preußens, Englands und der kleineren Staaten entgegen= zustellen, an den friedlichen Beziehungen zu Österreich und Rußland fest. Zugleich bot England alles auf, um Friedrich abzuhalten, seinen Gegnern zuvorzukommen. In der That verzögerte der König aus Rücksicht auf England seinen Einmarsch in Sachsen um zwei Monate, was ihn um die wesentlichste Frucht seines ersten Feld= zuges brachte. So weit ging die Zweideutigkeit der Politik des Königs Georg, daß er die Verwendung Österreichs anrief, um Frankreich zu bewegen, Hannover aus dem Spiele zu lassen und während der in Deutschland entstandenen Kriegsunruhen Kurbraun= schweig Neutralität zu gewähren. Dies stand aber offenbar im Widerspruche mit dem Vertrage von Westminster, der England ver= pflichtete, den Franzosen den Eintritt nicht nur in Hannover, son= dern auch in Preußen, in die deutschen Grenzen zu verwehren. Diese Verhandlungen scheiterten zunächst an den Bedenken Frank= reichs. Die englische Politik beharrte aber in der eingeschlagenen Richtung, die endlich zu der berüchtigten Konvention von Kloster Seven führte, nach welcher die Feindseligkeiten zwischen Hannover und Frankreich sistiert wurden (8. September 1757).

Friedrichs Sieg bei Roßbach führte unter Pitts Einfluß end= lich eine Wendung herbei. Man faßte Mut in England, König Georg zerriß die Konvention von Kloster Seven, nachdem Friedrich sich bereit erklärt hatte, Lehwaldts Korps zur Befreiung Hannovers vorrücken zu lassen. Eine weitere Konvention (11. April 1758) setzte fest, daß Friede und Waffenstillstand ohne gegenseitiges Ein= verständnis und ausdrückliche Einbegreifung des anderen Teils nicht geschlossen werden dürften. Auch sagte der König Georg zu, daß Eng=

land eine Deklaration erlassen werde, welche Europa überzeugen werde, daß Preußen und England dieselben Freunde und Feinde hätten. Diese Erklärung ist indessen nicht erlassen worden; England hat vielmehr seinen Frieden mit Österreich und Rußland strikte aufrecht erhalten. Nichtsdestoweniger muß zugestanden werden, daß die infolge des Vertrages von England aufgestellte Armee, der Friedrich nur einen Führer zu geben hatte, ihm bedeutende Dienste geleistet hat. Aber zu einer wirksamen Demonstration gegen Ruß= land, die für Friedrich von unschätzbarem Wert gewesen wäre, ver= stand sich England auch unter Pitts Leitung nicht, der doch die preußische Allianz nach ihrem vollen Werte zu schätzen wußte und offen und loyal zugestand, daß England seine Erfolge in Amerika der Ableitung der Kräfte Frankreichs durch den Krieg in Deutsch= land verdanke, daß Amerika in Deutschland erobert sei.

Der Rücktritt Pitts am 5. Oktober 1761 veränderte die Lage vollständig. Unter dem Eindruck des in Aussicht stehenden Krieges mit Spanien hatte Pitts Nachfolger, Lord Bute, Friedrich aufge= fordert, die Opfer anzugeben, welche er für den Frieden, an welchen zu denken es Zeit sei, zu bringen beabsichtige; bevor England hierüber Gewißheit habe, könne die Erneuerung des Vertrages vom 11. April 1758 für das Jahr 1762 nicht stattfinden. Man wollte einfach, daß Preußen, um England den Friedensschluß mit Frank= reich und die Wiederherstellung der alten Allianz mit Österreich zu erleichtern, einen nachteiligen Frieden schließen sollte. Bute scheute nicht vor dem schnödesten Verrat an dem Bundesgenossen zurück, indem er die österreichische Regierung wissen ließ, England werde nichts dawider haben, daß der König von Preußen ganz Schlesien der Kaiserin zurückstelle. In den mit Frankreich abgeschlossenen Friedenspräliminarien wurde zwar ausbedungen, daß Frankreich die Länder des Königs von Preußen räumen solle. Dies geschah aber mit dem von dem Unterhändler offen ausgesprochenen Hinter= gedanken, dieselben Österreich in die Hände zu spielen.

So wurde Friedrich von seinem Verbündeten mit empörender Treulosigkeit im Stich gelassen, und seinen erbitterten Gegnern preisgegeben, denen es keineswegs an dem Willen gebrach, ihn zu verderben, deren Kräfte aber erschöpft waren, während der große König, gestützt auf die Überlegenheit seiner Verwaltung und seiner

Finanzen, auf die gewaltige Kraft seines Willens, zu erneuter Kraftanstrengung fähig war. Sich und der musterhaften Ordnung seines Staatswesens verdankt er die Rettung, nicht dem englischen Bundesgenossen, der ihn in der Zeit der schwersten Bedrängnis treulos im Stiche ließ.

„Das Bündnis mit England," bemerkt Duncker in einer Schlußbetrachtung, „hat Preußen in den beiden ersten Jahren seines Bestehens erheblich geschädigt, in den letzten anderthalb Jahren seines Bestehens waren Englands Leiter auf Preußens Verderben bedacht gewesen; nicht zur Seite getreten waren sie, wie Rußland unter Katharina; unter dem aufrecht erhaltenen Schein der Allianz waren sie die Freunde der Feinde Preußens gewesen, hatten sie ihren Frieden ohne Preußen und so weit sie konnten, gegen Preußen geschlossen. Auch in der Zeit seiner Kraft hat dies Bündnis den Dienst, um dessen Erlangung es geschlossen war, die Zurückhaltung der Russen von Preußens Grenzen, nicht geleistet, und Preußen die Allianz mit der Pforte vereitelt. Die Subsidien, die Preußen von England gezogen — 16 Millionen Thaler, während Österreich mehr als das Doppelte dieser Summe von Frankreich empfing — reichten nicht aus, auch nur die Kosten eines Feldzuges zu decken."

Seitdem England einmal die Unterstützung Preußens für die beste Staatskunst seines Landes gehalten, ist es in zahllosen unserer Bücher zum „treuen", zum „beständigen", zum „natürlichen" Verbündeten unseres Staates erhoben worden, während doch in Wahrheit die Engländer den vielen Nutzen, den sie von uns gezogen, uns in jeder, außer in Chathams Zeit, sehr schlecht vergolten haben. Wir wollen nicht von ihrem Geiz z. B. im Feldzuge von 1794 sprechen, einer Zeit, da unsere eigene Haltung eine unerfreuliche war; doch war es jedenfalls ein echt britisches Verlangen, daß Preußen den Ein- und Durchbrüchen der französischen Flut Dämme ziehen sollte, wohlgemerkt! mit Schonung des britischen Geldbeutels. Das Andenken an jene Zeit wird ausgelöscht durch die Jahre 1814 und 1815. Nach der zweimaligen Besiegung Napoleons war der britische Standpunkt dieser: Preußen hat fortan das neu zu schaffende Königreich der Niederlande gegen Frankreich zu verteidigen; Preußen hat auch Hannover und sonstige deutsche

Kleinstaaten zu decken; aber weder darf es sein Ostfriesland zurück erhalten, noch darf es in Luxemburg, in Lothringen Fuß fassen, und Elsaß muß den Franzosen (den besiegten Räubern) nun erst recht zugesichert werden. In allen diesen Geboten und Verboten war keiner unserer Verbündeten so eifrig und uns so mißgünstig wie England.

Beschränken wir aber unsere Betrachtung auf die letztverflossenen Jahrzehnte, beginnend mit dem zweiten Dezember! Ein Bonaparte erklomm den französischen Thron. Einer Seemacht, die wenig Sol= daten hat, war vielleicht nicht zu verübeln, wenn sie sich vornahm, sich in dieser Zeit des Sturmes, die nicht ewig dauern konnte, vorsichtig zu verhalten. Einstweilen mußte man sich schon dazu verstehen, den Abenteurer in Paris glimpflich anzufassen. Aber die Haft, mit der Palmerston zu allererst in Europa ihn anerkannte und begrüßte, war nicht die Haltung einer Macht ersten Ranges. Von da an wurde England als gewichtigste Macht zweiten Ranges von zwei Bewerbern gesucht. Zu seinem Gesandten sprach herab= lassend der russische Kaiser: wenn wir beide miteinander einver= standen sind, so haben die andern allesamt nichts zu sagen. So hatte denn England jetzt die Wahl: es konnte Frankreich und es konnte Rußland dienen, und es zog den französischen Dienst vor. Es wurde in die Krim mitgeschleppt, woselbst es mit einigen zehn= tausend Mann eine recht achtungswerte Rolle neben den Türken und Piemontesen als französische Hilfstruppe spielte, jedoch, wie billig, mit der Einschränkung, daß Napoleon Frieden schloß in dem Augenblicke, wo es ihm paßte. Noch indessen war der Brite stolz genug, um sich über seinen Dienst für Frankreich gegen Rußland etwas zu ärgern, und was that er? Preußen (so dachte er) soll mir die Schande abnehmen, soll auf dem Landwege in Rußland einfallen, und wenn es das nicht thut, so nenne ich es feige Tag für Tag. Einen Knecht Rußlands nenne ich es laut und lauter, bis alle Welt darüber vergißt, daß ich selbst ein französischer Knecht bin. So kam denn eines Tages nach Berlin John Russel und jahrelang überschüttete die englische Presse Preußen und das gesamte Deutschland mit Schmähungen, wie (es will viel sagen) noch nie zuvor. Es war noch ärger, als was sie seit 1848 in unserem Streite mit Dänemark wider uns verübt hatte; damals

als die englische Regierung nach Rußlands Willen und zu seinem
Vorteil Deutschland kränken half. An den Schmähungen hatte
auch der Prinz Albert seinen Teil. Wir wissen es aus seinen
Briefen an gute Freunde, selbst an seinen künftigen Schwiegersohn,
den Kronprinzen Friedrich Wilhelm von Preußen, wie er auch
später, als die Prinzessin Viktoria als Gemahlin unseres Kron=
prinzen eine Preußin und Deutsche geworden war, fortfuhr, die
Preußische Politik unter dem Prinzregenten und König Wilhelm I.
zu bemängeln. Herr von Treitschke sagt gegen diejenigen, welche
von der Mißachtung Preußens zur Zeit des Krimkrieges und nach
demselben sprechen: „Sie verschweigen, daß der Hochmut der West=
mächte dem russischen nicht nachstand Jedermann kennt die Briefe
des Prinzen Albert und die Äußerungen Napoleons III. über
Preußens déférence gegen Rußland; die kalte wegwerfende Ver=
achtung in den Briefen des Prinz=Gemahls, der doch selbst ein
Deutscher war und seine Worte besonnen zu wägen pflegte, ist nach
meinem Gefühl verletzender, als die rohen Schimpfworte, welche
der schroffe, herrische Nikolaus in Augenblicken des Jähzorns
herausgepoltert haben soll. Verschwiegen wird auch, daß Zar
Nikolaus sich bereit erklärte, Preußens Waffenhilfe durch die Ab=
tretung von Warschau zu erkaufen. Im englisch=französischen Lager
wollte man allerdings den nämlichen Preis zahlen, aber nur — gegen
eine kleine Grenzberichtigung auf dem linken Rheinufer! Welche
von beiden Anerbietungen war wohl günstiger?"

Als späterhin (1863) der dänische Streit wieder auflebte und
in die entscheidende Wendung trat, da konnten die Engländer
keine russische Politik mehr treiben, denn Rußland hatte aufgehört,
unser Gegner zu sein. So suchten sie denn nunmehr Frankreich
gegen uns zu hetzen, forderten Napoleon förmlich zum Kriege
gegen Deutschland auf, und wenn der nicht in Mexiko beschäftigt
gewesen wäre, und namentlich wenn er nicht darauf gesonnen hätte,
die Lösung der deutschen Wirren auf eine ganz andere Weise für sich
auszubeuten, so würde es auf englische Aufmunterung hin geschehen
sein, wenn er uns angegriffen hätte. Das englische Parlament
konnte sich über den Dänenkrieg lange nicht trösten. Jener John
Russell aber, der alle Vierteljahr eine andere Lösung der schleswig=
holsteinischen Frage ausgeheckt hatte, die ihn nichts anging, er fuhr

so lange fort, uns zu schulmeistern, bis seine Landsleute es nicht
mehr mit anhören konnten und ihm den Mund schlossen. Er hatte
die englische Regierung in den Ruf gebracht, ihr Grundsatz heiße:
Bellen und nicht beißen. Nach Königgrätz empfingen wir nach
langer Zeit wieder einmal die Glückwünsche der englischen Nation,
von der wir vorher ihren Geifer zu genießen bekommen hatten.
Sich darüber freuen, daß neben dem gefürchteten Frankreich ein
starkes Deutschland erstand, war ja gut englisch. Aber ebenso
englisch war es, als im Jahre 1870 jenseits des Kanals offen
Partei gegen Deutschland und für Frankreich ergriffen wurde.
England ging so weit, selbst die Gesetze der Neutralität zu ver=
letzen. Es herrschte damals in Deutschland große Erbitterung.
Aus dieser Stimmung heraus schrieb ein Berliner Blatt: „Die
Engländer haben noch nicht einmal soviel Mut gegen die Fran=
zosen, um uns eine ehrliche Neutralität zu bewahren. Wollt ihr
deutsche Landsleute aber wissen, woher es kommt, daß die Eng=
länder sich vor der französischen Macht mehr fürchten, als vor der
unsrigen, von welcher sie doch auch seit Königgrätz eine sehr hohe
Meinung haben, so glauben wir, auch mit der Auflösung dieses
Rätsels dienen zu können. Hier ist sie: wenn die Engländer sich
gegen die Franzosen das Geringste herausnehmen, so wissen sie, es
wird ihnen angestrichen, und der schwarze Mann Napoleon ist noch
immer nicht tot. Wenn sie hingegen uns beleidigen, uns beschä=
digen, uns das Unsrige vorzuenthalten suchen, so kommt oder sagen
wir lieber so kam bis vor kurzem der deutsche Professor und sprach
seine Hochachtung und seine Bewunderung aus für den „gesunden
Egoismus" der Briten. Dieser Edle hatte Tag und Nacht zu
thun, um die Briten zu preisen und zu bewundern. Hatte er sich
von der Betrachtung ihres „gesunden Egoismus" über und über
gesättigt, so feierte er sie zur Abwechselung als unsere treuen, fast
uneigennützigen Verbündeten und lieben Vettern seit Hengist und
Horsa. Als beides ihm etwas langweilig wurde und abgedroschen
war, fing er an, — ein unerschöpfliches Feld — sich in ihre
Selbstverwaltung, ihre Friedensrichter und Konstabler bewundernd
zu verlieben, ein anderer Mann im Schlafrocke kam ihm zu Hilfe und
bewunderte ihre Theekessel, ein dritter ihren „praktischen Geist"
schlechthin, und so waren sie bei aller Ungebühr, die sie sich erlaubten,

nicht nur der deutschen Bescheidenheit, sondern selbst der deutschen
Verehrung sicher. Wir selbst haben sie verwöhnt und ihren Über=
mut gegen Deutschland, den sie ungestraft fort und fort verüben
durften, groß gezogen."

An seine Haltung im Kriege 1870/71 hat England sich wieder=
holt von der preußisch=deutschen Regierung erinnern lassen müssen.
In der bekannten russisch=französischen Komödie von 1875, in
welcher die Berliner Regierung als miles gloriosus dargestellt
wurde, welcher bereit war, jeden Augenblick über Frankreich herzu=
fallen, finden wir England wieder auf Seiten des „armen" Frank=
reich. Lord Derby — es war in England soeben ein Tory=Mi=
nisterium ans Ruder gekommen — wandte sich geradezu an den
Fürsten Bismarck mit dem Anerbieten, die Vermittlerrolle in dem
deutsch=französischen Konflikt übernehmen zu wollen, und erklärte
im Oberhause: „Die französische Regierung habe jede kriegerische
Absicht in Abrede gestellt, und diese Ableugnung habe er als eine
in aller Aufrichtigkeit gemachte angesehen und sehe sie noch so an;
das Kabinett gewähre den russischen Friedensbemühungen seine volle
Unterstützung." Dasselbe ging aber über die „Unterstützung" noch
weit hinaus. Gegenüber der Berliner Kriegslust, von welcher das
böse Gewissen Frankreichs so viel Schreckliches anzuführen wußte,
wollte das englische Kabinett eine „Friedensliga" stiften, und for=
derte die anderen Mächte zur Unterzeichnung einer Friedensmediation
auf. Lord Derby erneuerte in allem das Verfahren von Lord Gran=
ville im Juli 1870. Wie damals das englische Kabinett das heraus=
fordernde Frankreich und das herausgeforderte Deutschland auf die
gleiche Linie stellte und dem letzteren Zumutungen machte, die es
ersterem gar nicht zu machen wagte, so handelte es auch jetzt,
wenngleich inzwischen an die Stelle des liberalen Kabinetts ein kon=
servatives getreten war. Auch mischte sich wieder die Königin Vik=
toria persönlich ein. Sie richtete an Kaiser Wilhelm ein Schreiben
und verwendete sich für das geängstigte Frankreich. So hatte sie
sich auch 1870 für das von der Belagerung bedrohte Paris ver=
wandt. Als sodann im nächsten Jahre in den orientalischen Wirren
die Times für England und den Kontinent keine andere Rettung
wußte, als daß Bismarck die Sache in die Hand nehme, Rußland
Halt gebiete und ein deutsch=englisches Bündnis abschließe, wurde

sie von der Norbb. Allgem. Ztg. daran erinnert, daß an der Spree
und an der Donau auch noch Leute wohnen, welche ihr Urteil, ob
Rußland als Freund oder Feind zu betrachten sei, nicht von der
täglich wechselnden Anschauung der Times abhängig machen, und
daß bereits ein Dreikaiserbündnis bestehe, welchem beizutreten Eng=
land jeden Tag freistehe. „Fürst Bismarck pflegt bei seiner aus=
wärtigen Politik mit den innersten Gefühlen des deutschen Volkes
zu rechnen, das nach der Haltung, welche England und die Eng=
länder im Jahre 1870 und später gegen Deutschland eingenommen,
ein Bündnis mit England gegen Rußland nicht befürwortet. Im
deutschen Volke leben nichts weniger als Empfindungen, welche
die deutsche Politik ermutigen könnten, für England die Kastanien
aus dem Feuer zu holen, und wenn die Times Änderungen in der
Türkei für notwendig hält, so hat sie sich behufs deren Durchfüh=
rung in Berlin sicherlich an eine unrichtige Adresse gewandt, Deutsch=
land hat kein Interesse daran, in der Orientfrage Opfer an Gut
und Blut zu bringen. Wir haben im Jahre 1870, ungeachtet aller
Erschwerungen, das Geschäft allein gemacht und allerdings auch
nachher die Rechnung allein geschrieben; England kann mithin in
Deutschland keinen Geschäftsgenossen finden wollen, der das Gewinn=
und Verlustkonto der englischen Orientpolitik zu teilen geneigt ist."
Von Österreich erhielt England eine Abfertigung anderer Art.
Dasselbe lehnte es ebenfalls ab, für das Inselreich die Kastanien
aus dem Feuer zu holen. Zwar drangen die Türkenfreunde in
Wien sehr ernstlich darauf, daß die österreichische Regierung sich
von den russenfreundlichen Preußen abwende, um mit England ge=
meinsame Sache zu machen. Andrassy bemerkte dazu: „Um eine
Ente mit flandrischer Sauce zu bereiten", sagt der berühmte Vatel,
„nehme man vor allem eine Ente." Zu einer englisch=österreichischen
Allianz — wenn wir überhaupt eine solche nötig hätten — gehört
vor allem England, aber England will nicht, gerade so wenig als
wir wollen. Die flandrische Tunke wäre vielleicht zu haben — die
Ente fehlt." Als sodann (im Mai 1877) eine etwas energische
Depesche von Lord Derby an Gortschakow großen Eindruck auf die
Türkenfreunde in Wien machte, bemerkte Andrassy spöttelnd: „Iligh
words break no bones" „Stolze Worte", sagt ein englischer Spruch,
„brechen noch keine Knochen" .... Daß England entschlossen wäre,

für die engere Interessensphäre Österreichs einzutreten, hat man
bisher nicht wahrgenommen, ist auch von ihm nicht verlangt wor=
den . . . Ich vermag in der Antwort des Grafen Derby an den
russischen Reichskanzler nur eine interessante Kundgebung in der
englischen Diplomatie, nicht aber die Einleitung zu einem Feldzug
zu erblicken, in dem England sich ohne die französischen Alliierten
von 1854 und ohne den piemontesischen von 1855 behelfen müßte."

Gleichwohl war Benjamin Disraeli noch in der Lage, Rußland
mit dem Krieg zu bedrohen, wenn es für den neuen Bulgarenstaat
Ansprüche erhebe, welche die Pforte in dem Besitze von Konstanti=
nopel bedrohten. Damals erreichte die englische Politik Resultate,
die nach dem Kongresse von 1878 von einem deutschen Blatte mit
den Worten gefeiert wurde: „Die Wiederaufrichtung der alten Reichs=
politik ist der Erfüllung nahe. Kleinasien ist britischer Botmäßig=
keit unterworfen; der Entscheidungskampf mit Rußland um die
Hegemonie in Asien ist, wie der Marquis of Hartington richtig
bemerkte, durch die Konvention vom 4. Juni um hundert Jahre
näher gerückt, das Mittelmeer wird hauptsächlich von der britischen
Flagge beherrscht. In Europa hat England wieder eine leitende
Rolle übernommen. Es ist dem Premier gelungen, die Königin
für seine Politik einzunehmen. Es sind dies hervorragende Erfolge,
die den Earl of Beaconsfield in die Reihe der ersten Staatsmänner
des britischen Reiches stellen. Die Macht der Whigs ist auf lange
Jahre gebrochen. Käme es jetzt zur Auflösung, ihre Reihen wür=
den dezimiert werden." Anderthalb Jahre später waren bereits die
Whigs im Besitze der Herrschaft. Der Parlamentarismus unter=
gräbt durch sein Schaukelsystem jede opferbereite, konsequente äußere
Politik. Im Jahre 1880 verschwand der Minister, der noch dem
österreichischen Vordringen auf der Balkanhalbinsel und dem deutsch=
österreichischen Bündnis sein Willkommen zugerufen, von der Bild=
fläche, um dem Manne Platz zu machen, der den Österreichern
„hands off" zugerufen, dem Manne, der, ein ehemaliger Freund
der Balkan=Konföderation, heute gegen ein Anwachsen des russischen
Reiches nichts mehr einzuwenden hat. Aber auch der konservative
Gegner und Nachfolger Gladstones, Lord Salisbury, leiht der Un=
abhängigkeitspartei Bulgariens nur eine dürftige Unterstützung, die
zu dem Vergleich mit der Stellung, welche derselbe Marquis als

Minister des Auswärtigen im Jahre 1878 Rußland gegenüber einnahm, den Umschwung dokumentiert, der in der englischen Politik im Jahre 1882 durch die Okkupation Ägyptens eingetreten ist. Konstantinopel und Kairo auf einmal kann die englische Regierung mit der heutigen Kriegsverfassung nicht verteidigen, und da ihr das Hemd näher ist, als der Rock, beschränkt sie sich auf den Schutz des Suez = Kanals. Seitdem die österreichische Macht auf den Wällen steht, hat sich auch vieler russenfeindlicher englischer Politiker der Gedanke bemächtigt, daß ihr Vaterland es nicht mehr nötig habe, den europäischen Schutzmann gegen einen russischen Einbruch im Orient zu machen. In Gladstone ist das alte historische Eng= land zusammengebrochen, und aus dem Verhängnis desselben — eine historisch gewordene und durch die Dinge und die Zeit unter= grabene Weltstellung mit ungenügenden Kräften verteidigen zu müssen und keinen Teil aufgeben zu können, ohne das Ganze zu gefährden — vermag auch ein Tory = Ministerium das Land nicht zu reißen. Wie Gladstone am meisten zu der Umbildung des aristokratischen englischen Staatswesens in ein demokratisches bei= getragen hat, so erschütterte seine unsichere Hand den Bau der englischen Herrschaft, indem sie ihn durch die Eroberung Ägyptens zu krönen hoffte. Wie Karthago war England von jeher auf Söldnertruppen angewiesen: bald kaufte es von den deutschen Fürsten einzelne Regimenter, bald nahm es, wie 1805, die zwei Kaiser von Österreich und Rußland in Sold, um sich vor der Landung Napoleons zu schützen. Wellingtons Armee bei Waterloo bestand nur zur Hälfte aus Engländern und Schotten. In der Krim fochten Franzosen und Italiener für Englands Sache. Jetzt zum ersten Male seit zwei Jahrhunderten sieht es sich auf seine eigene Kraft beschränkt.

In die Zeit Gladstones fiel die erste Anbahnung einer deutschen Kolonialpolitik, welche zu heftigen Friktionen mit England führte. Am 23. Juni 1884 machte der Reichskanzler Fürst Bismarck bei Gelegenheit der Beratung der damals eingebrachten ersten Post= dampfervorlage der Budgetkommission die Mitteilung, daß die Lüderitzschen Erwerbungen in Südafrika unter deutschen Schutz gestellt seien. An jenem Tage entwickelte der Kanzler die Grund= züge dieser neuen Politik, welche wesentlich auf den Schutz über=

secischer Unternehmungen deutscher Reichsangehöriger gerichtet sei, und mit jenem Tage begann eine lebhafte Bewegung in der Nation, welche in unverkennbarer Weise ihre Zustimmung und Teilnahme für diese Politik bekundete. Hiermit war aber auch für die Opposition ein neues Angriffsobjekt gegeben: sie warnte vor „Schützenstimmung" und vor französischen oder englischen „Nasenstübern" und bewirkte zunächst, daß die Postdampfervorlage, welche den Handel und der Industrie Deutschlands neue wesentliche Erleichterungen in überseeischen Ländern verschaffen sollte, vom Reichstage einfach zu den Akten gelegt wurde.

Es mag hier im voraus einer der leitenden Gesichtspunkte angeführt werden, die den Fürsten Bismarck bei der Verfolgung seiner Kolonialpolitik*) geleitet haben. Es hätte vielleicht — so geht aus den diplomatischen Verhandlungen deutlich hervor — in der Macht des Fürsten Bismarck gelegen, auf jede Kolonialpolitik für Deutschland zu verzichten, um keinen Anstoß bei England zu erregen. Wenn er seinem Vaterlande ein solches Opfer hätte zumuten wollen, so würde er doch in der Lage sein müssen, der deutschen Nation Rechenschaft zu geben von dem Äquivalent, welches England dem deutschen Volk dem gegenüber gewähren könnte. Wenn es sich um ein Nachbarland handelt, mit dem Deutschland auf Schutz und Trutz in einem so festen Bunde steht, daß Sicherheit und Friede beiden dadurch gewährleistet sind, dann kann es sich wohl fragen, ob man Opfer der Art bringen soll, um Verstimmungen bei einem sicheren und starken Freunde zu verhüten. Würde ein solcher für Deutschland in der Macht des britischen Reiches erstehen, wenn Deutschland aus Gefälligkeit für englische Interessen oder durch Zufälle mit anderen Mächten in gefährliche Kriege verwickelt würde? Der Vorgang von 1870 spricht nicht dafür.

Im September 1883 gab es einen heißen Streit zwischen der Berliner offiziösen und der englischen Presse. Derselbe wurde durch den Umstand bedeutsamer, daß Gladstone gleichzeitig die schon mehrfach erwähnte Zusammenkunft mit dem Kaiser von Rußland in Kopenhagen hatte, der auch der König von Griechenland und der Prinz von Wales beiwohnte. Die Berliner Polemik gegen die

---

*) Näheres hierüber in: „Die Deutsche Kolonialpolitik." Aktenstücke der deutschen Kolonialpolitik. Mit 4 Karten und Register. Leipzig 1886. Renger.

englische Presse nahm freilich keine Notiz von diesem Rendezvous,
sondern beschränkte sich darauf, die englischen Blätter zurückzu=
weisen, die sich in die Auslassungen der „Norddd. Allg. Ztg." gegen
die französischen Kriegshetzer mischten und für diese letzteren Partei
nahmen. Das Organ des Fürsten Bismarck hatte, wie oben
erwähnt, Frankreich gewarnt, mit seinem Revanchegeschrei den
Teufel an die Wand zu malen. Die Pariser Blätter protestierten
energisch und hatten die Genugthuung, die „Times" und einige
andere Londoner Blätter auf ihrer Seite zu sehen. Namentlich
der Passus: „Wohin sonst die französische Nation auch ihre Blicke
wenden mag, nirgends werden sie deutscher Rivalität begegnen,"
wurde als eine direkte Aufforderung an Frankreich betrachtet, auf
Kosten Englands seine Weltstellung zu begründen. Die „Pall Mall
Gazette" meinte, die französische Kolonialpolitik der letzten Jahre
sei auf den Einfluß des Fürsten Bismarck zurückzuführen. Wenn
nicht alle, so habe doch wenigstens einer der französischen Minister
des Auswärtigen auch nicht einen Schritt gethan, ohne den Fürsten
Bismarck vorher gefragt zu haben; mit welchem Erfolge, das sehe
man in Tonking, in Tunis und anderswo; doch hätten die fran=
zösischen Minister keinen Grund, sich zu beklagen. Ähnlich äußerten
sich die „St. James Gazette" und der „Globe". „Nichts kann der
Politik des Reichskanzlers besser passen, als wenn Frankreich seinen
Einfluß in Asien, Afrika und Australien auszudehnen trachtet. Seine
Hilfsquellen werden dadurch in bedenklicher Weise in Anspruch ge=
nommen, und es kann leicht durch einen dieser Abenteuerzüge mit
England in Konflikt geraten. Daß Fürst Bismarck eine solche
Politik befürwortet, ist natürlich; wir können es aber nicht be=
greifen, daß die französische Regierung sich so leicht irreleiten läßt."
Auch die „Times" nahm sich in ihrer gewohnten Weise wieder der
Franzosen an gegenüber den Auslassungen der „Norddd. Allg. Ztg."
Das Revanchegefühl der Franzosen sei unvermeidlich, und solange
dasselbe, wie es bisher geschehen ist, sorgfältig der Politik und der
Haltung der französischen Regierung ferngehalten werde, sei es ganz
ungerechtfertigt, so zu sprechen, als ob der Frankfurter Vertrag
gebrochen worden wäre. Dieser Versuch, Deutschland bei Frankreich
zu verdächtigen und die Franzosen zu ermuntern, ihre ganze Kraft
für die nahe liegenden europäischen Bedürfnisse zu sammeln, da=

gegen von unvorsichtigen oder lieber, von allen Kolonialunter=
nehmungen sich fern zu halten, erfuhr die entschiedenste Zurecht=
weisung der „Norbb. Allg. Ztg." „Die Genugthuung, den Revanche=
predigern Liebesdienste geleistet und französischen Hetzblättern Wasser
auf die Mühle geleitet zu haben, steht doch wahrlich nicht im
Verhältnis zu den Früchten, welche die Verblendung der „Times"
anderwärts zur Reise bringen könnte." Die „Times" antwortete:
„Unser Volk wünscht mit den Franzosen in guten Beziehungen zu
leben, aber ist gleicherweise auch den Deutschen geneigt. Wir
wünschen mit keinem der beiden Staaten militärische Bündnisse ab-
zuschließen, bieten unsere Freundschaft jedoch beiden an und sind
uns bewußt, daß der gute Wille eines Landes, wie das unsere,
welcher der Nation, der er zu Teil wird, zu hundertfältigem Segen
gereichen mag, keine Gabe ist, die ein verständiges Volk mit Gleich=
giltigkeit behandeln wird. Bündnisse können abgeschlossen werden
ohne Aufstellung von Heeren im Felde, und Freundschaftsbündnisse
zwischen Nationen sind vielleicht nicht weniger bindend, wenn sie
ohne die Hilfe von Diplomaten herbeigeführt worden sind." Das
Cityblatt erinnerte dann an die gleiche Rassenabstammung der
Deutschen und Engländer und fuhr dann fort: „daß England
nicht den Ehrgeiz habe, seine Nachbarn anzugreifen, sondern nur
bestrebt ist, seine Verteidigungsmittel unbesiegbar zu machen, daher
es natürlicherweise ein brüderliches Gefühl für ein Land empfindet,
das, nachdem es hart um die Vollendung seiner Einheit und Un=
abhängigkeit gekämpft hat, entschlossen ist, alles, was es errungen
hat, zu behalten. Die ungeheure Streitmacht Deutschlands würde
erschreckend sein, wenn sie in der Absicht auf Eroberungen ausge=
beutet würde, so aber bietet sie einen beruhigenden Anblick, sobald
es bekannt ist, daß die Herrscher, welche den Befehl über sie haben,
nur danach streben, eine Verteidigungsmacht erster Ordnung auf=
recht zu erhalten. Mit einem schwachen Deutschland würde Europa
in einem beständigen Zustand der Unruhe sich befinden; mit einem
starken Deutschland hat die Welt die Gewißheit, daß keine Macht
leicht den Frieden zu ihrem Nachteil stören werde. Und bei dem
Gedanken an die Zukunft ist es nur recht, wenn man sich erinnert,
daß das Deutsche Reich seine Macht gut angewendet hat und daß
sein Einfluß wohlthätig gewesen ist." Nach einer längeren Be=

trachtung über die Entwickelung der deutschen Verhältnisse und die
Volkstümlichkeit der Hohenzollern = Dynastie schloß die „Times":
„Eine volkstümliche Dynastie bildet ein starkes Reich und ein
starkes Reich hat keinen Grund, sich in unruhige Unternehmungen
zu stürzen. Die Interessen Englands sind an den Frieden der
Welt geknüpft, wir brauchen unsererseits nichts hinzuzufügen, als
die Versicherung unseres herzlichen Wunsches für die Entwickelung
der deutschen Macht und Prosperität unter dem Schutze ihres
schönen Heeres." Das war ja alles sehr schön und angenehm zum
Lesen, aber man war außer stande, die Verbindung zu finden
zwischen diesem Artikel und den jüngsten Artikeln des englischen
Blattes über die Besorgnisse, die Frankreich vor Deutschland zu
hegen habe. Man verstand die Meinung der „Times" indessen
richtig dahin, daß es im englischen Interesse ist, wenn Deutschland
und Frankreich bis an die Zähne bewaffnet sich gegenüberstehen
und sich damit gegenseitig mattsetzen, daß aber dem ruhigeren und
bescheideneren Deutschland das Übergewicht bleibt. Vielleicht für
Englands Interesse die praktischste Politik, die aber aller großen
Worte entbehren kann.

In der Berliner Regierungspresse kam andauernd eine an
englische Adressen gerichtete starke Gereiztheit zum Ausdruck; zwar
wendete die Polemik sich unmittelbar nur gegen die „Times", es
war indes unverkennbar und wurde auch gelegentlich angedeutet,
daß man hinter diesem Blatte, dessen eigene politische Bedeutung
als längst sehr herabgekommen geschildert wurde, wichtigere Faktoren
des englischen Staatslebens vermutete. Die „Norbb. Allg. Ztg."
knüpfte an das aus London berichtete Gerücht an, die englische
Regierung habe in Veranlassung von Artikeln der „Norbb. Allg.
Ztg." Vorstellungen in Berlin erhoben. Die Grundlosigkeit dieses
Gerüchtes, sagte das Blatt, brauche nicht erst versichert zu werden;
dann setzte die „Norbb. Allg. Ztg." aber die Polemik gegen die
„Times" insbesondere wegen deren Bemühungen, in Österreich Arg=
wohn gegen Deutschland zu erwecken, fort. Sie fragte, ob sich
etwa in der „Times" die früher traditionelle englische Politik ver=
nehmbar machte, welche glaubte, auf dem Kontinente stets Unruhe
und Verwickelungen erregen zu müssen, damit England gedeihe und
reich werde, und schloß dann:

„Die „Times" müßte sich aber bei etwas ruhigerer Überlegung
selbst sagen, daß diese Tradition sich überlebt hat und daß deren
künstliche Wiederbelebung für Deutschland nur die Folge haben
könnte, die hier immer noch stark vertretenen Sympathien für Eng=
land zu schmälern, Deutschland dahin zu bringen, seine eigene
Haltung jenen übelwollenden Intentionen konform zu gestalten und
Anlehnung da zu suchen, wo es sie eben fände. Von den Männern,
welche die Politik großer Reiche zu leiten haben, muß man erwarten,
daß sie Verständnis für politische Symptome besitzen, und sich
rechtzeitig darüber klar werden, was sie von anderen Mächten in
gewissen Fällen zu erwarten haben. Dazu genügt den Verständigen
ein leiser Wink, und wer für den kein Verständnis hätte, würde
nicht berufen sein, die Politik des Deutschen Reiches zu leiten.
Würde die „Times" wohl geneigt sein, die Verantwortung dafür
zu übernehmen, ihre Haltung als ein solches politisches Symptom
aufgefaßt zu sehen? Ihr Versuch, Österreich gegen Deutschland auf=
zuregen und mißtrauisch zu machen, ist außerdem einfach lächerlich;
es gehört eine vollwichtige Dosis von Unkenntnis kontinentaler
Verhältnisse dazu, um auch nur einen Versuch zu machen, das
deutsch=österreichische Bündnis zu untergraben, und man könnte
einem solchen Versuch nur mit mitleidigem Achselzucken begegnen,
wenn nicht eben die Systematik in dem Vorgehen der „Times"
nachdrücklicher darauf hinzuweisen zwänge."

Herrn Gladstone wurden inzwischen von dem König von Däne=
mark ganz ungewöhnliche Ehren erwiesen. Nicht nur, daß der englische
Premier nebst seiner ganzen ihn begleitenden Familie zur königlichen
Tafel gezogen wurde, hatte auch der König mit seiner Familie und
seinen russischen Gästen Herrn Gladstone auf dem „Pembroke Castle"
einen Gegenbesuch gemacht und das Frühstück bei ihm eingenommen.
Die österreichische Presse erblickte in diesem Besuch des leitenden engli=
schen Staatsmannes am dänischen Hofe einen politischen Schachzug,
der sich in erster Linie gegen Österreichs Machtstellung auf der Balkan=
halbinsel richte. Die Londoner Blätter versicherten dagegen, daß dieser
Ausflug des Premiers nach dem Sunde und die sich daran knüpfen=
den Begegnungen mit dem Könige von Dänemark und dem Kaiser
von Rußland rein privater Natur seien und eines politischen Be=
weggrundes entbehrten. Sie gefielen sich, allen voran die „Times",

Bismarck. 10

darin, sich über die Andeutungen der Zeitungen des Festlandes,
betreffend die politische Bedeutung der Reise des britischen Premiers,
lustig zu machen, wobei sie den Versuch machten, Herrn Gladstone
in Bezug auf die Fragen der auswärtigen Politik als harmlose
Person hinzustellen. Die „Times" malte ihren Lesern wie die
„Märchentante" aus, wie sich die Hofgesellschaft in Fredensborg
allmählich zu langweilen begonnen habe, wie sie freudig erregt ge=
worden bei der Kunde, daß ein so interessanter Gast, wie Herr
Gladstone, die Eintönigkeit zu unterbrechen gekommen sei. Die
Unterhaltung, die Herr Gladstone mit den erlauchten Gästen König
Christians IX. geführt, sei sicherlich überreich und mannigfach und
ohne unziemliche Erregung gewesen. „Der Angreifer des Vatikans
und das Haupt der Kirche des Ostens müssen einander viel In=
teressantes zu sagen gehabt haben. Der gelehrte Kenner des alten
Griechenlands und der König der heutigen Hellenen müssen eine
Fülle von Gegenständen für ein leichtes und glänzendes Tischge=
spräch beherrschen." Auch die dänische Hymnologie würde zweifels=
ohne Herrn Gladstones Aufmerksamkeit angezogen haben, nicht
minder die deutschen Manöver, in Bezug auf welche der Premier
jedoch die Rolle eines Zuhörers vorgezogen hätte.

Die „Times" vermutete richtig, daß man diese Ansicht von
der königlichen Tischgesellschaft auf dem Festlande als frivol oder
hypokritisch ansehen werde. Es mag zu Zeiten wahr sein, wie das
Cityblatt seinen „kontinentalen Freunden" versicherte, daß ein eng=
lischer Premierminister nie ungefährlicher sei, als wenn er auf
Reisen sich befinde — aber bei einem Minister von der unruhigen
und rastlosen Art des Herrn Gladstone, der Deutschland wenig
sympathisch gesinnt und kaum im stande ist, seine Abneigung gegen
Österreich zu zügeln, hielt es schwer, an solche Harmlosigkeit zu
glauben, wenn er einem der Hauptträger europäischer Politik gegen=
übertrat in der Person des russischen Kaisers, auf dessen Orient=
politik einen Einfluß zu gewinnen so außerordentlichen Wert für Herrn
Gladstone hatte. Von dem Gewicht, welches der persönliche Ver=
kehr politischer Männer, namentlich eines Souveräns, in die politische
Wagschale legt, schienen die englischen Blätter keine genügende Vor=
stellung zu haben. Auch der „Standard" hielt es für nötig, die
festländischen Politiker zu versichern, daß Herr Gladstone kein

weitausblickender Staatsmann und für eine Verschwörerrolle nicht
geeignet sei — das konservative Blatt war jedoch anderer Ansicht,
als sich der damalige Premier mit den Radikalen und irischen Home-
rulern zum Sturz des Beaconsfieldschen Kabinetts verband, vornehmlich in der Absicht, des konservativen Ministers auswärtige,
an Deutschland und Österreich sich anlehnende Orientpolitik zu bekämpfen. Sollte wirklich die Kopenhagener Reise nur ein Reise-
erlebnis sein, welches die Fräulein Gladstones in ihren Reisealbums
skizzierten und abzeichneten, so war das für den leitenden Staatsmann Englands sehr merkwürdig und des Ernstes kaum würdig,
der einer so verantwortlichen Stellung ziemt. Die „St. James
Gazette" sprach von einem Akt „gedankenloser Indiskretion" und
begründete ihr Urteil wie folgt:

„Was Mr. Gladstone thun wird, schrieb das konservative Blatt,
ehe er wieder nach Downing-Street zurückkehrt, das wissen wir
nicht; die Thatsache seiner Kopenhagener Reise aber bleibt und
sie ist eines der unbedachtsamsten Dinge, welche je auf dem Gebiete
der auswärtigen Politik begangen wurden. Wir werden dadurch
in unseren günstigen Bewegungen behindert, wir werden nicht so
frei sein, als wir es gewesen wären, wenn dieser unglückselige und
— wie wir hoffen — zwecklose Besuch niemals stattgefunden hätte.
Und dies Alles zu einer Zeit, wo Europa an der Schwelle neuer
großer Ereignisse steht! Der ganze Vorfall zeigt, wie wenig Klugheit, Takt und gesundes Urteil — die in der Politik nützlicher sind
als das Genie — bei dem Staatsmann zu finden sind, dessen
Händen jetzt das Schicksal Englands anvertraut ist. Leichtsinn,
Gedankenlosigkeit und Indiskretion in Wort und That. Sie haben
in unseren Beziehungen zu fremden Mächten vorgewaltet, seit das
gegenwärtige Ministerium zur Herrschaft gelangte, und dabei scheint
es bleiben zu wollen."

In Berlin faßte man den Abstecher des Herrn Gladstone nach
Kopenhagen nicht so harmlos auf, wie die englische Regierungs-
presse ihn zu schildern bemüht war, in der er auf gleiche Stufe
mit Herrn Gladstones Liebhaberei, Bäume zu fällen und in der
Kirche seiner Gemeinde aus der Bibel vorzulesen, gestellt wurde.
Es wollte jedenfalls wenig besagen, wenn die einem Mitgliede des
Kabinetts nahestehende „Pall Mall Gazette" versicherte, „daß die

auswärtige Politik Englands ohne Wissen und Zustimmung des Volkes selbst von dem mächtigsten und populärsten Minister nicht festgestellt werden kann." Die „Zustimmung des Volkes" bedeutet unter Umständen nur die Zustimmung der ministeriellen Majorität zu vollendeten Thatsachen, welche diese Mehrheit nur auf die Ge= fahr hin, die Macht durch den Rücktritt des Ministeriums zu ver= lieren, verweigern könnte. Sehr recht hatte die „Pall Mall Gazette" ohne Zweifel, wenn sie erklärte, daß, falls Rußland und Deutsch= land sich jemals schlagen sollten, England sicherlich weder dem einen noch dem andern helfen würde. Das glaubte man in Berlin gern, aber es schloß nicht aus, daß zwar nicht „England", aber mancher englische Politiker die bezeichnete Eventualität gern würde eintreten sehen. Halboffiziöse Äußerungen legten die Vermutung nahe, daß man in leitenden Kreisen Berlins zwar nicht an ein deutschfeindliches Ergebnis der Reise des Herrn Gladstone glaubte, wohl aber an eine dabei im Spiel gewesene Absicht, Anknüpfungen im Sinne einer den deutschen und österreichischen Bestrebungen entgegen= gesetzten Politik auf der Balkanhalbinsel zu suchen.

Eine gleich gereizte Sprache hatten die Berliner offiziösen Blätter seit Jahren nicht geführt. Fürst Bismarck hat immer die Ansicht ausgesprochen, daß England und Deutschland, wenn nicht ausschließlich aufeinander angewiesen, doch nach Stammesverwandt= schaft, nach geschichtlichen Überlieferungen, vor allen Dingen aber nach gemeinsamen Interessen und nach der Abwesenheit wider= sprechender Interessen den Beruf haben, in freundlichstem Einver= ständnis miteinander zu leben. Die Form für dieses Einverständnis zu finden ist seine Mühe seit Jahr und Tag. Wenn der Fürst Bismarck, wie er das oft thut, die „naturgemäß" guten Beziehungen zwischen Deutschland und England hervorhebt, läßt er doch nicht selten ein Wort einfließen, das auf den Mangel einer vorsichtigen und geschickten Diplomatie auf englischer Seite gegenüber Deutsch= land anspielt. Während der orientalischen Verwickelung im Jahre 1877 sagte er: „Wir haben mit England die Tradition hundert= jähriger guter Beziehungen, die ja mitunter auf dem öffentlichen Gebiet Momente der Entfernung gehabt haben, ich kann wohl sagen, einseitig auf englischer Seite; wir sind unserer Neigung fast durchgängig treu geblieben." Im Jahre 1878, als der Krieg zu

Ende ging, sagte Fürst Bismarck: „Dasselbe vertraute Verhältnis, in dem wir zu Rußland und Österreich stehen, haben wir mit Eng- land; wir sind mit diesem in der glücklichen Lage, keinen Streit der Interessen zwischen uns zu haben, es seien denn Handelsrivalitäten und vorübergehende Verstimmungen, die ja vorkommen, aber doch nichts, was zwei ernsthafte, arbeitsame, friedliebende Nationen in Krieg bringen könnte." Etwas empfindlich wurde die offiziöse Berliner Sprache, als im Jahre 1880 Gladstone das Regiment übernommen hatte. Im Jahre zuvor, damals als Deutschland und Österreich sich dem französischen und russischen Kriegslärm gegenüber zu einem Defensiv-Bündnis einigten, hatte derselbe Lord Salisbury, der heute an der Spitze des englischen Kabinetts steht, in einem konservativen Meeting in Manchester ausgerufen: „Großes Heil ist uns widerfahren" und die ganze Zuhörerschaft stimmte in diesen Ruf ein. Anders dachte und sprach man in den liberalen Kreisen Großbritanniens. Hier gab es sogar bei der Nachricht von dem Bündnis zwischen Deutschland und Österreich einen jähen Schrecken. Insbesondere tauchten kommerzielle Befürchtungen der schlimmsten Art auf. Man betrachtete jenes Bündnis unter dem zollpolitischen Gesichtspunkt, sah schon im Geiste Fürst Bismarck den Weltmarkt beherrschen und Englands Handel vernichten. Als es darauf im Frühjahr 1880 zu den Wahlen ging, erklärte Lord Hartington in einer Wahlversammlung den Sieg Beaconsfields für gleichbedeutend mit einem Anschluß Englands an Deutschland- Österreich und mit einer Trennung von dem republikanischen Frankreich. Er verwahrte sich hiergegen mit aller Entschiedenheit und warnte die Bevölkerung vor Wahlen, die England von Frank- reich abwenden und zu Deutschland-Österreich hinwenden würden. Es war von Interesse, die Wirkung solcher Auffassung auf die öffentliche Meinung in Deutschland, Österreich und — Frankreich zu beobachten. In dem letztgenannten Lande gab es begreiflicher- weise viel Händeklatschen und Bravorufen und davon wieder einen Widerhall in Rußland. In Deutschland und Österreich wurden liberale Stimmen laut, welche den englischen Liberalen die Freund- schaft kündigten. Da nahm die „Nordd. Allg. Ztg." das Wort, um den Anschauungen der Regierungskreise Ausdruck zu geben, Dieses Blatt erklärte: Lord Hartington und Genossen möchten sich doch nicht einbilden, daß man in Deutschland etwa auf Frankreich eifersüchtig sei, wenn dieses von England mehr geliebt und umworben würde, als Deutschland. Der Versuch, Englands Beteiligung an dem mitteleuropäischen Friedensschutz=Bündnis zu gewinnen, sei bisher weder von Deutschland noch von Österreich ins Auge gefaßt. Es läge gewiß im Interesse der Völker, wenn ihre Regierungen unter sich eine Assekuranz bildeten, um ihre Unterthanen vor den Leiden neuer Kriege zu bewahren. Aber es sei weder Deutschlands noch Österreichs Aufgabe, England für dieses System geneigt zu machen, und es liege durchaus nicht in der Natur dieses Systems, England von Frankreich zu trennen. Nichts dergleichen würde von den beiden Alliierten erstrebt. Weder in Deutschland noch in Österreich würde man zu einer Entfremdung der beiden Westmächte die Hand bieten. Bei den leitenden Politikern in Wien und Berlin herrsche vielmehr die feste Überzeugung, daß gute Beziehungen zwischen Frankreich und England dem Frieden nicht minder nützlich seien, als die zwischen den Alliierten von 1879. So lange Frankreich und England einig wären, würde ihre Politik friedliebender und gerechter sein, als die jeder einzelnen Macht im Falle einer Erkaltung und Isolierung. Solange sie Hand in Hand gingen, würden sie sich einander von Friedensstörungen abhalten und auf der Linie einer friedlichen und zivilisatorischen Politik sich zusammenfinden. Ihre Freundschaft gelte uns als ein Pfand für die Erhaltung des Friedens und Lord Hartington könne nur aus Unbekanntschaft mit der Politik der kontinentalen Mächte in den Irrtum verfallen, daß die Bestrebungen Österreich=Ungarns und Deutschlands dahin gerichtet wären, Englands gutes Einvernehmen mit Frankreich zu lösen.

Wunderbar, gerade das liberale Ministerium von 1880 hat Frankreich den empfindlichsten Schlag beigebracht, den es seit 1870 erhalten, es nahm ihm Ägypten, dessen Verlust schwerer wiegt, als der von Elsaß=Lothringen. Die alte englisch=französische Allianz ging darüber verloren. Das Kabinett Gladstone hatte den französischen Parlamentarismus zu seinem Bundesgenossen. Dieser stürzte Herrn v. Freycinet im Jahre 1882, als er von der Kammer einen Kredit für die gemeinsame Besetzung Ägyptens durch französische und englische Truppen verlangte. Dem diplomatischen Feldzuge, welchen

Ferry) 1884 gegen England eröffnete, um den Fehler wieder gut zu machen, bereiteten die Deputierten im Jahre 1885 ein jähes Ende, indem sie Ferry stürzten. In der ägyptischen Frage, 1882, sah Bismarck sich in seinem Bestreben, zwischen England und Frankreich derartig vermittelnd einzutreten, und die brennende Frage dahin zu lösen, daß England in einer die französischen Interessen nicht verletzenden Weise die ägyptischen Verhältnisse regele, durch den gegen England feindlichen Ton der deutschen Presse durchkreuzt. Diese geriet vollends durch das Bombardement von Alexandria aus dem Häuschen, auch solche Blätter, wie Bismarck sich ausdrückte, „welche die Reichsregierung in inneren Fragen zu unterstützen pflegen." Der Reichskanzler ließ ihnen bedeuten, die Kaiserliche Politik sei sorgfältig bemüht, jede Parteinahme zu vermeiden und die verhältnismäßig wenig interessierte und verpflichtete Stellung Deutschlands im Orient erleichtere ihr die Aufgabe, ihre guten Beziehungen zu allen, auch zu den unter sich nicht einigen Mächten zu schonen. Es wäre eine große Thorheit, wenn Deutschland, ohne daß seine Interessen oder seine Ehre es geböten, seine guten Beziehungen zu irgend einer der europäischen Mächte mutwillig gefährden wollte, sei es durch Eingreifen, ohne daß ein eigenes Bedürfnis dafür vorliege, sei es durch verletzende Parteinahme gegen andere Mächte und gegen die Art, wie diese ihre Interessen glauben wahrnehmen zu müssen. Diese wohlwollende Neutralität Deutschlands war wohl eines Dankes wert gewesen, ganz abgesehen davon, daß England die Herrschaft am Suezkanal heute sicher nicht übte, wenn nicht die Schlachten von Metz und Sedan geschlagen worden wären, deren Früchte England in Ägypten in den Schooß fallen.

Gladstone und Granville selber verdarben die Sache, indem sie aussprengten oder aussprengen ließen, Deutschland habe ihnen den Rat gegeben, Ägypten zu annektieren. Das machte in Berlin böses Blut. „Wenn es wahr wäre, sagte man hier, daß der Reichskanzler in diesem Sinne die englische Regierung bearbeitet hätte, so müßte dadurch natürlich das Vertrauen bei allen den Regierungen, deren Interesse durch die englische Annexion Ägyptens verletzt worden wäre, wesentlich erschüttert werden, also in erster Linie bei der Pforte, über deren Reichsgebiet ohne sie verfügt worden wäre;

dann aber auch bei Frankreich, bei Rußland und selbst bei Öster=
reich. Alle Mächte sind vertragsmäßig bei der Integrität des tür=
kischen Gebietes interessiert, und es muß ihnen daran gelegen sein,
daß nicht Teile desselben von anderen Großmächten einseitig an=
nektiert werden." Fürst Bismarck brachte diesen Punkt erst 1885
öffentlich zur Sprache, als die englische Erfindung, daß der Reichs=
kanzler Ägypten einfach den Engländern angeboten oder ihnen ge=
raten habe, es zu nehmen, zum ersten Mal in der amtlichen Form
ministerieller Reden und Depeschen auftrat.

Inzwischen waren die Kollisionen zwischen England und Deutsch=
land auf dem kolonialpolitischen Gebiete immer heftiger geworden.
Die Unfreundlichkeit Englands gegen Deutschland gab allein die
Veranlassung zur Verfolgung einer eigenen Kolonialpolitik seitens
Deutschlands. Fürst Bismarck ist von vornherein niemals ein
kolonialpolitischer Enthusiast in Bezug auf Deutschland gewesen.
Erst Englands Verhalten gegenüber deutschen Niederlassungen auf
fernen Gestaden, erst der Mangel an Schutz, über den sich die
deutschen gegenüber den englischen Kolonialbehörden so bitter zu
beschweren hatten (wie die deutschen Weißbücher schlagend nach=
weisen), gegenüber denselben Behörden, in deren Hände Deutsch=
land vertrauensvoll das Protektorat deutscher Kolonien niederge=
legt hatte — erst dieses Verhalten, das unsere Nation bisher kaum
geahnt hatte, und das uns erst 1884 die Dokumente enthüllten,
hat Deutschland die Notwendigkeit aufgedrungen, sich selbst zu helfen
und auf fremden Schutz zu verzichten.

Wichtig waren die Erklärungen, welche im Juni 1884 Fürst
Bismarck in der Budgetkommission des Reichstages über seine Ver=
handlungen mit auswärtigen Mächten abgab. Er habe sich, sagte
er, schon früher dagegen ausgesprochen und sei auch heute noch
der Ansicht, daß es für uns nicht richtig sein würde, Landstriche,
wo wir noch keine Interessen haben, zu okkupieren, um dort künst=
lich eine deutsche Einwanderung hervorzurufen, ein solches Gebiet
von deutschen Beamten verwalten zu lassen und dort Garnisonen
zu errichten. Für ein solches Kolonialsystem fehle es uns an hierzu
geschulten Beamten, dasselbe würde für uns zu theuer sein und
würde unsere Marine zu sehr in Anspruch nehmen, deren Entwicke=
lung durch die geringe Ausdehnung der deutschen Küste und die

hieraus sich ergebende schwache seemännische Bevölkerung, sowie
durch die niedrige Heuer begrenzt werde, welche unsere Seeleute
vielfach veranlaßte, bei den Engländern und Amerikanern Dienste
zu suchen. Etwas anderes aber sei es, die aus der deutschen Nation
gewissermaßen herauswachsenden freien Ansiedelungen von Reichsangehörigen in Gegenden, welche nicht unter der anerkannten Hoheit
einer anderen Nation stehen, unter den Schutz des Reiches zu
stellen. Er halte es für eine Pflicht des Reiches, den auf diese
Art begründeten überseeischen Niederlassungen von Reichsangehörigen,
nicht nur ihren Faktoreien, sondern auch den von ihnen erworbenen
Territorien mit dem Schutze des Reiches zu folgen. Auch hier
lasse sich der Nutzen nicht rechnungsmäßig vorhersagen, aber man
könne ihn auf Grund der von anderen Nationen gemachten Erfahrungen verwerten. In diesem Sinne habe Se. Majestät der
Kaiser sich dazu entschlossen, die von Herrn Lüderitz begründete
Niederlassung unter den Schutz des Reiches zu stellen. Um von
vornherein die Möglichkeit von Streitigkeiten zu verhüten, habe er
— der Reichskanzler — zunächst zu ermitteln versucht, ob der fragliche Küstenstrich irgend einer anderen Nation gehöre. Es sei
aktenmäßig festgestellt worden, daß dies nicht der Fall sei. In
amtlichen englischen Dokumenten sei der Oranjefluß als die nörd-
liche Grenze der Kapkolonie bezeichnet worden, und die portugiesischen Besitzungen südlich vom Kongogebiet reichten nicht bis dorthin. Zudem hätten Schutzanträge rheinischer Missionäre schon vor
einigen Jahren die Gelegenheit zur Anfrage bei der englischen Regierung geboten, ob sie den im Namaqua- und Herrerolande sich
aufhaltenden Deutschen Schutz gewähren wolle. Wir hatten die
Antwort erhalten, daß England nördlich vom Oranjefluß mit einziger Ausnahme der Walfischbai keine Jurisdiktion ausübe und
nicht in der Lage sei, in den fraglichen Gebieten Schutz zu gewähren.
Trotzdem habe der Reichskanzler der Sicherheit wegen im Dezember
v. J. an die englische Regierung eine Note mit der Frage gerichtet,
ob England an diesem Küstenstriche Eigentumsrechte besitze oder
auf denselben einen Anspruch erhebe, und wenn ja, auf welchen
Rechtstitel ein solcher Anspruch begründet würde, sowie eventuell,
welche Einrichtungen englischerseits dort beständen, um Schutz zu
gewähren. Hierauf sei lange keine Antwort erfolgt, obwohl eine

solche aus den Akten über die faktische Ausdehnung des englischen
Kolonialbesitzes wohl möglich gewesen wäre. Es sei vielmehr eine
Korrespondenz zwischen London und. Kapstadt eingeleitet worden,
welche dort so aufgefaßt wurde, als wenn wir den Schutz Englands für die deutsche Niederlassung herbeiwünschten. In Kapstadt
sei eine Ministerkrisis hinzugekommen und dadurch die dortige Be-
schlußfassung verzögert worden. Als dieser Hergang hier bekannt
geworden, sei es angezeigt erschienen, zur Beseitigung jener irrtümlichen Annahme durch den deutschen Konsul in Kapstadt die dortigen Behörden zu benachrichtigen, daß Herr Lüderitz mit seinen
Niederlassungen unter dem Schutze des Reiches stehe. Dies sei
die Bedeutung des Telegrammes vom 24. April, welches zugleich
auch der englischen Regierung mitgeteilt wurde. Seit einer am
Tage zuvor eingelaufenen telegraphischen Nachricht aus London
dürfe er die Frage als dahin entschieden ansehen, daß die englische
Regierung nicht glaube, auf den fraglichen Küstenstrich einen Rechts-
anspruch zu besitzen, und daß auch die Kapregierung infolge dessen
die deutsche Erwerbung respektieren werde. Der Reichskanzler konstatierte ferner die vorhandene Absicht, auch andere in ähnlicher
Weise entstandene, oder entstehende Niederlassungen unter den Schutz
des Reiches zu stellen. Die Frage wegen Sicherstellung der deutschen Interessen im Kongogebiete sei insofern etwas verwickelter, als
es sich hierbei um .Verhandlungen mit vielen Mächten handle.
Der Meinungsaustausch, in den wir hierüber mit anderen Regierungen eingetreten seien, habe ergeben, daß die Ansprüche Portu-
gals auf das untere Kongogebiet nicht anerkannt wurden. Auch
sei man im Interesse des Handels nicht geneigt, einer Ausdehnung
der portugiesischen Kolonialverwaltung zuzustimmen. Dagegen
werde jetzt mit Portugal und den anderen seefahrenden Staaten
darüber verhandelt, wie die Kongofrage durch ein gemeinsames Abkommen geregelt werden könne. Die Errichtung neuer Freistaaten
am Kongo auf der Grundlage der von der internationalen afrikanischen Gesellschaft, die er nach ihrem Kristallisationspunkte die
belgische nennen wolle, sei ein Unternehmen, das wir zu unterstützen
gedächten, falls es gelinge, die deutschen Interessen vorher durch
einen Vertrag sicher zu stellen, welcher uns dort volle Handels- und
Verkehrsfreiheit gewähre. Auf diese Weise sei also der Kaiser be-

strebt, dem deutschen Handel das weite Gebiet von Zentralafrika zu freier Entfaltung offen zu halten.

Was die Form anlangt, in welcher der Niederlassung von Angra Pequena der Schutz des Reiches zuteil werden sollte, so schwebe der Regierung vor, derselben einen Kaiserlichen Schutzbrief zu erteilen, ähnlich wie solche unter dem Namen „Royal Charter" englischerseits der ostindischen Kompagnie und neuerdings der Nord= borneogesellschaft gewährt worden seien. Es werde sich daran viel= leicht die Errichtung von Kohlenstationen und eine Ausdehnung des Konsularsystems knüpfen. Dieses System könne eventuell auch auf andere Unternehmungen dieser Art an der afrikanischen Küste und in der Südsee angewandt werden. Nachdem der Reichskanzler noch über das Verhalten der englischen Kolonialregierung auf den Fid= schi=Inseln und über die australische Kolonialregierung, welche un= gemessene Ansprüche auf unabhängige Gebiete in der Südsee er= hebe und das Prinzip proklamiert habe, daß alle vor einer etwaigen englischen Besitzergreifung gemachten Landerwerbungen in diesen Gebieten null und nichtig sein würden, sich ausgesprochen hatte, beantwortete er die Frage nach den Mitteln, mit welchen das Reich die deutschen Unternehmungen in fernen Gegenden wirksam schützen könne, dahin, daß hierbei vor allem der Einfluß des Reiches und der Wunsch und das Interesse anderer Mächte, mit demselben in freundschaftlicher Beziehung zu stehen, in Betracht kommen. Wenn man im Auslande den festen Willen der deutschen Nation erkenne, jeden Deutschen nach der Devise: civis romanus sum, zu schützen, so werde es nicht schwer fallen, diesen Schutz ohne besondere Kraft= anstrengung zu gewähren.

Im Januar 1885 nahm Fürst Bismarck bei der Beratung des Nachtragsetats für den Gouverneur von Kamerun das Wort. Die Debatte begann unter dem Eindruck der Telegramme über einen blutigen Kampf in Kamerun und über die Zumutung der neuseeländischen Kolonialregierung an das englische Kabinett, die Samoainseln zu annektieren; Fürst Bismarck fügte, als er das Wort nahm, noch die weitere Mitteilung hinzu, daß die Eingeborenen die deutsche Okkupation aus Neu=Guinea „hinausgeworfen" hätten. Eine Bemerkung des Herrn Windthorst, wonach Deutschland rings von Feinden umgeben sei und darum keine ernstliche Kolonialpolitik soll treiben können, veranlaßte den Kanzler zu einem Blick auf die europäische Stellung des Reiches. Nächst Österreich und Rußland wurden dabei Italien und Spanien als Staaten aufgeführt, mit denen unsere freundschaftlichen Beziehungen intime seien; von Frankreich sagte der Kanzler, daß wir mit diesem Lande seit 1866 nicht in so gutem Verhältnis gestanden, wie jetzt. Eine besondere Stellung erhielt in dieser Schilderung der internationalen Lage England angewiesen, auf das Fürst Bismarck wiederholt zurückkam. Die Herbeiführung eines Krieges zwischen Deutschland und England bezeichnete er als einen derartigen Frevel, daß daran nicht zu denken sei, weder unter dem jetzigen noch unter einem künftigen englischen Kabinett. Es blieb aber nach der Darstellung des Kanzlers kein Zweifel darüber, daß England zu dem Entschluß Deutschlands, an der Herrschaft über das Meer und über die noch unzivilisierten Länder seinen Anteil zu nehmen, erst noch die den beiderseitigen wohlverstandenen Interessen entsprechende Stellung zu finden habe. Mit der ihm eigenen Offenheit sprach der Kanzler es aus, daß Deutschland, auch ohne nach des Herrn Windthorsts Meinung eine der englischen ebenbürtige Flotte behufs der Durchführung unserer Kolonialpolitik erbauen zu müssen, als Freund und als Gegner für England ins Gewicht fallen würde bei allen internationalen Fragen.

„Aber wir stehen", setzte der Kanzler hinzu, „mit England in gutem Einvernehmen. Daß England in dem Bewußtsein „Britannia rules the waves" etwas verwunderlich aufsieht, wenn die Landratte von Vetter — als die wir ihm erscheinen — plötzlich auch zur See fährt, ist nicht zu verwundern, die Verwunderung wird indes von den höchsten leitenden Kreisen in England in keiner Weise geteilt. Die haben nur eine gewisse Schwierigkeit, den Ausdruck des Befremdens bei allen ihren Unterthanen rechtmäßig zu mäßigen, aber wir stehen mit England in althergebrachten, befreundeten Beziehungen und beide Länder thun wohl daran, diese befreundeten Beziehungen zu erhalten. Wir würden, wenn die englische Regierung sich die Beurteilung mancher ihrer Unterthanen in Betreff unserer Kolonialpolitik vollständig aneignen sollte, in anderen Fragen, die England mehr interessieren, kaum imstande sein, ohne Mißbilligung von seiten der deutschen Bevölkerung die englische Politik zu unterstützen. Wir würden vielleicht genötigt sein, diejenigen, die, ohne es zu wollen, Gegner von England sind, zu unterstützen, und irgend ein do ut des herzustellen, aber ich glaube, daß wir auch mit der englischen Regierung in Beziehungen leben und leben werden, die Englands Feindschaft gegen uns aus= schließen."

Die englische Presse wandte sich gegen die Drohung Bismarcks, Deutschland werde mit den Gegnern Englands gehen, falls Eng= land fortfahre die deutsche Kolonialpolitik zu durchkreuzen. Die „Times" erklärte, England dürfe Interessen seiner südafrikanischen und australischen Kolonisten nicht gegen Deutschlands diplomatische Unterstützung oder Unparteilichkeit in der ägyptischen Frage ver= schachern. „Die Ausdehnung der ungeheuren organischen Masse des englischen Reiches darf nicht mit Rücksicht auf die thatsächlich begründeten oder unbegründeten Empfindlichkeiten irgend einer an= dern Nation geregelt werden". Diese wenigen Worte beleuchten, sagte die „Köln. Ztg.", blitzartig die Strömung der öffentlichen Meinung in England; sie zeigen, daß John Bull trotz aller üblen Erfahrungen nichts gelernt und nichts vergessen hat, sie führen in den internationalen Verkehr eine ganz ungeheuerliche Theorie ein. John Bull hält noch immer an seinem Anspruch auf das koloniale Monopol fest, er glaubt noch immer, daß jedem Engländer schon in der Wiege eine kleine Ausgabe der Weltkugel beigegeben sei. In den Augen der „Times" spielt das englische Reich im Völkerver= kehr jene Rolle, welche dem schweren Lastfuhrwerk im Straßen= verkehr zufällt; der Rosselenker des Rollwagens kann rücksichtslos zufahren, ohne links und rechts zu sehen, denn er weiß, daß sein schwerfälliges Fahrzeug wohl die leichten Wagen beschädigen, selbst aber kaum beschädigt werden kann. Es war diese in ein System gebrachte englische Rücksichtslosigkeit, welche die europäischen Völker gezwungen hat, gegen England Schulter an Schulter zusammen zu stehen.

Am 26. Februar schloß die am 15. November 1884 eröffnete Kongo=Konferenz. In der europäischen Politik hat es seit dem deutsch=französischen Kriege als ein jedem Zweifel entrückter Satz gegolten, daß die beiden Gegner von 1870/71 nur in offenem oder verstecktem Gegensatz sich bethätigen könnten. Es war eine der größten Überraschungen, von denen die Diplomatie zu erzählen weiß, daß mit einem Male jene beiden Regierungen sich zu einer großen politischen Aktion vereinigten. Die französischen Staatsmänner fanden es sicher nicht leicht, den Widerspruch in der eigenen Brust gegen ein gemeinsames Vorgehen mit Deutschland zu überwinden, sie gaben sich auch keinem Zweifel hin, daß sie ähnlichen, noch viel schärferen Gefühlen in der französischen Bevölkerung begegnen würden. Auf der andern Seite hatte der leitende deutsche Staats= mann sein Augenmerk seit dem großen Kriege darauf gerichtet, das Feld seiner unmittelbaren Aktion so viel wie möglich einzuschränken, alles, was einem auswärtigen Abenteuer nur von ferne ähnlich sah, soviel wie möglich zu vermeiden. Wenn nun die beiden Re= gierungen gleichzeitig ihr Verhalten änderten, Frankreich seine Reserve gegen Deutschland, Deutschland seine Reserve gegen eine überseeische Politik aufgab, so mußten es zwingende Gründe sein, die eine solche Wendung vorschrieben.

Auch hatte die europäische Presse seit Monaten nun unaus= gesetzt erörtert, wie die Grundsätze über die Schiffahrt auf dem Kongo und Niger, über die Bedingungen der Anerkennung des Besitzstandes einer Nation an bisher nicht okkupiertem Gebiet ganz unmittelbare Interessen der Mehrzahl der Staaten berühren. Wie auch in den Augen der Regierungen die Wichtigkeit der Konferenz gewachsen, das ergab sich daraus, daß eine Reihe größerer Regier= ungen nach und nach aus der zweiten an die erste Reihe der Teil= nehmer trat. Zuerst sollten außer Deutschland, Frankreich und England nur die Niederlande, Belgien, Spanien, Portugal und die Vereinigten Staaten bei der Beratung mitwirken. Dann aber meldete sich Italien mit dem Wunsche nach Teilnahme, Österreich und Rußland schlossen sich an; zuletzt erwirkte denn auch noch die Türkei eine Einladung, vielleicht als Zeichen, wie sie berufen sein könnte, vielleicht auf einem anderen afrikanischen Gebiete in ver= stärkter Weise in Aktion zu treten. Es war ein offenes Geheim= nis, daß es England einen schweren Entschluß kostete, auf einem westafrikanischen Kongreß in Berlin zu erscheinen. In der Beru= fung der Konferenz glaubte England einen Zug gegen sich zu sehen, es glaubte die Bedeutung derselben in der Feststellung eines Gegen= satzes zwischen ihm und den anderen Nationen zu finden. Aber

seine Interessen weisen es darauf hin, ein freundliches Einverständ=
nis mit allen anderen Nationen zu pflegen; es hatte bei einer Ver=
bitterung der wechselseitigen Beziehungen unendlich mehr einzubüßen,
als ihm irgend eine Vergrößerung seines schon übermäßigen Kolo=
nialbesitzes nützen kann.

Als wenige Tage nach dem Schlusse der Kongokonferenz, auf
der England ein altes Monopol opferte, Fürst Bismarck im Reichs=
tag erschien, ging alsbald eine Ahnung durch das Haus, daß vom
Regierungstisch her einige gewichtige Bemerkungen über den provo=
katorischen Inhalt der jüngsten englischen Blaubücher und die An=
schuldigung, welche Lord Granville angesichts Europas in einer
Sitzung des Oberhauses wider den deutschen Reichskanzler erhoben
hatte, zu erwarten sein. Was dann geschah, ging erheblich über
diese Erwartung hinaus. Fürst Bismarck beschränkte sich nicht auf
einige abweichende und aufklärende Bemerkungen, sondern er be=
seitigte mit gewaltigen Axthieben das ganze Gestrüpp falscher Auf=
stellungen, Verdächtigungen und Erfindungen, unter denen das
Kabinett Gladstone, als ihm ein Tadelsantrag Northcotes Herz und
Nieren zu prüfen drohte, die Irrwege seiner bisherigen Politik
jedem prüfenden Blicke zu verbergen suchte.

Die jüngsten englischen Blaubücher waren publiziert worden,
um angesichts der erwarteten Debatten über den erwähnten Tadels=
antrag einigermaßen Stimmung für das bedrohte Kabinett zu
machen. Um diesen Zweck zu erreichen, scheute sich Granville nicht,
wider alles Herkommen ohne Anfrage bei der betreffenden Regie=
rung Berichte über vertrauliche diplomatische Unterredungen und
Noten, ja sogar Schriftstücke zu veröffentlichen, welche ohne Ver=
trauensbruch oder Intrigen der englischen Regierung gar nicht zu
deren Kenntnis gelangt sein konnten. Es kümmerte ihn nicht, daß
die Zustutzung, welche er seinen Publikationen gab, dem offenen
Streben, Mißtrauen zwischen Frankreich und Deutschland zu säen,
also den Weltfrieden ernstlich zu gefährden, gleichkam. Alles das
that Granville, um für die Stunde des Gerichts, welches das eng=
lische Parlament über die Sünden des Gladstoneschen Kabinetts
abzuhalten im Begriffe stand, unter den Richtern ein Gefühl des
Mitleidens darüber wachzurufen, mit welcher Heimtücke deutscherseits
die ehrliche, entgegenkommende englische Kolonialpolitik zu kämpfen

habe. Es sollte dadurch den Konservativen eine ihrer Waffen, der
Vorwurf nämlich, daß Gladstone in leichtfertiger und thörichter
Weise die Freundschaft Deutschlands verscherzt habe, entwunden
werden. Dem deutschen Publikum und wohl auch einem großen
Teile des außerdeutschen bestätigten die „Enthüllungen“ des eng=
lischen Blaubuches freilich nur, was man schon früher Nachteiliges
über die auswärtige englische Politik, namentlich über ihre An=
sprüche, daß in überseeischen Angelegenheiten für alle Nationen
lediglich das englische Interesse maßgebend zu sein habe, gewußt
hatte. In der Oberhaussitzung vom 26. Februar formulierte Lord
Granville seine Anschuldigung gegen den Fürsten Bismarck dahin,
derselbe habe sich unfreundlich über die englische Politik in Ägypten
geäußert, weil die englischen Ministerien, das vorige und das jetzige,
den wiederholt von ihm gegebenen Rat, to take Egypt, nicht be=
folgt hätten. Dieser Verhandlung gegenüber konstatierte Fürst
Bismarck am 2. März im Reichstage zunächst die wachsende Schärfe
und Unfreundlichkeit der Sprache der englischen Diplomatie, die
Veröffentlichung eines Schreibens eines australischen Königs an
den deutschen Kaiser, ehe dasselbe in dessen Hände kam, die Resü=
mierung vertraulichster Unterhaltungen des Reichskanzlers mit
englischen Diplomaten in veröffentlichten amtlichen Aktenstücken, die
Zurückdrängung des mündlichen Verkehrs und die Überschwemmung
der deutschen Regierung mit einer wahren Flut diplomatischer
Noten. Eine weitere Beschwerde des Reichskanzlers war gegen die
Erklärung Lord Granvilles gerichtet, als ob durch die von dem
Fürsten Bismarck vertretenen Ansprüche England genötigt werden
sollte, aller Freiheit der Aktion in kolonialen und auswärtigen An=
gelegenheiten zu entsagen. Hierin sah Bismarck eine persönliche
Anfeindung. Derselbe stellte dann noch ein präzises Dementi der
Granvilleschen Behauptung entgegen, es sei von ihm englischen
Ministern der Rat erteilt worden, Ägypten zu nehmen, er habe
versucht, England vom Pfade der Tugend abspenstig zu machen.
Fürst Bismarck erörterte an der Hand einer von ihm zitierten Note
vom September 1882 die Politik ausführlich, die er auf wieder=
holte Anfrage der englischen Regierung dieser Ägypten gegenüber
empfehlen zu können glaubte. Hiergegen bezog sich Granville im
englischen Parlamente auf spätere, angeblich nicht vertrauliche

Erklärungen des Reichskanzlers aus dem Jahre 1883, die ihm — Lord Granville — auszudrücken schienen, „daß es vor zwei Jahren der Wunsch und die Hoffnung der deutschen Regierung war, daß Eng= land die Vertretung der Interessen Europas in Ägypten in Zu= kunft auf sich nehmen solle". Zwischen diesem „Wünschen und Hoffen" der deutschen Regierung und dem Aufdrängen eines Rates, Ägypten zu nehmen, war denn doch ein klaffender Unterschied. Eine höchst eigentümliche Rolle in dieser Angelegenheit spielte der aus= wärtige Minister im Ministerium Beaconsfield, der Kolonialminister Graf Derby im Kabinett Gladstone. Auf seine Autorität hin hatte Granville behauptet, Bismarck habe schon dem vorigen Ministerium denselben Rat gegeben, Ägypten zu nehmen. Der Marquis von Salisbury verhöhnte diese Behauptung Derbys als ein „Geschicht= chen"; niemals, so lange er im Ministerium gewesen, habe er von einem solchen Anerbieten gehört.

Zwischen der Rede Granvilles vom 26. Februar, durch welche sich Fürst Bismarck herausgefordert fühlte, und derjenigen vom 6. März, die eine Erwiderung auf die Rede Bismarcks vom 2. März war, lag die Mission des Grafen Herbert Bismarck, durch welche der Reichskanzler die Welt mitten in der Aufregung über die Rede vom 2. März überraschte.

Aus London wurde unter dem 5. März gemeldet: „Graf Herbert Bismarck ist hier eingetroffen und hatte gestern Abend eine Unterredung mit Lord Granville." — Die „Times" knüpfte an die Anwesenheit des Grafen Bismarck die Hoffnung, es würden Mittel für die Wiederaufnahme freundlicher Beziehungen zwischen Deutsch= land und England gefunden werden. Mißverständnisse hätten wahr= scheinlich eine bedeutende Rolle in Herbeiführung der gegenwärtigen unglücklichen Verhältnisse gespielt; unter dem Einflusse persönlicher Erklärungen und der beiderseitigen versöhnlichen Neigung möchten sie verschwinden; Deutschland und England seien durch viele Bande unter einander verknüpft und hätten vieles gemein, so daß Eifer= sucht und Unfreundlichkeit, für welche keine wirklichen Gründe vor= handen seien, niemals entstehen sollten.

Die schwerwiegende Bedeutung dieser Reise ergab sich ohne weiteres aus den Umständen, die sie begleiteten. Am 2. März erst hatte Fürst Bismarck seine Rede gegen Lord Granville gehalten,

am 3. reiste Graf Herbert ab, am 4. noch erklärte die „N. A. Z.",
daß ein vertraulicher Verkehr zwischen den beiden Staatsmännern
Deutschlands und Englands durch das Verhalten des einen zur
Unmöglichkeit geworden sei, und am Abend desselben Tages war
Graf Herbert bei Granville. Die Mission des Grafen konnte die
Dinge, von welchen im Deutschen Reichstage und in der „N. A.
Z." die Rede gewesen war, kaum zum Gegenstande haben, denn zu
Besprechungen über diese Frage mußte die Initiative jedenfalls von
England ausgehen. Dagegen lag eine Reihe von anderen Fragen
vor, mit welchen die Entsendung des Grafen Herbert zusammen-
hängen konnte. Die Verständigung zwischen Deutschland und England in zwei brennenden Fragen — Kamerungebiet und Neuguinea
— war die Frucht der Mission und in der Erledigung dieser
Mission lag das Symptom für die überhaupt verbesserten Beziehungen zwischen den beiden Regierungen. Die Differenz hatte
ihre eigentlichen Wurzeln in der den leitenden Ministern Englands Gladstone und Granville so zu sagen zur andern Natur gewordenen Unaufrichtigkeit, in dem zur Regel gewordenen Widerspruch zwischen ihren Worten und Handlungen. Um hierin Wandel
zu schaffen, der bereits weit gediehenen Verwirrung ein Ende zu
machen, waren die rückhaltslosen, klar bestimmten Kundgebungen
des Deutschen Reichskanzlers das richtige Mittel, namentlich da
Fürst Bismarck dabei nicht stehen blieb, sondern nach solcher Vorbereitung des Terrains gerade auf das Ziel, die Anbahnung einer
Verständigung, losging und seinen Sohn als Vertrauensmann
direkt an Lord Granville sandte.

Wie damals Graf Herbert Bismarck als außerordentlicher
Agent in London erschien, so Lord Rosebery zwei Monate später in
Berlin. Graf Münster, unser Botschafter in London, wurde bald
darauf durch den Grafen Hatzfeldt ersetzt und ging nach Paris.
Sir Edward Malet in Berlin gilt als seinen diplomatischen Aufgaben vollständig gewachsen und ist dem Fürsten Bismarck sehr eng
befreundet. Seine Überredungskraft wurde keineswegs für nicht
ausreichend erachtet, um auf Deutschland erfolgreich einzuwirken,
man hielt es aber in London für nötig, bei der nicht beneidens-
werten Lage Englands die Unterhandlungen mit Berlin mit ganz
besonderem Eklat zu führen und schickte Lord Rosebery. So viel

stand fest, daß augenblicklich in Rußland in gewissen sehr einfluß=
reichen Kreisen eine starke Reaktion gegen den Frieden mit England
in Afghanistan vorhanden war, und daß das englische Ministerium,
welches die Möglichkeit vor sich sah, allein einen Kampf gegen das
mit Frankreich alliierte Rußland aufnehmen zu müssen, und noch
dazu einem unfreundlichen Deutschland gegenüber, auf das eifrigste
bestrebt war, sich mit der letztgenannten Macht auszusöhnen und
dieselbe zu bewegen, ein gutes Wort für England in St. Peters=
burg und Paris einzulegen. Lord Rosebery gehört zu jener Klasse
gut erzogener Engländer, die durch große Weltkenntnis und gesun=
den Menschenverstand vorurteilsfrei in ihren Neigungen und Be=
ziehungen werden. Er ist bei den Engländern, die in ihm einen
der besten Typen ihrer Aristokratie mit ihrer nützlichen Thätigkeit
und ihren mannhaften Bestrebungen sehen, ebenso beliebt und hoch
geachtet, als bei den Ausländern, die er mit wahrer schottischer
Gastfreundschaft und in der liebenswürdigsten Weise bei sich auf=
nimmt. Aus manchen gemeinsamen Zügen ist eine große Zuneigung
zwischen ihm und dem Grafen Herbert Bismarck hervorgegangen.
Es kam damals eine Vereinbarung zwischen Deutschland und Eng=
land über eine Abgrenzung der beiderseitigen Kolonialgebiete an
der Küste des Golfs von Guinea (wozu namentlich Kamerun und
dessen das Gebiet des oberen Benue bis Ibi umfassende Hinterland
gehören) und in Neuguinea zustande. In derselben Zeit kam das
Kabinett Gladstone zu Falle, nicht über die äußere Politik. Es
folgte das konservative Kabinett Salisbury. In Berlin sagte man,
es könne jetzt ein engerer Anschluß Englands an die Friedensliga
der deutschen Mächte als feststehend angenommen werden. In der
Rede, welche Lord Salisbury am 29. Juli im Mansion=House hielt,
betonte der britische Premier=Minister u. a. die Gefahren eines par=
lamentarischen Regierungssystems, welches nur allzu leicht bei jedem
Ministerwechsel auch die Politik des Landes in andere Bahnen
bringen könne. Es sei daher, um fremde Nationen nicht glauben
zu lassen, daß England keine Festigkeit in seiner Politik besitze, für
die britischen Staatsmänner erforderlich, die Politik ihrer Amts=
vorgänger fortzusetzen, selbst wenn diese Politik ihrer Auffassung
nicht ganz entspreche. Nachdem Lord Salisbury sich hierdurch gegen
den Vorwurf, daß sein Kabinett die auswärtige Politik der früheren

Regierung nicht umgestoßen, verwahrt hatte, gab er seinem Bedauern Ausdruck, daß Gladstone und Genossen überhaupt die Zügel der Regierung in der Hand gehabt hätten. Fast wehmütig klangen hier die Worte des Ministers, indem er schilderte, wie gut es um England bestellt sein würde, wenn die Politik Beaconsfield das Land weiter beherrscht hätte, im Vergleich zu der peinlichen Lage, in der Großbritannien nach fünfjähriger Gladstonescher Amtsführung sich befinde.

Lange Zeit richtete die offiziöse Presse der deutschen Reichs=kanzlei die ernstesten Vorwürfe gegen Englands „Zauberpolitik." Im Herbst 1886 schrieb die Nordd. Allg. Ztg. in einem bereits erwähnten Artikel: „Die Lage in Bulgarien würde eine andere sein, wenn man auch nur glauben könnte, daß England ernstlich nach einem Partner für einen gemeinsamen Widerstand gegen Ruß=land suche."

Es war das bei Gelegenheit der Rede, die der Schatzkanzler Lord Churchil in Darfort gehalten, und in der er mit Befriedigung von der Rede des österreichischen Ministerpräsidenten Tisza ge=sprochen hatte, die er als ein Zeichen dafür betrachtete, daß Öster=reich jetzt die Wacht auf dem Balkan übernehme. Er wollte sagen, England könne sich jetzt zurückziehen, da Österreich die Geschäfte für den britischen Löwen besorgen werde. England lebt des Glau=bens, Fürst Bismarck werde auf die Dauer nicht in der Lage sein, seine Politik der „meisterhaften Unthätigkeit" fortzusetzen, es werde vielmehr bald die Zeit kommen, wo Deutschland zwischen Rußland und Österreich wählen und sich für letzteres entscheiden müsse.

Lord Salisbury hat sich durch große Friedensreden bemerk=bar gemacht. Er hielt eine solche z. B. im August des Jahres 1887 bei einem Bankett im Mansionhouse zu London, welches nach altem Brauche der Lordmayor der britischen Hauptstadt zu Ehren der Minister kurz vor dem Schluß der Parlamentssession zu veranstalten pflegt. Es war eine Erstaunen erweckende Botschaft. Ihr fehlte offen=bar der rechte Glaube. Man ist von Lord Salisbury an Schön=färbereien und optimistische Betrachtungen englischer Regierungs=handlungen, sogar an gründliche Verkennung politischer Dinge ge=wöhnt, in weit umfänglicherem Maße gewöhnt, als durch Lord Beaconsfield. Wenn ersterer damals die kurz zuvor vollzogene

Regelung der seit dem Sommer 1885 schwebenden afghanischen Grenzstreitigkeiten eine billige nannte, wobei Rußland noch England Opfer gebracht habe, so war von anderer Seite behauptet worden, daß bei dieser Grenzregelung Rußland den Löwenanteil davon getragen. Der britische Premier adoptierte ein Wort des verstorbenen Beaconsfield, wonach in Asien Raum genug für England und Rußland sei. Daran war nur zutreffend, daß Rußland bereits Boden genug gefunden, um England bald hinauszuwerfen zu können. Lord Salisbury müßte einer der kurzsichtigsten Staatsmänner sein, wenn er den Drang der russischen Rivalen nach Osten nicht verstände, wenn er nicht begriffe, daß derselbe sich unmöglich mit Sandwüsten und wilden Völkerstämmen begnügen und England für alle Zeit das reiche Indien ruhig ausnutzen lassen wird. Die Sprache des englischen Kabinetts ist bei kollidierenden Interessen und vornehmlich in allen den Fällen, wo es den Rückzug antritt, niemals genau gewesen. Als z. B. die Russen mit den Tekinzen Krieg führten, erklärten die Organe der englischen Regierung eine etwaige Besitzergreifung von Merw, dem „Schlüssel zu Indien", als einen unvermeidlichen Kriegsfall. Rußland nahm Merw sowohl als Sarakhs in Besitz.

Wie verklausulte überdies der britische Minister seine Friedenssicherheit! Er wollte die Gefahren nicht unterschätzen, welche erhitzte Leidenschaften und große Rüstungen immer gegenwärtig halten. Und auf wie lange sah er die Kriegsgefahr verschwunden? Ungefähr bis zum Ende der Amtsdauer des dermaligen Londoner Lordmayors! So gleichen sich alle Bankettreden Salisburys. Er sagte weiter nichts, als daß für den Augenblick der Ausbruch eines kontinentalen Krieges nicht zu befürchten sei. „Gewiß — so sagte man in Berlin — wir leben im Augenblicke der Ruhe, aber in einer Empfindung, als ob ein Gewitter herannahe. Vielleicht giebt es noch eine Kunst, das Gewitter zu verscheuchen, aber hüten wir uns jedenfalls, auch nur einen Augenblick uns in Sorglosigkeit zu versetzen. In der überraschend schnellen Regelung der afghanischen Grenzstreitigkeiten in Verbindung mit dem in Bezug auf Rußland geradezu seltsam freundschaftlichen Charakter der Rede Salisburys will man sogar eine Bestätigung der Mutmaßung finden, daß die beiden Reiche noch zu anderen Übereinkünften gelangt seien, welche

u. a. England in seinen Differenzen mit Frankreich wegen Ägyptens und der Neuen Hebriden freie Hand sichere, wofür es der Balkan=politik Rußlands gegenüber Neutralität beobachte. Wenn England auch der „russischen Werte" sich in ausgiebigster Weise annehmen will, so kann das den Besitzern solcher in andern Ländern nur recht sein. Ist aber Salisburys Rede in Bezug auf den „tiefen Frieden", den wir in Deutschland freudig begrüßen würden, von keiner durchschlagenden Wirkung, so hat sie aber eine symptoma=tische Bedeutung für einen wesentlich geänderten Prospekt der poli=tischen Gesamtlage Europas."

Auch das deutschfreundlichste Tory=Kabinett hat bis jetzt wenig Neigung gezeigt, sich mit eigenen Anstrengungen an kontinentalen Kriegen, selbst wenn sie das englische Interesse auf das empfind=lichste berühren, zu beteiligen, die traditionelle englische Politik geht vielmehr dahin, andere·Staaten zu Gunsten Englands zu verhetzen und in den Kampf zu treiben, aber selbst die Hände aus dem Feuer zu halten. In der Rede aus dem Monat August 1888, ebenfalls bei dem Lordmayor=Bankett gehalten, drückte Salisbury die Sehnsucht nach einer großen Friedensliga aus, welche jede Störung der Ordnung und Ruhe in Europa mit überwältigender Macht verhindere oder unterdrücke. Vor einem Jahre bekannte Lord Salisbury die Unmöglichkeit, den Händeln des Festlandes fernzubleiben, wenn England fortan seinen Einfluß im europäischen Staatenreigen behaupten wolle. Wenn dann ein Jahr später der englische Premier von der Ersprießlichkeit einer großen Friedensliga sprach, so sollte man meinen, seine Liebe könne keine platonische bleiben. Oder könnte er meinen, daß es genüge, wenn andere Mächte für den Frieden sorgen, ohne daß England seinen Teil zu diesem Werke beiträgt? Würde eine solche Politik der Enthaltsam=keit nicht geradezu eine Abdankung bedeuten? Schwerlich ist irgend ein Staat an der Einschränkung der russischen und französischen Abenteuerlust in gleichem Maße interessiert, wie das Inselreich. Aus diesem Grunde wird die Herstellung eines Tunnels über den Kanal bekämpft, und hat man eine Reihe von Maßregeln zur Erhöhung der britischen Wehrkraft beschlossen. Auch scheinen mit Italien und Österreich Gegenabmachungen zu bestehen, zu dem Zwecke, einerseits zu verhindern, daß das Mittelmeer eine französische See werde, anderseits um das Goldene Horn nicht in russische Hände fallen und so die russische Flotte in das Mittelländische Meer gelangen zu lassen. Vielleicht haben ferner die wiederholten Reisen des Grafen Herbert Bismarck nach England und die geheimnisvollen Reisen Lord Randolph Churchils dem Zwecke gedient, das Insel=reich der kontinentalen Friedensliga näher zu bringen. Aber man hört von keinem Fortschritt der Sache.. Man ist noch berechtigt, an das Wort zu denken, das Fürst Bismarck vor Jahren gesprochen:

„England wird eines Tages die Welt durch seine Feigheit in Erstaunen setzen."

Die englischen Ideale in Berlin.

Im März des Revolutionsjahres 1848 standen Herr von Bis=
marck und Prinz Friedrich Wilhelm zum erstenmale in einer poli=
tischen Diskussion sich gegenüber. Der Vater des Prinzen hatte
am Tage nach dem 18. März auf Befehl des Königs Berlin ver=
lassen. Nachdem er bis zum 22. März auf der Pfaueninsel bei
Potsdam geweilt, trat er an seinem Geburtstage die Reise nach
London an. Das traute, glückliche Familienleben, die Jahre un=
getrübter Freude erlitten im Hause des Prinzen Wilhelm eine
erste ernste Trübung. Die Prinzessin Augusta, die spätere Kaiserin,
verlebte mit ihren beiden Kindern bange Tage. In dieser Zeit
machte ein junger Edelmann aus Pommern viel von sich reden.
Er ging in Berlin umher wie ein angeschossener Löwe, zerschlug in
einem Bierlokal jemand, der unehrerbietig von einem Mitglied des
Königlichen Hauses gesprochen, den Schoppen auf dem Schädel und
war häufiger Gast bei König Friedrich Wilhelm IV. In das Haus
der Prinzessin Wilhelm paßte Herr von Bismarck eigentlich nicht
hinein. Denn dort herrschte trotz der Klagen über die Revolution
der freiere Geist des politischen Lebens Englands. Im Jahre 1844
hatte der Prinz von Preußen und zwei Jahre darauf seine Ge=
mahlin eine längere Reise nach England unternommen, welche in
beiden Fällen für die Familie und das Land von den nachhaltigsten
Folgen sein sollte. Die größte Bedeutsamkeit gewann der Aufent=
halt in England durch das eingehende Studium, welches der Prinz
den englischen Verhältnissen und namentlich dem englischen Staats=
wesen widmete. Das Ergebnis hiervon war eine genaue Kenntnis
Englands, namentlich der durch dieses repräsentierten konstitutio=
nellen Staatsform und eine entschiedene Hinneigung für dieselbe.
Die Prinzessin Augusta, welche 1846 zum erstenmale England sah,

hatte für die Institution dieses Landes von ihrer frühesten Erzieh=
ung her eine lebhafte Zuneigung gefaßt. Der Revolution gegenüber
aber hatten der pommersche, absolutistisch gesinnte Edelmann und
die liberal gesinnte Familie des Prinzen Wilhelm ein gleiches In=
teresse. Die unbedingte Anhänglichkeit des Herrn von Bismarck
an das Königshaus bewährte sich gerade in dieser Zeit. Er brachte
der Prinzessin Augusta Rat wegen ihres abwesenden Gemahls.
Dort hatte er mit dem Prinzen Friedrich Wilhelm die erste Kon=
ferenz, am 31. März 1848, genau vierzig Jahre vor dem Tage, wo
der Fürst Bismarck mit dem späteren Kaiser in Charlottenburg die
Battenbergsche Affaire erörterte. Herr v. Bismarck sah im Revo=
lutionsjahre den jungen Prinzen wieder am 7. Juni auf der Wild=
parkstation bei Potsdam. Dort entstiegen dem Eisenbahnzuge der
aus England zurückkehrende Prinz Wilhelm und seine Familie, die
ihm bis Magdeburg entgegengefahren war. Der Bahnhof war
von einer sehr glänzenden, zum Empfange aus Berlin eingetroffenen
Gesellschaft belebt, Minister und Generalsuniformen ragten hervor;
im Hintergrunde bewegte sich eine fast unbeachtete schlanke Gestalt
in Zivil. Das Auge des Prinzen Wilhelm wie das seines „Fritz"
erkannten sehr bald den Herrn aus Pommern. Er wurde von
beiden durch die herzlichste Begrüßung ausgezeichnet. Es war der
Sterbetag des Königs Friedrich Wilhelm III. Der Sohn und der
Enkel begaben sich noch an demselben Tage nach Charlottenburg
und beteten im Mausoleum, dort, wo seit dem Monat März 1888
auch Kaiser Wilhelm ruht.

Wir stellen den Zeiger der Weltgeschichte zehn Jahre weiter.
Im Februar 1858 empfängt Berlin wieder hohen Besuch aus Eng=
land. Die eben vermählte Kronprinzessin zieht unter Glockengeläute
und lautem Jubel der Bevölkerung in seine Mauern ein. Im
Hintergrund gab es eine schmollende Partei. Es war die sogenannte
„russische" Partei, die seit dem Revolutionsjahre und insbesondere
seit dem Krimkriege mit der „englischen" sich in der Hauptstadt be=
kämpfte. Herr von Bismarck, Bundesgesandter in Frankfurt, gehörte
der ersteren an. Gehörte er auch zu den ob der „englischen" Heirat
Schmollenden? Von dem Vater der Kronprinzessin wollte er nicht
viel wissen. „Ich weiß, welche Künste der Überredung, der Drohung
angewandt wurden, um uns hineinzutreiben wie einen Hatzhund in

den Krimkrieg" — das galt dem Prinz-Gemahl von England. In der Zeit, wo dieser gerade mit seinem Schwiegersohne in Berlin sehr angelegentlich über Verfassungsfragen korrespondierte, sagte Herr von Bismarck von England: „Seit der Reformbill, seit die alte „Erbweisheit" die entfesselten Leidenschaften der Parteien nicht in Disziplin zu bringen vermocht, ist es mir unmöglich, mein Vertrauen in ein Land zu setzen, in dem Zeitungsartikel mehr als Prinzipe gelten, kurzum in ein Land, das von der Tagesmeinung regiert wird. Große Götter! Wenn das das Loos wäre, welches die preußische Monarchie erwartet! Wenn auch sie ihre Reformbill haben sollte. Wenn die Gewalt aus den geweihten Händen des Königs in die jener Advokaten, jener Professoren, jener Schwätzer fallen sollte, die sich liberal nennen! Am 8. Februar 1858, als der Prinz-Regent bei der Hochzeitstafel im Königlichen Schloß zu Berlin auf die „glückliche Allianz zwischen Großbritannien und Preußen" trank, jagte Herr von Bismarck in den Waldungen Kurlands den Damhirsch und dachte an ein Bündnis mit Napoleon III., den er kurz zuvor besucht und sehr „nett" gefunden hatte, dessen Legitimität er im übrigen mit derjenigen der Königin von England in eine Linie stellte.

Die Jahre hindurch, wo Herr von Bismarck in Frankfurt Preußen beim Bunde vertrat und der Prinz von Preußen in Koblenz residierte, hatte ersterer die englischen Neigungen des Prinzen und die Einflüsse des Prinz-Gemahls von England auf denselben zu bekämpfen. In seinen Berichten an den Minister von Manteuffel geißelte Bismarck bei jeder passenden Gelegenheit die englische Politik und insbesondere den englischen Parlamentarismus. „Die insularische Sicherheit macht es England leicht, einen kontinentalen Bundesgenossen je nach dem Bedürfnis der britischen Politik zu halten oder sitzen zu lassen, und ein Ministerwechsel reicht zur Bewirkung und Rechtfertigung des Revirements hin, wie Preußen das im siebenjährigen Kriege ersehen hat." — „Wir haben auf dem Wiener Kongreß gesehen, daß (nächst Österreich) gerade die Interessen Englands sich den unserigen am meisten entgegenstellten." — „England kann uns weder unsere industrielle, noch eine maritime Entwickelung in Handel und Flotte gönnen." Über den englischen Parlamentarismus, über die „Leidenschaften eines ungeordneten

Parteigetriebes", über die „Zeitungsartikel, die mehr zu bedeuten haben, als staatsmännische Erwägungen", macht Bismarck sich immer von neuem lustig. Worin hat denn auch sein nächstes Werk, das er als Minister unternahm, bestanden? Die Beziehungen zu England machten denen zu Frankreich und Rußland Platz, die liberale Ära endete im Verfassungskonflikt, und die moralische Eroberung Deutschlands in dem Kriege von 1866.

Und aus eben diesem so hartnäckig bekämpften Lande führte der Kronprinz Friedrich Wilhelm die princess royal heim. Von dieser Verbindung erwartete die gesamte liberale Welt eine Zeit des Völkerglücks, denn „noch galt England für das Musterland der Freiheit, der Heiligenschein der politischen Legende verklärte noch die Häupter Leopolds von Belgien und des hochzeitsfrohen koburgischen Hauses." Fünfundzwanzig Jahre später, bei Gelegenheit der silbernen Hochzeit des kronprinzlichen Paares, erinnerte ein sezessionistisches Blatt in Berlin daran, wie die Verbindung des Kronprinzen mit der englischen Prinzessin gerade in der Masse des Bürgerstandes die lebhaftesten Sympathien erweckte. „Heute wie 1858 sind die englischen Anschauungen und Ideale der Kronprinzessin auch die des gebildeten Mittelstandes und die Zukunftshoffnungen dieses Volkes."

Der Prinz-Gemahl von England war sehr zufrieden mit seinem Schwiegersohn, als er denselben 1858 in Potsdam besuchte. „Er ist fest in seinen konstitutionellen Grundsätzen, er verabscheut das Ministerium (Manteuffel) und die Kühle, mit der Kronprinz und die Minister sich begegneten, war unverkennbar."

Noch heute ist man in England stolz darauf, welchen Einfluß die Kronprinzessin auf ihren Gemahl ausgeübt hat. So sprach Lord Salisbury noch im August 1888 in einer Rede, die er bei Gelegenheit eines Banketts im Mansionhouse gehalten, und worin er hinwies auf den verstorbenen Kaiser Friedrich III., als „das edelste, kultivierteste und sanfteste Gemüt, welches jemals einen Thron zierte", die Worte aus: „Ich kann nur daran erinnern, daß er durch unauflösliche Bande der Liebe mit der Tochter unserer eigenen Herrscherin verbunden war und daß er vielleicht von ihr jene hohen, edlen, philanthropischen, liberalen Gesinnungen hatte, welche in den Augen der

ganzen Menschheit den verstorbenen Kaiser von Deutschland aus=
zeichneten".

In der Konfliktszeit von 1862—1866 war aller Welt bekannt,
daß der Kronprinz mit jenen Verletzungen des formalen Rechts,
welche der Verfassungskampf herbeiführte, sich ebensowenig befreun=
den konnte, wie mit der Einverleibung Schleswig=Holsteins und
anderer Territorien. Auch dem Kriege mit Österreich hatte er wider=
strebt. Herr von Bismarck selber nannte ihn „einen Mann der
parlamentarischen Regierung". Der Kronprinz hinwiederum sprach
von „Bismärckerei" u. dgl. Derselbe betrieb nach 1866 in Be=
sprechungen mit den Führern der neugebildeten nationalen Partei
die Aussöhnung der Opposition. Hierbei gewann er eine besondere
Sympathie für Karl Twesten. Später trat er den Sezessionisten
näher und soll auch die Fusion derselben mit der Fortschrittspartei
begünstigt haben.

Eine Reihe von Zügen aus dem Leben des Kronprinzen be=
weist, daß er sich auch über die „englischen Ideale" und über die
liberale Partei zu erheben wußte. Prof. Delbrück, einst Erzieher
im kronprinzlichen Hause, schreibt: „Von der deutsch=freisinnigen
Partei als solcher trennte den Kronprinzen ein Grundsatz, den ich
nicht einmal, sondern öfter, auch in diesen letzten Jahren, aus seinem
Munde vernommen habe mit den Worten: „Die Armee darf nie=
mals ein Parlamentsheer werden, sie ist Königlich und soll es
bleiben"; ein andermal in der Form: „Die Armee zu einem Par=
lamentsheer zu machen, das könnte ihnen wohl passen". Derselbe sagt
ferner vom Kronprinzen: „Seine Grundempfindung war und blieb
die des preußischen Offiziers; Mitglied und später einmal Kriegs=
herr des preußisch=deutschen Offizierkorps zu sein, war bei ihm ganz
wie bei seinem Vater der ausgeprägteste aller Begriffe. Er litt
darunter, daß die — wenn der Ausdruck nicht zu stark ist, aber es
war etwas davon — monarchische Eifersucht seines Vaters ihn nach
den Kriegen von der Armee etwas fern hielt. Dieses spezifische
Standesbewußtsein aber sollte ihn, das war sein Grundsatz, und in
dem ist er am meisten mißverstanden worden, nicht verhindern, mit
jedem Stande und mit jedem ehrenwerten Mann anderer Gesinnung
freie und unbefangene Beziehungen zu pflegen. Dies ist das Mo=
ment, das ihn neben der Aufnahme des deutschnationalen Gedankens

schon als ganz jungen Mann in Gegensatz zu der altpreußisch=
reaktionären Partei brachte. Im Verkehr oder wenigstens in Be=
rührung mit Bunsen, Usedom, beiden Vincke, Saucken=Julienfelde,
später Twesten, auch Hoverbeck und um die Zeit seiner Verheiratung,
namentlich unter dem Einfluß seines Schwiegervaters, bildete er das
aus, was man seinen bürgerlichen Liberalismus zu nennen pflegt,
was aber, ich wiederhole es, nicht richtig verstanden wird, wenn man
es als eine Parteibezeichnung auffaßt."

Aber der Kronprinz hatte denn doch eine zu markant liberale
Haltung gezeigt und besonders noch in den letzten Jahren Verbin=
dungen unterhalten, die den Deutsch=Freisinnigen ein gewisses Recht
gaben, auf ihn als den künftigen Förderer ihrer Sache auf dem
Throne zu zählen. Sie reklamierten ihn geradezu für ihre Partei.
Sie konnte das, indem sie auf die vielen beglaubigten Worte und
Schritte hinwies, die allerdings den Kronprinzen einer bestimmten
Parteirichtung einzuordnen schienen. Von konservativer Seite da=
gegen wurde der Versuch gemacht, die Kundgebungen des Kron=
prinzen abzuschwächen, oder ihre willkürliche Auswahl zu bemän=
geln oder auch den Nachweis zu führen, daß sie falsch verstanden
würden. Das war ein eitles Bemühen. Man hatte es vielmehr nur
mit einer auch bei uns gewöhnlichen Erscheinung zu thun. „Wir
haben in unserer Geschichte verschiedene liberale Thronerben ge=
habt; aber die liberalen Kronprinzen haben sich zu konservativen
Monarchen entwickelt. Als Friedrich der Große starb, knüpfte der
Liberalismus weitgehende Hoffnungen an Friedrich Wilhelm II. Es
war bekannt, daß letzterer ein Gegner der lästigen Regie mit dem
Tabaks= und Kaffeemonopol war, daß er das Unterrichts= und
Erziehungswesen zu reformieren und den Druck des Heer= und
Steuerwesens auf den gemeinen Mann zu erleichtern beabsichtigte.
Mit Jubel und Schmeichelei begrüßten die damaligen Liberalen „den
Vielgeliebten", und bald darauf haben sie ihn geschmäht und ge=
tadelt. Friedrich Wilhelm III. galt um des Gegensatzes, in welchen
er als Kronprinz zu dem Wöllnerschen Pietismus getreten war,
den liberalen Kreisen als einer der Ihrigen, und nach wenigen Mo=
naten seiner Regierung erwies sich dies als ein Irrtum. Friedrich
Wilhelm IV. ging gleichfalls der Ruf des Liberalismus voraus.
Man wußte, daß er als Kronprinz ein Gegner des Metternichschen

Systems gewesen sei, daß er insbesondere Rede und Presse von den damaligen Schranken befreien wollte. Die Regierung Friedrich Wilhelms IV. ist später als eine reaktionäre verschrien worden. Als Kaiser Wilhelm den Thron bestieg, glaubte man allgemein an den Beginn einer „neuen Ära". Man erwartete von dem Fürsten, daß er als König die liberalen Neigungen bethätigen werde, die man ihm, als er Thronfolger war, zugeschrieben hatte. Kurzum, die Geschichte beweist, wie wenig Bedeutung man dem wirklichen oder vermeintlichen Kronprinzen-Liberalismus beizulegen hat. Dem jedesmaligen Kronprinzen fehlt das Gefühl der Verantwortlichkeit und die Bekanntschaft mit den Schwierigkeiten des Regierens. Die Leichtigkeit und die Tragweite der Kritik der Gegenwart im Munde des künftigen Herrschers hat etwas Verführerisches. Auf jeden Menschen übt erst das Bewußtsein einer großen Verantwortlichkeit eine läuternde Wirkung aus; er erwägt und prüft jedes seiner Worte und jede seiner Handlungen mit größerem sittlichen Ernst und mit größerer Anspannung seines Urteilsvermögens als derjenige, welcher in dem Gefühl lebt, daß seine Worte und seine Handlungen kein ausschlaggebendes Gewicht haben.

Es ist nur naturgemäß, daß ein Kronprinz, sobald er die Zügel der Regierung in die Hand nimmt, die Konsequenzen seiner Vergangenheit abschüttelt. Die Entwickelung des Prinzen Heinz zum König Heinrich V. ist von typischer Wahrheit. Die Richtigkeit der Worte, mit denen er seine früheren Genossen von sich weist, hat sich oft bewährt:

> „Doch, nun erwacht, veracht ich meinen Traum.
> Denk nicht, ich sei das Ding noch, das ich war;
> Der Himmel weiß, und merken solls die Welt,
> Daß ich mein vor'ges Selbst hinweggethan,
> Wie nun auch die, so mir Gesellschaft hielten."

In jedem normal angelegten Fürsten wird mit dem Besitz der Krone das Gefühl einer schweren Verantwortlichkeit für das Wohl und Wehe des Volkes untrennbar verbunden sein, und dieses Gefühl wird in ihm wieder notwendig zu der Erkenntnis führen, daß das höchste Gesetz eines jeden Gemeinwesens die Aufrechterhaltung der Ordnung ist. Was immer der Thronerbe gedacht und erstrebt haben mag — sobald er die Krone auf dem Haupt fühlt,

„Kehrt der Strom des Blutes um und ebbt zurück zur See,
Wo er sich mit der Fluten Haupt soll mischen,
In ernster Majestät forthin zu fließen."

Die Regierung des Kaisers Friedrich ist zu kurz gewesen, als
daß sie hätte diese alte Erfahrung bestätigen können. Dadurch ist
der liberalen Partei eine unangenehme Enttäuschung erspart ge=
blieben. Ohne Zweifel würden ihre Grundprinzipien über kurz oder
lang mit jenen Anschauungen in Konflikt geraten sein, die als echter
Hohenzoller auch Kaiser Friedrich über die Grundbedingungen des
Staatslebens in sich trug und die schon durch das Zusammenwirken
mit dem Fürsten Bismarck einmal zur vollen Geltung gelangen
mußten. Die „englischen Ideale" des Kronprinzen müssen schon
bei Zeiten zurückgetreten sein bei der realpolitischen, nüchternen
Frage, wie er sein künftiges Verhältnis zum Fürsten Bismarck
stellen werde. „Kaiser Friedrich — sagt der schon erwähnte Pro=
fessor Delbrück — hatte bei seiner Thronbesteigung bereits eine zu
bedeutende Vergangenheit, als daß nicht sofort diese neue Indivi=
dualität an der höchsten Stelle hätte zur Geltung kommen müssen.
Mit feinstem Takt und reiflicher Prüfung also galt es die Stelle
und die Grenze zu finden, wo das geschehen konnte, ohne wiederum
die ebenso ausgeprägte Individualität des Fürsten Bismarck zu ver=
letzen. Beide sollten und wollten mit einander auskommen. Manch=
mal hat der Kronprinz Friedrich Wilhelm einen Seufzer ausge=
stoßen, wie grenzenlos schwierig einmal seine Stellung als Nach=
folger eines so erfolgreichen und geliebten Monarchen sein werde
— aber eben in der Überwindung von Schwierigkeiten zeigt sich der
Künstler. Ich denke, es wird auf immer zu den Meisterstücken der
Politik gezählt werden, wie Kaiser Friedrich dem Fürsten Bismarck
anzeigte, daß er ihn als Minister zu behalten gedenke. Er dankte
ihm für die mutvollen und treuen Dienste, die er seinem Vater ge=
leistet und teilte ihm darauf die Grundsätze mit, nach denen er
selber von jetzt an die Regierung geführt wissen wolle. Er konnte
es nicht feiner und bestimmter ausdrücken, daß er seine Dienste
weiter in Anspruch nehme, dabei aber selbst der Herr zu bleiben
gedenke."

Schon im Jahre 1873 hatte der Kronprinz während einer
Krankheit zu seiner Gemahlin gesagt, sie solle ihm, falls er stürbe

und sie eine Zeit lang zur Regentin berufen würde, versprechen, nichts ohne den Fürsten Bismarck zu thun, „dessen Ratschläge unserem Hause zu ungeahnter Größe und Macht verholfen haben." Wenn beim Kronprinzen Friedrich Wilhelm immer der Plan bestanden hat, an seiner Regierung einst einen Mann wie Bismarck Teil nehmen zu lassen, so wirft das auf die Konflikte, die zwischen dem Kronprinzen und dem Reichskanzler wiederholentlich geschwebt haben sollen, ein sonderbares Licht. Diese angeblichen Konflikte dürften darnach niemals einen ernsteren Charakter getragen, und den liberalen Standpunkt des Kronprinzen das System Bismarck nicht zu sehr verletzt haben. Einen Unterschied zwischen einem Bismarck im Äußeren und im Inneren zu machen, ist unthunlich. Bismarcks Plan war es umgekehrt, bei seiner angegriffenen Gesundheit nur auszuharren bis zu Kaiser Wilhelms Tode. Die äußere Lage Deutschlands, als dieses Ereignis eintrat, und der traurige Zustand des Nachfolgers vereitelten diesen Plan.

Kaiser Wilhelm I. starb am 9. März 1888, als der Kronprinz bereits ein Alter von 57 Jahren erreicht hatte. Schon früher hatten ihn ein paarmal Krankheiten fast an den Rand des Grabes gebracht und man wußte, daß die hohe Gestalt, welche von Fülle und Lebenskraft zu strotzen schien, nicht so festgefügt sei, daß nicht ein Keim des Verderbens darin sich einnisten könne. Und so war es in der That.

Im Anfang vorigen Jahres verbreitete sich zuerst in weiteren Kreisen das Gerücht, daß der Kronprinz von einem hartnäckigen Halsleiden befallen sei, welches sich besonders durch Heiserkeit äußere und den Bemühungen der Ärzte nicht weichen wolle. Als am 8. März 1887 das Präsidium des Reichstages von Ihren Kaiserlichen und Königlichen Hoheiten dem Kronprinzen und der Kronprinzessin empfangen wurde, äußerte der erstere mit jenem Humor, der, so selten auf den Höhen irdischer Größe, ihm in allen Lebenslagen eigen gewesen, und dessen Äußerungen so sehr seine Popularität gefördert hatten, wie die Post damals berichtete, nach der ersten Begrüßung, er könne den Herren wegen seiner Heiserkeit allerdings nichts vorsingen.

Zuerst hatte der Leibarzt des Kronprinzen Friedrich Wilhelm, Dr. Wegner, dann Geh. Rat Professor Dr. Gerhardt das Übel behandelt. Am 14. April ging zuerst der Kronprinz mit seiner Familie nach Ems, wo er bis zum 15. Mai blieb, ohne eine Besse= rung des Leidens zu erringen. Nach der Rückkehr erfolgten jene Untersuchungen, welche schließlich zu der Beseitigung der deutschen Ärzte und der Übernahme der ärztlichen Behandlung des hohen Patienten durch Sir Morell Mackenzie führte. Am 13. Juni be= gab sich der Kronprinz mit seiner hohen Familie nach England, wo er am 21. noch dem Jubiläum der fünfzigjährigen Regierung der Kaiserin Viktoria beiwohnte, durch seine Heldengestalt und Hal= tung ein Gegenstand der allgemeinsten Bewunderung, und sich der speziellen Pflege des Herrn Mackenzie erfreute, ohne daß jedoch eine ernste Besserung eingetreten wäre. Es wurde deshalb ein Luftwechsel empfohlen. Der Kronprinz ging nach Schottland, wo er bis zum Ende Juli blieb. Am 3. August verließ er England und reiste, ohne Berlin zu berühren, über Frankfurt und München nach Toblach, wo er am 7. eintraf. Hier trat zuerst ein Erstickungs= anfall ein, der den hohen Patienten schleunig in ein milderes Klima trieb. Am 28. September war er in Venedig, am 7. Oktober in Baveno, am 3. November in der Villa Zirio in San Remo, wo am 6. auch Herr Mackenzie eintraf, sowie am 9. Prinz Wilhelm und die deutschen Ärzte, Professor Dr. Schrötter aus Wien, Dr. Schmidt aus Frankfurt a. M. und Dr. Krause, welche auf Wunsch, beziehentlich auf Befehl des Kaisers Wilhelm dorthin gesandt waren.

Das Resultat dieser Untersuchungen enthielt ein Entrefilet des Staatsanzeigers vom 13. November, welches die karcinomatöse Natur der Krankheit konstatierte.

Der Kronprinz entschied, daß er sich einer nochmals empfoh= lenen Exstirpation des Kehlkopfs, deren Vornahme allerdings nach der Ansicht der sachkundigsten deutschen Ärzte schon im Mai nicht mehr hätte hinausgeschoben werden dürfen, nicht unterziehen wollte und sein Vater Kaiser Wilhelm genehmigte diesen Entschluß, wo= mit der in verhältnismäßig kurzer Zeit zu berechnende tödliche Aus= gang der Krankheit nicht mehr abgewendet, sondern nur noch ver= zögert werden konnte.

Einen Augenblick hatte es den Anschein, als ob der hohe Patient in die Heimat, nach der er sich gewiß schmerzlich sehnte,

zurückkehren würde. Hier wurden alle Vorbereitungen für seinen
Empfang getroffen, aber bald wurden die schon getroffenen Maß=
regeln rückgängig gemacht und der Kronprinz blieb, angeblich um
der Vorteile des milden Klimas nicht verlustig zu gehen, in der
Fremde.

Wie vorauszusehen gewesen, mußte nach einigen Monaten
der Luftröhrenschnitt vorgenommen werden, was am 9. Februar
durch Dr. Bramann geschah, eine Operation, welche selbstverständ=
lich mit der Heilung der Krankheit nichts mehr zu thun hatte, von
dieser war überhaupt nicht mehr die Rede.

Vier Wochen später starb Kaiser Wilhelm. Zu den heftigen
Gemütsbewegungen, welche durch die Krankheit des Sohnes her=
vorgerufen worden waren, und welche den Kräftezustand des bei=
nahe 91jährigen Kaisers herabstimmten, kam am 4. März noch eine
Erkältung. Schon am 7. März zeigte es sich, daß die Wider=
standskraft des Körpers nicht mehr die frühere war. Prinz Wil=
helm ging daher, von San Remo zurückgekehrt, zum Kaiser und blieb
dort den ganzen Tag; der Reichskanzler verweilte dort von 11 bis
3 Uhr; Moltke und der Kriegsminister fanden sich ein. Das Groß=
herzogliche Paar in Karlsruhe wurde gebeten, schleunigst nach Berlin
zu kommen. Die gesamte Familie des Kaisers, soweit sie in Berlin
anwesend war, blieb im Palais versammelt. Einmal flackerte die
Lebenskraft des Kaisers auf kurze Zeit wieder auf. Er sprach mit
der Großherzogin von Baden und ihrem Gemahl und von dem
kurz zuvor verstorbenen Prinzen Ludwig, mit dem Reichskanzler über
Politik, wiederholt ihm seinen Dank für die großen und treuen
Dienste ausdrückend, mit dem Prinzen Wilhelm über die Armee,
über mögliche Kriege, er sprach von dem treuen Bundesgenossen
Österreich, von dem Kaiser von Rußland, der ihm versprochen
habe, Deutschland nicht anzugreifen. Der Großherzogin, welche
ihn bat, er möchte sich nicht durch vieles Sprechen ermüden, ant=
wortete er: „Ich habe jetzt nicht mehr Zeit, müde zu sein." In
der Nacht vom 8. auf den 9. März trat eine bedeutende Verschlim=
merung ein. Die Atemzüge des Kaisers wurden immer kürzer.
Oberhofprediger Kögel begann ein Gebet, alle Anwesenden sanken
um das Lager des Kaisers auf die Kniee, man hörte noch ein
tiefes Aufseufzen, das Leben des Kaisers war erloschen. Es war

Freitag der 9. März 8½ Uhr morgens. Seine letzten Worte waren: „Ach, mein armer Fritz!"

Am Tage zuvor hatten Abgeordnetenhaus und Reichstag unter dem Eindrucke, vor einer nahen Katastrophe zu stehen, ihre Sitzungen abgebrochen und auf den 10. März vertagt. Inzwischen war in Er= füllung gegangen, was schmerzlich befürchtet wurde, und die gesetz= gebenden Körperschaften mußten am 9. zusammentreten, um die of= fizielle Nachricht vom Tode des ersten deutschen Kaisers aus dem Hohenzollernstamme entgegenzunehmen.

Der Saal und die Tribünen des Abgeordnetenhauses waren zahlreich besetzt, als gegen 12¼ Uhr die Mitglieder des Staats= ministeriums, mit Ausnahme des Fürsten Bismarck, eintraten. Der Vizepräsident des Ministeriums, Staatsminister v. Puttkamer, nahm das Wort und machte in schmerzbewegten Worten Mitteilung, daß „es Gott gefallen, Se. Majestät den Kaiser und König Wilhelm, unsern allergnädigsten Herrn, heute Morgen 8½ Uhr im 28. Jahre Seiner glorreichen Regierung durch einen sanften Tod aus dieser Zeitlichkeit heimzurufen." Der Minister schloß seine Ausführungen mit der Zuversicht, daß je tiefer der allgemeine Schmerz über den Hintritt des unvergeßlichen Königs, um so fester und unzerreißbarer das Band sich erweisen werde, welches Preußens Herrscherhaus und Preußens Volk in guten und bösen Tagen verbindet. Mit dem Rufe: Gott schütze das Königliche Haus, Gott schütze das Vater= land! schloß Präsident v. Köller, die Beratungen des Hauses auf unbestimmte Zeit vertagend, die Sitzung.

Der kurze, nur wenige Minuten währende Akt hatte alle An= wesenden tief ergriffen; still und erschüttert verließen die Mitglieder den Saal. Ein Teil derselben, sowie die Minister begaben sich nach dem Reichstage. Dort waren die Tribünen von 11 Uhr ab mit einem zahlreichen, meist in Trauerkleidern erschienenen Publikum aus allen Ständen dicht besetzt. Die Abgeordneten besprachen gruppenweise in leise geführten, ernsten Gesprächen das große welt= historische Ereignis. Erst um 12 Uhr erschien Präsident v. Wedell= Piesdorff auf seinem Präsidentensitze; lautlos nehmen die Volks= vertreter, die aus allen Parteien zahlreich erschienen sind, nun ihre Plätze ein, drückende, bangende Stille lastet über dem ganzen Hause.

Die dumpfe lautlose Stille wird erst nach fast einer Viertelstunde
durch den Eintritt der Bevollmächtigten zum Bundesrate unter-
brochen. Dicht gedrängt nehmen sie den ganzen Platz zur Linken
der Präsidententribüne ein. Da erscheint Staatssekretär Graf Herbert Bismarck, um den Präsidenten abzurufen. Nach etwa zehn
Minuten erscheinen beide wieder — hier und da taucht plötzlich die
Nachricht auf, der Reichskanzler wäre zu angegriffen, um sprechen
zu können. Weitere bange fünf Minuten vergehen — da erscheint
langsamen Schrittes Fürst Bismarck. Die Mitglieder und das
Publikum auf den Tribünen erheben sich — der Reichskanzler ver-
neigt sich und gleichzeitig mit den Worten des Präsidenten: „Ich
erteile dem Herrn Reichskanzler das Wort", beginnt Fürst Bismarck. Stockend, oft nach dem Ausdruck ringend, oft minutenlang
die Rührung und den Schmerz bekämpfend, richtet er folgende
Worte an die erschüttert lauschenden Mitglieder:

„Mir liegt die traurige Pflicht ob, Ihnen die Mitteilung von
dem zu machen, was Sie ja thatsächlich bereits wissen werden, daß
Se. Majestät Kaiser Wilhelm heute Vormittag $\frac{1}{2}$ 9 Uhr zu seinen
Vätern entschlafen ist. Infolge dieses Ereignisses ist die preußische
Krone und damit nach Art. 11 der Reichsverfassung die deutsche
Kaiserwürde auf Se. Majestät Friedrich III., König von Preußen,
übergegangen. Nach den mir zugegangenen telegraphischen Nach-
richten darf ich annehmen, daß Se. Majestät der regierende Kaiser
und König morgen von San Remo abreisen und in der gegebenen
Zeit hier in Berlin eintreffen wird. — Ich hatte von dem hochseligen Herrn in den letzten Tagen vermöge der Bethätigung seiner
Arbeitskraft, die nur mit dem Leben ihn verlassen hat, noch die
Unterschrift erhalten, welche vor mir liegt und mich ermächtigt, den
Reichstag in der üblichen Zeit nach Abmachung seiner Geschäfte,
das heißt also etwa heute oder morgen, zu schließen. Ich hatte
die Bitte an Se. Majestät gerichtet, nur den Anfangsbuchstaben
des Namens zu unterzeichnen — es ist mir aber darauf erwidert,
daß Se. Majestät glaubte, den vollen Namen noch unterschreiben
zu können. Infolge dessen lege ich dieses historische Aktenstück der
letzten Unterschrift hier vor Ihnen nieder. Unter den obwaltenden
Umständen nehme ich an, daß es den Wünschen der Mitglieder des
Reichstages ebenso wie denen der verbündeten Regierungen ent-

sprechen wird, daß der Reichstag noch nicht auseinander geht,
sondern zusammen bleibt bis nach Eintreffen Sr. Majestät des
Kaisers, und ich mache deshalb von dieser Allerhöchsten Ermäch=
tigung weiter keinen Gebrauch, als daß ich dieselbe als historisches
Dokument zu den Akten gebe und den Herrn Präsidenten bitte, die
Entschlüsse, welche den Stimmungen und Überzeugungen des Reichs=
tages entsprechen, in dieser Richtung herbeizuführen.

Es steht mir nicht zu, von dieser amtlichen Stelle aus den
persönlichen Gefühlen Ausdruck zu geben, mit welchen mich das Hin=
scheiden meines Herrn erfüllt, das Ausscheiden des ersten deutschen
Kaisers aus unsrer Mitte. Es ist auch kein Bedürfnis, denn die
Gefühle, die mich bewegen, sie leben im Herzen eines jeden Deut=
schen. Aber eines glaube ich Ihnen nicht vorenthalten zu dürfen,
nicht von meinen Empfindungen, sondern von meinen Erlebnissen,
die Thatsache, daß inmitten der schweren Schickungen, welche der
von uns geschiedene Herr in seinem Hause noch erlebt hat, es zwei
Thatsachen waren, welche ihn mit Befriedigung und Trost erfüllten.
Die eine war diejenige, daß die Leiden seines einzigen Sohnes und
Nachfolgers, unseres jetzt regierenden Herrn, in der ganzen Welt,
nicht nur in Deutschland, sondern über alle Weltteile hinaus, kann
man sagen, mitempfunden werden. Ich habe noch heute ein Tele=
gramm aus New=York erhalten, mit Teilnahme erfüllt, die be=
weist, welches Vertrauen sich die Dynastie des deutschen Kaiser=
hauses bei allen Nationen erworben hat. Es ist dies ein Erbteil,
kann ich wohl sagen, das des Kaisers lange Regierung dem deut=
schen Volke hinterläßt. Das Vertrauen, welches sich die Dynastie er=
worben hat, wird sich auch auf die Nation übertragen. Die zweite
Richtung, in der Se. Majestät einen Trost in manchen schweren
Schickungen empfand, war diejenige, daß der Kaiser auf die Ent=
wickelung seiner Hauptlebensaufgabe, der Herstellung und Konsoli=
dierung der Nationalität des Volkes, dem er als deutscher Fürst
angehört hat, daß der Kaiser auf diese Entwickelung, welche die
Lösung dieser Aufgabe inzwischen genommen hatte, mit einer Be=
friedigung zurückblickte, die den Abend seines Lebens verschönt und
erleuchtet hat. Es trug dazu namentlich in den letzten Wochen die
Thatsache bei, daß mit einer seltenen Einstimmigkeit aller Dynastien,
aller verbündeten Regierungen, aller Stämme in Deutschland, aller

Abteilungen des Reichstages dasjenige beschlossen wurde, was für
die Sicherstellung der Zukunft des deutschen Reiches gegen die=
jenigen Gefahren, die uns drohen könnten, als Bedürfnis von den
verbündeten Regierungen empfunden wurde. Diese Wahrnehmung hat
Se. Majestät mit großem Trost erfüllt und noch in den Be=
sprechungen, die ich zuletzt mit meinem dahingeschiedenen Herrn ge=
habt — es war gestern — da hat er Bezug darauf genommen, wie
ihn dieser Beweis der Einheit der gesamten deutschen Nation, wie
er durch die Volksvertretung hier verkündet worden, gestärkt und
gefreut habe. Ich glaube, es wird für Sie Alle erwünscht sein,
dieses Zeugnis, das ich aus eigener Wahrnehmung über die letzten
Stimmungen unseres dahingeschiedenen Kaisers beilegen kann, mit
in Ihre Heimat zu nehmen; weil jeder einzelne von Ihnen einen
Anteil an dem Verdienste hat, was dies begründet. Die helden=
mütige Ausdauer, der nationale Hochgedanke und vor allen Dingen
die treue, allbekannte Pflichterfüllung im Dienste des Vaterlandes
und die Liebe zum Vaterlande, die in unserem dahingeschiedenen
Herrn verkörpert war, möge sie ein unzerstörbares Erbteil unserer
Nation sein, das uns unser dahingeschiedener Kaiser hinterlassen
hat. Das hoffe ich zu Gott, daß dieses Erbteil von Allen, die wir
an den Geschäften unseres Vaterlandes mitzuwirken haben, in Krieg
und Frieden, in Heldenmut, in Hingebung, in Arbeitsamkeit, in
Pflichttreue treu bewahret wird!"

Es schien, als ob der Kanzler noch weiter sprechen wollte, —
doch überwältigt vom Schmerze endigte er plötzlich und ließ sich,
beide Hände fest vor die Augen drückend, schwer auf den Sessel
fallen. Es hatte etwas ungemein Erschütterndes und bis ins In=
nerste Ergreifendes, den eisernen Kanzler so mit dem Schmerze
ringen zu sehen. . . . Mit sichtlicher Kraftanstrengung erhob Fürst
Bismarck sich wieder von seinem Sitze, als der Präsident dem
Schmerze des Reichstages Ausdruck verlieh und es aussprach, in
diesen schweren Tagen stehe das deutsche Volk in unverbrüchlicher
Treue und Ergebenheit zu seinem neuen, schwergeprüften Kaiser und
seinem Hause. Dann wird die Sitzung geschlossen, nachdem auch
der Reichstag seine Beratungen für unbestimmte Zeit vertagt hatte.
Fürst Bismarck eilte die Stufen hinab zu dem in der ersten Reihe
der Konservativen sitzenden Grafen Moltke, drückte ihm bewegt die

Hand und zeigte das letzte von Kaiser Wilhelm unterzeichnete Akten=
stück, das er vorhin in seiner Rede erwähnt hatte.

Der Kronprinz erhielt am 9. März vormittags ein Telegramm
mit der Adresse: „An Seine Majestät den deutschen Kaiser Friedrich."
Wir bemerken beiläufig: Es machte im Publikum Aufsehen, daß der
Kaiser den Namen Friedrich III. annahm, während er als Kron=
prinz „Friedrich Wilhelm" unterzeichnete und man daher erwartete,
es würde dem Kaiser Wilhelm der Kaiser Friedrich Wilhelm V.
folgen. Nun ist daran zu erinnern, daß der Kaiser in seiner Ju=
gend, sowohl bei Hofe, wie in allen genealogischen Zusammenstell=
ungen, den Namen „Prinz Friedrich" führte. Noch bei der Schilderung
der Leichenfeier für König Friedrich Wilhelm III. ist in der Staats=
Ztg. unter dem Gefolge „Prinz Friedrich" aufgeführt. Als Frie=
drich Wilhelm IV. 1840 zur Regierung kam, ordnete er an, daß
der einzige Sohn seines Bruders und Thronfolgers, des Prinzen
von Preußen, sich mit seinen beiden ersten Namen Friedrich Wil=
helm nennen und geführt werden sollte. Die erste Urkunde, welche
die Einzeichnung des Prinzen mit diesem Namen trägt, ist wohl ein
Album, welches zum Jubiläum der Buchdruckerkunst im Juli 1840
aufgelegt wurde. Mit zierlicher Kinderhand stand darin eingeschrieben:
„Friedrich Wilhelm, Prinz von Preußen." Jetzt war also Kaiser
Friedrich zu der Gewohnheit seiner Kindheit zurückgekehrt.

Friedrich III. telegraphierte aus San Remo dem Reichskanzler:
„In dem Augenblick der tiefsten Trauer um den Heimgang des
Kaisers und Königs, meines geliebten Herrn und Vaters, spreche ich
Ihnen wie dem Staatsministerium meinen Dank für die Hingebung
und Treue aus, mit welcher Sie Alle demselben dienten. Ich rechne
auf Ihrer Aller Beistand bei der schweren Aufgabe, die mir wird.
Ich reise am 10. März morgens nach Berlin. Friedrich."

Die Minister fuhren bis Leipzig dem Kaiser entgegen. Sie be=
gleiteten denselben bis Berlin, nur Fürst Bismarck setzte die Fahrt
bis Westend fort. Am 12. März nachmittags empfing der Kaiser
den Reichskanzler und hatte eine lange Beratung mit ihm. Am
Abend dieses Tages erschienen im „Reichsanzeiger" zwei wichtige
Aktenstücke: eine Proklamation „An mein Volk" und ein „Erlaß
des Kaisers und Königs an den Reichskanzler und Präsidenten des
Staatsministeriums."

Es folgt hier der Erlaß an den Reichskanzler:

Mein lieber Fürst!

Bei dem Antritt meiner Regierung ist es mir ein Bedürfnis, mich an Sie, den langjährigen vielbewährten ersten Diener meines in Gott ruhenden Herrn Vaters zu wenden. Sie sind der treue und mutvolle Ratgeber ge= wesen, der den Zielen seiner Politik die Form gegeben und deren erfolg= reiche Durchführung gesichert hat. Ihnen bin ich und bleibt mein Haus zu warmem Dank ·verpflichtet. Sie haben daher ein Recht, vor allem zu wissen, welches die Gesichtspunkte sind, die für die Haltung meiner Regierung maßgebend sein sollen. Die Verfassungs= und Rechtsordnungen des Reiches und Preußens müssen vor allem in der Ehrfurcht und in den Sitten der Nation sich befestigen. Es sind daher die Erschütterungen möglichst zu ver= meiden, welche häufiger Wechsel der Staatseinrichtungen und Gesetze ver= anlaßt. Die Forderung der Aufgaben der Reichsregierung muß die festen Grundlagen unberührt lassen, auf denen bisher der preußische Staat sicher geruht hat. Im Reiche sind die verfassungsmäßigen Rechte aller verbündeten Regierungen ebenso gewissenhaft zu achten, wie die des Reichstages; aber von beiden ist eine gleiche Achtung der Rechte des Kaisers zu erheischen. Dabei ist im Auge zu behalten, daß diese gegenseitigen Rechte nur zur Hebung der öffentlichen Wohlfahrt dienen sollen, welche das oberste Gesetz bleibt, und daß neu hervortretenden, unzweifelhaften nationalen Bedürfnissen stets in vollem Maße Genüge geleistet werden muß. Die notwendigste und sicherste Bürgschaft für ungestörte Förderung dieser Aufgaben sehe ich in der ungeschwächten Erhaltung der Wehrkraft des Landes, meines erprobten Heeres und der aufblühenden Marine, der durch Gewinnung überseeischer Besitzungen ernste Pflichten erwachsen sind. Beide müssen jederzeit auf der Höhe der Ausbildung und der Vollendung der Organisation erhalten wer= den, welche deren Ruhm begründet hat und welche deren fernere Leistungs= fähigkeit sichert. Ich bin entschlossen, im Reiche und in Preußen die Re= gierung in gewissenhafter Beobachtung der Bestimmungen von Reichs= und Landesverfassung zu führen. Dieselben sind von meinen Vorfahren auf dem Throne in weiser Erkenntnis der unabweisbaren Bedürfnisse und zu lösen= den schwierigen Aufgaben des gesellschaftlichen und staatlichen Lebens be= gründet worden und müssen allseitig geachtet werden, um ihre Kraft und segensreiche Wirksamkeit bethätigen zu können. Ich will, daß der seit Jahrhunderten in meinem Hause heilig gehaltene Grundsatz religiöser Duldung auch ferner meinen Unterthanen, welcher Religionsgemeinschaft und welchem Bekenntnisse sie auch angehören, zum Schutze gereiche. Ein jeglicher unter ihnen steht meinem Herzen gleich nahe — haben doch alle gleichmäßig in den Tagen der Gefahr ihre volle Hingebung bewährt! Einig mit den Anschauungen meines Kaiserlichen Herrn Vaters, werde ich warm alle Bestrebungen unterstützen, welche geeignet sind, daß wirtschaftliche Ge= deihen der verschiedenen Gesellschaftsklassen zu heben, widerstreitende Inter= essen derselben zu versöhnen und unvermeidliche Mißstände nach Kräften zu mildern, ohne jedoch die Erwartung hervorzurufen, als ob es möglich sei, durch Eingreifen des Staats allen Übeln der Gesellschaft ein Ende zu

machen. Mit den sozialen Fragen enge verbunden, erachte ich die der Er=
ziehung der heranwachsenden Jugend zugewandte Pflege. Muß einerseits
eine höhere Bildung immer weiteren Kreisen zugänglich gemacht werden, so
ist doch zu vermeiden, daß durch Halbbildung ernste Gefahren geschaffen,
daß Lebensansprüche geweckt werden, denen die wirtschaftlichen Kräfte der
Nation nicht genügen können, oder daß durch einseitige Erstrebung ver=
mehrten Wissens die erziehliche Aufgabe unberücksichtigt bleibe. Nur ein
auf der gesunden Grundlage von Gottesfurcht und einfacher Sitte auf=
wachsendes Geschlecht wird hinreichende Widerstandskraft besitzen, die Ge=
fahren zu überwinden, welche in einer Zeit rascher wirtschaftlicher Bewegung
durch die Beispiele hochgesteigerter Lebensführung einzelner für die Gesamt=
heit erwachsen. Es ist mein Wille, daß keine Gelegenheit versäumt werde,
in dem öffentlichen Dienste dahin einzuwirken, daß der Versuchung zu un=
verhältnismäßigem Aufwande entgegengetreten werde. Jedem Vorschlage
finanzieller Reform ist meine vorurteilsfreie Erwägung im voraus gesichert,
wenn nicht die in Preußen altbewährte Sparsamkeit die Auflegung neuer
Lasten umgehen und eine Erleichterung bisheriger Anforderungen herbei=
führen läßt. Die größeren und kleineren Verbänden im Staate verliehene
Selbstverwaltung halte ich für ersprießlich, dagegen stelle ich es zur Prüfung,
ob nicht das diesen Verbänden gewährte Recht der Steuerauflagen, welches
von ihnen ohne hinreichende Rücksicht auf die gleichzeitig von Reich und
Staat ausgehende Belastung geübt wird, den einzelnen unverhältnismäßig
beschweren kann. In gleicher Weise wird zu erwägen sein, ob nicht in der
Gliederung der Behörden eine vereinfachende Änderung zulässig erscheint, in
welcher die Verminderung der Zahl der Angestellten eine Erhöhung ihrer
Bezüge ermöglichen würde. Gelingt es, die Grundlagen des staatlichen und
gesellschaftlichen Lebens kräftig zu erhalten, so wird es mir zu besonderer
Genugthuung gereichen, die Blüte, welche deutsche Kunst und Wissenschaft
in so reichem Maße zeigt, zu voller Entfaltung zu bringen. Zur Verwirk=
lichung dieser meiner Absichten rechne ich auf Ihre so oft bewiesene Hin=
gebung und auf die Unterstützung Ihrer bewährten Erfahrung. Möge es
mir beschieden sein, dergestalt unter einmütigem Zusammenwirken der Reichs=
organe, der hingebenden Thätigkeit der Volksvertretung, wie aller Behörden,
und durch vertrauensvolle Mitarbeit sämtlicher Klassen der Bevölkerung
Deutschland und Preußen zu neuen Ehren in friedlicher Entwickelung zu
führen! Unbekümmert um den Glanz ruhmbringender Großthaten, werde
ich zufrieden sein, wenn dereinst von meiner Regierung gesagt werden kann,
sie sei meinem Volke wohlthätig, meinem Lande nützlich und dem Reiche ein
Segen gewesen.

Berlin, den 12. März 1888.

Ihr wohlgeneigter Friedrich.

In Bezug auf den hier ausgesprochenen Grundsatz religiöser
Duldung bemerkte ein liberales Berliner Blatt: man sehe es diesem
Satze des Erlasses an, es habe den erhabenen Verfasser gedrängt,
ihn auszusprechen. „Drückt dieser Satz das Siegel auf den kirchen=

politischen Frieden mit der katholischen Kirche, so weist er anderer=
seits mit einer Entschiedenheit, welche nirgends verkannt werden
wird, die bösartige Agitation der Herrn Stöcker und Genossen in
das Dunkel zurück, in das die ihr zu Grunde liegenden Gesinnungen
gehören." In dieser und ähnlicher Weise wurden beide Erlasse ins=
besondere von den Deutsch=Freisinnigen im Sinne der Partei aus=
gelegt. Die Vossische Ztg. feierte sie als einen Triumph ihrer Sache.

„Kaiser Friedrich bringt dem Volke rückhaltloses Vertrauen ent=
gegen, überzeugt, „daß auf dem Grunde der untrennbaren Verbindung
von Fürst und Volk seine Krone allezeit ebenso sicher ruht, wie das
Gedeihen des Landes." Das ist die Sprache eines Fürsten, der die
Überlieferungen des alten Polizeistaates abgestreift hat, der nichts
von der Notwendigkeit mehr weiß, durch eisernen Zwang und rauhe
Gewalt die Massen im Zaume zu halten, sondern der sein Haupt
ruhig in jedes Bürgers Schoß legt in der Gewißheit, wohl auf=
gehoben zu sein. Und Kaiser Friedrich hat Recht. Dasselbe rückhaltlose
Vertrauen, welches er dem Volke entgegenbringt, hegt das Volk zu ihm,
und nicht nur Vertrauen, sondern unwandelbare Liebe und Treue.

„Diese Gefühle des Volkes, von Alters her in tiefem Herzen
wurzelnd, werden aufs neue jetzt gefestigt durch die Ziele, welche
Kaiser Friedrich seiner Regierung steckt. Er teilt dem Fürsten Bis=
marck die Gesichtspunkte mit, welche ferner für die Haltung der
Regierung maßgebend sein sollen. Aus jedem dieser Sätze ergiebt
sich augenfällig, daß Kaiser Friedrich kein Schattenkönig, sondern
ein wirklich regierender Fürst und Herr sein will, der für seine
eigenen Gedanken Formen und Werkzeuge verlangt. Es ist erfreulich,
daß Kaiser Friedrich es als die echte Aufgabe der Politik bezeichnet,
durch Stetigkeit, durch Vermeidung von Erschütterungen, durch
Hintanhaltung häufiger Wechsel der Staatseinrichtungen und Gesetze
die Rechtsordnung zu befestigen; es ist erfreulich, daß er gewissen=
hafte Achtung fordert für die Rechte nicht nur der Regierungen,
sondern auch des Reichstages, und nicht minder erfreulich ist, daß
er nach dem alten Grundsatze „salus publica suprema lex", die
Hebung der öffentlichen Wohlfahrt als das oberste Gesetz verkündet.
Es ist in manchen Zeiten gerade die Stetigkeit in der Gesetzgebung
mannigfach vermißt worden. Auf wirtschaftlichem, sozialem, poli=
tischem und religiösem Gebiete haben sich bisweilen die Gegensätze

abgelöst, um alle Grundsätze im öffentlichen Leben zu erschüttern und überzeugungstreue und Charakterfestigkeit dem Spott und Hohn, wenn nicht gar der Verdächtigung und Verleumbung preiszugeben. Daß die Worte des Kaisers eine tiefe Bedeutung haben, wird niemand verkennen, der um die Geschichte des letzten Menschenalters weiß. Wenn Kaiser Friedrich die gewissenhafte Erfüllung von Reichs- und Landesbestimmungen fordert, wenn er hervorhebt, wie dieselben in weiser Erkenntnis der unabweisbaren Bedürfnisse begründet seien und daher allseitig beachtet werden müssen, um ihre Kraft und segensreiche Wirkung bethätigen zu können, so erscheinen diese Sätze doppelt beherzigenswert in einem Augenblicke, in welchem soeben erst die Mehrheitsparteien in Staat und Reich, ohne zwingenden äußeren Grund, eine wichtige Bestimmung der Verfassung verändern wollten.

„Was Kaiser Friedrich über sein Verhältnis zu den Religionsgesellschaften sagt, ist aus der Seele des großen Friedrich gesprochen. Es ist eine Verurteilung des Glaubenshaders und der Verfolgungssucht, welche nur zu lange die deutsche Nation zerklüftet haben, es ist der altpreußische Grundsatz der Gewissensfreiheit und Gleichberechtigung, würdig des Ruhmes der Hohenzollern. Kaiser Friedrich kündet den seit Jahrhunderten in seinem Hause heilig gehaltenen Grundsatz religiöser Duldung; er versichert, daß jeder Bürger jedes Bekenntnisses und jeder Religionsgemeinschaft seinem Herzen gleich nahestehe: „Haben doch alle gleichmäßig in den Tagen der Gefahr ihre volle Hingebung bewährt." Es wird Leute im Deutschen Reiche geben, welche Grund haben, bei diesen Worten stumm zu bleiben und die Augen zu senken. Für alle übrigen aber werden diese Worte des Kaisers eine Mahnung sein, den Frieden zu pflegen, nicht nur nach außen, sondern auch im Innern.

„Auch die Ausführungen des Kaisers über die wirtschaftliche und soziale Gesetzgebung zeugen von hoher staatsmännischer Anschauung. Kaiser Friedrich will für das wirtschaftliche Gedeihen aller Klassen sorgen, widerstreitende Interessen versöhnen und Mißstände nach Kräften lindern, „ohne doch die Erwartung hervorzurufen, als ob es möglich sei, durch Eingreifen des Staates allen Übeln der Gesellschaft ein Ende zu machen." Das scheint ein nur zu berechtigter Vorbehalt gegen den Staatssozialismus, gegen

die Zünftelei und gegen so viele Eingriffe in das wirtschaftliche
Getriebe, welche in den jüngsten Jahren den Aberglauben nährten,
daß aller Segen von oben komme und es nur des Griffes an die
Klinke der Gesetzgebung bedürfe, um Not und Elend aus der Welt
zu schaffen. Es geschieht zu rechter Zeit, daß Kaiser Friedrich den
wirtschaftlichen Naturgesetzen wieder zu ihrem Rechte verhilft. Ebenso
zeitgemäß ist der Hinweis, daß die sozialen Gefahren durch höhere
Bildung immer weiterer Kreise und Bekämpfung der anspruchs-
vollen Halbbildung, durch Vermeidung von aufreizenden Beispielen
hochgesteigerter Lebensführung einzelner und durch die Beseitigung
der Versuchung zu unverhältnismäßigem Aufwande im Dienste
gebannt werden müssen. Eine gewisse politische Weltanschauung
wird vor diesen Sätzen wie vor einem Buche mit sieben Siegeln
stehen. Dennoch würden diese Grundsätze unvergleichlich mehr für
die Eindämmung der Sozialdemokratie wirken, als der bisherige
Kampf mit Schutzmann und Staatsanwalt. Wird Kaiser Friedrich
eine lange Regierungszeit, wie wir sie sehnlich wünschen, beschieden
sein, so wird, dessen sind wir gewiß, die Sozialdemokratie nicht nur
ihre Schrecken verlieren, sie wird auch der bestehenden Staatsord-
nung und der Monarchie wiedergewonnen werden; mit Staatssozialismus und Ausnahmegesetzen niemals.

„Auch auf dem Gebiete der vielberufenen Steuerreform treten
in dem neuen Regierungsprogramme mannigfach eigene Anschauungen hervor. Für die sogenannte „Entwickelung" von Steuern be-
kundet der deutsche Kaiser nicht die Vorliebe, wie sie manche Finanz-
künstler unserer Zeit besitzen. Er sichert zwar jedem Vorschlage
vorurteilsfreie Erwägung zu, stellt jedoch zunächst die Forderung,
durch die altbewährte Sparsamkeit die Auflegung neuer Lasten zu
umgehen und eine Erleichterung bisheriger Anforderungen herbeizuführen. Wenn Kaiser Friedrich bei diesem Anlaß der Prüfung
anheimgiebt, wie das Steuerrecht der Selbstverwaltungskörper neben
demjenigen von Staat und Reich zu ordnen sei, so regt er einen
großen gesetzgeberischen Gedanken an, der im nächsten Menschenalter
Ausführung finden muß. Wenn er aber auch zugleich eine Ver-
einfachung der Behörden und eine Verminderung der Zahl der
Angestellten fordert, um eine Erhöhung ihrer Bezüge zu ermöglichen, so legt er auch in diesem Punkte die Hand auf eine Wunde.

Die Vielregiererei, das Bevormundungssystem ist von jeher der Krebsschaden deutscher Staatsgewohnheit gewesen. Niemals aber ist die Beamtenschaft in Deutschland so außerordentlich gewachsen wie in dem letzten Jahrzehnt.

„In allen diesen Fragen beweist Kaiser Friedrich, wie eindringend er sich mit den Staatsgeschäften schon vor Antritt der Regierung allezeit beschäftigt hat, wie tief seine Kenntnis der vaterländischen Zustände ist, und wie er sich von jeder Jagd nach unerreichbaren Bildern fernhält. Alle seine Gedanken bewegen sich auf dem Boden praktischer Politik und unmittelbarer Gegenwart. Selbst auf dem Felde, welchem Kaiser Friedrich seine besondere Neigung widmet, spricht er mit gehaltener Vorsicht; er will deutsche Kunst und Wissenschaft zu voller Entfaltung bringen, wenn es ihm gelingt, die Grundlagen des staatlichen und gesellschaftlichen Lebens kräftig zu erhalten. Wenn der Kaiser zum Schluß den Glanz ruhmbringender Großthaten von sich weist, so bedarf es freilich solcher Thaten nicht mehr, er hat deren ungezählte vollbracht. Und wenn er zufrieden ist, dem Volke wohlthätig, dem Lande nützlich, dem Reiche ein Segen zu werden, so wird ihm die Geschichte dieses Zeugnis dereinst gewiß nicht vorenthalten, wenn die Vorsehung ihm die Zeit vergönnt, die für seine Regierung aufgestellten Grundsätze durchzuführen und zu bethätigen.

„In jedem Falle aber weiß die deutsche Nation ihrem Kaiser Dank, daß er kraftvoll und entschlossen die Zügel der Regierung ergriffen hat, um dem Volke, dem er sein Leben geweiht, „ein gerechter und in Freud wie Leid treuer König zu sein." Er wird es sein, und möge er es lange sein. Auch von ihm wird gelten, was sein großer Ahnherr dereinst schrieb: „Ein König, den die Gerechtigkeit in seinem Thun leitet, hat die Welt zu seinem Tempel, in welchem die guten Menschen die Priester und Opferer sind."

Dem Versuch, den Erlaß des Kaisers an den Reichskanzler in solcher Weise im Parteiinteresse auszubeuten, wurde von konservativer Seite mit den Worten entgegengetreten:

„Ist dieser Erlaß nicht aus den Anschauungen der Kartellparteien herausgeschrieben, ist ein Satz darin, der nicht von jeder der drei nationalen Parteien unterschrieben würde, und wollen die Deutschfreisinnigen thatsächlich künftig sich auf den Boden dieser

Grundsätze stellen? Wir würden das mit Freuden begrüßen, denn dann wäre eine Verständigung zwischen ihnen und uns möglich.

Ist für die freisinnige Partei wirklich Fürst Bismarck der „treue und wertvolle Ratgeber," von dem Kaiser Friedrich sagte, „Ihnen bin ich und bleibt mein Haus zu warmem Danke verpflichtet?"

Will die freisinnige Partei „die festen Grundlagen unberührt lassen, auf denen bisher der preußische Staat sicher geruht hat," will sie mit anderen Worten die starke Monarchie annehmen, die allein diese sichere Grundlage abgab? Ist es im Sinne der freisinnigen Partei, wenn Kaiser Friedrich zwar die Rechte der Bundesregierungen und des Reichstages zu achten verspricht, zugleich aber fordert, „daß von beiden eine gleiche Achtung der Rechte des Kaisers zu erheischen sei?"

Ist ein schneidenderer Gegensatz denkbar als die Haltung der Freisinnigen und die Worte Kaiser Friedrichs: „Die vollständige und sicherste Bürgschaft für ungestörte Förderung dieser Aufgaben sehe ich in der ungeschwächten Erhaltung der Wehrkraft des Landes, Meines erprobten Heeres und der aufblühenden Marine, der durch Gewinnung überseeischer Besitzungen ernste Pflichten erwachsen sind. Beide müssen jederzeit auf der Höhe der Ausbildung und der Vollendung der Organisation erhalten werden, welche deren Ruhm begründet hat und welche deren fernere Leistungsfähigkeit sichert."

Das sind Hohenzollernwerke, die allein geeignet sind, die freisinnigen Legenden zurückzuweisen.

Mit besonderem Behagen hat die freisinnige Presse auf die Betonung der religiösen Duldung hingewiesen. Wird je der Herrscher des glaubengespaltenen Deutschlands eine andere Sprache führen können?

„Einig mit den Anschauungen Meines Kaiserlichen Herrn Vaters werde ich warm alle Bestrebungen unterstützen, welche geeignet sind, das wirtschaftliche Gedeihen der verschiedenen Gesellschaftskreise zu heben, widerstreitende Interessen derselben zu versöhnen und unvermeidliche Mißstände nach Kräften zu mildern, ohne doch die Erwartung hervorzurufen, als ob es möglich sei, durch Eingreifen des Staats allen Übeln der Gesellschaft ein Ende zu machen."

Das ist das Programm der sozialen Reform, der Kaiserlichen Botschaft von 1881, aber es entspricht nicht dem öden Manchester= tum, welches die freisinnige Partei kennzeichnet.

Wenn der Erlaß sich dann der Erziehung, der Sparsamkeit in der Verwaltung u. s. w. zuwendet, so wird niemand irgend et= was entdecken, was den Kaiser in Gegensatz zu der herrschenden Politik des Reichskanzlers setzt. „Zur Verwirklichung dieser Meiner Absichten rechne Ich auf Ihre so oft bewiesene Hingebung und auf die Unterstützung Ihrer bewährten Erfahrung." Und der Kaiser, der so dem Fürsten Bismarck schrieb, soll auf dem Boden deutsch= freisinniger Anschauungen gestanden haben?"

Die Kreuzzeitungspartei hatte der Haltung des Kaisers Friedrich in seiner kronprinzlichen Zeit gegenüber stets die äußerste Reserve sich äußerlich auferlegt und entweder die gelegentlichen, nach der liberalen Seite hinneigenden Aussprüche des hohen Herrn ignoriert, oder sie als unbewiesen angesehen und erklärt, oder den Grundsatz befolgt: einem Mitgliede unseres Königlichen Hauses kann man wohl Huldigungen entgegenbringen, niemals aber ein Mißtrauens= votum. Ein monarchisch gesinnter Preuße mißbilligt in solchem Falle schweigend. Dadurch hatte die genannte Partei dem Verhalten ganz und gar entsagt, das sie einst beobachtete, als es sich im Jahre 1857 um die Regentschaft des Prinzen Wilhelm von Preußen handelte. Daß die Partei vom Kronprinzen Wilhelm einst etwas Zu= sagenderes erwartete, als vom Kaiser Friedrich, war sicher nicht ausge= schlossen, auch wenn allerlei in diesem Sinne kursierende Kundgebungen erfunden oder mißverstanden waren. Die konservative Presse bewahrte eine vollständige Scheu vor Verletzungen irgendwelcher Art. Sie dachte auch nicht daran, den Kaiser an die Liberalen zu überlassen. Die Proklamation des Kaisers Friedrich vom 12. März wurde von der Kreuzzeitung freudigst begrüßt, ganz anders als einst das Pro= gramm des Prinz=Regenten von Preußen. „Keine Unterbrechung der historischen Kontinuität, sagte sie, unerschütterliches Festhalten an den Grundlagen, „auf denen bisher der preußische Staat sicher geruht hat". Der Hohenzollern=König hat nicht nötig gehabt, den alten, in Sturm und Drang wie im Sonnenschein des Glücks treu erprobten Diener seines Königlichen Vaters auf die geschichtlichen Grundlagen im einzelnen hinzuweisen, denen Preußens Geschichte seine unvergleichliche Eigenart verdankt. Das „Mit Gott", welches in zweifacher Weise des Königs Heer schmückt, zeigt uns mit einer, Gott gebe es, unvergänglichen Bestimmtheit, daß Christentum, Mo= narchie und Heer die drei starken Wurzeln sind, denen der Baum entsprossen ist, unter dessen Schatten wir in Preußen und Deutsch= land gut und sicher wohnen können. So lange jene Wurzeln ge= sund und unberührt bleiben, werden auch die schwersten Stürme, mögen sie kommen woher sie immer wollen, an ihm nicht nur un= schädlich vorüberrauschen, sondern den Baum nur noch mehr festigen und stärken."

Jedenfalls war die Ansprache, welche der Prinz=Regent Wil= helm im November 1858 an das neue liberale Staatsministerium hielt, den damaligen Konservativen gegenüber herausfordernder, wenn es darin hieß: „In der evangelischen Kirche, wir können es nicht leugnen, ist eine Orthodoxie eingekehrt, die mit ihrer Grund= anschauung nicht verträglich ist und die sofort in ihrem Gefolge Heuchler hat. Alle Scheinheiligkeit, kurzum alles Kirchenwesen als Mittel zu egoistischen Zwecken, ist zu entlarven, wo es nur mög= lich ist. Die wahre Religiosität zeigt sich im ganzen Verhalten des Menschen; dies ist immer ins Auge zu fassen und von äußerem Gebahren und Schaustellungen zu unterscheiden." In Bezug auf die Wendung, welche Kaiser Friedrich in seinem Erlasse gegen den Antisemitismus nahm, hatte das Organ der Strengkonservativen in Berlin nur zu bemerken: „Ein Friedenszug, so möchten wir sagen, weht durch den ganzen Erlaß unverkennbar hindurch und schon deshalb würde es uns widerstehen, die weiteren Einzelheiten desselben hier genauer zu erörtern. Sie sprechen für jeden auf= merksamen Leser eine leicht verständliche Sprache. Um so mehr müssen wir es bedauern, wenn die „National=Zeitung" dabei ist, einen Satz, der einen seit Jahrhunderten in der Lage der Dinge begründeten und darum eben auch als einen Teil der geschichtlichen Basis Preußens anzusehenden Grundsatz, den der „religiösen Duldung" ausspricht, zu ihren politischen und religiösen Zwecken auszubeuten."

Die englischen Ideale spielten auch wieder bei den ersten Re= gierungskundgebungen des Kaisers Friedrich eine Rolle. Ein Ber= liner Fortschrittsblatt erinnerte daran, wie energisch auf Geist und

Gemüt des Kaisers sein Verhältnis zu dem erlauchten und edlen
Fürsten eingewirkt habe, der in inniger Freundschaft mit dem nun
entschlafenen Kaiser Wilhelm gestanden. Der Briefwechsel zwischen
dem Prinzen Albert und dem Prinzen von Preußen werde immer
ein Denkmal der staatsmännischen Weisheit und lebendiger Vaterlands=
liebe zweier Fürsten bleiben. Von dem Augenblicke der näheren Be=
kanntschaft zwischen dem preußischen Prinzen und dem Vater seiner Ver=
lobten habe eine staatsmännische Schule für Kaiser Friedrich begonnen,
welche die von der Natur in seiner Seele gepflanzten Gaben reifen
und zu vollen Früchten zeitigen sollte. Dasselbe Blatt citierte
sodann das bekannte Schreiben des Prinzen Albert an den Kaiser
Friedrich: „In Deinem Briefe an Viktoria vom 3., den sie gestern
erhielt, erzählst Du von Deinen neuen Arbeiten in den verschiede=
nen Ministerien. Wenn Du einige Zeit darin gearbeitet haben
wirst, so wird Dir die Wahrheit des Ausspruches Axel Oxenstiernas
recht deutlich werden: „Mein Sohn, Du wirst Dich wundern, mit
wie wenig Weisheit die Welt regiert wird.“ Ich fürchte nur, daß
niemand ein Interesse darin finden wird, Dir die Prinzipien, auf
die es ankommt, klar zu machen, man wird Dich dagegen nicht un=
absichtlich mit der Masse des Details und der sogenannten Arbeit
zu erdrücken suchen. Doch wird es immer das Gute haben, daß
Du den Geschäftsgang deutlich kennen lernen wirst. Die meisten
deutschen Bürcaukraten sehen den Wald vor Bäumen nicht; sie
halten die Ideen des Baumes schon für etwas Gefährliches und
messen seinen Reichtum nach der Dichtheit, mit der die Bäume an=
einander stehen, nicht nach der Kräftigkeit ihres Wuchses. Dabei
ist die Last deutscher Akten etwas Entsetzliches.“

Dieser Brief zeige, sagte obiges Blatt, in welchem Sinne der Brief=
verkehr zwischen beiden Fürsten gepflogen wurde. Er zeige, welche Ge=
sinnungen man von dem gegenwärtigen Träger der Krone zu erwarten
habe. In dieser Gesinnung habe im Mai 1861 der damalige Kronprinz,
als er mit dem Justizminister von Bernuth das Kammergericht be=
suchte, gesagt, er freue sich der Überzeugung, daß die Gesetze mit
Gewissenhaftigkeit und Unparteilichkeit gehandhabt würden und so=
mit der alte Wahlspruch seines Hauses zur vollen Geltung komme.
Das Gesetz sei die oberste Richtschnur auch für ihn; nur durch die
höchste Achtung vor dem Gesetze werde eine sichere Grundlage für

ein gesundes Staatswesen geschaffen. In gleichem Geiste habe
Kaiser Friedrich wiederholt bei zahlreichen Feierlichkeiten seine per=
sönliche Gesinnung bethätigt, so bei der Enthüllung des Denkmals
für Schleiermacher, so bei dem Festgruße zum hundertsten Geburts=
tage Alexander von Humboldts, so bei der Enthüllung des Denk=
mals von Stein auf seiner Stammburg im Lahnthale, bei welchem
Anlaß Kaiser Friedrich an den Festausschuß schrieb:

„Mein persönliches Erscheinen bei dieser Feier soll nicht nur
die hohe Verehrung und Dankbarkeit bekunden, welche ich dem An=
denken eines der edelsten und besten deutschen Männer schulde, son=
dern es ist mir Bedürfnis, durch dasselbe Zeugnis abzulegen für
die leitenden Gedanken des großen Staatsmannes, denen der
preußische Staat in den Tagen des Unglücks seine Wiedergeburt
und die Erhebung von fremdem Joche verdankt. Möge die sittliche
Kraft dieser Gedanken, welche schon einmal zu rettenden Thaten
wurden, unser staatliches Gemeinwesen fort und fort durchdringen,
auf daß in ihnen das neu erstandene Reich die sicherste Bürgschaft
finde: eine große und glückliche Zukunft."

Welche Stellung aber Kaiser Friedrich innerhalb der evan=
gelischen Kirche einnehme, das sei bezeugt durch viele seiner Aus=
führungen, insbesondere in den Freimaurerlogen und bei der Luther=
feier in Wittenberg. Am 20. Januar 1883 weihte der damalige
Kronprinz das neue Gebäude der Loge Royal York „Zur Freund=
schaft" mit einem Trinkspruch ein, in welchem er sagte:

„Die Zeit, in der wir leben, verlangt Licht und Aufklärung.
Wir dürfen an dem Herkömmlichen, selbst wenn es uns teuer und
wert geworden ist, nicht darum festhalten, weil wir es als Über=
lieferung empfangen haben, weil wir uns in dasselbe wie in eine
Gewohnheit eingelebt haben. Auch bei uns heißt es: „Nicht Still=
stand, sondern Fortschritt".

Und in Wittenberg habe Kaiser Friedrich die Bevölkerung er=
mahnt, die hohen Güter, welche die Reformation uns errungen,
mit demselben Mut und demselben Geist zu behaupten, mit dem sie
einst errungen wurden. „Möge diese Feier insbesondere uns in
dem Entschlusse festigen, allzeit einzutreten für unser evangelisches
Bekenntnis und mit ihm für Gewissensfreiheit und Duldung! Und

mögen wir stets dessen eingedenk bleiben, daß die Kraft und das Wesen des Protestantismus nicht in Buchstaben beruht und nicht in starrer Form, sondern in dem zugleich lebendigen und demütigen Streben nach der Erkenntnis christlicher Wahrheit." Dieser Geist werde die deutsche evangelische Kirche vor Zwietracht bewahren und ihren Frieden fest und dauernd begründen.

In demselben Geiste sei es gewesen, daß Kaiser Friedrich am 20. Januar 1881 dem Vortrage des Berliner Stadtschulrats Cauer gegen die Unduldsamkeit und den Glaubenseifer beiwohnte und den Druck dieses Vortrages zum Andenken Lessings veranlaßte, des Vortrages, in welchem es heißt: „Gegenüber den fratzenhaften Aus= artungen deutscher Gesinnung, die sich heute hervorwagen, ist es recht, die Weltbürgerlichkeit des achtzehnten Jahrhunderts ins Feld zu führen, die sehr viel deutscher ist, als die Karrikatur des französischen Chauvinismus, die sich unter uns für Deutschtum ausgiebt, und wer sich zurückgestoßen fühlt von der Brutalität, die heute auf der Gasse — und leider nicht nur auf der Gasse — ihr Wesen treibt, der findet nirgends besseren Trost als im Anschauen und Genusse Lessingscher Humanität." Und wie ein Widerhall dieser Gesinnung klinge die Rede, welche Kaiser Friedrich am 5. Juni 1885 in der Pregelstadt vor der akademischen Jugend gehalten. Hier wo er sie ermahnte, Sorge zu tragen, daß sie „nie arm werde an guten und fruchtbaren Gedanken," hier fügte er hinzu:

„Den schwankenden vaterländischen Sinn zu wecken und neu zu beleben, ist heute allen Deutschen, Alten wie Jungen, das Be= wußtsein von der Größe und Bedeutung des neuen deutschen Reiches in seiner vollen Herrlichkeit erstanden. Gefahren fremder Art und fremden Wesens für das geeinigte Vaterland haben wir, wie mir scheint, für unser so Gott will immer mehr erstarkendes Staats= wesen nicht zu fürchten. Sicherlich dürfen wir mit berechtigtem Stolze uns dessen rühmen, was unser Volk unter der glorreichen Führung des Kaisers geleistet hat. Aber sorgen wir zugleich, daß uns jede Überhebung ferne bleibe; eine solche ist undeutsch. Für ihre Bethätigung in dem Tone und Sinne, den wir bei anderen Nationen öfter bitter getadelt, fehlt uns sogar der Ausdruck, den wir erst einer fremden Sprache entlehnen."

H. v. Treitschke nannte das anders. „In dem langen Stillleben
13*

— sagte er — verlor der Kronprinz zuweilen die Fühlung mit der gewaltig aufstrebenden Zeit und konnte ihren neuen Gedanken nicht mehr recht folgen. Die antisemitische Bewegung, deren Grund doch allein in der Selbstüberhebung der Judenschaft lag, meinte er mit wenigen Worten zornigen Tadels abzuthun, und die Königsberger Studenten warnte er gar vor den Gefahren des Chauvinismus — einer Empfindung, die nach zwei Jahrhunderten des Weltbürgertums den Deutschen so fremd ist wie ihr wälscher Name."

Wie weit dem Bilde, das man sich auf Grund jener Reminiscenzen an frühere Kundgebungen Kaisers Friedrich von der Zukunft seiner Regierung machte, die Regierungsakte des Monarchen entsprachen, ergiebt sich aus dem Folgenden.

Ein englischer Diplomat.

Arzt und Diplomat sind schon wiederholt in einer Person vereinigt gewesen, aber so verhängnisvoll traurig hat noch keiner in das Geschick einer Nation eingegriffen, als der fast ein Jahr lang vielgenannte Mann, der aus einem fremden Lande herbei= gerufen wurde, um ein teures Fürstenleben zu retten und es dem sicheren Untergange weihte. Zu derselben Zeit, im Sommer 1887, wo die gefälschten Aktenstücke eine große Rolle spielten, welche dem Kaiser Alexander III. in Kopenhagen zugesteckt wurden, die beinahe einen Weltkrieg entzündet hätten, wurde das deutsche und das aus= ländische Publikum mit Berichten über das Befinden Kaiser Fried= richs unterhalten, die nicht minder gefälscht waren.

Man las damals, Dr. Morell Mackenzie sei ein Mann von 50 Jahren und genieße als Arzt einen europäischen Ruf. Er stu= dierte in London, Paris und Wien, gründete schon 1863 im Golden Square ein Haushospital, das erste in England, und erhielt im selben Jahre vom Wundarzt=Kolleg den Preis für ein Werk über Halskrankheiten. Im Laufe der Zeit ward er Professor am Lon= doner Hospital und hat durch sein Werk über die „Krankheiten des Kehlkopfs und der Nase", welches ins Französische und Deutsche übersetzt ward, seinem bis dahin in England etwas verachteten Spezialfache gebührende Achtung verschafft. Sein neuestes Werk über die menschliche Stimme war ein praktischer Leitfaden für Sänger, die sich ihre Stimme gesund erhalten wollen.

Dr. Morell Mackenzie hat äußere Auszeichnungen auch für die Behandlung des Kronprinzen und Kaisers Friedrich erhalten. Schon im Sommer 1887, als er mit seinem hohen Patienten in England war, wurde er daselbst zum Baronet gemacht, wegen „seiner Ver= dienste" um denselben. Und unter dem 9. April 1888 erhielt er

ein eigenhändiges Handschreiben des Kaisers, das folgendermaßen
lautete: Mein lieber Sir Morell! Sie sind zu Mir gerufen worden
auf den einmütigen Wunsch Meiner deutschen behandelnden Ärzte.
Da Ich Sie selbst nicht kannte, hatte Ich zu Ihnen Vertrauen infolge jener Empfehlung. Aber bald lernte Ich Sie aus persönlicher
Erfahrung schätzen. Sie haben Mir höchst wertvolle Dienste geleistet, in deren Anerkennung sowohl als auch in Erinnerung an
meine Thronbesteigung Ich das Vergnügen habe, Ihnen das Kom-
thurkreuz und den Stern Meines Königlichen Ordens von Hohenzollern zu verleihen. Ihr geneigter Friedrich. I. R.

Volk und Kaiser haben sich schwer täuschen lassen. Schon im
Januar 1887 war Kronprinz Friedrich Wilhelm an einer Hals-
entzündung erkrankt, von der schon oben bei einer anderen Gelegenheit gesprochen ist. Noch am 23. März desselben Jahres, am Tage
nach seinem 90. Geburtstage, sagte Kaiser Wilhelm in einem Erlaß: „In demütigem Ernste erkenne Ich die Gnade Gottes, welche
mich diesen Tag hat erleben lassen, welche Mir in so hohem Alter
die Kraft zur Erfüllung Meiner Fürstlichen Pflicht erhalten hat,
welche Mir das Glück gewährt, noch den Lebensabend mit Meiner
geliebten Gemahlin zu teilen und eine kräftig emporwachsende Nach-
folge von Kindern, Enkeln und Urenkeln zu schauen.“ Nach einem
Zeitraume von nicht einem Jahre war diesem Kreise die ritterliche
Erscheinung des Kronprinzen und Nachfolgers des ersten deutschen
Kaisers entrissen. Deutschland stand binnen wenigen Monaten zweimal trauernd an der Gruft eines Kaisers. Furchtbar ist der Gedanke, daß Kaiser Friedrich, soweit menschliches Ermessen reicht, ge-
rettet worden wäre, wenn man den Rat der deutschen Ärzte im
Frühjahr 1887 befolgt hätte.

Folgendes ergiebt sich aus dem amtlichen Berichte der deutschen
Ärzte unwidersprechlich. Die verdächtige Geschwulst unter dem
linken Stimmbande des damaligen Kronprinzen wurde, da ihre Bedeutung nicht sofort mit Sicherheit festzustellen war, anfangs 1887
von Professor Gerhardt unter der Voraussetzung, daß es ein Polyp
sein könne, galvanokaustisch behufs ihrer Entfernung behandelt. Der
Verdacht, daß es ein Krebs sei, entstand schon vor der Reise nach
Ems infolge der Vergeblichkeit dieser Behandlung; nach der Rückkehr des Kronprinzen von Ems erfolgte die Zuziehung von Berg-

mann und Tobold, am 16. Mai erklärte der erstere mit Bestimmt=
heit die Geschwulst für bösartig und forderte eine Operation zur
Entfernung derselben; am 18. waren alle beteiligten deutschen Ärzte
einig in dieser Ansicht und sämtlich bereit, die Verantwortlichkeit
für die Operation zu übernehmen, welche keineswegs, wie immer
behauptet wurde, in der lebensgefährlichen — ganzen oder teil=
weisen — Exstirpation des Kehlkopfes, sondern lediglich in der
Spaltung desselben behufs Entfernung der unter dem linken Stimm=
bande befindlichen Wucherung bestehen sollte. Es ist das, so sagt
der Bericht Gerhardts, eine „fast gefahrlose Operation", die man selbst
an Greisen und Kindern vornimmt. Bergmann erklärte, es würde
nach dieser Operation eine zwar rauhe und heisere, aber hinreichend
verständliche Stimme sich ergeben. Am 21. Mai sollte die Opera=
tion stattfinden.

Um alles zu thun, was möglich war, hatte man einige Tage
vorher die Konsultierung eines namhaften Laryngologen von aus=
wärts beschlossen; auf den Vorschlag des Leibarztes Wegner war
als solcher Mackenzie gewählt worden. Dieser erklärte sofort bei
der ersten Untersuchung mit Bestimmtheit, die Krankheit sei kein
Krebs; in den nächsten Tagen machte er schwankende Äußerungen;
er begann bereits die Berufung auf die ihres negativen Ergebnisses
halber nichts beweisende mikroskopische Untersuchung Virchows; und
am 24. versicherte er mit Bestimmtheit, er werde den Kranken ohne
die vorgeschlagene Operation heilen — dies alles auf Grund von
Untersuchungen, welche den deutschen Ärzten sehr leichtfertig er=
schienen und wobei u. a. das gesunde rechte Stimmband verletzt
wurde. Die deutschen Ärzte blieben bei ihrer Ansicht; es ist eine
Erfindung, daß sie dieselbe auch nur zeitweilig aufgegeben hätten.
Aber der bestimmten Mackenzieschen Verheißung gegenüber und an=
gesichts der Wirkung, welche diese begreiflicherweise auf den Kranken
und die Seinigen hervorbrachte, willigten sie in einen Aufschub
ihrer Behandlung, welcher so, wie er von ihnen formuliert wurde,
nicht verhängnisvoll werden konnte: Mackenzie sollte seine Kur be=
ginnen, aber unter kompetenter deutscher Aufsicht; und diese Kur
sollte ihm nur gestattet sein, bis entweder die mikroskopische Unter=
suchung eines neuen, von ihm exstirpierten Teilchens den Krebs
feststellte oder die Geschwulst wieder wachse. Die deutschen Ärzte

waren der Meinung, daß es dann noch Zeit für ihre Operation sein werde.

Hier setzte die Wendung ein, durch welche der Kronprinz dem sicheren Tode entgegengeführt wurde. In nicht aufgeklärter Weise wurde die Reise nach England beschlossen, welche die Überwachung der Mackenzieschen Behandlung mindestens sehr erschweren und beeinträchtigen mußte; Mackenzie allein war in den Reiseplan eingeweiht. Am 1. Juni erlangten die deutschen Ärzte wenigstens, daß Gerhardt behufs der Überwachung mit nach England gehen sollte. Dieser Beschluß aber wurde alsbald in ebenfalls nicht aufgeklärter Weise hinter den Kulissen umgestoßen; es sollte gar kein deutscher Spezialist in der Begleitung des Kronprinzen sein; und als deutscherseits mit Mühe durchgesetzt wurde, daß doch ein solcher, der erste Assistent Gerhardts, Dr. Landgraf, mitgenommen wurde, geschah dies unter der Bedingung, daß derselbe weder von Gerhardt instruiert werden, noch an denselben aus England berichten durfte. Wenn danach über die Absicht, die von den deutschen Ärzten gestellte Bedingung illusorisch zu machen, noch ein Zweifel bestehen könnte, so würde er durch den Bericht Dr. Landgrafs beseitigt werden: dieser konnte nur mit Mühe, in langen Zwischenräumen, in England die Erlaubnis zur Besichtigung des Kehlkopfes erlangen — obgleich die Kronprinzessin ihm gelegentlich sagte, daß unausgesetzt Schluckbeschwerden vorhanden wären. Diese Untersuchungen, so schon die erste am 7. August, ergaben die Vergrößerung der Geschwulst und Unbeweglichkeit des linken Stimmbandes, ebenfalls ein Symptom des Krebses; Landgraf verlangte der Verabredung gemäß die erneute Konsultation der Berliner Ärzte, aber obgleich Dr. Wegner zustimmte, geschah nichts. Am 23. August konstatiert Dr. Landgraf von neuem ein stetiges Fortschreiten zum Schlimmeren, Mackenzie aber leugnet es, und am 3. September wird Dr. Landgraf zurückgesandt. Wir schalten hier ein, daß Mitte Oktober die „National-Zeitung" die erste eingehende Kritik der Schwindel-Berichte der Mackenzie-Organe brachte, von denen sie dann wegen jedes kritischen Wortes über Mackenzie und seine Behauptungen monatelang in der Hoffnung, daß man sie durch Terrorismus würde zum Schweigen bringen können, als Feind des Kronprinzen, nachher des Kaisers, denunziert wurde. „Wenn dieser Todfeinde gehabt hätte, so hätten dieselben ihn dem Mackenzie überantworten müssen", bemerkte das genannte Blatt.

Eben dasselbe scheute sich nicht, es auszusprechen: „Mackenzie hat in dieser Angelegenheit als Betrüger gehandelt; dies ist das einzige Urteil, welches auf Grund des vorliegenden Materials zu fällen ist." Es fuhr fort: „Wie weit er das Werkzeug anderer war, bleibt hier ununtersucht. Er wollte zuerst um jeden Preis der Arzt dieses hohen Kranken werden; zu einer Verantwortlichkeit, welche jeder ernste Arzt nur notgedrungen mit schwerem Herzen übernommen hätte, drängte er sich. Gleich am Anfang beginnt der Schwindel, die Diagnose auf eine Untersuchung Virchows zu begründen, von welcher dieser selbst — wenngleich nicht mit dem erforderlichen Nachdruck — sagte, daß sie keinen sicheren Schluß gestattete. Vollkommen klar wird die Unehrlichkeit des Verfahrens durch die Ausschließung der deutschen Ärzte während der entschei= denden Zeit des Aufenthaltes in England; jeder Arzt, welchem es um den Kranken, nicht um die ungeheure Reklame zu thun war, für die Mackenzie diesen Patienten mißbrauchte, hätte mit Freuden jede Gelegenheit ergriffen, die eigene Verantwortlichkeit durch die Zuziehung anderer Autoritäten zu mindern; ihm aber war es nur darum zu thun, den deutschen Kronprinzen, den künftigen Kaiser, in seinen Händen zu behalten. Im weiteren Verlauf der Krank= heit, da er erkennt, in welche Gefahr für seinen Ruf er sich begeben hat, schwankt sein Verhalten zwischen verzweifelten Wiederholungen der unwahren Diagnose und plötzlichen Versuchen, die Verantwort= lichkeit auf andere abzuwälzen, letzteres z. B. unmittelbar vor der Tracheotomie im Februar; die Berufung Bergmanns lehnt er ab, weil diese Operation noch acht bis zehn Tage Zeit habe, und nach wenigen Stunden schiebt er dem Dr. Bramann alle Verantwort= lichkeit für den Ausgang zu, weil dieser noch einige Stunden warten will. Einen anderen Versuch dieser Art macht er, indem er jede Verantwortlichkeit ablehnt, weil Bramann vor der Tracheotomie den Kranken chloroformiert. In dasselbe Kapitel gehören die be= ständigen Versuche, das unaufhaltsame Fortschreiten des Übels auf unpassende Kanülen der deutschen Ärzte zu schieben, die falsche, in der vorliegenden Schrift eingehend gewürdigte Darstellung des Zwischenfalls in Charlottenburg, welcher zum Rücktritt Bergmanns

führte u. s. w. Jemehr sich die Tragödie dem Ende nähert, um=
somehr wird das Verhalten Mackenzies einfach dasjenige eines
Angeklagten, der auch gegenüber den erdrückendsten Beweisen seine
Schuld leugnet und andere beschuldigt, weil er eben keinen Ausweg
sieht, aber nicht gestehen will."

Die ärztliche Schrift enthält auch die Berichte von Schrötter
und M. Schmidt über die Konsultation vom November 1887, einen
Bericht Bardelebens über die letzten Wochen, endlich das Sektions=
Protokoll. Diese Aktenstücke bestätigen, was schon bekannt war.
Zur Zeit der Konsultation von San Remo war das Leiden soweit
vorgeschritten, daß nur die Exstirpation des Kehlkopfes noch in
Frage kommen konnte, die der Kronprinz ablehnte. Dafür, daß es
soweit gekommen, „messen wir," so erklärten die im Königlichen
Hausministerium damals versammelten deutschen Ärzte zu Proto=
koll, „die Schuld dem Ärzte bei, der das „zu spät" verschuldet hat
durch Übersehen und Abstreiten des Anwachsens der Geschwulst" —
nämlich während des Aufenthalts in England.

Nach der Veröffentlichung des ärztlichen Berichtes blieb nur
noch eine Frage unbeantwortet: Wie war es möglich, daß niemand
aus der Umgebung des Kronprinzen, auch der deutsche Arzt Krause
nicht rechtzeitig, als derselbe noch in England weilte, Verdacht gegen
Mackenzies Ehrlichkeit geschöpft und diesen Verdacht pflichtmäßig
an maßgebender Stelle zum Ausdruck gebracht hat? Auch diese
Frage wurde beantwortet. Es ist klar, daß die offizielle Beteiligung
der Ärzte an der tragischen Angelegenheit sie nach preußischen
Grundsätzen völlig außer stand setzte, sich an das Publikum zu
wenden. An den Kaiser aber haben sie sich gewandt. Einer der
beteiligten Ärzte suchte in der kritischen Zeit, als Mackenzie den
Krebs wachsen ließ, eine Audienz bei Kaiser Wilhelm I. nach und
stellte demselben die Sachlage unverhüllt vor. Der Kaiser war
tief erschüttert, aber er gab die Antwort, die er nur geben konnte:
„Mein Sohn ist 56 Jahre alt; die letzte Entscheidung über seine
ärztliche Behandlung kann ihm nicht entzogen werden." Gleichwohl
machte der Kaiser einen Versuch, den damaligen Kronprinzen wäh=
rend der Reise von England nach Toblach wenigstens für einen
Tag nach Berlin zu berufen. Aber die infolge dessen schon beschlossene
Fahrt von Frankfurt a. M. nach Berlin wurde im letzten Augen=

blick aufgegeben; statt des Kronprinzen erschien sein Adjutant bei dem Kaiser. Mackenzies Verbrechen war, daß er, im schroffsten Gegensatz zu der Handlungsweise, welche jedem andern Ärzte in einem solchen Falle als Pflicht gegolten hätte, von dem Kron= prinzen jeden unabhängigen ärztlichen Beirat fern hielt, daß er, um diesen Patienten in Händen zu behalten, ihn vollständig in die Mackenziesche Darstellung der Krankheit hineinbannte.

Mackenzie hat als Arzt des verstorbenen Kaisers eine politische Rolle gespielt. Er selber suchte seine Gegner im politischen Lager. In dieser Beziehung ist ein Brief von ihm an den Berliner Kor= respondenten der Times, an Herrn Lowe, aus dem Monat April bemerkenswert. Der Briefwechsel zwischen beiden bezog sich auf einen Bericht, den der Times=Korrespondent seinem Blatte über die zu jener Zeit erfolgte Einsetzung einer neuen Kanüle beim Kaiser seinem Blatte geliefert hatte. Das Schreiben des Herrn Mackenzie beleuchtet zugleich sein Verhalten gegen einen Lands= mann, der sich des Verbrechens schuldig gemacht hatte, sich nicht durch die Landsmannschaft bestechen zu lassen, sondern der Wahr= heit die Ehre zu geben. Herr Lowe schrieb unterm 17. April an Mackenzie:

„Inliegend finden Sie mein Telegramm an die „Times" vom Sonntag Abend. Ich brauche kaum zu sagen, daß, ehe ich jenen Bericht in der „Köln. Ztg." wiedergab, ich vorgezogen haben würde, Sie in Bezug auf seine Genauigkeit zu Rate zu ziehen, um auf diese Weise in den Stand gesetzt zu werden, unsern Lesern den Be= richt, wenn nötig, mit berichtigenden oder vernichtenden kritischen Bemerkungen versehen, vorzulegen. Sie entziehen mir jedoch die Möglichkeit, Ihnen solchen Dienst zu leisten. Da aber Wahrheit und Gerechtigkeit mein einziger Grundsatz des Handelns sein müssen, so ergreife ich diese fernere und letzte Gelegenheit, zu wiederholen, daß, wo persönlicher Ruf und nationale Ehre in Frage kommen, ich stets zu Ihrer und Ihres englischen Kollegen Verfügung stehen werde."

Noch an demselben Tage antwortete Sir Morell Mackenzie:

„Mein Herr! Von Anfang November bis März glaubten Sie, es entspräche Ihrem Interesse besser, der „Militärpartei" in Berlin zu gefallen, und Sie setzten mich deshalb in ihren Tele=

grammen an die „Times" beständig herab. Sie thaten dies, indem
Sie unablässig Angriffe auf mich, die von Zeit zu Zeit in dem
antienglischen Teile der deutschen Presse erschienen, wiedergaben,
aber niemals auf günstige Artikel Bezug nahmen, indem Sie ferner
beständig versuchten, mich ins Unrecht zu setzen und die Ergebenheit
meines Kollegen, des Dr. Mark Hovell, zu seinem hohen Patienten
unbeachtet ließen. Als gegen unsere Erwartung der Kronprinz
Kaiser wurde und ich in der Umgebung Sr. Majestät nach Char=
lottenburg kam, hielten Sie es für Ihre Interessen zuträglicher,
sich mit mir auf einen freundschaftlichen Standpunkt zu stellen, und
Sie sandten mir deshalb ein Glückwunschschreiben, in welchem Sie
sagten: „Ich stelle Ihnen meine Dienste zur Verfügung." Ich
lehnte es jedoch ab, Sie zu empfangen. Ich bin nicht überrascht,
daß Sie seitdem Ihr früheres Verfahren fortgesetzt haben. Am
Sonntag telegraphierten Sie aus der „Köln. Ztg." und der
„Kreuzztg." lange Auszüge, die mir und meinem englischen Kollegen
in hohem Grade schaden, aber Sie unterlassen es, darauf hinzu=
weisen, daß diese Angriffe von Blättern ausgehen, die seit Jahren
alles, was englisch ist, systematisch angegriffen haben. Sie wissen
vollkommen, daß der gewöhnliche Engländer nichts von der Politik
der „Köln. Ztg." oder der „Kreuzztg." weiß; wären also „Wahrheit
und Gerechtigkeit die einzigen Grundsätze Ihres Handelns" gewesen,
so würden Sie sicher auf den chauvinistischen Charakter der Blätter
aufmerksam gemacht haben, in denen die Angriffe gegen Ihre Lands=
leute erschienen sind. Wenn Sie so zarte Gefühle haben, als Sie jetzt,
„wo persönlicher Ruf und nationale Ehre in Frage kommen", für
sich in Anspruch nehmen, so würden Sie sicher „eine fernere und
letzte Gelegenheit genommen haben", mir Ihre Dienste anzubieten,
ehe Sie die schamlosen Angriffe und Lügen der sogenannten patrio=
tischen Presse telegraphierten; anstatt dessen haben Sie dieselben
zuerst veröffentlicht und mir dann erst Gelegenheit zu „berichtigen=
den oder vernichtenden kritischen Bemerkungen" gegeben. Noch
mehr. Viele der Berliner Zeitungen haben die albernen und be=
leidigenden Mitteilungen der „Köln Ztg." berichtigt. Hätten Sie
irgend welche Rücksicht für „nationale Ehre", so würden Sie Aus=
züge aus diesen Blättern telegraphieren. Statt dessen greifen Sie,
in der Hoffnung, von mir in Zukunft Nachrichten zu empfangen,

mich an und dann bieten Sie mir die Gelegenheit, mich und meinen englischen Kollegen zu rechtfertigen. Ich habe Ihren Schmeiche= leien das Gehör verweigert und ich lehne es ab, jetzt Ihren Drohungen nachzugeben. Ich habe nur noch hinzuzufügen, daß viele Freunde und sogar mir vollkommen Fremde, sowohl in Berlin wie in England, mir schriftlich ihr Bedauern ausgedrückt haben, daß ein so hochgeschätztes Blatt, wie die „Times", in dieser Stadt so unwürdig vertreten ist. Dieser Meinung pflichte ich ganz bei. Ich bin u. s. w. Morell Mackenzie."

Der „Times"=Korrespondent Lowe antwortete unter dem 18. April auf den Brief Mackenzies u. a. folgendes:

„Als der verantwortliche Berichterstatter einer großen eng= lischen Zeitung heißt mein Wahlspruch: „Furchtlos und treu, treu der Wahrheit, soweit ich sie auf anständigem Wege ermitteln kann und furchtlos gegenüber den Folgen. Während ich meiner Zeitung Thatsachen und Erscheinungen in der Krankheit des Kaisers mit= teilte, ließ ich mich nie durch den Wunsch der „Militärpartei" oder irgend einer anderen Partei zu Gefallen, sondern einfach durch mein ernstes Bestreben, ein gewissenhafter Beobachter und unabhängiger Chronist der laufenden Ereignisse zu sein, beeinflussen. Nehmen Sie an, daß es sich mit meiner Pflicht vertragen haben würde, keine Kenntnis von Angriffen zu nehmen, welche gegen Sie in der deutschen Presse gerichtet wurden? Im Gegenteil, solche Angriffe gehören ganz entschieden in die Kategorie der neuen Ereignisse und müssen als solche mitgeteilt werden; aber es würde unnatürlich sein, den Berichterstatter mit den Urhebern solcher Angriffe zu iden= tifizieren, und wenn Sie sagen, daß ich alle Ausdrücke einer Ihnen günstigen Meinung unterdrückt hätte, so entspricht das einfach nicht den Thatsachen."

Als Herr Mackenzie nach dem Tode des Kaisers nach England zurückkehrte, versicherte er einem Vertreter des Haager „Dagblad", von dem er interviewt wurde, er sei von der Krebsnatur der Krank= heit seinerseits seit dem Februar vollkommen überzeugt gewesen; da aber aller Wahrscheinlichkeit nach die eventuelle Einsetzung einer Regentschaft beschlossen worden wäre, wenn er als behandelnder Arzt des damaligen Kronprinzen seiner wahren Ansicht Ausdruck

verliehen hätte, so habe er vorgezogen, dieselbe nicht laut werden
zu lassen.

Dazu wurde von der Nat.-Ztg. bemerkt:

„Eine Regentschaft selbst für den Fall zu verhindern, daß das
Fortschreiten der Krankheit den Kaiser Friedrich unbedingt regierungs=
unfähig gemacht hätte, das war einer der Zwecke, zu denen das
deutsche Volk monatelang in der dreistesten Weise belogen und jeder
verhöhnt wurde, der die Wahrheit zu sagen wagte. Auf die Auto=
rität des Ausländers hin, welcher diese seine Einmischung in die
deutschen politischen Angelegenheiten nunmehr, nachdem er die deutsche
Grenze hinter sich hat, in cynischer Weise eingesteht, sind ein Jahr
lang die hervorragendsten deutschen Ärzte verunglimpft worden.
Speziell der „Nat.-Ztg." ist von den Preßorganen dieses Treibens
nicht bloß zum schwersten Vorwurf gemacht worden, daß sie die
Wahrheit sagte — und zwar zu einer Zeit, als dieselbe dem hohen
Kranken bekannt war —, sondern sogar, daß wir uns nicht dazu
hergeben wollten, die Unwahrheit mit einem großen Wortschwall zu
verbreiten. Sogar das Schweigen, das Bestreben möglichster Zu=
rückhaltung angesichts der uns bekannten Wahrheit, wurde von dem
fortschrittlichen Servilismus denunziert."

Weiterhin bemerkte das genannte Blatt, daß man, „um allen
Nichtsnutzigkeiten des Herrn Mackenzie auf die Spur zu kommen",
anscheinend die ganze europäische Presse durchforschen müsse. So
habe der englische Arzt noch kurz vor seiner Abreise aus Berlin,
aber bereits nach Kaiser Friedrichs Tode, mit dem Berliner Kor=
respondenten des Mailänder „Secolo", des gelesensten italienischen
Blattes, eine Unterredung gehabt. In derselben äußerte er, daß
ohne die Dazwischenkunft des Professors von Bergmann (während
des Aufenthaltes in Charlottenburg) Kaiser Friedrich sechs Monate
länger gelebt haben würde. Ferner erklärte Mackenzie, er habe
allerdings im Verlauf der Behandlung den Krebs erkannt, aber
mit Rücksicht auf den Gemütszustand der Kaiserin und ihrer Töchter
habe er nicht für angemessen gehalten, die Wahrheit bekannt werden
zu lassen, besonders im Hinblick auf sehr delikate, die Zukunft der
Prinzessinnen betreffende Gründe. Deshalb hätten „Bergmann
und dessen Bande" ihn angegriffen.

Nun kam der aus Berlin ausgewiesene Korrespondent des

Pariser „Matin", Herr Ranson, der mit Herrn Mackenzie auf bestem Fuße gestanden hatte, und erzählte u. a.: „Wilhelms (d. h. unseres jetzigen Kaisers) Haß gegen die beiden englischen Ärzte, die er nie grüßte, hat keine Grenzen, seit Mackenzie in San Remo die Abdankung Friedrichs (soll heißen die Zustimmung des späteren Kaisers Friedrich zur eventuellen Einsetzung einer Regentschaft) verhinderte, indem er ihm eidlich versicherte: „Man will Sie täuschen, Sie haben den Krebs nicht, und Sie können wieder gesund werden." Diese Mitteilung fand in Berlin den folgenden Kommentar: „Ist Herr Ranson gut berichtet — und in Anbetracht seiner vortrefflichen Beziehungen zu den beiden englischen Spezialisten darf man das wohl voraussetzen — so hat Herr Mackenzie seinen Eid, bezw. sein Ehrenwort wissentlich mißbraucht. Er versicherte dem damaligen Kronprinzen „eidlich", von Krebs könne nicht die Rede sein und doch war er selbst davon überzeugt, daß gerade dieses Leiden vorliege. Die Verteidiger des Herrn Mackenzie machen allerdings entschuldigend geltend, daß ihr Schützling dem hohen Kranken die Wahrheit nur verheimlicht habe, um ihn bei gutem Mut zu erhalten, daß er also aus Humanitätsrücksichten — die ja für einen Arzt sehr wohl entscheidend sein können — das Vorhandensein des Krebses in Abrede stellte. Herr Mackenzie selbst aber giebt ganz offen ein anderes Motiv an; nach seinen eigenen Erklärungen wollte er vor allem die Regentschafts-Eventualität hintertreiben. Damit stimmt es denn auch überein, daß er sogar den Kaiser Wilhelm, den Prinzen Wilhelm und den Fürsten Bismarck, also Personen, denen er die Darlegung seiner wahren Meinung unbedingt schuldete, und auf deren Diskretion gegenüber dem erlauchten Patienten er sicher rechnen konnte, durch bewußte Unwahrheiten fortdauernd zu täuschen suchte. Hier war von Humanität doch nicht mehr die Rede; hier handelte es sich ausschließlich um die Förderung von persönlichen Interessen und politischen Zwecken. Bei uns in Deutschland Politik zu treiben, und wohl gar Parteipolitik, wäre aber Herr Mackenzie auch dann nicht berechtigt gewesen, wenn er sich bei der Wahl seiner Mittel etwas skrupulöser gezeigt hätte."

Zu derselben Zeit hatte ein polnisches Blatt, der „Kuryer Warschawski", eine ganz analoge Information gehabt, wie Dr. Mackenzie sie seinem Interviewer im Haag mitteilte. Es ließ dies darauf

schließen, daß der polnisch radikale Stab, mit dem der als poli=
tischer Agent erscheinende angebliche Heilkünstler Mackenzie sich in
Berlin behufs seiner eigenen lärmenden Preß=Glorifizierung um=
geben hatte, sich teilweise wieder in seine Heimat begeben hatte.
Das genannte polnische Blatt schrieb: „Wir glauben, daß Dr.
Mackenzie als der berühmteste Laryngoskop in Europa das Leiden
Kaiser Friedrichs nicht später als Krebs erkannt hat, wie Dr. Schrötter
und die übrigen Ärzte. — Er war aber nicht allein der Arzt, sondern
auch der Vertrauensmann des Kaisers und der Kaiserin und es
handelte sich darum, das Leiden des Kronprinzen nicht vorzeitig
als unheilbar zu erklären und ihm dadurch die Möglichkeit zu
rauben, den Thron zu besteigen. — Kaiser Friedrich wünschte in
Seinem und Seiner Gemahlin Interesse, sowie „aus höheren mora=
lischen und praktischen Rücksichten", wenigstens kurze Zeit zu re=
gieren. Daß dies geschehen, hat man Sir Morell Mackenzie zu
verdanken." Die Nordd. Allg. Ztg. bezeichnete den vorletzten Satz
als eine Fälschung. Sie sagte: „Kaiser Friedrich, dem die denkbar
höchste Auffassung von den Pflichten und der Stellung des Kaiser=
tums innewohnte, hatte keinen Zweifel darüber gelassen, daß er die
Regierung nicht antreten würde, wenn es außer Zweifel stände, daß
er von dem Krebs unheilbar befallen sei. Es entsprach dies seiner
vornehmen und selbstlosen Denkungsweise, während unter den dazu
eventuell berufenen Persönlichkeiten niemand war, der nicht von
Hause aus entschlossen war, dem leidenden Kaiser die Kränkung der
Anregung der Frage zu ersparen, so lange er nicht selbst die Ini=
tiative ergriff. Da dies bekannt war, so wurde es die Aufgabe
derjenigen, welche den Kaiser Friedrich, aus für uns nicht kontrollier=
baren Motiven, auch bei vorhandener Regierungsunfähigkeit auf
den Thron bringen wollten, den hohen Herrn über seinen Zustand
zu täuschen. Dem Dr. Mackenzie liegt jetzt, nachdem er die deutsche
Grenze hinter sich hat, augenscheinlich nur noch daran, von seinem
ärztlichen Renommee zu retten, was zu retten ist. Er setzt deshalb
alle Rücksichten, durch die er in Deutschland gefesselt war, hinten=
an, nur um sich nicht dem Vorwurf auszusetzen, daß er als Arzt
vertrauensunwürdig wäre: he had the choice of being either a
fool or a knave, sagt man in England. Nach seiner eigenen Aus=
sage hat Mackenzie es also als seine vornehmste Aufgabe angesehen,

eine politische Rolle zu spielen, mit gänzlicher Beiseiteschiebung der ärztlichen, welcher er sich vielleicht nicht gewachsen fühlte. Im Interesse unserer Zeitgeschichte ist es gut, daß dies festgestellt ist: wir wissen nun, daß ein unbedeutender englischer Arzt von radikal politischer Gesinnung es sich herausgenommen hat, den Geheimen Kabinettsrat spielen und bestimmend in die Geschicke der deutschen Nation eingreifen zu wollen."

Lange vor der Thronbesteigung Kaiser Friedrichs gingen dunkle Gerüchte, welche den von der „Norbb. Allg. Ztg." jetzt festgestellten Punkt betrafen. Es war von förmlichen Verhandlungen die Rede, welche den Verzicht auf den Thron betreffen sollten. Man brachte damit die Anwesenheit des Freiherrn von Roggenbach in San Remo in Verbindung, dank dessen Ratschlägen der damalige Kronprinz Anregungen von Berlin aus, dem Throne zu entsagen, Gehör verweigerte. Jetzt erfuhr man durch die „Norbb. A. Ztg." den richtigen historischen Vorgang; denn daß die Darstellung des offiziösen Blattes in diesem Falle auf authentische Quellen zurückzuführen sei, dürfte nicht dem leisesten Zweifel unterliegen: nicht von Berlin aus ist die Initiative zu diesen Besprechungen erfolgt, sondern von Seiten des Kronprinzen.

Der Bericht der „Norbb. Allg. Ztg." rief einen gewaltigen Lärm unter den Anhängern Mackenzies hervor. In diesem Lager wurde gesagt:

„Mit einer Offenherzigkeit, die verblüffend wirkt, räumt die „Norbb. Allg. Ztg." ein, daß der Gedanke, den Kaiser Friedrich wegen seines Leidens von der Regierung auszuschließen, oder eine Regentschaft einzusetzen, der von der regierungsfreundlichen Presse immer mit Entrüstung abgeleugnet worden ist, thatsächlich doch bestanden hat. Bestanden bis in die letzte Zeit hinein, als der vielgeprüfte Mann schon Kaiser war. Der kurze Sinn dessen, was das Organ des Herrn Reichskanzlers heute verkündigt, ist: Kaiser Friedrich war regierungsunfähig. Er hätte, wenn er gewußt hätte, daß er an einem unheilbaren Krebsleiden erkrankt war, die Regierung nicht angetreten, der englische Arzt aber hat ihn perfider Weise über die Natur seines Leidens getäuscht und so ist dieser unfähige Mediziner, der zu diesem Behuf auch noch radikal genannt wird, so wie seine Hinterleute — das sollen wohl dieselben hohen Leute sein, die

man in der letzten Zeit Kamarilla nannte — allein schuld, daß
Kaiser Friedrich überhaupt regiert hat. Ob der Verfasser des
Artikels in der „Norbd. A. Z." wohl wirklich glauben mag, daß
er durch diese Behauptung dem vielgehaßten englischen Arzt im
deutschen Volke noch mehr Feinde erwecken wird? Wer die auf=
richtige Trauer miterlebt hat, die in Deutschland und in der Welt
der Verlust des kaum der Gruft übergebenen edlen Monarchen her=
vorgerufen hat, der sollte doch sich nicht dem Glauben hingeben,
daß mehr als eine kleine Klique und ein Haufe verblendeter Partei=
fanatiker dem Manne zürnen wird, dem es die Welt verdankt, daß
sie, wenn auch nur 100 Tage lang, Friedrich III. als Kaiser ge=
sehen hat. Wie es nicht nur mit den humanen, sondern auch mit
den monarchischen Gefühlen vereinbar ist, am kaum geschlossenen
Sarge den Herrscher, von dem zum mindesten doch ein großer Teil
Deutschlands und Europas eine Ära des Friedens und kultureller
Fortschritte erwartete, als eigentlich regierungsunfähig und nur durch
die Lüge eines Arztes auf den Thron gekommen, hinzustellen —
das mögen die verantworten, die sich in erster Linie rühmen, Ver=
fechter des monarchischen Prinzips zu sein. Die Angriffe, die seit
dem vorigen Herbst gegen den Vertrauensarzt des verstorbenen
Kaisers von ganz bestimmten politischen Parteien und Kreisen ge=
richtet worden sind, gingen angeblich von der Überzeugung aus, daß er
unfähig sei, die Krankheit zu erkennen und zu behandeln. Die zärt=
lichste Sorge für den geliebten Patienten schien diese Angriffe zu
veranlassen; nebenbei auch der Zorn, daß der englische Arzt die
deutschen Kollegen zurückgedrängt und den Patienten von der Heimat
zurückgehalten. Jetzt wird offen eingestanden, was die oppositio=
nelle Presse längst wußte und andeutete, daß nämlich der englische
Arzt die Krankheit erkannt hatte, zum mindesten über den tötlichen
Ausgang nicht in Zweifel war, daß er aber den Patienten der
Heimat — und gewissen — bekanntlich nicht allen — deutschen
Ärzten fernhielt, und zwar auf den Wunsch des Patienten, dem er
allein zu dienen hatte und verantwortlich war; denn dieser Patient
und seine Umgebung befürchteten, daß die Gutachten der deutschen
Ärzte zur Grundlage von Zumutungen gemacht werden sollten, auf
die der Patient nicht eingehen wollte. Jetzt begreift man auch,
warum der „Reichsanzeiger" am 12. November mit einer Offenheit,

die geradezu brutal wirkte, verkündete, daß Leiden des Kronprinzen sei karcinomatöser Natur, eine Verkündigung, die, wohlgemerkt, von keinem Arzte unterzeichnet war. Die Verkündigung der „Nordd. Allg. Ztg." bringt für den, der sehen wollte und sich durch offiziöse Dementis in seiner Meinung nicht beirren ließ, thatsächlich nichts Neues. Neu ist nur die Behauptung, daß Kaiser Friedrich auf Grund eines unheilbaren Krebsleidens bereit gewesen wäre, auf die Regierung zu verzichten, und daß er nur, weil man ihn selbst täuschte, den Thron bestiegen habe. Wem will man wohl glauben machen, daß der Mann, der auf der Reise von San Remo die Proklamation an das Volk schrieb, und dessen kurze Regierungs= zeit die Zahl seiner Freunde und Bewunderer vermehrt hat, nur auf das Gutachten eines Arztes gewartet habe, um sich für regie= rungsfähig zu halten! Wir dächten, alle seine Handlungen bewei= sen, daß er sich für regierungsfähig hielt und daß er es war, obgleich er sich über die Dauer seiner Regierung, wie schon eine Anspielung in der ersten Proklamation und spätere Handlungen beweisen, auch in keiner Täuschung befand. Der Kaiser wußte, daß ihm der Tod nahe war, er hat nicht nur Mackenzie gehört. Er besaß die Erkennt= nis seines Zustandes, wohl nur gemildert von der Hoffnung, die bekanntlich keinen Leidenden bis zum letzten Moment verläßt. Gewiß, er hat dem englischen Arzt zum Teil seine Thronbesteigung ver= dankt; aber nicht gegen oder ohne seinen Willen; er hat ihm die Dankbarkeit dafür offen ausgesprochen, und eine Reihe von münd= lichen und schriftlichen Äußerungen und Handlungen liegen vor, in denen er Bestrebungen entgegenarbeitete, die darauf abzielten, ihn als regierungsunfähig hinzustellen oder von der Thronfolge aus= zuschließen. Man denke nur an den bekannten Brief an Dr. Hinz= peter! Man kann unmöglich glauben, daß diese traurige, jetzt doch nutzlose Erörterung in der „Nordd. Allg. Ztg." nur angeregt wor= den ist, um den englischen Arzt nachträglich anzugreifen. Die Welt hat jetzt kein Interesse mehr daran, über den Charakter des Dr. Mackenzie unterrichtet zu werden. Man kommt auf die Vermutung, daß diese Darstellung nur deshalb in die Öffentlichkeit gebracht wird, um einer anderen Darstellung entgegenzuwirken, die etwa von indiskreter beteiligter Seite erfolgen könnte und befürchtet wird."

Nunmehr, das war der langen Rede kurzer Sinn, sei alles
klar. Mackenzie hat sich die Feindschaft gewisser Leute zugezogen,
weil er durch seine Art, die Krankheit des Thronerben zu behan=
deln, denselben von einem Entschlusse abgehalten habe, den er unter
anderen Umständen gefaßt haben würde — von dem, der Einsetzung
einer Regentschaft zuzustimmen. Das ist eine Verdrehung des wirk=
lichen Sachverhalts. An sich ist es niemand in Deutschland darum
zu thun gewesen, den damaligen Kronprinzen von der Ausübung
eines ihm durch seine Geburt zustehenden Rechtes abzuhalten, son=
dern nur das konnte in Betracht kommen, und ist in Betracht ge=
kommen, daß ein gewisses Maß von Kranksein der entsprechenden
Ausübung des Rechtes im Wege sein mußte, von diesem Stand=
punkte aber erschien die Einsetzung einer Regentschaft allerdings
gerechtfertigt, während die von Mackenzie geleiteten Bestrebungen
dies verhindern sollten. Und damit soll Mackenzie noch gar den
Dank des deutschen und preußischen Volkes verdient haben, er ein
„unbedeutender englischer Arzt," der sich schon, weil er Ausländer
war, jeder Einmischung in unsere innern Angelegenheiten zu ent=
halten hatte. In den Augen jedes nationaldenkenden Deutschen ist
dieses Verfahren gerichtet für alle Zeiten. Nie wieder wird ein
Mackenzie den Fuß über unsre Schwelle setzen. Instinktmäßig, möchte
man sagen, nimmt eine gewisse Strömung bei uns Partei gegen
das Deutsche=Nationale, wie und wo es sich äußern möge. In
dieser Hinsicht war Mackenzie schon der Liebling vieler Leute, lange
ehe man ahnte, welche Ziele er mit seinem Optimismus in Wahr=
heit verfolgte. Als diese Gesellschaft dann allmählich merkte, worauf
es abgesehen war, wurde der „Liebling" zum Abgott, denn auf seinen
Einfluß allein konnte sie ihre Hoffnung auf eine, wenn auch nur
kurze, „liberale Ära" bauen. In welchem Maße sie die so geschaf=
fene Lage vom 11. März bis 15. Juni 1888 auszunutzen gesucht
hat, weiß die Welt. Gerade umgekehrt also verhält es sich, wie
man behauptet. Das Interesse der angegriffenen Kreise um Ein=
setzung einer Regentschaft war ein rein sachliches, ohne allen persön=
lichen Beigeschmack, während andere ohne jede Empfindung für das
Leiden des Kaisers Friedrich nur lediglich ihren Parteizwecken nach=
gingen. Die Namen derjenigen „Freunde", welche Preußen und
in gewissem Sinne auch Deutschland damals hinter dem Kulissen

zu regieren versucht haben, sind nicht in so undurchdringliches Ge=
heimnis gehüllt, als viele vielleicht meinen. Manches ist ihnen dabei
gelungen. Anderes hat verhindert werden können, aber in allem ist
die Gefahr größer gewesen, als man glaubt. Und alles hat uns
ein Fremder eingebrockt, der sich in das Vertrauen seines erlauchten
Kranken einzuschleichen verstand, um ihn zu täuschen! Nachdem
dieses Verhältnis aufgedeckt worden ist, wird er auf die pietätvolle
Behandlung wohl keinen Anspruch mehr erheben, welche mancher
auch heute noch als selbstverständlich ansieht.

Zieht man von allem das Fazit, so kann das Urteil ganz
positiv dahin lauten, daß von verschiedenen Stellen und aus ver=
schiedenen Beweggründen mit allen Hilfsmitteln der Verschleierung
nicht nur das deutsche Volk, sondern auch unser armer Kaiser selbst
über seinen Zustand getäuscht worden ist, und daß die Wirkungen
dieser Täuschung in letzter Zeit wohl nur auf politischem Gebiete
lagen, ursprünglich und zunächst aber in dem Ergebnis der Preis=
gebung der Möglichkeit, das uns teure Leben zu erhalten, vor uns
traten. In der hohen Meinung und der durch seinen Lebensgang
bestärkten Vorliebe, die Kaiser Friedrich bestimmten Strömungen
und persönlichen Vertretern des innerpolitischen Völkerlebens ent=
gegenbrachte, und in der erschütternden Frucht dieser menschlich aus
den reinsten und edelsten Quellen entsprungenen Überschätzung liegt
das tief ergreifende tragische Moment des Lebens und Todes dieses
unglücklichen Fürsten.

Die Königin von England in Charlottenburg.

Der „Daily Telegraph" erwähnte im Januar 1885 aus An=
laß der Verleihung des Schwarzen Adler=Ordens an den Prinzen
Eduard, daß die Tochter der Königin von England in einigen Jah=
ren Kaiserin von Deutschland sein werde, und fügte hinzu, daß
Familien=Verbindungen der regierenden Häuser vortreffliche Dienste
leisten, kleine Verstimmungen auf ihr richtiges Maß zurückzuführen;
mit anderen Worten, der Daily Telegraph verläßt sich in solchen
Fällen, wo Deutschland sein Interesse von England geschädigt
glauben und darüber empfindlich sein könnte, auf die Verwandtschaft
der regierenden Häuser, welche das wieder ins Gleiche bringen würde.
Darauf wurde ihm von Berlin her erwidert: „Unserer Meinung
nach erweist das englische Blatt dem monarchischen Prinzip keinen
Dienst, wenn es die Möglichkeit aufstellt, daß Mitglieder der regie=
renden Familie aus verwandtschaftlichen Rücksichten geneigt sein
könnten, ausländische Interessen denen des eigenen Landes gegen=
über wahrzunehmen und zu befürworten. Wir erinnern an die
Empfindlichkeit, welche durch jeden Schatten von foreign influence
in England zu allen Zeiten erregt worden ist und könnten analoge
Beispiele aus anderen Ländern und anderen Zeiten vielfach an=
führen. Es ist ohne Zweifel richtig, daß zwischen England und
Deutschland, wie der Standard sagt, keine Wolke sich erheben könne,
die sich nicht durch ein wenig gesunden Menschenverstand und gute
Laune zerstreuen lasse. Wir sind davon überzeugt. Sollten aber
diese Verbindungen aus irgend welchem Grunde fehlen, so glauben
wir, daß den regierenden Familien nicht die Zumutung gemacht
werden sollte, auf Kosten ihrer Beziehungen zum eigenen Lande
ihren Einfluß zu Gunsten eines fremden auf der Basis verwandt=
schaftlicher Beziehungen geltend zu machen".

In dieser Weise hat ja auch Fürst Bismarck in einer Reichs=
tagsrede einen Einfluß der verwandtschaftlichen Beziehungen zwischen
den beiden Regentenhäusern auf die Politik beider Länder bestritten.

Er that das, als der Abgeordnete Richter in einem Panegyrikus
auf England die „dynastische Verwandtschaft" zwischen diesem und
Deutschland hervorgehoben hatte. Dem gegenüber betonte der
Reichskanzler wiederholt, „daß das Gewicht der Dynastie Sr. Ma=
stät des Kaisers jederzeit auf Seiten der nationalen Interessen und
niemals auf Seiten der fürstlichen Verwandtschaft in die Wagschale
geworfen wird." Richter hatte nämlich unter den Motiven, welche
die Haltung der deutschen Regierung England gegenüber in der
Kolonialpolitik bestimmen müßten, auch die verwandtschaftlichen Be=
ziehungen der englischen und preußischen Königsfamilie aufgeführt,
was den entschiedenen Widerspruch des Reichskanzlers hervorrief.

Daß solche Beziehungen gleichwohl nicht ganz aus dem Spiele
in der Politik bleiben, beweist die bei einer anderen Gelegenheit
gemachte Äußerung des Fürsten Bismarck. „Die Stellung eines eng=
lischen Gesandten in Berlin hat ihre besonderen Aufgaben und
Schwierigkeiten schon wegen der verwandtschaftlichen Verhältnisse;
sie verlangt viel Takt und Aufmerksamkeit".

In absoluten, wie in konstitutionellen oder parlamentarisch re=
gierten Staaten spielen verwandtschaftliche Verhältnisse, wenn sie auch
niemals den Ausschlag geben, eine Rolle, suchen sich geltend zu
machen, können lästig und vorteilhaft werden. Gerade zu der Zeit,
wo der „Daily Telegraph" die obige Äußerung über Familien=
Verbindungen der regierenden Häuser that, wurde das Thema in
Anknüpfung an die Verlobung des Prinzen Heinrich von Batten=
berg mit der Prinzessin Beatrice vielfach variiert. Ein deutsches
Blatt schrieb: „Die Nachricht von dieser Verlobung verdient vom
politischen Standpunkte aus mehr Aufmerksamkeit, als Vorkommnissen
der Art gewöhnlich zufällt. Die Battenbergsche Familie ist der Königlich englischen schon durch die Verheiratung des Prinzen Ludwig
mit der Enkelin der Königin Viktoria näher getreten. Es geschieht
dies in noch höherem Grade durch die jetzt bevorstehende Vermäh=
lung des Prinzen Heinrich von Battenberg mit der jüngsten Tochter
der Königin von England, und bezeichnend ist die Bedingung,
daß das vermählte Paar demnächst seinen Aufenthalt in der un=

mittelbaren Nähe der Königin Viktoria nehmen soll. Bekanntlich ist dies auch mit dem Prinzen Ludwig von Battenberg, der eng= lischer Marineoffizier ist, der Fall, so daß man wohl annehmen darf, daß das Haus Battenberg eine Stellung in der englischen Königsfamilie einnimmt, welche auf die Dauer schwerlich ohne Be= deutung bleiben wird."

Die Verheiratung der Prinzessin Beatrice war das Resultat eines Liebesverhältnisses, welches seit vier Jahren bestand und dem sich die Königin die ganze Zeit hindurch widersetzte. Der Prinz besitzt kein Vermögen; die übliche Summe (5000 Pf. St.), welche Söhne und Töchter der Königin anläßlich ihrer Vermählung erhal= ten, mußte für den Hofstaat des jungen Paares ausreichen. Die Verhältnisse dieser Partie stachen sehr gegen die des Herzogs von Edinburg ab. Prinz Alfred hatte eben erst eine öffentliche Auktion veranstaltet, um sich überflüssiger Kleider, Möbel und Kostbarkeiten zu entäußern. Es erschien in den Londoner Blättern eine An= nonce, daß eine Dame von Rang einen Teil ihrer Aussteuer verkaufen wolle. Es war dieses die Herzogin v. Edinburg, die eine so große Ausstattung aus ihrem östlichen Vaterlande mitgebracht hatte, daß sie solche voraussichtlich in langen Jahren nicht verbrauchen konnte und deren Gatte es für vorteilhafter hielt, diese überflüssigen Gegen= stände in bares Geld umzusetzen. Der Prinz ist sparsam und be= sitzt ein enormes Vermögen, ja er ist vielleicht nach seiner königlichen Mutter die reichste Person in England. Er hat eine große Mit= gift mit seiner Gemahlin erhalten, ein bedeutendes Vermögen von dem verstorbenen russischen Kaiser ererbt und bezieht noch außerdem eine Apanage von 25,000 Pfd. Sterl. (500,000 Mk.). Der Prinz von Wales bezieht 40,000 Pfd. St. Apanage, 96,000 Pfd. Staats=Re= venueen aus dem Herzogtum Cornwall und 10,000 Pfd. St., die von dem Parlament der Prinzessin von Wales überwiesen sind, zusammen 146,000 Pfd. Sterl. (circa 3,000,000 Mk), es scheint aber, daß er damit nicht auskommt. Er giebt gern und leicht Geld aus. Man= ches Jahr hat sein Einkommen sich indes bedeutend erhöht, denn er hatte oft ungemeines Glück bei den verschiedenen Rennen.

Die Königin von England teilte (Januar 1885) in einer in Osborne stattgehabten Sitzung des geheimen Rats mit, daß sie der Verlobung der Prinzessin Beatrice mit dem Prinzen Heinrich von

Battenberg zugestimmt habe, unter der Bedingung, daß dieselben in England bei ihr, der Königin, ihren Wohnsitz nehmen. Die Prinzessin ist am 14. April 1857, Prinz Heinrich am 5. Oktober 1858 geboren und war damals Sekondeleutenant im Königlich preußischen Regiment der Gardes du Korps. Prinz Heinrich ist der Bruder des am 29. April 1879 zum Fürsten von Bulgarien als Alexander I. gewählten Prinzen Alexander von Battenberg. Der Vater beider Prinzen ist der Prinz Alexander von Hessen, Vatersbruder des Großherzogs Ludwig IV. von Hessen, welch letzterer bekanntlich mit der Schwester der Prinzessin Beatrice, der am 14. Dezember 1878 gestorbenen Alice Maud Mary, vermählt war. Es war ein viel besprochener Plan, den Großherzog Ludwig mit der Prinzessin Beatrice zu vermählen. Die Ausführung desselben scheiterte an der englischen Gesetzgebung und dem Widerstand der Mehrheit der Lords gegen eine Änderung derselben.

In der bulgarischen Frage begegneten sich zum ersten Mal die Wünsche Gladstones und der Königin und lag ihr der junge Fürst am Herzen, so begeisterte Gladstone sich für die aufstrebende Entwickelung der Balkanstaaten. Die Engländer, die ihrer Verfassung nach sich für die vollkommenste Republik halten, wurden dabei wieder an die große Machtvollkommenheit erinnert, welche dem Königlichen Haupt dieser Republik verblieben ist. Die zwei Hauptparteien suchten sich zwar zur Zeit der „Schlafzimmerfrage" gegen die persönliche Beeinflussung der Herrscherin durch die nicht am Ruder befindliche Partei zu sichern, indem sie der Königin den jeweiligen Wechsel ihres Hofstaates im liberalen oder konservativen Sinne aufdrängten. Seitdem wechseln die Hofämter bei jedem Regierungswechsel. Schwiegersöhne aber lassen sich nicht wechseln nach den Bedürfnissen der äußeren Politik; und daher besitzt der Fürst von Bulgarien in seinem Bruder, dem Prinzen Heinrich von Battenberg, einen stehenden Agenten bei der Königin, der sie, dem Heiratsvertrage gemäß, nie verläßt, mit ihr umherreist und unausgesetzt für die Sache des Fürsten das Königliche Ohr der Schwiegermutter bearbeitet. Gegen diese Beeinflussung läßt sich kein verfassungsmäßiges Verbot aufstellen.

Kaiser Friedrich III. war kaum 14 Tage zur Regierung gelangt, als Deutschland durch die plötzliche Nachricht beunruhigt

wurde, die bevorstehende Verlobung der Prinzessin Viktoria, Tochter
des Kaisers, mit Prinz Alexander von Battenberg, verbunden mit
der Verleihung eines preußischen Armeekorps und des Ordens pour
le mérite an denselben, habe den Reichskanzler, der die guten Be=
ziehungen zu Rußland dadurch bedroht sehe, zu einem eventuellen
Entlassungsgesuch vermocht. Der tragische Regierungsantritt des
Kaisers Friedrich habe, wie ein Blatt sich ausdrückte, plötzlich zu einer
um so dramatischeren und peinlicheren Lage geführt, als dieselbe durch
das Element verschiedener starker weiblicher Willenskräfte verwickelt
werde, mit denen Fürst Bismarck nie vorher so direkt zusammen=
gestoßen sei. Besonders der Königin Viktoria von England wurde
das Betreiben jener Verbindung des Kaiserlichen Hofes mit dem
Exfürsten von Bulgarien zugeschrieben.

Die „Times" schrieb damals: „Fürst Bismarck mag wohl mit
einiger Besorgnis auf die Möglichkeit blicken, daß ein Schwieger=
sohn des deutschen Kaisers und eine vom Zaren gehaßte Persön=
lichkeit eine starke Stellung in einem Lande einnimmt, welches
Europa bereits an den Rand des Krieges gebracht hat. Kaiser
Friedrich ist jedoch mindestens ein gleich aufrichtiger Freund des
Friedens wie Fürst Bismarck und vollständig befähigt, die Folgen
abzumessen, die sich aus der Heirat seiner Tochter ergeben können".
Er wisse, so meinte das Blatt weiter, sehr wohl, daß es ein ver=
gebliches Bemühen sein würde, Rußlands Wohlwollen durch Berück=
sichtigung russischer Wünsche und Vorurteile zu erkaufen; Rußland
werde vielmehr Deutschland gegenüber seine unfreundliche, ja
drohende Haltung bewahren. Überdies könne man über die Wir=
kung, welche die etwaige Berufung eines Verwandten des deutschen
Kaiserhauses auf den bulgarischen Thron haben würde, verschiede=
ner Ansicht sein. Die Theorie freilich, an welcher Bismarck viel=
leicht zu hartnäckig festhalte, daß Deutschland kein Interesse an
Bulgarien habe, würde damit vernichtet sein. Aber Thatsache sei
es doch, daß das deutsche Reich ein wesentliches Interesse an der
Wohlfahrt des Staates habe, für den Bulgarien von hoher Be=
deutung sei. Eine offenere Übernahme der Verantwortlichkeiten des
Bündnisses mit Österreich würde Rumänien ermutigen, Bulgarien
neue Zuversicht einflößen und Rußland die Überzeugung beibringen,
daß es durch einen Angriff auf die Balkanstaaten nichts gewinnen könne.

Hiergegen wurde in der deutschen Presse geltend gemacht, daß
Kaiser Friedrich in der Sache wesentlich dasselbe denke und wolle,
wie sein Kanzler, daß unser Verbündeter in Österreich=Ungarn an
Bulgarien kein so wichtiges Interesse nehme, wie das Londoner
Blatt vorgebe, und daß letzteres das Bedürfnis des Doppelstaates
an der Donau nur vorschiebe, um das englische zu verhüllen, den
Wunsch und die Hoffnung, das deutsche Reich werde im Falle einer
Verbindung des Prinzen Alexander von Battenberg mit der Tochter
des Kaisers Friedrich die Wiederkehr des Prinzen, des Organs der
britischen Politik am Balkan, auf den Thron Bulgariens ermög=
lichen und ihm diese Stellung gegen Rußland sichern, oder wenn
das zu viel wäre, die Heirat werde wenigstens die Beziehungen
des Berliner Hofes zu dem in Petersburg trüben und erschüttern,
womit dem englischen Interesse zwar nicht in gleichem Maße, aber
zunächst indirekt und für die Zukunft direkt ebenfalls gedient sein
würde. „Kurz, wir sollen wieder einmal an den englischen Wagen
gespannt, wieder einmal bewogen werden, den Engländern die
Kastanien, die sie zu heiß finden, um sie mit eigener Hand anzu=
fassen, aus dem Feuer zu holen. Wir sagen: wieder einmal; denn
der Versuch ist nicht der erste, er ist vielmehr schon oft angestellt
worden, er gehört zu dem Systeme der englischen Politik im Aus=
lande, das darin besteht, die natürlichen Gegner derselben womög=
lich in erster Reihe durch festländische Mächte in Schach zu halten
und bekämpfen zu lassen und letztere überhaupt unter dem Vor=
wande, sie dienten damit sich selbst, zur Förderung der britischen
Interessen zu gewinnen. War es bisher Frankreich gewesen, gegen
welches die englische Politik bei der Schwäche ihrer militärischen
Kräfte Bundesgenossen, die ihre Kriege führen sollten, zu werben
bemüht war, so begann sie in den letzten Jahrzehnten ihre Augen
auf Rußland zu richten, das ihr am Bosporus und an der Grenze
Indiens gefährlicher geworden war, und sich auf dem Kontinente
Beistand gegen diesen Nebenbuhler oder Ablenkung der Bestrebun=
gen desselben von seiner Interessensphäre zu suchen, wobei ihre
Blicke auch auf die mitteleuropäischen Mächte fielen, obwohl unter
diesen Preußen, sowie das übrige Deutschland gar kein oder doch
nur ein sehr geringes Interesse an der Entscheidung der betreffen=
den Fragen hatten. Zunächst sollten wir uns während des Krim=

krieges ganz gegen unser Bedürfnis, welches uns empfahl, soweit
irgend möglich, gute Nachbarschaft mit den Russen zu pflegen, im
Anschluß an die Westmächte dem Kaiser Nikolaus entgegenstellen.
War es schon nicht weise, daß Frankreich sich von England gegen
den Kaiser mehr benutzen ließ, als England dabei ihm diente, so
wäre ein Eingehen auf dieses Verlangen von seiten Preußens offen=
bare Thorheit gewesen. Es grenzte an Rußland und hätte somit
ein Wagnis übernommen, für das es nichts zu erwarten hatte, als
den Haß einer Macht, die sich nach dem Frieden mit Frankreich
verständigen konnte, um an uns Vergeltung zu üben. Dennoch
wurde das Verlangen englischerseits gestellt und dringend befür=
wortet — auch von einem deutschen Diplomaten — weil angeblich die
Freiheit Europas durch das Wachsen der russischen Macht gefährdet
war, die Freiheit Europas, die in englischem Munde allezeit die möglichst
kräftige Wahrnehmung seiner Interessen und niemals etwas anderes
bedeutet. Später, 1863, wollte England die polnische Revolution
als Schwächung Rußlands von uns begünstigt sehen, wobei wir
einen Freund für die Zukunft verloren und uns in den Polen
einen sicheren Feind geschaffen hätten. Hatte Bismarck bei diesen
beiden Gelegenheiten, bei der ersteren privatim, als Vertrauensmann
Friedrich Wilhelms IV., bei der späteren als Minister, für die Ab=
lehnung der englischen Zumutungen gesorgt, so fand sich bald eine
dritte, bei der es sich nicht mehr bloß um Preußen, sondern um
das deutsche Reich handelte, das nun gleichfalls in den Dienst für
die britische Politik gestellt werden sollte. Bereits 1870 hatte ver=
lautet, daß hochstehende englische Damen — man nannte als erste
und vornehmste die Königin Viktoria — sich gegen die Beschießung
von Paris ins Mittel gelegt und Aufschub erwirkt hätten. Das
Folgende aber ist mehr als bloßes Gerücht. Kurz vor dem Aus=
bruche des letzten russisch=türkischen Krieges richtete die Königin von
England einen Brief an den deutschen Reichskanzler, in welchem
sie ihn zum Einspruch gegen die Absicht Rußlands, die Pforte an=
zugreifen, aufforderte — wenn wir uns recht erinnern, im Namen
der Menschlichkeit. Die Antwort lautete ausweichend. Ein zweites
Schreiben Ihrer britischen Majestät, die dringender zu einem der=
artigen Einschreiten ermahnte, begegnete einer weniger verhüllten
Weigerung. Die Königin wendete sich jetzt an den Kaiser Wilhelm,

um ihn für den ausbrechenden Krieg verantwortlich zu machen und
bat zugleich eine ihm nahestehende hohe Dame, der die Rolle eines
Friedensengels mit dem Olivenkranze zugedacht war, um ihre
Vermittelung. Die Bitte wurde gewährt und erfüllt, aber obwohl
der Kaiser bekanntermaßen ein durchaus friedliebender Herr war,
blieben Brief und mündliches Zureden der Vermittlerin ohne Erfolg,
da die Einsicht des Monarchen seinem viel bewährten obersten Rate
Recht geben mußte, der ihm vorstellte, daß jenes Ansinnen, dem
russischen Nachbar Ruhe zu empfehlen und nötigenfalls zu gebieten,
ohne dazu in unsern Verhältnissen und Bedürfnissen Anlaß zu
haben, lediglich aus Gefälligkeit gegen England, damit dieses sich
nicht zu sehr für seine kommerziellen und politischen Interessen in
der Levante zu erhitzen und in Kosten zu stecken brauchte, mindestens
eine recht eigentümliche Zumutung sei, und der ihn überzeugte, daß
jenes Verlangen der Königin leicht zum geraden Gegenteile dessen,
was damit bezweckt wurde, also zum Kriege führen konnte und zwar
zu einem Kriege zwischen Rußland und dem deutschen Reiche. Ge=
setzt, so könnte der Kanzler bei dieser Gelegenheit ungefähr gedacht
haben, Euer Majestät ließen sich von London aus bestimmen, wir
setzten uns in Positur und riefen nach Osten hin: Basta! Rußland
aber kehrte sich nicht an das Machtwort und ließe marschieren —
was würde geschehen? Entweder müßten wir zur Erzwingung des
Friedens einen gefährlichen Krieg auf uns nehmen, bei dem wir
günstigenfalls Geld und Blut für England, nicht für eigenen Nutzen
opfern würden, oder das deutsche Basta endigte, ohne Nachdruck
mit Thaten in Waffen bleibend, mit einer Demütigung Deutsch=
lands vor den Russen, es wäre eine Schädigung unseres Ansehens
im Schleppdienste einer Nation und einer Regierung, die den
Deutschen ihre gegenwärtige Bedeutung in Europa nur insofern
gönnt, als sie hofft, sie möchte sich zur Förderung von Zwecken
der Kaufmannspolitik John Bulls bereit finden lassen".

Indem man in Deutschland so räsonnierte, wurde auf ein im
Jahre 1886 in einem Züricher Verlag erschienenes Buch hinge=
wiesen, betitelt: „Mitregenten und fremde Hände in Deutschland."
Einen Auszug daraus brachten im April 1888, als in Charlotten=
burg die Battenberger Verlobungsgeschichte spielte, die „Grenz=
boten" und zwar mit der höchst auffallenden Bemerkung: die

dankenswerten Aussprüche der Züricher Schrift seien um so zuver=
lässiger, „als wir bestimmt wissen, daß sie aus der Feder eines
Fürsten stammen, der aus naheliegenden Gründen als Einge=
weihter erster Ranges zu gelten hat." Das bezeichnete Blatt gab
sodann die Quintessenz des hierhergehörigen Teiles seiner Dar=
stellung, wobei es für geraten hielt, hier und da starke Ausdrücke,
die der Herzog gebraucht, abzuschwächen.

Der Verfasser schildert die Damenpolitik an den verschiedenen
Höfen und bemerkt, nachdem er des Mißgeschickes gedacht hat, das
die Kaiserin Eugenie dabei erlitten, es habe gelehrt, daß die Damen
einzeln sich auf diesem Felde nicht leicht bewähren und deshalb
einer Ergänzung durch andere Hände, schwesterlicher oder töchter=
licher Unterstützung, einer Familienvergesellschaftung, eines Hinüber=
und Herüberwebens bedürfen. Dann fährt er fort: „In dieser
günstigen Lage vielfach verschlungener Bundesgenossenschaften be=
findet sich heute die Königin Viktoria mehr wie je eine Herrscherin,
aber wunderbarer Weise wird nicht viel Aufhebens von ihrem Ein=
flusse gemacht. Sie übt denselben auch nicht in inneren Fragen
Englands, desto eifriger und umfangreicher aber in dessen aus=
wärtiger Politik, und der Schauplatz ihrer Wirksamkeit ist vor
allem Deutschland. Durch eine eigentümliche Verkettung von per=
sönlichen Umständen ist sie bei allen ihren geistigen Gaben in Be=
zug auf die Stellung, die sie in den deutschen regierenden Familien
einzunehmen hätte, in eine Art von Rechtsirrtum verfallen. Durch
ihre intimen Beziehungen zu dem koburgischen und dem hannöverschen
Hause entwickelte sich bei ihr die Vorstellung oder das Gefühl, daß
sie im Grunde auch im Rate der deutschen Mächte Sitz und Stimme
habe, wie ja auch ihr Gemahl, Prinz Albert, die deutschen Ange=
legenheiten keinen Augenblick ohne sein Akkompagnement gelassen
hatte. Es gewährte ihr vermutlich große Befriedigung, als man
ihr den Titel einer Kaiserin von Indien beilegte, aber noch größere
empfand sie, wenn sie in Hannover, Hessen=Darmstadt, Koburg=
Gotha und nun vollends in Berlin beachtet wurde und Gehorsam
fand. Sie interessiert sich nicht so sehr für die Nabobs ihrer kaiser=
lichen Länder, als für die guten Deutschen, denen sie gar zu gerne
ein Wohlergehen nach ihrem Ideal verschaffen möchte. Es war
indes nicht ihre Meinung, daß die Nation der Denker berufen

wäre, sich vorzugsweise in der großen Politik vernehmlich zu machen und so war sie denn auch von Anfang an bis heute eine Gegnerin Bismarcks und ertrug es schwer, daß die Deutschen so unmoralisch waren, den Franzosen Straßburg und Metz wegzunehmen. Die Königin von England konnte freilich nicht wie ihre Vorfahren Truppen in Deutschland aufmarschieren lassen, aber was ein frem= der Herrscher hier durch Töchter, Enkel, Vettern, durch Spezial= gesandte und Agenten männlichen und weiblichen Geschlechts leisten kann, ist alles wenigstens versucht worden. Bisher sorgte in der deutschen Reichshauptstadt Bismarck dafür, daß dieses Bestreben in internationalen Angelegenheiten nicht viel erreichte. Aber anders war es in fürstlichen Privatsachen. Hier machte sich der englische Einfluß weit stärker geltend, als einst der russische. Ein Beispiel war die Ehefrage des Großherzogs von Hessen, in welcher dieser Einfluß gegenüber der vollkommen legalen Wiederverheiratung des ehemaligen Schwiegersohnes der Königin Viktoria auf juristischem Gebiete eingriff und durch erzwungene Auflösung des neuen Ehe= bundes mit einer Rechtsbeugung endigte. Als Kaiser Nikolaus einst die Vermählung einer russischen Hofdame mit einem hessischen Prinzen zu hindern versuchte, wollte ihm in ganz Deutschland keine einzige Stimme die Befugnis dazu einräumen. Jetzt schien man die Sache, welche doch unverkennbar auch politischer Natur war, wie selbstverständlich anzusehen.

Es ist Thatsache, daß alle jetzt hinter uns liegenden Be= strebungen nach einer Zusammenfassung der Deutschen an englischer Eifersucht und Mißgunst die größten Schwierigkeiten gefunden haben. Allmählich begann die Königin an dem ihr anfangs verhaßten Louis Napoleon Gefallen zu finden und die früher als Abenteurerin zurückgestoßene Eugenie verwandelte sich in ihrer Anschauung in die scharmante Schwester von Frankreich. Schon konnte der Kaiser seine erste Karte gegen das legitime Europa in Italien unter lautem Beifall der Engländer ausspielen und die Frage, ob dieser Krieg am Rheine fortgesetzt werden solle, wurde von ihm viel später be= jaht, als von der öffentlichen Meinung Englands. Die Vermählung der ältesten Tochter der Königin mit dem Prinzen Friedrich Wil= helm von Preußen legte dem bösen Willen der großen Mehrheit des englischen Publikums einige Reserve auf, bis der Prinz von

Wales mit einer dänischen Prinzessin verheiratet wurde und damit
der Beweis vorlag, daß man sich in seinen Stimmungen gegen das
verhaßte Deutschland nicht mehr durch Rücksichten auf den Hof be=
irren zu lassen brauchte. Preußen mußte seinen Weg im vollsten
Gegensatze zu dem Mißtrauen und Übelwollen Englands machen.
1866 hatte sich die Königin so weit „in den Irrgarten antipreußischer
Manipulation verloren, daß man ihr nicht mehr die Wahrheit
sagen durfte." Ein Beweis dafür sind die Briefe ihrer Tochter
Alice, die sie selbst herausgegeben hat. Die kluge Prinzessin stand
ganz entschieden auf preußischer Seite und beklagte tief die Stellung,
die der Großherzog von Hessen in dem Konflikte gewählt hatte.
In den Briefen aber begegnet man dem geraden Gegenteil davon
die gute Tochter durfte der Mutter nicht gestehen, was sie empfand
und dachte. Die englische Politik war aber damals nicht etwa für
Österreich begeistert. Konnte man Österreich schwächen, seine Stel=
lung in Italien und an der Adria erschüttern, ihm Venedig nehmen,
so waren das Ziele, „auf's innigste zu wünschen." Nur Preußen
sollte dadurch nicht gehoben und gestärkt werden. Es war im In=
teresse Englands, wenn beide Mächte kleiner wurden, da es so
stärker wurde und im Stande blieb, die balance of Europe zu
halten und nach seinem Willen zu dirigieren. Während des Krieges
waren indes diese und ähnliche Gedanken auf's bloße Wünschen
beschränkt. Aber schon 1867 sah der Eingeweihte die Damenpolitik
sich wieder an den Webstuhl der Zeit setzen, und während hier ins=
geheim gearbeitet wurde, verriet das englische Volk bei Ausbruch
des Krieges von 1870 offen, mit welchem von den beiden Gegnern
es sympathisierte, und dieses Gefühl wurde von Thaten begleitet,
welche wie Überschreitung der Grenzen der Neutralität aussahen,
ja, zum guten Teile unter den Begriff fielen, welchen die englische
Jurisprudenz mit fraudulent neutrality bezeichnet. Man versah
die französischen Heere mit Waffen, die französischen Kriegsschiffe
mit Kohlen, man ließ durch französische Kreuzer deutsche Kauffahrer
in englischen Gewässern aufbringen und zerstören, man erweckte
bei den französischen Machthabern Hoffnungen, welche sie in ihrem
Widerstande bestärkten. Solche und ähnliche Manöver ließen sich
allerdings von den hochstehenden Parteigängerinnen Englands in
Deutschland nicht ausführen, der Damenchor in der Tragödie mußte

vielmehr die Siegeslieder der Deutschen mitsingen und konnte nur im stillen über das arme Frankreich und das schöne Paris weh= klagen. Napoleon und Eugenie aber wußten, wohin sie gehörten, als sie in die Verbannung gingen und England zum Aufenthalte wählten. Es war das Reich ihrer besten Freundin. Die Salon= politik aber, die wir kennzeichneten, wurde fortgetrieben, die Vorteile einer Trabantenstellung zu England wurden in immer neuen For= men begreiflich zu machen gesucht und namentlich der Wachdienst an Rußlands Thür als Pflicht der Selbsterhaltung nach Möglich= keit empfohlen. Diese Tendenz der englischen Einflüsse wurde durch die letzten Ereignisse in Bulgarien, Konstantinopel und Zen= tralasien täglich zu stärkerem Werben und Drängen veranlaßt, sie bildet eine große Gefahr für das Wohl und den Frieden Deutsch= lands, und es ist hohe Zeit, daß die Nation sie kennen lernt und sich ebenso einmütig gegen sie erhebt, oder sagen wir, ausspricht, wie vor dreißig Jahren gegen die russischen Einflüsse an den deutschen Höfen."

Von diesem Standpunkte aus wurde in Deutschland die Ver= bindung des Battenbergers mit der preußischen Prinzessin als ein neuester Versuch Englands, uns für sein Interesse zu gewinnen und dauernd daran zu fesseln, beurteilt. „Die Verheiratung des Batten= bergers mit der Tochter unseres Kaisers ist von dessen Schwieger= mutter angeregt worden und wird von dessen Gemahlin lebhaft gewünscht und mit Eifer betrieben. Der Plan war schon bei Leb= zeiten Kaiser Wilhelms, schon vor etwa vier Jahren auf der Tages= ordnung, und schon damals machte Fürst Bismarck, als er davon erfuhr, mündlich und schriftlich Vorstellungen dagegen. Diese über= zeugten den Kaiser und er weigerte sich, seine Einwilligung zu geben, obwohl man ihm sagte, die Prinzessin liebe den Fürsten. Die Köni= gin Viktoria gefällt sich im Stiften von Ehen, wie alle älteren Frauen, der Prinz mag ihr als stattlicher Mann gefallen und sie mag ihn auch aus dem Grunde zum Gemahl für ihre Enkelin aus= ersehen haben, weil er ein Bruder des Mannes ihrer Lieblings= tochter Beatrice ist. Sie hat aber offenbar vorzüglich politische Zwecke mit der Sache im Auge, eine dauernde Entfremdung zwischen uns und Rußland."

Diese Darlegung der Sache zerfiel allerdings sehr bald in

sich selbst. Die Mitteilung, daß die Königin Viktoria von England sich mit Entschiedenheit gegen das Battenbergsche Eheprojekt aus= gesprochen habe, wurde zunächst gegenüber der Gunst, welche die Königin bekanntlich der Battenbergischen Familie zuwendet, mit Zweifel aufgenommen. Sie fand aber eine derartige Bestätigung, daß ihre Authentizität als unbedingt feststehend betrachtet werden mußte. Mochte die Königin Viktoria dem Verlobungsplan noch so nahe gestanden haben, ihre Erklärung gegen denselben war inso= fern bemerkenswert, als damit aufs neue konstatiert wurde, wie stark an den entscheidenden Stellen Europas die Friedenstendenzen vor= wiegen. Dieser Zug wird in dem Herrscherbild der Königin Vik= toria jedenfalls ein bleibender sein. Über Kaiser Friedrich sagt H. Delbrück in seiner schon bei einer anderen Gelegenheit erwähnten Schrift, indem er an die Art und Weise erinnert, wie der Kaiser dem Fürsten Bismarck anzeigte, daß er ihn als Minister zu behal= ten gedenke, und wie fein und bestimmt er es ausgedrückt habe, daß er seine Dienste weiter in Anspruch nehme, dabei aber selbst der Herr zu bleiben gedenke: „Die Nachwelt wird es schwer be= greifen, daß drei Wochen nach einer solchen Kundgebung die Mei= nung Glauben finden konnte, Kaiser Friedrich denke daran, sich von dem Reichskanzler zu trennen. In Wirklichkeit hat nie einen Mo= ment eine Kanzlerkrisis bestanden oder hat der Kaiser sich auch nur mit dem Gedanken an eine solche Möglichkeit beschäftigt, wie ich mit der positivsten Gewißheit behaupten darf.“

Es ist eben kein Geheimnis, daß die fragliche Verbindung nur ein Lieblingswunsch der Kaiserin war. Kaiser Friedrich war mit dem Kanzler einig, sobald die Angelegenheit zur ersten ernsten Erörterung gelangt war, und insofern konnte man von keiner Krise sprechen. „Aber es giebt — so wurde damals von eingeweihter Stelle wörtlich ausgesprochen — es giebt Persönlichkeiten, welche, ohne Befugnis zum Eingreifen in die Leitung der Staatsangelegen= heiten, die Hoffnung zu hegen scheinen, irgendwie eine vollendete Thatsache schaffen zu können, welche der von dem Kaiser gebilligten Auffassung des Kanzlers entgegenstände. In diesem Falle wäre die Krisis, und zugleich ihre Wirkung, der Rücktritt des Kanzlers, da“.

Bestätigte sich die Mitteilung, daß an irgend einer Stelle an die Verleihung eines preußischen Armeekorps an den Prinzen von

Battenberg gedacht worden, so würde das höchst bezeichnend für die Elemente sein, welche in die Leitung der deutschen Politik ein=zugreifen versuchten. Auf einen solchen Gedanken konnten doch wohl nur Kammerherren oder Hofdamen verfallen sein. Der Prinz von Battenberg war in der preußischen Armee Leutenant; hieran ist nichts durch die Thatsache geändert, daß er als Fürst von Bulga=rien mit einem preußischen Generals=Titel beehrt worden war; für ein Avancement vom Leutenant zum kommandierenden General eines Armeekorps durfte in Preußen die Tapferkeit und militärische Geschicklichkeit nicht genügen, die der Prinz sehr ehrenvoll in der langen und blutigen Rauferei zwischen zwei halbzivilisierten Völker=schaften erwiesen hat, aus welcher der bulgarisch=serbische Krieg be=stand.

Was die Einzelheiten der „Krise" betrifft, so wurde berichtet, daß der Prinz von Battenberg am ersten Ostertage, also am 1. April, nach Berlin kommen sollte, aber den Wink erhalten hatte, dies zu unterlassen. So früh schon also waren die politischen Einwendungen des Fürsten Bismarck, wenigstens vorläufig, durchgedrungen, wäh=rend die erste Nachricht der „Köln. Ztg.", daß er „im Begriff stehe, sein Entlassungsgesuch einzureichen," erst am 5. April erschien. Zur Erklärung dieser Meldung berichtete die „Köln. Ztg." hinterher, Fürst Bismarck habe „die politischen Gründe, welche gegen die Ver=leihung des preußischen Armeekorps und des Ordens pour le mérite an den Battenberger und die Vermählung des also ausgezeichneten Prinzen mit der Prinzessin Viktoria sprechen, zugleich mit seinem Eventual=Entlassungsgesuch am 4. April morgens dem Kaiser in einer Denkschrift von 30 Seiten und einem Nachtrag zu derselben unterbreitet." „Die Kanzlerkrisis," sagte die „Köln. Ztg.", „welche einige Tage vorher durch die Kaiserliche Entscheidung zu Gunsten des Fürsten Bismarck erledigt schien, brach also von neuem aus." Dieses „also" war willkürlich; die Denkschrift des Kanzlers, welche am 4. überreicht sein soll, konnte auch den Zweck gehabt haben, nach der nun selbst von der „Köln. Ztg." zugegebenen, früheren Ent=scheidung des Kaisers zu Gunsten des Fürsten Bismarck, durch ge=nauere Darlegung seiner Auffassung die Wiederkehr der Schwierigkeit zu verhüten. Und das, was die „Köln. Ztg." über die Denkschrift und das „Eventual=Entlassungsgesuch" vom 4. hinterher berichtete,

rechtfertigte nicht die Meldung vom 5., daß der Kanzler „im Be=
griff stand, sein Entlassungsgesuch einzureichen." Dazu wäre not=
wendig gewesen, daß die Denkschrift ihren Zweck verfehlt hätte, was
selbst die „Köln. Ztg." nicht behauptete.

Für die Hauptsache, für das Faktum, daß dem Reichskanzler
wenige Wochen nach dem einstimmigen Vertrauensvotum des Reichs=
tags zu seiner auswärtigen Politik, in dieser Schwierigkeiten ge=
schaffen worden, sind die Einzelheiten belanglos. Diese Schwierig=
keiten wurden von dem Fürsten Bismarck überwunden; es ist ebenso
sicher, daß er zurückgetreten wäre, wenn sie sich wiederholten, ohne
daß er sie überwinden konnte.

Die deutsch=freisinnige Presse bestritt dieses Recht. Sie be=
hauptete, es verstoße wider die Treue gegen den Herrscher, daß
dessen erster Diener ein Vorhaben bekämpfe, welches des Königs
Gemahlin betreibe. Dieselbe Partei warf sich zur Hüterin des
monarchischen Gedankens auf gegenüber dem „Hausmeiertum". Sie
sprach von einer Verletzung der monarchischen Empfindungen des
Volkes und stellte dieses vor die Wahl zwischen Kaiserherrschaft
und Kanzlerherrschaft. Sie machte sich die Ungeschicklichkeit über=
eifriger Anhänger Bismarcks zu Nutze. Diesen Vorwurf machte
den nationalen Parteien selbst ein freikonservatives Organ, welches
schrieb: „Wir bedauern die Ausschreitungen, welche die Begeisterung
für den Kanzler Angehörige des Herrscherhauses gegenüber sich
hatte zu schulden kommen lassen. Die Kaiserliche Familie ist
über jede öffentliche Kritik erhaben und darf niemals in das Par=
teigetriebe hineingezogen werden. Was dem einen gefällt, mißfällt
dem andern, unsere persönlichen Anschauungen mögen durch Hand=
lungen und Meinungen der Angehörigen des Kaiserhauses verletzt
werden, wir dürfen darüber die Ehrfurcht vor der Monarchie nicht
aus den Augen verlieren."

Der hier den Anhängern Bismarcks gemachte Vorwurf ist schwer
zu begründen. Er trifft nur einige außerpreußische Blätter. Eugen
Richter beschuldigte im Abgeordnetenhause die Köln. Ztg. ebenfalls
„niederträchtiger Insinuationen" gegen die Kaiserin. Das angegrif=
fene Blatt replizierte sofort darauf. Die „Köln. Ztg." hatte wäh=
rend der Krise gesagt:

„Die Bedürfnislosigkeit ist die Stärke der deutschen Politik,

welche nicht durch eine abenteuerlich ausgreifende Staatskunst preis=
gegeben werden darf, wenn Deutschland nicht eines seiner kostbar=
sten Güter, seinen Ruf als friedenverbürgende Macht, verlieren
soll. Es ist einer der größten und edelsten Züge der Bismarckschen
Politik, daß die Welt, welche das geeinte und machtvolle Deutsche
Reich anfangs ganz naturgemäß argwöhnisch betrachtete und einen
Schulmeister der Welt à la Napoleon in ihm witterte, sich in dieser
Beziehung vollständig beruhigt hat. Wir werden diesen mühsam
gesammelten Schatz hoffentlich nicht durch das Hineintragen frauen=
haft persönlicher Elemente in unsere Politik leichtsinnig verschleudern.
Rußland wird also unsere Thür stets für eine ehrliche freundschaftliche
Annäherung offen finden, und wir werden uns vor Maßregeln
hüten, welche der deutschen Nation nicht den geringsten Nutzen bringen,
Rußland aber verletzen müssen."

Der ganze Aufsatz der „Kölnischen Zeitung", dem diese Stelle
entlehnt ist, beschäftigte sich weder mit dem Kaiser noch mit der
Kaiserin, noch mit der Prinzessin Viktoria, noch mit dem Prinzen
Battenberg, von denen kein Name noch eine Andeutung in dem Artikel
vorkam, sondern war lediglich die Antwort auf eine die deutsche
Politik falsch darstellende Auslassung des russisch=offiziösen Brüsseler
„Nord" über die allgemeine politische Lage. Herr Eugen Richter
fuhr in seiner Rede also fort:

„Ist es etwa nicht wahr, daß in jenem Hauptblatt der Kar=
tellparteien und insbesondere der Nationalliberalen am Rhein wört=
lich gesprochen ist von hochstehenden Frauen, welche über ihre
Herzensangelegenheiten die Politik und die dauernden Interessen
der Dynastie und des deutschen Vaterlandes vergessen?"

Wie stand es um dieses „wörtliche Citat" des Herrn Eugen
Richter aus der „Kölnischen Zeitung?" Es lagen ihm aus längeren
Ausführungen der „Kölnischen Zeitung" die nachstehenden zwei
Stellen zu Grunde:

I. „Wir finden es begreiflich, daß hochstehende Frauen über ihren
Herzensangelegenheiten die Politik und die großen dauernden Interessen
der Dynastie und des Vaterlandes aus den Augen verlieren; zu den Hütern
dieser Interessen aber sind naturgemäß nicht sie, sondern der Kaiser und
sein Kanzler berufen."

II. „Es ist gewiß nicht nur begreiflich, sondern, rein menschlich ge=
sprochen, edel und echt weiblich, wenn — wie wir damals schon erwähnt

haben — hochstehende Frauen über solchen Herzensangelegenheiten die Politik und die Interessen der Dynastie zeitweilig aus den Augen verlieren;
darum ist es ein besonderer Vorteil unserer preußischen Einrichtungen, daß
zu den Hütern dieser Interessen gesetzlich und naturgemäß nicht sie, sondern
der Kaiser und sein verantwortlicher Kanzler berufen sind."

Hierauf konnte wohl die „Kölnische Zeitung" fragen, ob es
denn eine „niederträchtige Insinuation" sei, zu sagen, daß die Kaiserin
entschuldigt ist, wenn sie nach rein menschlichen und mütterlichen
Empfindungen für das Glück ihres Kindes sorgen will, da sie nach
preußischem und deutschem Staatsrecht mit der Regierung und Politik
des Landes ja gar nichts zu schaffen habe!

Das war alles, was Herr Eugen Richter zum Beleg der von
der „Kölnischen Zeitung" angeblich verübten Hetzerei gegen die
Krone und der „niederträchtigen Insinuation" gegen die Kaiserin
vorbrachte. Er ereiferte sich schließlich noch darüber, daß das rheinische
Blatt überhaupt die Verlobungsidee ausgeschwatzt hätte, die er zu
einem Staatsgeheimnis zu machen suchte, und bestrebte sich, die un-
begründete Behauptung immer wieder vorzubringen, als sei die
Krisis beigelegt gewesen, bevor wir davon gesprochen.

Die „Freis. Ztg" vom 30. Mai mochte das Bedürfnis em-
pfinden, die gekennzeichneten „wörtlichen Citate" des Herrn Eugen
Richter — die ihr wohl hinterher allzudürftig erschienen — zu
vervollständigen. In dieser Sammlung fanden sich außer den falsch
aus der Richterschen Rede übernommenen noch zwei weitere. Das
eine wurde so wiedergegeben:

„Ein spaltenlanges Telegramm (der „Kölnischen Zeitung") aus
Berlin schildert, daß die Königin Viktoria von England demnächst
„als Freiwerberin für den Schwager ihrer Lieblingstochter" nach
Berlin kommen werde. Es werden alsdann die politischen Gründe
gegen die Verlobung erörtert. Jeder Deutsche, der sein Vaterland
liebt, habe sich längst überzeugen müssen, daß die Verlobung eine
Einbuße an moralischem Einfluß für die deutsche Regierung in der
auswärtigen Politik zur Folge haben müsse."

Das nicht „spaltenlange" sondern nur 76 Zeilen größter Schrift,
also eine halbe Spalte fassende Telegramm enthielt wörtlich folgende Stelle:

„Die deutsche Politik wurzelt in erster Linie in dem Bestreben,
alles zu verhindern, was auch nur den geringsten Anlaß bieten

könnte, Argwohn gegen seine Haltung zu erwecken. Deutschland muß
der bulgarischen Frage gegenüber, wie der Fürst Bismarck so
klar und überzeugend ausgeführt hat, so lange es sich lediglich um Bulgarien handelt, vollständig interesselos dastehen. Diese
Interesselosigkeit allein bietet der deutschen Regierung die Handhabe,
in gleichem Maße das volle Vertrauen der beiden in der bulgarischen Frage einander am meisten gegenüberstehenden Regierungen
zu erhalten. Nur das allseitige Vertrauen allein kann es ermöglichen, daß Deutschland nach beiden Seiten seine guten und thatkräftigen Dienste zur dauernden Wahrung des europäischen Friedens
in einer so verwickelten Frage mit Aussicht auf Erfolg anbieten kann.
Dieses Vertrauen würde selbstverständlich mit einem Schlage für
lange Jahre hinaus zerstört werden, wenn der vom Zaren am meisten
gehaßte persönliche Gegner der Schwiegersohn des deutschen Kaisers
würde. Die Einbuße an moralischem Einfluß, die der deutschen
Regierung daraus erwachsen muß, liegt auf der Hand. Jeder Deutsche,
der sein Vaterland liebt, hat sich längst von der Richtigkeit dieser
Beweisführung überzeugen müssen."

Das zweite Ergänzungscitat der „Freisinnigen Zeitung" war
(unter Anführungszeichen) folgendes:

„Zu dem Programm, welches zwischen Kaiser Friedrich und
dem FürstenBismarck besteht, gehört aber sicherlich, daß letzterer nur
dem Könige, aber keiner Königin — auch nicht der von England
— diene."

Dieses „Citat" war ein aus dem erklärenden Zusammenhang
gerissener Satz folgender wörtlichen Ausführung der „Kölnischen
Zeitung:"

„Fürst Bismarck hat sich schon seit Jahren mit dem Gedanken
des Rücktritts von den Geschäften getragen. Seine mehr als vierzigjährige Wirksamkeit im öffentlichen Leben, eine Thätigkeit, wie
sie aufregender und arbeitsvoller kaum gedacht werden kann, ist selbstredend nicht spurlos an ihm vorübergegangen. Daß er jenem Gedanken trotzdem nie Folge gegeben hat, muß auf die persönliche Anhänglichkeit zurückgeführt werden, welche den Kaiser an seinen Hochseligen Herrn band. Wenn der Kanzler sich dazu entschlossen hat,
unter Kaiser Friedrich weiterzudienen, so wird dies vermutlich auf
Grund bestimmter Programme geschehen sein. Selbst der ehrgei=

zigste Streber würde ein Ministerportefeuille doch nur auf Grund eines Programms annehmen. Zu dem Programm, welches zwischen Kaiser Friedrich und dem Fürsten Bismarck besteht, gehört aber sicherlich, daß letzterer nur dem König, aber keiner Königin — auch nicht der von England — diene. So allein kennt es unsre Ver= fassung und so ist es alle Jahrhunderte hindurch der Geist unseres gesamten staatlichen Lebens gewesen und wird es — so Gott will — bleiben."

Als drittes „wörtliches Citat" könnte allenfalls noch folgen= des angeführt werden, bei dem die „Freisinnige Zeitung" das auf den Zusammenhang hindeutende „aber" nach dem dritten Wort des Originals sorgfältig unterdrückt hat:

„Dem deutschen Volk könnten Verhältnisse nun und nimmer völlig lieb werden, welche es den bewährten Reichskanzler gekostet hätten."

Nun lautete aber die „nichtswürdige Insinuation" im Zusam= menhang also:

„Die auszeichnende Aufmerksamkeit, mit welcher sich die Kaiser= liche Familie bei der Feier des Geburtstages des Fürsten (Bismarck) im verflossenen Jahre beteiligt hat, bewies, wie hoch der Wert dieses Mannes für Land und Volk auch von dem Kaiser und seinem Hause angesetzt wird. Dem deutschen Volk aber könnten Verhält= nisse nun und nimmer völlig lieb werden, welche es den bewährten Reichskanzler gekostet hätten. Hoffen wir, daß sich ein Ausweg aus den Schwierigkeiten finden lassen werde, dem von keiner Stelle Bitterkeit folge und der uns und dem Throne den Reichskanzler erhalte."

Das sollte unloyal, nichtswürdig sein! Man verstand die Sprache Richters, dessen eigentlicher Angriffsgegenstand während der ganzen Krise der Reichskanzler selber war.

Gegenüber dem Eifer, mit welchem die freisinnige Presse in jenen Tagen gegen den Fürsten Bismarck kein Mittel unversucht ließ, ihn zu verdächtigen und namentlich die allerdings nicht ganz neue Mär von dem Hausmeiertum als Waffe gegen den Kanzler zu gebrauchen suchte, mußte die Nachricht von der Ernennung des Grafen Herbert Bismarck zum Staatsminister überraschen. Denn gerade in dieser Ernennung, durch welche zum erstenmal in der Ge=

schichte Preußens der Fall herbeigeführt wurde, daß Vater und
Sohn zugleich Mitglieder des preußischen Staatsministeriums sind,
lag der denkbar klarste und deutlichste Ausdruck nicht nur des
vollsten Vertrauens zu dem Fürsten Bismarck, sondern vor allem
auch der Anerkennung seiner in allen Zeiten und Tagen gleich be=
währten erhabenen Vasallentreue. Gerade gegenüber den in der
demokratischen Presse aller Richtungen nicht nur gegen die Person
des Reichskanzlers, sondern vor allem auch gegen dessen Familie
getriebenen Verhetzungen, welche selbst bis zu den Anspielungen, wie
„Dynastie Bismarck," „Erblichkeit der Kanzlerwürde" u. s. w. sich
verstiegen, war die Berufung des ältesten Sohnes des Kanzlers in
den obersten Rat der Krone bezeichnend. Der Kaiser hatte, wie
verlautet, diese Ernennung dem Reichskanzler persönlich angekün=
digt, indem er den Empfindungen, welche ihn gegen den Reichs=
kanzler beseelten, einen ungemein herzlichen Ausdruck gab. Andere
Auszeichnungen, welche für den Fürsten Bismarck in Frage standen,
soll derselbe zurückgewiesen haben. Auf der andern Seite heben
die Ärzte sowohl wie alle diejenigen hohen und niederen Personen,
welche in der nächsten Umgebung des kranken Kaisers beschäftigt
waren, die rührende hingebende Liebe des Reichskanzlers Fürsten
Bismarck zu seinem Allerhöchsten Herrn hervor. Alle, welche Ge=
legenheit gehabt, den Kaiser im Schloß zu Charlottenburg zu beob=
achten, waren ergriffen von dem tiefen Schmerze, welcher den ersten
Diener des Kaisers erschütterte, sobald er sich dem hohen Leidenden
nahte. Die volle Hingebung, Treue und Aufopferung, die der Fürst
mit jeder Faser seines Herzens dem Kaiser Wilhelm dargebracht,
übertrug er auch auf Kaiser Friedrich. Wie der Fürst täglich ganz
im stillen die Blüten des Frühlings in einfachen, aber herrlich
duftenden Bouketts seinem kranken Herrn sandte, wie er von Gram
gebeugt, in stummem Schmerz an das Lager desselben trat, waren
die Beweise der rührenden Hingebung des Kanzlers.

Die Denkschrift des Fürsten Bismarck vom 4. April ist noch
nicht veröffentlicht worden. Das in der „Nouvelle Revue" von
Madame Adam gebrachte Dokument ist gefälscht. Kein Satz stimmt
genau im Wortlaut mit dem wirklichen Bericht des Fürsten Bis=
marck an Kaiser Friedrich überein; die Einleitung des Briefes, der
auf eine mündliche Rücksprache der Kaiserin mit dem Fürsten Bis=

marck und auf einen Brief der Königin von England vom 26. März
Bezug nimmt, widerspricht sogar den Thatsachen. Richtig ist da=
gegen in der falschen Urkunde der ungefähre Gedankengang; vor=
läufig ist noch nicht zu ermitteln, ob der Fälscher das Schriftstück
nur auf Grund der damaligen ausführlichen Mitteilungen der
Presse, in erster Linie der „Kölnischen Zeitung," nach freiem Er=
raten zusammengestellt, oder ob er vielleicht auch noch vom echten
Bericht, sei es durch die Erzählung einer unterrichteten Persönlich=
keit, sei es gar durch eigenen Einblick, Kenntnis erhalten hat. Jeden=
falls kann aber selbst ein solcher Einblick nur flüchtig gewesen sein,
höchstens in einmaligem flüchtigen Lesen bestanden haben, da die
Ausführungen des echten Berichtes selbst dem Sinne nach nicht
einmal in großer Vollständigkeit, sondern mit wesentlichen Aus=
lassungen und Lücken wiedergegeben sind.

Was inhaltlich als zutreffend angesehen werden kann, mag
hier wiedergegeben werden. Fürst Bismarck rät ab, einem Projekt
Folge zu geben, das, wenn es die Wünsche der Königlichen Familie
von England erfüllt, nicht unter demselben Gesichtspunkt von der
Kaiserlich deutschen Regierung betrachtet werden kann, die durch die
gegenwärtigen Kombinationen ihrer auswärtigen Politik in einer
Lage festgelegt ist, deren Basis seit langem besteht, und deren
begründetes und notwendiges Gleichgewicht nicht von der Frage
einer in jeder Hinsicht ehrenwerten Neigung abhängen kann, die
doch nur in zweiter Linie in Betracht kommen kann. Es handelt
sich nicht um die Ehe der Prinzessin mit dem Prinzen Alexander
v. Battenberg, einem deutschen Unterthanen, sondern mit dem Für=
sten von Bulgarien, einem depossedierten Souverän, der sich noch
als Prätendent geberdet. Fürst Bismarck bittet den Kaiser, in dieser
Frage allein den Gesichtspunkt allgemeiner deutscher Politik zu be=
achten, der sich daran knüpft. Dieses Eheprojekt war bereits in
Frage gewesen, Kaiser Wilhelm hatte in dieser Beziehung seinen
Willen eingesetzt, der respektiert wurde, wie schwer es auch dem
steten Wohlwollen seines Herzens fiel, dem ausgesprochenen Wunsche
seines geliebten Sohnes sich zu widersetzen. Der Souverän, der
das Deutsche Reich gegründet und so große politische Thaten aus=
geführt hat, setzte immer die Staatsräson über seine persönlichen
Empfindungen und hat diese nur in voller Sachkenntnis geopfert.

Der verstorbene Kaiser hat die schwerwiegenden Gründe gekannt und beurteilt, aus denen die Verbindung der Prinzessin mit dem Prinzen Alexander nicht zugelassen werden konnte. Diese Gründe bilden einen untrennbaren Teil des politischen Systems der Kaiserlichen Diplomatie in ihren direkten Beziehungen zu Rußland und dessen erhabenem Souverän.

Kaiser Wilhelm hat sterbend die einzigen Sorgen seiner großen Seele zu erkennen gegeben, als er den Rat erteilte, immer in dem Geiste der Schonung gegenüber dem Zaren zu verfahren und gegenüber Rußland eine Politik des Friedens und herzlichen Einverständnisses zu führen. „Ew. Majestät weiß, daß ich mich immer von demselben Gedanken durchdringen ließ und daß alle meine Bemühungen immer darauf gerichtet waren, in einer definitiven Weise diese Beziehungen guter Nachbarschaft und Verbindung realisiert zu sehen, wie sie zwischen Deutschland und Rußland bestehen müssen. Diese Beziehungen in nichts zu verdunkeln, hatte unser verstorbener Kaiser beschlossen, sich dem Heiratsprojekt seiner Enkelin mit dem Prinzen Alexander von Battenberg zu widersetzen; es sind dieselben Gründe hoher politischer Konvenienz, die sich auch noch heute bei Ausführung desselben Projekts widersetzen."

Das Dokument nimmt auf die Vorgänge vom Sommer zuvor Bezug, wo der Zar von Kopenhagen nach Berlin kam. Es sagt: „Mit Geringschätzung antwortete derselbe auf die Einladung, die unser erhabener Kaiser ihm zur Zeit der großen Manöver von Stettin hatte zukommen lassen." Hier begeht das Dokument eine historische Fälschung. Man hat zwar den Zaren in Stettin erwartet, ihn aber nicht eingeladen.

Der Kanzler führt dann in dem angeblichen Bericht Kaiser Friedrich gegenüber durch Beifügung des Aktenmaterials den Beweis, daß seine Politik in allem, was Rußland betraf, stets eine durchaus loyale und wohlwollende gewesen sei, und fährt dann fort:

„Es kann keinem Zweifel unterliegen, welcher Schluß aus diesen Zwischenfällen gezogen werden muß: auf der einen Seite der Kaiser von Rußland, der in schwerer Weise die Beleidigung empfand, welche er von unserer Politik seiner Würde zugefügt glaubte, auf der anderen Seite unser verstorbener Kaiser, der alles ins Werk setzte, um seinen Kaiserlichen Neffen aufzuklären und den zwischen Rußland und Deutschland bestehenden Beziehungen den Charakter gegenseitigen Vertrauens zurückzugeben, den diese Beziehungen bewahren und aufrecht halten müssen, als eine der stärksten Bedingungen der Stabilität des Friedens in Europa. Ew. Majestät werden, nachdem Sie von allen Einzelheiten dieser so verwickelten Frage Kenntnis genommen haben, die genauen Gründe noch leichter erkennen, mit denen die deutsche Politik jeden Gedanken einer Heirat zwischen einer Hohenzollerin und dem ehemaligen Fürsten von Bulgarien zurückweisen mußte und noch zurückweisen muß, nachdem die Entfernung desselben aus Bulgarien durch den Zaren gewollt war. Die Frage der guten politischen Beziehungen mit Rußland hängt davon ab, und in dem gegenwärtigen Zustand von Europa ist die Aufrechterhaltung dieser guten Beziehungen notwendig. Ew. Majestät kennt in der That die Absichten der deutschen Politik, was Bulgarien anbetrifft; sie weiß, daß wir uns von der politischen Linie nicht entfernen können und dürfen, welche bis hierher befolgt worden ist und die keinen anderen Charakter gehabt haben konnte, als eine vollständige Uninteressiertheit bezüglich alles dessen, was in dem Fürstentum sich ereignet. Das Geschick unserer Diplomatie ist damit verknüpft.

Es würde in einem zu großen Maße den Entscheidungen dieser Politik der Uninteressiertheit entgegentreten, wenn man dem Prinzen, der ein Prätendent auf die Krone von Bulgarien ist, mit der Hand einer Prinzessin aus dem Kaiserlichen Hause von Deutschland die politischen Hoffnungen geben wollte, welche diese Ehe mit sich führen müßte. Der Zar würde das Recht haben, zu glauben, daß unsere wirklichen Absichten nicht mit unseren Handlungen übereinstimmen und daß, wenn wir einem von dem Thron gestürzten und unter dem Druck der russischen Politik aus seinem Staat verbannten Fürsten die Weihe einer solchen Verbindung geben, wir beabsichtigten, die Popularität des Prinzen zu erneuern und seine Rückkehr nach Bulgarien zu erleichtern. Schon ist König Karl von Rumänien, lediglich seines Namens und seiner Abstammung halber, Gegenstand harter Angriffe. Wie würde Rußland, welches alle diese Angriffe leitet und unterhält, die Nachricht der Heirat des Fürsten von Bulgarien mit einer Prinzessin derselben Familie der Hohenzollern aufnehmen? Diese Lage würde eine wirkliche Gefahr für den Frieden begründen und unsere Diplomatie kompromittieren, indem sie ihr Verbindlichkeiten auflädt, die zu übernehmen nicht im Interesse von Deutschland liegt. Was er auch sage und was er auch wolle, Prinz Alexander ist und bleibt nun einmal ein Prätendent. Er kann nicht aufhören, es zu sein. An dem Tage, wo er durch die Ereignisse, die man ja leicht voraussehen kann, dorthin berufen, nach Sofia sich begiebt, darf er es nicht thun mit dem Anschein der offiziellen Unterstützung der Kaiserlichen Politik. Sonst würde an diesem Tage Deutschland alle Konsequenzen einer Lage zu übernehmen haben, die ich mich immer bemüht habe, für Deutschland nicht zu schaffen. Die deutsche Politik hat offiziell weder von nah noch von fern etwas in den bulgarischen Angelegenheiten zu suchen. Ew. Majestät kennt die wesentlichen Gründe, die auf ein einziges Ziel einmünden: die Konsolidierung der Friedensliga, welche die Zentral= mächte von Europa umschließt, und Ew. Majestät weiß, daß dies von diesen Mächten gemeinsam unternommene Werk zur vollstän= digen Realisation nur gelangen kann, wenn Rußland in dem Zu= stand offizieller Sympathie erhalten wird, die immer zwischen unserem verstorbenen Kaiser und dem Zaren von Rußland herrschte. Die offenliegende Neutralität unserer Politik gegenüber allen Unterneh= mungen der russischen Politik — selbst eine Art von Ermutigung von unserer Seite in den Grenzen, die wir uns gezogen haben — das ist der modus vivendi unserer Politik in Bezug auf Rußland. Dieser Gesichtspunkt ist so zutreffend, daß das Werk der Feinde der deutschen Macht darin besteht, Situationen herbeizuführen, die diesen Zustand der offenen Sympathie, der noch dauert, zerstören können, trotz aller bis auf diesen Tag geübten Anstrengungen. Es ist nicht die russische Allianz, was von dieser Seite gesucht wird, sondern vielmehr das Mittel, einen ernsthaften und unheilbaren Konflikt zwischen den beiden Höfen von Berlin und St. Petersburg, sowie zwischen den beiden Kaisern zu schaffen, und diese Taktik ist geschickt.

... Die Intrigen, die sich an den Heiratsplan des Prinzen Alexander knüpfen, erfolgen nicht bloß in Deutschland; sie haben ihren Mittelpunkt im Auslande, und zwar nicht allein in London, sondern überall, wo man gegen die Macht der deutschen Einheit konspiriert. Es sind dieselben Komplotte, welche die Angelegenheit

der bulgarischen Aktenstücke angezettelt haben, dieselben Komplotte, die nunmehr diese Versuche unternehmen, deren förmlicher Zweck ist, Ursachen der Reibung zwischen dem Zaren und dem Kaiser herbei=
zuführen, und diese Ursachen werden in der Zukunft den Kombina=
tionen der Kaiserlichen Politik Hindernisse bereiten.

Die oben bezeichneten Kombinationen, Ew. Majestät weiß es, sind das überlegte und lange erwogene Werk der vorigen Regierung: sie haben für sich die Sanktion unseres verstorbenen Kaisers, der sie zu billigen gewußt, weil sie in allen Punkten dem von der Kaiser=
lichen Politik angestrebten friedlichen Zwecke entsprachen. Dieser Zweck, welcher auch durchaus den Ansichten Ew. Majestät entspricht, wird nur auf demselben Wege erreicht werden können, indem den Dispositionen der deutschen Diplomatie die erworbenen Stellungen gewahrt bleiben. Ich halte dafür, daß im vorliegenden Falle die Verwirklichung des Heiratsplanes zwischen der Prinzessin, Ihrer Tochter, und dem Prinzen Alexander von Battenberg, zum Nutzen der Gegner unserer Politik uns eine der letzten Positionen verlieren lassen würde, die in einem gegebenen Zeitpunkte den stärksten Interessen des Kaiserreiches dienen sollen."

So lautet das nachgemachte Aktenstück. Die Kanzlerkrise war vorüber, als die Königin Viktoria nach Berlin kam. Dreißig Jahre lang hatte sie die Schwelle ihrer Tochter nicht betreten. Es lag nur zu nahe, daß dieser Besuch Anlaß gab, den vollen Kontrast sich auszumalen, in welchen die Umstände, unter denen er erfolgte, zu der Anwesenheit im Monat August 1858 standen. Ein reines, unver=
mischtes Glück lag damals über Babelsberg ausgegossen, dort ver=
lebte das junge kronprinzliche Paar den ersten Sommer, dort wohnte auch die Königin Viktoria. Der Prinz=Regent und seine Gemahlin thaten das Äußerste, um ihre Gäste, die Königin Viktoria und ihren Gatten, den Prinzgemahl, zu feiern; eine glänzende Heerschau führte ihnen die Macht des so eng befreundeten Staates vor, alle ruhm=
reichen Stätten auf dem klassischen Boden der Hohenzollern wurden aufgesucht, eine Wasserfahrt auf der Havel bei voller Beleuchtung der Ufer und der Boote, beim magischen bengalischen Licht, unter Leucht=
kugeln und Schwärmern führte zur Pfaueninsel, wo einst Friedrich Wilhelm III. und Luise gelebt. Am Tage darauf wurde der Geburts=
tag des Prinzen Albert auf Babelsberg festlich begangen. Am 28.

August erfolgte der Abschied. Die Bevölkerung der Hauptstadt
stand in der Feier der mächtigen Herrscherin, die zum ersten Male
bei ihr zu Gaste war, hinter dem Königshause nicht zurück. Sie
verlebte Freudentage, sie bereitete den Eltern des geliebten Kronprinzenpaares einen enthusiastischen Empfang. Es war, als wenn sie die
herzlichen und freundlichen Empfindungen, die sie sechs Monate zuvor
der Prinzessin Viktoria und ihrem jungen Gemahl bei ihrem Einzug
in Berlin entgegengebracht hatte, und mit denen sie fortfuhr, auf
das verehrte Paar hinaufzuschauen, auf die nächsten Verwandten,
auf die hohen Eltern, die jetzt gekommen waren, ihre Kinder am
heimischen Heerde walten zu sehen, übertrug. Die Eltern konnten
sich von dem Glücke ihrer Kinder, wie von der Liebe und der Verehrung, die diese beim ganzen Volke genossen, überzeugen. Auch
zeigten sie eine vortreffliche Laune, die sofort Stoff zu allerlei im
Volke kursierende Anekdoten gab. Die Königin war von Papa Wrangel
entzückt, der sich in der That äußerst liebenswürdig machte. Auf
der Pfaueninsel sagte er zur Königin: „Ew. Majestät sehen aus,
als wenn Sie zu Tanze gingen." Der Königin wurden allerlei
Scherze in den Mund gelegt, die sie auf das Kompliment des alten
Generals erwidert haben sollte. Es waren frohe Tage! Sie waren
besonders von den Zukunftshoffnungen getragen, die das Volk, die
die hohen Eltern der Prinzessin für Preußen hegten, von den nationalen Hoffnungen, deren Erfüllung man von der nächsten Zeit,
von dem Regierungsantritt des Prinz-Regenten und seinem einstigen
Nachfolger erwartete. Prinz Albert und seine Gemahlin erkannten
in dem Prinzen Wilhelm und dem Kronprinzen zwei starke Pfeiler
der Größe Deutschlands.

Interessant ist es, aus dem Tagebuche der Königin und aus
den Briefen des Prinz-Gemahls an den Baron von Stockmar die
Eindrücke zu ersehen, die der Aufenthalt in Potsdam und Berlin
auf sie machte. Der Prinz-Gemahl äußert sich nur über die politischen Eindrücke. Er schreibt über den Prinz-Regenten (der damals
noch nicht in eigener Verantwortlichkeit, sondern im Namen des
erkrankten Königs regierte): „Ich habe bei dieser Gelegenheit einen
klaren Einblick in seine (des Prinz-Regenten) Natur gewonnen und
gefunden, daß er weit mehr Beachtung, Wertschätzung und Vertrauen verdient, als ihm die Mehrzahl der ihn umgebenden Personen

erwiesen hat. Als er mir seine Ansichten über die Politik Preußens in Bezug auf einen Nachbarstaat (Österreich?) entwickelte, fand ich sie so vernünftig, so einfach, so aufrichtig und ehrenhaft, daß ich ihm die Hand küßte."

Über den damaligen Kronprinzen schreibt er: „Er ist fest in seinen konstitutionellen Grundsätzen, er verabscheut das Ministerium und die Kühle, mit der der Kronprinz und die Minister (Man= teuffel und Genossen) sich begegneten, war unverkennbar." Die Königin Viktoria berichtet vor allem über das Glück ihrer Tochter, über den trefflichen Fritz, und über die guten Berliner. Nicht, wie die Berliner ihr begegnet sind, sondern wie sie ihren beiden Kindern, der Kronprinzessin und dem Kronprinzen bei allen Gelegenheiten begegneten, ist das Thema, über das sie schreibt, und das sie so überaus glücklich macht. „Es ist, als wenn der laute und herzliche Jubel, mit dem die Potsdamer und die Berliner Bevölkerung das junge Ehepaar beim Einzuge im Februar empfing, noch immer nachhallte. . . ." Über die Minister sprach auch die Königin ihren Unwillen aus. Den Minister=Präsidenten Manteuffel fand sie „garstig." Es gab damals eine russische Partei, die von Anfang an der Verbindung des preußischen Kronprinzen mit der englischen Prinzessin widerstrebt hatte und die der letzteren das Leben nicht wenig sauer machte. Dreißig Jahre später war es fast umgekehrt. Beim Volke hatte sich gegen England und alles Englische ein großer Umschwung in der Stimmung vollzogen.

Die Scheu, welche die Königin von England seit ihrem ersten Besuche gegen Berlin an den Tag gelegt, während sie in den dreißig Jahren ihrer Vermeidung des Betretens märkischen Sandes wieder= holt Besuche bei ihren Verwandten in Koburg und Darmstadt machte, soll auf der Verstimmung beruht haben, die ihr das Ver= halten des Kaisers gegenüber dem kronprinzlichen Hofstaate in öko= nomischer Beziehung bereitete. Die Dotation wurde nicht für aus= reichend angesehen und ihr sollen in der That mehr und mehr materielle Schwierigkeiten, ja Verlegenheiten entsprungen sein, Ver= wickelungen, die später der Vermittelung des Justizministers bedurften, Verbindungen, welche für das Urteil über den Antisemitismus nicht ganz gleichgültig waren. Auch soll man den häufigen, fast jährlich wiederkehrenden Aufenthalt im Auslande wirtschaftlichen Motiven

zuschreiben. Zuletzt gewannen diese auch noch während der Krank=
heit des Kronprinzen eine Bedeutung. Erst als Kaiser Wilhelm I. seine
Augen geschlossen und Kaiser Friedrich den Thron bestiegen, wieder=
holte die Königin Viktoria ihren Besuch. Finanzielle Angelegen=
heiten spielten auch bei dieser Gelegenheit wieder eine Rolle.

In ernster Zeit traf die Königin mit großem Gefolge am 24. April
vormittags auf Bahnhof Charlottenburg ein. Auf ihrer Reise
nach Berlin war sie von dem König von Italien und dem Kaiser
von Österreich begrüßt worden. Die Bedeutung dieser Reise nach
Berlin sprach für sich selbst. Sie war lange geplant und jetzt zur
Ausführung gebracht, um der Kaiserin in dieser schweren Zeit den
Trost des Zusammenseins mit der Mutter zu gewähren, um Kaiser
Friedrich in seiner schweren Heimsuchung die tiefste Teilnahme zu
bezeugen. Deshalb wurde auch von jeder offiziellen Ausgestaltung
der Begegnung und des Empfanges abgesehen. Der Aufenthalt
in Charlottenburg und Berlin sollte einzig den Charakter eines
Familienbesuches tragen. Aber wenn dieser Gesichtspunkt für das
Entwerfen des Programms auch maßgebend gewesen, so konnte er
doch nicht verhindern, daß die Bevölkerung in dem Gaste unseres
Kaiserhauses auch die Königin des großen Staates erblickte. Überall
gestaltete sich die Begrüßung zu einer Bekundung freundlichster Ge=
sinnung und guter Meinung. Nur die Rücksicht auf die dem Kaiser
unumgängliche nötige Ruhe verhinderte, daß in der Umgebung des
Schlosses die ehrfurchtsvolle Begrüßung auch lauten Ausdruck
fand. Ein offiziöses Blatt bemerkte: „Von einem Teil der nord=
deutschen Presse wird die Nachricht verbreitet, es seien besondere Vor=
sichtsmaßregeln getroffen worden, um einem Ausbruch der Volks=
leidenschaften beim Besuche der Königin von England in Berlin
vorzubeugen. Wir sind in der Lage, dieser Nachricht widersprechen
zu können. Dieselbe scheint uns übrigens aus einer völligen Un=
bekanntschaft mit der Lage der Verhältnisse zu entspringen. Die
Königin von England hat sich in der Frage, welche Deutschland
in den letzten Wochen beschäftigte, stets zu Gunsten des Friedens
ausgesprochen, und ihren Einfluß nach dieser Richtung hin geltend
gemacht. Ihre Majestät ist niemals für das Heiratsprojekt mit
dem Battenbergischen Prinzen eingetreten. Aber selbst wenn die
Königin Viktoria eine andere Stellung eingenommen hätte, so wären

doch die Befürchtungen, welche in der eingangs erwähnten Nach= richt zum Ausdruck kommen, unbegründet. Die Berliner Bevölke= rung ist zu gut geartet und zu gesittet, als daß sie der Mutter der deutschen Kaiserin anders denn mit Ehrfurcht begegnen würde."

Am 25. April hatte Fürst Bismarck eine lange Unterredung mit der Königin von England. Bei der an demselben Tage statt= findenden Hoftafel wurde die besonders huldvolle Art bemerkt, in der die Königin Viktoria mit dem Reichskanzler sich unterhielt. Man schloß daraus, daß die langdauernde Unterredung von demselben Tage zu ungewöhnlich befriedigendem Ergebnisse geführt habe. Als beim Ausbruch der Kanzlerkrise die Zeitungen von einer gleich langen Audienz des Kanzlers bei der Kaiserin Friedrich meldeten, bei welcher Gelegenheit letztere erklärt haben sollte, „sie opfere das Glück ihres Kindes auf dem Altare des Vaterlandes," wurde von anderer Seite behauptet, es wäre in Wahrheit von der Affaire Battenberg nicht mit einem Worte, desto mehr aber von Geld= und anderen Besitzangelegenheiten die Rede gewesen. So sollen auch Angelegenheiten dieser Art die Unterredung der Königin von Eng= land mit dem Fürsten Bismarck vorzugsweise ausgefüllt haben.

Zu der Familientafel vom 25. April waren auch Graf Moltke, Minister von Puttkamer, Graf Herbert Bismarck, der Minister des Königlichen Hauses Graf Otto zu Stolberg=Wernigerode, die Chefs des Zivil= und des Militärkabinetts, Oberpräsident Dr. Achenbach, der kommandierende General des Gardekorps von Pape, der Ober= zeremonienmeister Graf zu Eulenburg u. s. w. mit einer Einladung beehrt worden. Sonderbar, von Herrn von Manteuffel sagte im August 1858 die Königin von England „He was a cross, desagreable, unpleasant man". Wenige Monate darauf erfolgte sein Sturz. Von Herrn von Puttkamer wird die Königin nicht viel anders ge= dacht haben. Er zählte nach der hohen Ehre, die er am 25. April genoß, seine Amtsdauer nur noch nach Wochen. In den englisch redenden Kreisen Charlottenburgs sprach man schon früh von der Notwendigkeit „of blowing up this unpleasant man".

Nach dem Scheiden der Königin von England vom Berliner Kaiserlichen Hofe veröffentlichte die „Nordd. Allg. Ztg." an der Spitze ihres Blattes folgende, die persönlichen und politischen Eindrücke dieses hohen Besuches zusammenfassenden Sätze:

„Ihre Majestät die Königin von England hat Berlin gestern
wieder verlassen, nachdem ihr von allen Schichten der Bevölkerung
der ehrfurchtsvolle und sympathische Empfang bereitet worden ist,
der Ihr nach langer segensreicher Regierung eines befreundeten
Landes und als nächster Anverwandten unseres geliebten Herrscher=
hauses im vollsten Maße gebührt. Wir geben uns der Hoffnung
hin, daß die spontanen Kundgebungen allgemeiner Verehrung, die
Sie auf allen Wegen hier begleitet haben, Ihr nicht entgangen
sind, und daß Ihre Majestät ein gutes Andenken von Berlin nach
England zurücknimmt, während hier Ihr Besuch zu ernster Zeit
nicht nur bei denjenigen, die das Glück gehabt haben, sich Ihr
persönlich nähern zu dürfen und die im Banne Ihrer huldreichen
Liebenswürdigkeit stehen, sondern bei allen gut Deutschgesinnten
als eine Kundgebung wohlthuender persönlicher Teilnahme in treuer,
dankbarer Erinnerung bleiben wird. Wir betrachten es als selbst=
verständlich, daß jener Besuch und die damit verbundenen persön=
lichen Ansprachen, Eindrücke und Erinnerungen auch auf die poli=
tischen Beziehungen zwischen Deutschland und England nur die
günstigsten Rückwirkungen haben können.“

Die „Neue Pr. Ztg.“ wußte ihrerseits das Folgende zu be=
richten: „Die Königin von Großbritannien hat, wie uns aus guter
Quelle mitgeteilt wird, am 25. unmittelbar, nachdem sie von ihrer
Umfahrt durch Berlin nach Charlottenburg zurückgekehrt war, an
den englischen Premierminister Marquis of Salisbury ein ausführ=
liches Telegramm abgesandt, in welchem sie — man darf nicht ver=
gessen, daß sie am Mittag etwa dreiviertel Stunde mit dem
Reichskanzler Fürsten von Bismarck zusammen war, eine Zeit, die
jedenfalls benutzt worden ist, um auch große politische Fragen zu
berühren — unter dem frischen Eindrucke des ihr und ihrer er=
lauchten Tochter, der Kaiserin Viktoria, in Berlin gewordenen herz=
lichen Empfanges dem Premierminister davon Mitteilung machte
und dabei ihre freudige Empfindung über diese, sie so sympathisch
berührende Haltung des Berliner Publikums ausdrückte.“

„Diese mußte sie“, so bemerkte die „N. Pr. Ztg.“ zu dieser
Mitteilung „mit um so größerer Genugthuung erfüllen nach den
direkten Warnungen und Mahnungen, die an sie ergangen waren,
bei der jetzt in Berlin gegen England herrschenden Stimmung nicht

die Reise dorthin zu unternehmen, Stimmen, welche sie jedoch in
ihrem Vorsatze, den Kaiser Friedrich an seinem Krankenbett zu besuchen, nicht haben wankend machen können". „Man wird nicht
leugnen", sagte die Vossische, „daß in diesen Auslassungen, insbesondere in der inspirierten Kundgebung der „Nordd. Allg. Ztg."
ein Maß anerkennender Genugthuung zu Tage tritt, wie es außer
den engsten Verbündeten Deutschlands einem fremden Souverän
von hier aus lange nicht bezeigt worden ist. Wie grell sticht diese
Sprache von den Betrachtungen ab, die anläßlich des November-
besuchs des Zaren in der offiziösen Presse erschienen! Und das
alles, nachdem kurz vor dem Besuch der englischen Königin in der
Presse der Regierungsparteien kein Mittel unversucht geblieben war,
die deutsche Leidenschaft gegen alles „Englische", vor allem also
gegen die Königin von England selber als in gefährlicher Erregung
begriffen zu bezeichnen".

Von den Erwartungen, welche alle diese Blätter verschiedenster
Richtung an den Besuch der Königin Viktoria knüpften, ist keine
in Erfüllung gegangen. Die englische Politik steht noch auf der
alten Stelle, wenn auch Lord Salisbury im Monat August in
seiner Rede bei dem Lordmayorsbankett die Sehnsucht nach einer
großen Friedensliga auszusprechen schien.

Die Vossische hatte bei derselben Gelegenheit bemerkt:

„Die ungewöhnlich warme Huldigung, welche das anerkannte
Organ der Reichskanzlei der Königin von England dargebracht hat,
findet bereits Widerhall in der gesamten Presse; die gouvernementalen Blätter schlagen einen Ton an, als hätten sie nie gegen
„fremde Hände in Deutschland" geeifert oder beleidigenden Spott
gegen die „drei Viktorien" getrieben. Während man noch vor
wenigen Tagen in hervorragenden Blättern der nationalliberalen
Partei lesen konnte, daß das „perfide Albion" selbst bei Waterloo
nicht ehrlich auf Preußens Seite gestanden habe, 1864, 1866 und
1870 aber förmlich unser Feind gewesen sei, wird jetzt die Regierung der Königin Viktoria als eine überaus segensreiche gepriesen,
welche stets für Deutschland und deutsche Interessen eingetreten sei."

Die Behauptung, daß die „gouvernementalen Blätter" — also
nicht etwa ein oder das andere, wenig bedeutende Preßorgan dieser
Richtung, sondern die Gesamtheit, zum mindesten die Mehrheit

dieſer Zeitungen — vor dem Beſuche der Königin von Großbritannien
gegen die „drei Viktorien" beleidigenden Spott getrieben hätten, war
eine tendenziöſe Erfindung. Nur ein einziges namhaftes Blatt ge=
ſtattete während der Kanzlerkriſis ſich die Bemerkung: Fürſt Bis=
marck ſei zwar eine ſehr einflußreiche Perſönlichkeit, ob er aber im
Kampfe gegen drei Viktorien den Sieg davontragen werde, er=
ſcheine doch zweifelhaft. Dieſes Blatt war — der Pariſer „Figaro",
deſſen Berliner Korreſpondent ſich weit eher zum Sprachrohr der
Deutſchfreiſinnigen als zum Interpreten gouvernementaler oder
nationaler Gedanken machte. Sollte das eine oder das andere
Blatt dieſen naheliegenden Scherz in ſeine Spalten aufgenommen
haben, ſo würde es ſich eines crimen laesae majestatis damit kaum
ſchuldig gemacht haben. Wenn man bedenkt, in wie rückſichtsloſer
Weiſe hervorragende linksliberale Preßorgane jederzeit über einzelne
Mitglieder der unſerem Herrſcherhauſe ebenfalls nahe verwandten
ruſſiſchen Kaiſerfamilie ſich ausgeſprochen haben, dann erſcheint der
Eifer, mit welchem ſie einer jeden Ihrer großbritanniſchen Majeſtät
mißfälligen Auslaſſung nachſpüren und wehe rufen über das illoyale
Gebaren unſerer Gouvernementalen und Nationalen, ebenſowenig
ernſt gemeint, wie die ſittliche Entrüſtung über diejenigen natio=
nalen Hiſtoriker und Blätter, die Englands Politik gegenüber dem
preußiſchen Alliierten in der Zeit von 1814 und 1815 als ein
„perfides" bezeichnen. Die Beantwortung der Frage, ob Lord
Caſtlereaghs Verhalten auf dem Wiener Kongreß vom preußiſch=
deutſchen Standpunkte eine andere Bezeichnung verdient, kann man
dem Geſchichtskundigen überlaſſen, gleichviel zu welcher politiſchen
Partei er ſich bekenne. England hat eben ſtets — damals wie
heute — nur engliſche Politik getrieben; wo es Allianzen ſchloß,
hat es nur vom engliſchen Intereſſe ſich leiten laſſen, und ſobald
dieſes Intereſſe es erheiſchte, hat es die Allianzen gewechſelt, wie
man es mit einem Rocke thut, je nach der Jahreszeit. In den
Augen eines jeden Engländers, er mag Konſervativer, Liberaler
oder Radikaler ſein, verſteht ſich das ganz von ſelbſt, und auch
unſere Linksliberalen haben nichts dagegen einzuwenden; treten
aber bei uns zu Lande Gouvernementale und Nationale dafür ein,
daß Deutſchland nur deutſche Politik zu treiben habe, daß es ſich
wohl hüten müſſe, ohne eigenen Nutzen einer anderen Macht,

wäre es auch das stammverwandte England, die Kastanien aus
dem Feuer zu holen, so dürfen sie sicher sein, als Bismarckanbeter
und Russenknechte von den Deutschfreisinnigen in Acht und Aberacht
gethan zu werden.

Den an den Besuch der Königin Viktoria in Charlottenburg
geknüpften Hoffnungen widersprach schnurstracks der folgende Vor=
gang:

Im Monat Juli machte der Empfang, welcher dem General=
major von Winterfeldt, der dem Kronprinzen Friedrich lange Jahre
als Adjutant zur Seite gestanden hatte, und von Kaiser Friedrich
zum diensttuenden Generaladjutanten ernannt wurde, bei der Mel=
dung von der Thronbesteigung Kaiser Wilhelms II. am Hofe der
Königin Viktoria von England in London zu Teil wurde, in Deutsch=
land einen peinlichen Eindruck. Als der Generalmajor von Winter=
feldt und der ihn begleitende Hauptmann an zuständiger Stelle über
den Zeitpunkt der Audienz bei der Königin sich Gewißheit verschaffen
wollten, wurde ihnen dieser mit dem Bemerken mitgeteilt, daß Ihre
Majestät die Herrn in Zivil zu empfangen wünsche. Etwas frap=
piert über diesen Befehl begaben sich die Herrn, da sie natürlich mit
Zivilkleidern nicht versehen waren, in eine Kleiderhandlung und equi=
pierten sich schleunigst. Bei der darauf stattfindenden Audienz nahm
die Königin das Schreiben in Empfang, sagte zum General etwa
die Worte: „Bei Ihnen hat sich in letzter Zeit viel verändert", und
zu dem Hauptmann, der früher in der Umgebung des Kaisers
Friedrich gewesen: „Ich habe Sie lange nicht gesehen, — ich danke
Ihnen meine Herren," — und die Audienz war zu Ende.

Nach einer anderen Version hätte die Königin von England,
nachdem sie das Notifikationsschreiben gelesen, an den General von
Winterfeldt nur die Frage gerichtet, wann er wieder abzureisen ge=
denke, worauf der General erwidert habe: Falls die Königin keine
andern Befehle für ihn habe, alsbald — was dann auch geschehen
sei. Herr v. Winterfeldt soll noch eine spezielle Mission betreffend
die Erledigung gewisser, zwischen den Höfen von Berlin und London
entstandener Schwierigkeiten zu erfüllen gehabt haben. Es han=
delte sich um hinterlassene Papiere des Kaisers Friedrich, die in London zurückgehalten wurden.

„Kaiser Friedrich, so berichtete bald nach dessen Tode ein angeblich gut unterrichteter Korrespondent des Londoner Wochenblattes „World", hinterließ dreißig große Foliobände Tagebücher, welche er seit seiner Vermählung führte. Dieselben enthalten nicht bloß thatsächliche Aufzeichnungen, sondern des Kaisers Anschauungen über alle wichtigen Angelegenheiten der letzten dreißig Jahre. Königin Viktoria nahm diese Tagebücher nach England mit. Nach des Kaisers Friedrich Tode ließ Kaiser Wilhelm sofort die Kaiserin Friedrich auffordern, diese Tagebücher behufs Einverleibung in das Staatsarchiv auszufolgen, allein die Kaiserin verweigerte dies, indem sie erklärte, Kaiser Friedrich wünschte die Publizierung nach vorheriger Revision durch die Kaiserin. Diese Tagebücher sollen nicht in ihrer ursprünglichen Form publiziert werden, sondern, analog dem Werke Theodor Martins über den Prinz-Gemahl, als Basis einer Biographie des Kaisers Friedrich dienen."

In der ersten Woche des Monats Juli fand in Berlin ein Kronrat statt, nach welchem unmittelbar das gesamte Staatsministerium in längerer Audienz von der Kaiserin-Witwe Viktoria empfangen wurde. Über diese Audienz wurde dem Pariser „Gaulois", dessen Korrespondent sich einst guter Beziehungen zu höchststehenden Personen in San Remo und Charlottenburg rühmte — aus Berlin telegraphiert: „Der Besuch aller Minister — Bismarck Vater und Sohn ausgenommen — bei der Kaiserin-Witwe habe ausschließlich der geforderten Zurückgabe der verschiedenen Aufzeichnungen des Kaisers Friedrich gegolten. Die Kaiserin habe sich darauf beschränkt, zu erklären, daß alle in London deponierten Papiere sich auf den Kaiser Friedrich persönlich beziehen, sie stellte deren Wichtigkeit nicht in Abrede, dieselben seien aber mit Wissen und Willen des Kaisers ins Ausland gesandt worden."

Nach der Angabe dieses Korrespondenten sollten die Papiere nicht veröffentlicht werden, es sei denn, daß das Andenken an den Verstorbenen dies erheischte oder wenn die Verfolgungen, denen die Kaiserin ausgesetzt gewesen sei, sich erneuerten.

Dieselben sind, obwohl die Mission des Generals von Winterfeldt in London scheiterte, später doch von der Königin Viktoria an die preußische Regierung ausgeliefert worden. Andre Lesarten

über entwendete oder zurückgehaltene Papiere des gestorbenen Kaisers
sind Produkte der Phantasie.

Wie sich der „Matin" und die in Mailand erscheinende
„Lombardia" von ihren angeblichen Berliner, in Wahrheit aber
offenbar in Paris zu suchenden Korrespondenten schreiben ließen,
soll Fürst Bismarck noch zu Lebzeiten Kaiser Wilhelms I. ein für
den jetzt regierenden Kaiser bestimmtes Exposee über die allgemeine
Lage und seine geheimsten politischen Ansichten und Pläne aufge=
setzt und an Kaiser Wilhelm übergeben haben. Fürst Bismarck sei
dabei von der Voraussetzung ausgegangen, daß Kaiser Wilhelm
seinen Sohn überleben und das Schriftstück später direkt in die
Hände seines Enkels gelangen werde. Als jedoch der greise Monarch
vor seinem Sohn in das Grab gestiegen, sei das wichtige Schrift=
stück in den Besitz Kaiser Friedrichs und nach dessen Tode, durch
die Hände der Kaiserin=Witwe Viktoria, in den Besitz der englischen
Regierung gelangt. Alle Bemühungen Bismarks, es zurückzuerhalten,
seien zu seinem größten Schrecken sowohl in Berlin als in London
erfolglos geblieben, da England sich der furchtbaren Waffe, die ihm
der Zufall gegen den Fürsten Bismarck in die Hand gespielt und
die es zu den vernichtendsten Enthüllungen über dessen russische und
österreichische Politik in den Stand setze, nicht unbenutzt wieder ent=
äußern wolle. In dieser höchsten Not sei die Reise des deutschen
Kaisers nach St. Petersburg beschlossen und in Anbetracht dessen,
was auf dem Spiele stand, auch auf das schnellste ins Werk gesetzt
worden. Die Freude, welche man in Paris darüber empfand, daß
der Kanzler sich einmal in seiner eigenen Falle gefangen habe, läßt
sich denken. Die „Justice" hatte ihren Lesern noch folgendes mit=
zuteilen:

„Man erzählt in den offiziellen Berliner Kreisen, die Kaiserin=
Witwe (Viktoria) habe erklärt, sie würde, falls der Kanzler auf der
Veröffentlichung der dem Dr. Bergmann übertragenen Geschichte
der Krankheit Kaiser Friedrichs bestehe, ihrerseits mit der Ver=
öffentlichung von verschiedenen Dokumenten antworten, die einen
„enormen Skandal" hervorrufen würden".

Die Norbd. Allg. Ztg. zeigte sich über diese Fabeln sehr ent=
rüstet, indem sie bemerkte: „Mögen dieselben immerhin ihre be=
ruhigenden Wirkungen auf französische Nerven ausüben! Bei uns

können sie nur einen komischen Eindruck hervorbringen, weil dergleichen novellistische Erfindungen über europäische Politik diesseits der Vogesen überhaupt nicht auf das Glück rechnen können, geglaubt zu werden, und aus diesem Grunde in der deutschen Presse auch keine Aufnahme finden. Daß es in Frankreich möglich ist, dergleichen Geschichten zu drucken, ohne sich lächerlich zu machen, beweist eben, wie weit Frankreich in der politischen Bildung hinter Deutschland zurückgeblieben ist."

Ein Minister „blown up".

Am 15. Dezember 1881 verteidigte sich Herr v. Puttkamer im Reichstage gegen heftige Angriffe der Opposition wegen angeblicher Wahl=Beeinflussungen mit den Worten: „Die Regierung Sr. Maj. des Königs von Preußen ist keine Parteiregierung, sie kann sich mit keiner Partei identifizieren, sie kann sich auf keine Partei aus= schließlich stützen und kann auch nicht ausschließlich die Politik einer bestimmten Partei treiben. Sie stützt sich auf ihre Pflicht, für das allgemeine Wohl zu sorgen, von diesem Gesichtspunkte die Vorlagen für die Landesvertretung zu machen und zu erwarten, wie diese Vorlagen werden von der Vertretung aufgenommen werden. Die Regierung ist daher bei den Wahlen in einer sehr — wie soll ich sagen — sehr hilflosen Lage, denn sie hat keine direkten Organe, durch welche sie auf die öffentliche Meinung einwirken, dieselbe auf= klären kann, und die Presse ist ja bekanntlich zu sieben Achtel in den Händen der Oppositionsparteien. Also muß die Regierung er= warten, daß diejenigen Beamten, in deren Händen wesentlich die politische Vertretung der Staatsgewalt liegt, wenn und insoweit sie überhaupt ihre Rechte als Wähler und Staatsbürger ausüben, die Regierung unterstützen. Sie erwartet das ganz zuversichtlich von den Beamten, und davon ist sehr wohl zu unterscheiden die unerlaubte Wahlbeeinflussung, die die Regierung ebensowenig wünscht, wie Sie, d. h. eine Wahlbeeinflussung, die sich darin dokumentiert, daß das unmittelbare Gewicht des Amts mit in den Wahlkampf hineingeführt wird; davon wird natürlich keine Rede sein. Aber, meine Herren, das wiederhole ich jedoch mit großer Bestimmtheit und damit will ich schließen: die Regierung wünscht, daß innerhalb der Schranken des Gesetzes ihre Beamten sie bei der Wahl nach= drücklich unterstützen, und ich kann hinzufügen, daß diejenigen Be=

amten, welche das in treuer Hingebung bei den letzten Wahlen ge=
than haben, des Dankes und der Anerkennung der Regierung sicher
sind und, meine Herren, was mehr wert ist, daß sie auch des
Dankes ihres Kaiserlichen Herrn sicher sind.“

Im Grunde sprach Herr von Puttkamer hiermit nur Trivia=
litäten oder selbstverständlich Grundsätze aus, nach denen jede Partei
verfährt, wenn sie am Ruder ist. Die liberale Opposition von heute
hat sich, als sie das Heft in Händen zu haben glaubte, zu jenen
Auffassungen, ja noch zu viel weiter gehenden, unumwunden be=
kannt.

Bekanntlich wurde die Fortschrittspartei (1861) wegen der an=
geblichen Schwäche und Lauheit des liberalen Ministeriums Hohen=
zollern=Auerswald Schwerin gebildet, und ein Zeichen dieser Schwäche
fand man unter anderem darin, daß dasselbe zu viele Gegner unter
den Beamten dulde. In das Programm der Fortschrittspartei,
welchem man nachrühmt, daß es noch heute unverändert in Geltung
stehe, wurde nun folgender Satz aufgenommen: „Für unsere inne=
ren Einrichtungen verlangen wir eine feste, liberale Regierung,
welche ihre Stärke in der Achtung der verfassungsmäßigen Rechte
der Bürger sieht, es versteht, ihren Grundsätzen in allen Schichten
der Beamtenwelt unnachsichtlich Geltung zu verschaffen und uns
auf diesem Wege die Achtung der übrigen deutschen Stämme erringt
und erhält.“

Es ist also nach der Fortschrittspartei das unzweifelhafte Recht
der Regierung, ihre Grundsätze in der Beamtenwelt, und zwar in
allen Schichten der Beamtenwelt unnachsichtlich zur Geltung zu
bringen, und für dieses Recht und für die grundsätzliche Auffassung
ist es offenbar gleichgiltig, ob eine „feste liberale,“ oder eine kon=
servative Regierung am Ruder ist. Es ist daher nicht zu begreifen,
mit welchem Schein von Begründung die Partei das Recht der
Regierung in der Beamtenfrage bestreiten zu können vorgiebt.

Eben so kraß verleugnen die Liberalen im kommunalen Leben
die Forderungen, die sie so gern gegen eine konservative Regierung
aufstellen. So machte es gerade in den Tagen, wo Herr v. Putt=
kamer so sprach, kein geringerer als der Magistrat von Berlin und
das hohe Kollegium der Stadtverordneten in analogen Fällen.
Eine Anzahl Lehrer, gegen deren pädagogische und wissenschaftliche

Qualitäten nicht nur nichts einzuwenden war, sondern die sogar den Anspruch erheben durften, in beiden Hinsichten etwas zu leisten, die aber das Unglück hatten, ihre Unabhängigkeit der im Rathaus herrschenden Windströmung gegenüber an den Tag zu legen, wurden in einer im Vergleich zu dem bestehenden Usus geradezu unerhörten Weise in ihrem Ansehen und Einkommen schwer geschädigt. Es handelte sich keinesfalls bloß um den Fall der beiden Herren Förster, sondern es waren eine ganze Reihe ähnlicher Beispiele zu verzeichnen. Und was sagte die liberale Presse dazu? — Mit dieser Form der Verfolgung freier Meinungsäußerungen war sie zufrieden, denn die Betroffenen waren Konservative, Antifortschrittler, — und die durfte ein liberaler Magistrat und eine desgleichen Stadtverordnetenversammlung verfolgen, denn „Achtung jedes Bekenntnisses, gleiches Recht, gleiche Sonne im Wettkampfe, gleiche Anerkennung tüchtigen Strebens" — hieß es ja in dem Schriftstück der Liberalen vom November 1881.

In anderen Ländern, auch in parlamentarisch regierten, wird der Beamte weit unfreier gestellt, als in Preußen. Ebenfalls zu der Zeit, wo Herr von Puttkamer sein Glaubensbekenntnis vom 15. Dez. 1881 ablegte, richtete unter Gambetta der Unterstaatssekretär Lelièvre einen Erlaß an die Finanzdirektoren, worin es hieß: „Die Beamten begreifen, daß, welcher Art immer ihre eignen Ansichten sein mögen, nichts in ihrem Thun oder Reden eine Feindseligkeit gegen die Regierung im geringsten verraten darf. Zur Achtung gegen die Regierung, der sie dienen, angehalten, müssen sie ferner das Beispiel dieser Achtung auch der Bevölkerung geben, unter welcher sie wohnen. Gegen dieses Gesetz zu fehlen, gegen diese Regierung, in deren Namen sie amtieren, Opposition hervorzurufen oder zu ermutigen, wäre in der That mehr als ein Insubordinationsvergehen. Ein solches Benehmen wäre ein schweres Vergehen gegen die allergewöhnlichste Rechtschaffenheit und würde deshalb sofortige und strenge Ahndung rechtfertigen."

Nirgends in Deutschland war zu vernehmen, daß unsere liberale Presse ein derartiges Vorgehen Gambettas und seiner Leute etwa auch für unerhört erklärt hätte. Wohl aber hörte man, daß gewisse Gambettasche Pläne in Betreff des Verhältnisses der Beamten zur republikanischen Regierung — daß sogar die Idee einer sogenannten Purifikation des Richterstandes sowohl in liberalen, als auch in fortschrittlichen und radikalen Blättern Deutschlands geradezu mit Zustimmung begrüßt wurden. Wer wird da nicht an die Sentenz des „Junkers Alexander“ erinnert?

In England werden die Beamten von ihren obersten Chefs ebenfalls gewarnt, sich der Wahlagitation als ihrer Stellung un= angemessen zu enthalten. Das geschieht doch nicht bloß im Sinne der Wahlfreiheit, damit das Volk sich nicht durch die Autorität der Beamten beeinflussen läßt, sondern beruht auf dem Prinzip, daß der Beamte eine andere Stellung einnimmt, als ein unab= hängiger Staatsbürger und daher in seiner Wahlthätigkeit gewisse Schranken anzuerkennen hat. Nun höre man, welche Erregung der Gemüter die harmlosen Äußerungen des Herrn von Puttkamer in der Sitzung des Reichstages vom 15. Dezember 1881 hervorriefen: „Der Reichstag hat — so schrieb ein Blatt — eine in des Wortes vollem Sinne unerhörte Verhandlung erlebt. Wir haben hoch= erregte Szenen in diesem Hause gesehen, so an dem Tage, da der Elsässer Teutsch seinen herausfordernden Protest von der Tribüne verlas, und an dem anderen, da der Reichskanzler dem Zentrum den Mordgesellen Kullmann an die Rockschöße heftete. Aber sie waren nicht entfernt zu vergleichen mit dem Vorgange, der heute noch in allen Gemütern nachzittert. Niemals seit dem Jahre 1867 ist die Regierung so heftig angegriffen und so schwach verteidigt worden, wie an diesem 15. September. Bis zu einem gewissen Grade wäre das schlechterdings nicht zu vermeiden gewesen; denn die Sünden der gouvernementalen Presse, die schroff parteiische Handlungsweise zahlreicher Beamten im letzten Wahlkampfe, mußte zu einer parlamentarischen Auseinandersetzung führen, die unmög= lich zum Vorteil der Regierung ausschlagen konnte. Aber eine einigermaßen geschickte Vertretung des Regierungsstandpunktes hätte durch Mißbilligung der notorisch erfolgten Mißgriffe und Aus= schreitungen der Anklage die Spitze abbrechen, die hochgehenden Wogen der Erregung beschwichtigen können. Statt dessen hielt der preußische Minister des Innern, von Puttkamer, für gut, Öl ins Feuer zu gießen. Zum ersten Male in Preußen und im Reiche wurde aus seinem Munde in voller Nacktheit verkündet, daß die Regierung im Wahlkampfe von ihren Beamten eine Thätigkeit für

die von ihr protegierte Partei erwartet. Und mehr als das: zum
ersten Male in Preußen und im Reich wurde für solche Partei=
thätigkeit der Beamten ausdrücklich der Dank des Kaiserlichen Herrn
in Aussicht gestellt. Der Eindruck, den diese Hereinzerrung der er=
habenen Person des Kaisers in den Kampf der Parteien, diese
Proklamierung der Parteiherrschaft, diese Verleugnung der besten
Traditionen des deutschen, insbesondere des preußischen Beamten=
tums im Reichstage machte, spottet jeder Beschreibung. Er allein
ist es denn auch gewesen, der den Führer der Nationalliberalen ver=
anlaßt hat, das Wort zu ergreifen. Die nationalliberale Fraktion
hatte sich an dem allgemeinen Wahlprüfungsantrage der Fortschritts=
partei und der liberalen Vereinigung nicht beteiligt; ihr schien der=
selbe im gegenwärtigen Augenblicke, so lange das der Wahlprüfungs=
kommission vorliegende Material noch nicht durchgängig gesichtet
war, zum mindesten verfrüht; sie war deshalb auch auf ein Ein=
greifen in die Debatte durchaus nicht vorbereitet. Aber die Wahl=
politik, welche vom Regierungstische in aller Form verkündet wurde,
machte das Schweigen unmöglich. Herr von Bennigsen hat die
tiefe Kluft zwischen dem Standpunkte des Ministers von Puttkamer
und den Grundbedingungen eines konstitutionellen Staatslebens
zum vollen Bewußtsein gebracht; maßvoll wie immer übte er an
dem hetzerischen und verleumberischen Verfahren der Regierungs=
presse, an der Ankündigung einer Nachahmung des französischen
Präfektenapparats, an dem Flüchten der verantwortlichen Regierung
hinter den Schild des Kaiserlichen Namens eine wahrhaft vernich=
tende Kritik. Der Dank des freisinnigen Deutschlands wird ihm
dafür nicht fehlen. Die Szenen tiefster Erbitterung, wie sie sich um
die Mitternachtsstunde im Reichstagshause abspielten, können dem
Freunde des Vaterlands wahrlich nicht gefallen. Aber das muß
jeder unbefangene Zuschauer zugeben: nicht den Reichstag, wenig=
stens nicht in erster Linie den Reichstag, trifft die Schuld daran."
    Nun kam der Erlaß vom 4. Januar 1882. Er bestätigte aus=
drücklich die unerhörte Theorie des Ministers von Puttkamer und
verhieß den treuen Beamten Königlichen Dank. Er setzte die
Theorie des Herrn v. Bennigsen fort, der am 15. Dezember in der
Abendsitzung den König herrschen, aber nicht regieren lassen wollte,
und gegen „die Flucht der Minister hinter den Schild des Kaiser=

lichen Namens“ seine Entrüstung hatte laut werden lassen. Und am 24. Januar trat der Kanzler in der parlamentarischen Arena auf und forderte diejenigen heraus, die ihn der Feigheit beschuldigten, indem sie ihm den Vorwurf der Deckung durch den Monarchen machten. „Also Sie, Herr Lasker, machen mir den Vorwurf der Feigheit?“ — „Beileibe nicht, Gott bewahre!“ Und so wollte niemand es gewesen sein. Niemand wollte dem Kanzler vorgeworfen haben, er suche Deckung für sich hinter der Person des Königs. Was der Erlaß nach der Interpretation des Reichskanzlers den Beamten untersagen und auferlegen will, mußten die Herren von Bennigsen und E. Richter als berechtigt anerkennen. Man hatte gegen Windmühlen gekämpft. Fort war die nervöse Erbitterung vom Abend des 15. Dezember, fort der Eindruck jener Sitzung, „der jeder Beschreibung spottete,“ fort der Anspruch auf den „Dank des freisinnigen Deutschlands.“

Man hat einen Unterschied in der Auslegung des Erlasses über die Dienstpflicht der Beamten zwischen Bismarck und Puttkamer finden wollen, es war das eine Nüance, welche nicht den Kern der Sache traf. In allem hat Herr von Puttkamer, den man in jeder parlamentarischen Debatte immer von neuem vom Reichskanzler trennen wollte, diesen regelmäßig auf seiner Seite gefunden, so in Bezug auf das allgemeine Wahlrecht u. s. w. Und was die auf dem Verwaltungsgebiet unternommenen gesetzgeberischen Schritte betrifft, so kann man von Glück sagen, daß die Reformen nicht ebenso zu einem Konflikt führten, wie die beiden Eulenburg hinter einander ihn erlebt haben, die dem „reaktionären“ Reichskanzler zu liberal waren. Herr v. Puttkamer kann sich für seine Reformen wenigstens in der Hauptsache auf Lasker und Gneist berufen. Man wird sich daher schon entschließen müssen, nicht von einer „Ära Puttkamer“ zu sprechen, sondern von einer „Ära Bismarck“.

Herrn von Puttkamer hat der ganze Haß und Zorn des Fortschritts getroffen, weil dieser für seinen Rückgang bei den Wahlen notwendig einen Sündenbock brauchte. Herr von Puttkamer sollte die Wahlen gemacht haben, wie einst Herr von Westphalen. Freie Wahlen gelten für gleichbedeutend mit liberalen. Man bildet sich ein, daß das deutsche Volk eigentlich durch und durch freisinnig ist und die gegenwärtige Zusammensetzung des

Reichstags gleichsam auf einem Versehen beruht. „Freie Wahlen“ — und der ganze Kartellspuk wird verschwinden und freisinnige Vertreter, wahre Volksmänner, „unentwegte“ Charaktere, die „voll und ganz“ die Rechte und Freiheiten des Volkes verteidigen, werden neben einer Reihe Zentrumsleuten und Sozialdemokraten die Mehrzahl der Sitze im Parlamente einnehmen.

Prüfen wir dagegen nüchtern die Thatsachen. Das deutsche Reich besitzt ein Wahlrecht, wie es freier in keinem Lande, auch dem demokratischsten nicht, vorhanden ist. Die Wahlen sind allgemein, jeder Reichsangehörige über 25 Jahren kann wählen; sie sind direkt, die Urwähler selbst bestimmen die Abgeordneten; sie sind geheim, niemand braucht zu erfahren, für welchen Namen der Einzelne seinen Wahlzettel, der gesetzlich kein äußeres Kennzeichen haben darf, in die Urne gethan hat. Allein die Freisinnigen sagen, daß das freie Wahlrecht hinfällig werde unter dem Druck der Behörden. Die Antwort darauf findet sich in den Akten der Wahlprüfungskommissionen des Reichstages. Sie weisen aus, daß im ganzen sehr wenige Wahlen für ungiltig erklärt werden und daß unter diesen diejenigen, bei denen die Ungiltigkeitserklärung auf Formverstößen und Mißbräuchen dieser und jener Partei beruht, weitaus die Mehrzahl bilden. Mit Recht ist gesagt worden, daß die in den letzten zehn Jahren vorgekommenen Fälle, in denen ungesetzlicher Wahldruck die Ungiltigkeit herbeiführte, sich an den Fingern einer Hand abzählen lassen werden. Dabei bestand noch die längste Zeit über eine fortschrittlich-klerikal-sozialdemokratische Mehrheit im Reichstage, welche sich gewiß die redlichste Mühe gegeben hat, alle Wahlbeeinflussungen, mit Ausnahme der im Beichtstuhl und auf der Kanzel geübten, aufzudecken.

Sehr häufig kommt dagegen eine andere Unfreiheit der Wahlen vor. Sie wird erzeugt durch ungemessene Versprechungen, durch Verhetzung der Wähler mittelst falscher Vorspiegelungen und Behauptungen, kurz durch Wahllügen, deren sich das in seinen Mitteln nicht wählerische Agitatorentum bedient.

Unter dem Rufe nach freien Wahlen versteht man keinen anderen Schlachtruf, als den nach obrigkeitlicher Verhinderung von nationalen und insbesondere konservativen und nach Unterstützung von freisinnigen Kandidaturen. Der Haß gegen Herrn von Puttkamer

erklärte sich aus der Einbildung, seinen Wahlbeeinflussungen allein
sei der Rückgang der Partei zuzuschreiben. Dieser Haß hat die
gesamte Stellung zu den gesetzgeberischen Schritten und zu allen
administrativen Maßregeln des Ministers vorgezeichnet. Er hat
das System „Puttkamer“ erfunden, das Preußen überall in bösen
Ruf gebracht hat. Dieses System durfte nach dem Tode Wilhelms I.
nicht übergehen auf die neue Ära.

„Die Freiheit der Völker ist zum Märchen geworden . . . .
Dem zu steuern, war Kaiser Friedrich gewillt. Nimmt ihn das
Verhängnis seinem Volke hinweg, so wird dasselbe um eine leuch-
tende Hoffnung ärmer sein, durch die es aufrecht erhalten wird in
dem Glauben an Frieden und Freiheit, in dem Widerstande gegen
Reaktion, die es im Innern entgelten ließ, was es nach außen mit
seinem Blute sich errungen!“ So sprach sich ein auswärtiges Blatt,
die „Neue freie Presse“ aus. Die Zeit vor der Regierung Friedrichs III. erschien hier als eine Zeit des Druckes, der Knechtung,
der äußersten Reaktion, aus welcher das deutsche Volk nach Er-
lösung schmachtete. Die Fortschrittspresse, die bereits entdeckt hatte,
daß Kaiser Wilhelm im Grunde genommen gar keine hervorragenden Eigenschaften gehabt, und daß nur Männer wie Bismarck
und Moltke ihm den Glanz verliehen, wollte aus der Zeit des
toten Kaisers wenigstens den bösesten Fleck ausgewischt sehen, das
System Puttkamer. Nach Kaiser Wilhelm war dieses System so
zu sagen ein Anachronismus, der nicht geduldet werden konnte.

Es galt, je kürzer die Regierungsdauer Friedrichs III. angesichts des nahen Todes erschien, sie desto heller leuchten zu lassen
in der Geschichte. Es galt, wenn der Kaiser doch nicht zu retten
war, seinen Geist zum Bundesgenossen im künftigen Kampfe für
Freiheit und Wahrheit zu gewinnen, wie „nach der Hunnenschlacht
die Geister der Erschlagenen weiterkämpften.“

Der kranke Kaiser war kaum in Charlottenburg angelangt, als
eine fortschrittliche Kamarilla, die sich Mackenzies als Vermittlers
bediente, das Ohr des Monarchen belagerte. In englischer Sprache
wurde die Sache der Deutsch=Freisinnigen gegen den deutschen Reichs=
kanzler und den von ihm gestützten Minister verhandelt. Die natürliche
Macht des Arztes auf den Patienten wurde politisch d. h. für den eng=
lischen Radikalismus, der mit den Zielen des deutschen Freisinns

zusammentraf, verwertet oder zu verwerten gesucht. Dieselbe Presse, die schon während des Aufenthalts des Kaisers in Remo und früher der Sache des englischen Arztes gedient hatte, trat jetzt in so nahe Beziehung zum Hofe, daß die intimsten Vorgänge desselben ihr Zug um Zug zugingen, wodurch das Ministerium in einer Weise verletzt wurde, daß es schon deswegen in die Versuchung ge= langen konnte, wenn die Minister nur hätten ihre persönlichen Empfindungen zu Rate ziehen wollen, die Weiterführung der Ge= schäfte andern zu überlassen. Denjenigen Konservativen, welche die Regierung tadelten, daß sie der Kamarilla zu Trotz aushielten, wurde bedeutet: „Daß die Gesamtwirkung der im Falle ihres Rücktritts eintretenden Situation im Innern und mehr noch nach außen von ihnen unterschätzt werde".

Kaiser Friedrich fand zwei parlamentarisch durchberatene und beschlossene Gesetzentwürfe vor, die seiner Genehmigung unterlagen. Der Entwurf des Reichstages betreffend die Verlängerung der Legislaturperioden forderte insofern eine andere Behandlung als derjenige des Landtages betreffend denselben Gegenstand, als im Reiche kein Kaiserliches Veto gegen ein durch die Verständigung von Bundesrat und Parlament zu Stande gebrachtes Gesetz existiert. Hier blieb also dem Kaiser Friedrich nur die Publikation übrig. Anders stand es mit dem preußischen Gesetze, es konnte von ihm genehmigt oder verworfen werden. Hier setzte die deutsch=freisinnige Kamarilla ihren Hebel an, um eine erste Probe ihrer Macht zu geben.

Über das Veto des preußischen Königs sind damals irrtüm= liche Vorstellungen laut geworden. Wir sprechen ganz im allge= meinen und sehen von dem besonderen Fall ab, wo ein Thron= wechsel stattgefunden hat und die Erkrankung des neuen Monarchen den gewohnten Geschäftsgang hemmt. In einem Staate wie Preußen, wo nicht wie anderswo das parlamentarische Regiment herrscht, die Minister also nicht ein bloßes geschäftsführendes Komitee der parlamentarischen Mehrheit, nicht eine Parteiregierung bilden, wo vielmehr die Krone ihre Minister unabhängig vom Parlament be= ruft, diese daher als die Vertreter und Organe der Krone anzu= sehen und nicht von ihr zu trennen sind, in einem solchen Staate ist zwar der Monarch formell berechtigt, ein zwischen dem Ministerium

und dem Landtage vereinbartes Gesetz hinterher zu verwerfen, aber
ein solches Recht kann thatsächlich nicht zur Ausübung gelangen,
da die Minister in den verschiedenen Stadien der parlamentarischen
Beratung des Gesetzes, insbesondere gegenüber den Abänderungen
der Landesvertretung, immer im Zusammenhange mit der Krone
bleiben, deren Auffassungen und Absichten anhören und vertreten,
also den Königlichen Willen bereits in den Verhandlungen mit den
Kammern zum Ausdruck und zur Geltung bringen, so daß die
materielle Sanktionierung des Gesetzes seitens der Krone schon
vollständig vorhanden ist, ehe die formelle durch die Publikation
erfolgt. Das ist die Regel, das die bei uns seit 1848 geltende
Auffassung. Woher kömmt es denn, daß, solange Preußen ein
konstitutioneller Staat, noch niemals ein zwischen dem Parlament
und dem Ministerium zu stande gebrachtes Gesetz hinterher von
der Krone verworfen worden ist? Ist das zufällig? Ein Veto
ist bei uns thatsächlich ausgeschlossen, wenn auch nicht rechtlich.
Das Wort Veto selber kommt in der Verfassungsurkunde nicht
vor. Es findet sich nur in den Verfassungsurkunden solcher
Staaten, wo das Ministerium, aus der Mehrheit des Parlaments
hervorgegangen, eine Partei-Regierung bildet, und das Veto des
Monarchen oder des Präsidenten der Republik den Zweck hat, der
parlamentarischen Übermacht eine gewisse Schranke zu setzen. Dem
Präsidenten der nordamerikanischen Union ist das Veto durch Art. 1
Sect. VII. § 2 eingeräumt. Schickt er innerhalb zehn Tagen eine
vom Kongreß angenommene Bill nicht zurück, so erlangt sie ohne
Unterschrift Gesetzeskraft.

Dieser Gegenstand ist einmal im Abgeordnetenhause vor Jahren
sehr gründlich erörtert worden. Dem Minister Falk gegenüber hatte
Dr. Windthorst die Hoffnung ausgesprochen, daß das verhandelte
Gesetz nicht die Genehmigung des Königs finden werde. Darauf
erwiderte ein Abgeordneter von der liberalen Seite, daß das oberste
Recht der Krone, den Beschlüssen des Landtags die Sanktion zu
versagen, auch solchen, die mit dem einen oder andern Minister
vereinbart seien, die Vorstellung nicht aufkommen lassen dürfe, daß
Krone und Räte der Krone zu trennen seien, daß letztere im eigenen
Namen mit dem Landtage unterhandelten, um erst hinterher ihre
mit demselben vereinbarten Beschlüsse der Genehmigung an höchster

Stelle zu unterbreiten. Thatsächlich und der Regel nach läge die
Sache so, daß die Verhandlungen seitens der Minister im Namen
und Auftrage, in fortlaufendem Einverständnis mit der Krone und
auf Grund der genauen Kenntnis der Intentionen des Königs
geführt würden. Der Redner begründete das so: „Was heißt denn,
daß der König unverantwortlich ist und die Minister verantwortlich sind? Das heißt doch nichts anderes, als daß diese beiden
Einrichtungen des Staates, die Krone und das Ministerium, unmittelbar zu einander gehören und daß es als ganz und gar unmöglich gedacht wird, daß jemals der Fall vorkommen könne, daß
in einer Frage der Gesetzgebung eine ungelöste Differenz zwischen
Krone und Ministerium bevorstehen könne. Die Krone hat das
Recht, ihr Ministerium zu wechseln, und wenn der Kultusminister
im Landtage eine Äußerung thäte, welche entschieden der Auffassung
Sr. Majestät zuwider wäre, so wäre es ganz innerhalb der Grenzen der konstitutionellen Gewalt, daß Se. Maj. der König dem
Kultusminister erklärte: Ich kann Sie nicht länger als Minister
behalten, und daß er entweder einen neuen Kultusminister oder
ein neues Ministerium ernennte. Das bezweifelt niemand. Aber
solange die Minister als Minister Sr. Majestät funktionieren und
mit den gesetzgebenden Faktoren des Landtages verhandeln, und
zwar verhandeln auf Grund ausdrücklicher Ermächtigungen Sr.
Majestät, so lange müssen sie auch gelten als der Ausdruck der
Meinung des Königs."

Die Konservativen stimmten dieser Auffassung bei, die streng
genommen für einen Liberalen eine Art Ketzerei war.

Kaiser Friedrich konnte nun zwar den parlamentarischen Mehr-
heitsbeschluß mißachten, aber nicht in Widerspruch mit einem Ministerium treten, das jenen Beschluß zu dem seinigen gemacht hatte,
und mit dem er zu regieren entschlossen war, dessen Bestrebungen
er also in der Hauptsache billigte. Er ließ den Gesetzentwurf, der
bis zum 2. Mai die parlamentarischen Stadien durchlaufen hatte,
liegen. Die Kamarilla bearbeitete mit aller Macht den Monarchen,
um die Unterzeichnung zu hintertreiben. Als derselbe sich nach der
andern Seite neigte, erfand sie das Märchen von dem unter beständiger Pression des Kanzlers unfreien Kaiser und bestand nun
auf einer die Wahlfreiheit bezüglichen Kundgebung, die zugleich mit

der Verkündigung des Gesetzes erfolgen sollte. Der Kaiser unter=
zeichnete am 27. Mai und richtete an demselben Tage ein Schreiben
an Herrn von Puttkamer, das nicht, wie ausgestreut wurde, eine
Aufforderung an denselben erhielt, sich zu rechtfertigen, sondern
neben der Sanktion des Gesetzes nichts als die daran geknüpfte
Voraussetzung enthielt, daß die Freiheit der Wähler sorgfältig ge=
wahrt und seitens der Regierungsorgane alles vermieden werden
solle, was als eine Beeinflussung der Wähler angesehen werden
könne. Im Hinblick auf die fortschrittlichen Anspielungen, daß der
Kaiser das Gesetz wider seinen Willen und nur unter dem Druck
der Unentbehrlichkeit des Fürsten Bismarck vollzogen, stellte dieser
dem Kaiser am 29. Mai vor, daß Se. Majestät durchaus frei sei,
das Gesetz vollziehen zu lassen oder nicht, daß der Kanzler keine
Kabinettsfrage daraus mache. Infolge dessen wurde die Veröffent=
lichung des Gesetzes sistiert, und es trat eine neue Erwägung der An=
gelegenheit ein. Ohne Zweifel wurden während derselben dem Kaiser
von den dazu berufenen Seiten die Gründe nochmals dargelegt,
welche für die Publikation sprachen, aber das von der Kamarilla
beständig zur Erklärung jeder wichtigen Regierungshandlung des
Kaisers behauptete eventuelle Entlassungsgesuch des Kanzlers wurde
zur Verstärkung jener Gründe nicht in die Wagschale geworfen.

Am Tage vor dem Schreiben des Kaisers an Herrn von Putt=
kamer, also am 26. Mai, hatte der Abgeordnete Richter im Abge=
ordnetenhause jene donnernde Philippika gegen das „System Putt=
kamer“ und gegen das Verhalten der Kartellpresse in der Batten=
berger Verlobungsaffaire gehalten, welche dazu bestimmt war, eine
letzte Einwirkung auf den Kaiser in Bezug auf die Sanktion des
noch nicht unterzeichneten Gesetzes oder doch auf eine gleichzeitige
Kundgebung für die Wahlfreiheit auszuüben. Die Rede war im Ein=
verständnisse mit Dr. Mackenzie gehalten, der seinerseits es übernom=
men hatte, der Wirkung beim Kaiser mündlich nachzuhelfen. Er drückte
sogar eigenmächtig in einem Schreiben an das Wolffsche Telegraphen=
Bürau sein Mißfallen aus, daß dasselbe die wuchtige Rede Richters
den Blättern in der Provinz und im Auslande in zu kurzem Aus=
zuge übermittelt habe. Die Rede war eine wohlgelungene Über=
rumpelung der konservativen Partei gerade am letzten Tage der
Session. Zur Deckung der angegriffenen Parteien erschien nur ein

Mitglied der rechten Seite, der Abgeordnete Cremer, auf dem Plan. Er warf Herrn Richter vor, daß er durch seine Rede seine Stellung als Mitglied des Hauses mißbraucht habe. „In der That, sagte ein Berliner Blatt, ist niemals in der preußischen Kammer der Achtung vor Wahrheit und der Rücksicht auf die Würde des Hauses ein schwererer Schlag ins Gesicht versetzt worden, wie am Sonnabend von den Herrn Rickert und Richter. Noch niemals sind leitende Minister Deutschlands und Preußens, vor denen auch der grimmigste Feind Deutschlands wenn auch nur ungern den Hut zieht, schmählicher be= leidigt und außerhalb des Hauses stehende Politiker, die sich um die Entwickelung Deutschlands bleibende Verdienste erworben haben, bubenhafter angegriffen worden wie von Herrn Richter an dem Schlußtage der abgelaufenen Session. Und die nationalen Parteien? Herr Richter hat sie als Beschützer von Gesindel tituliert und ihnen Motive untergeschoben, die selbst von der Verbrechersprache nicht überboten werden können. Herr Richter zieh den Fürsten Bismarck des Landesverrats und die nationalen Parteien der Majestätsbe= leidigung und des feigen Angriffs auf den Kaiser und die Kaiserin. Er stellte den Kaiser und die Kaiserin von Deutschland als unge= schützt und schutzesbedürftig hin, er, der Zeit seines Lebens alles, was er konnte, gethan hat, um zu verhindern, daß der Kaiser und König in Deutschland und Preußen besser geschützt sei als irgend ein Monarch der Welt. Es kann keinen größeren Gegensatz geben, als er in der Mahnung des kranken Kaisers Friedrich an seinen Sohn und Erben: Lerne zu leiden ohne zu klagen, und dem grenzen= losen Mißbrauch der Redefreiheit liegt, dessen sich die Abg. Richter und Rickert am Sonnabend schuldig machten, indem sie eine Un= zucht mit dem gesprochenen Worte trieben, wie sie niemals erhört worden ist.

Und warum dieses ganze verbrecherische Treiben? Weil zwei, wie von keiner Seite bestritten worden ist, nicht mit ganz — rechten Dingen zu stande gekommene konservative Wahlen zwar einen An= laß zur Beschwerde aber nun und nimmer zu einer Orgie boten, wie sie nicht einmal in eine sozialdemokratische Wahlversammlung, geschweige denn in das Haus der preußischen Abgeordneten gehört."

Kaiser Friedrich soll Richters Rede ein „treffendes Wort zur rechten Zeit" genannt haben, was von anderer Seite bestritten wird.

Nach der gewöhnlichen Version rührte eine jene Worte enthaltende Randbemerkung zu der Rede Richters in einer Zeitungsnummer, die dem Kaiser zugesteckt wurde, nicht von dessen Hand her, sondern von der eines deutsch-freisinnigen Abgeordneten, dessen Gemahlin als Engländerin mit der Kaiserin Friedrich in Verbindung steht. Die Frau des Abgeordneten fand Mittel und Wege, das Blatt in die Hände des Kaisers zu bringen, und erhielt es zurück, wie sie es abgegeben hatte, d. h. allerdings mit der Bemerkung, welche schon vorher darauf stand. Dem gegenüber beharrte die „Freisinnige Zeitung“ bei ihrer Behauptung, daß Kaiser Friedrich die betreffende Äußerung gegen eine Person seiner Umgebung gemacht habe. Herr Mackenzie selber will sie von des Kaisers Hand gelesen haben. Am Tage darauf erhielt Herr von Puttkamer das schon erwähnte Schreiben.

Die Unterzeichnung des Gesetzes vom 27. Mai, sowie die durch das Eintreten des Fürsten Bismarck vom 29. Mai bewirkte Sistierung der Veröffentlichung blieben nicht bloß dem größeren Publikum, sondern auch den dem Reichskanzler nahestehenden Kreisen so verborgen, daß noch am 4. Juni der „Köln.-Zeitung“ von sonst eingeweihter Stelle in Berlin geschrieben wurde:

„Wie die jetzige Krise ihre Lösung finden werde, vermag auch heute noch niemand mit einiger Sicherheit anzugeben, namentlich herrscht über die Stellung des Reichskanzlers zur schwebenden Frage völliges Dunkel. Man wird sich erinnern, daß der Reichskanzler am 19. März in der Bundesratssitzung, welche der Reichstags-sitzung unmittelbar voraufging, sowie auch gesprächsweise im vertrauten Kreise sich dem Sinne nach dahin aussprach), daß nach seiner Meinung unter der Herrschaft des Kaisers und Königs Fried-rich an den bewährten Grundzügen unserer äußeren wie inneren Politik festgehalten werden solle, daß in einzelnen, damit nicht organisch verwachsenen Fragen — wohin also namentlich einzelne Personenfragen gehörten — der Krone volle Freiheit der Wahl und Entschließung selbstverständlich zustehe und anheimgegeben werden müsse. Ob die jetzige Schwierigkeit, welche sich an die Ver-öffentlichung eines preußischen Verfassungsgesetzes und vor derselben zu erfüllende Vorbedingungen knüpft, als eine rein persönliche Frage und soweit politisch, als eine solche von untergeordneter Bedeutung angesehen werden kann, läßt sich schwer beurteilen. Wenn man sich vergegenwärtigt, wie entschieden Fürst Bismarck es als den Vorzug gerade unseres Staatslebens betrachtet hat, daß der König auch in Fragen der Politik und der Wahlen eine Meinung und einen Wunsch haben und äußern dürfe, wie entschieden namentlich Fürst Bismarck den bekannten, nach mancher Hinsicht anfechtbaren Wahlerlaß von 1882 verteidigt hat, so wird man zu der Sorge neigen, daß es sich um eine volle und entscheidende Klärung unserer Lage handelt. Entscheidet der König in einem Sinne, der den wiederholten Aus= führungen des Fürsten Bismarck entgegen ist, so wird Fürst Bis= marck schwerlich preußischer Minister bleiben können. Der Mangel an Übereinstimmung in der Grundanschauung über die Fragen unserer inneren Politik wäre in diesem Falle zu groß, als daß ein gedeihliches Zusammenarbeiten der Krone Preußen mit ihrem ver= antwortungsvollsten Ratgeber möglich bliebe. Der entscheidende Wille ist eben der des Königs, und im grundsätzlichen Widerspruch mit diesem als Ministerpräsident sich durchlavieren zu sollen, ist ein Mann von der Art und der Vergangenheit des Fürsten Bismarck eben nicht der Mann. Natürlich gelten alle diese Aus= führungen lediglich in eventu, für den Fall nämlich, daß die Krise einen Ausgang nach den Wünschen des Herrn Eugen Richter nähme — ein Fall, der noch keineswegs als der wahrscheinlichere anzusehen ist.“ —

An demselben Tage bemerkte die „Norbb. Allg. Ztg.“: „Der Gesetzentwurf, betreffend die Verlängerung der Legislaturperioden ist am 2. Mai von den Häusern des Landtags beschlossen worden, ist also zur Publikation seit etwa einem Monat reif. Seitdem ist derselbe nicht publiziert worden. Dies ist der zweifellose Thatbe= stand. Über alles übrige fehlen den darüber zirkulierenden Vor= aussetzungen sichere Unterlagen. Wir wissen nicht, ob Se. Majestät der König die Publikation nur aufgeschoben zu sehen wünscht, bis Allerhöchst derselbe sich näher davon überzeugt hat, ob die Beschwer= den der Opposition über Wahlmißbräuche gegründet sind, oder nicht, oder ob eine Verlängerung der Wahlperioden aus sachlichen, im Gesetz selbst liegenden Gründen den Allerhöchsten Intentionen und Überzeugungen zuwiderläuft. Eines aber geht aus der Möglichkeit dieser Situation an sich unwiderleglich hervor, nämlich, daß die parlamentarische Fiktion, nach welcher von den Absichten und der Person des Monarchen überhaupt nicht die Rede sein darf, mit unseren verfassungsmäßigen Institutionen nicht im Einklang steht. Wenn nach Art. 62 der Verfassung die Übereinstimmung des Königs mit den beiden Kammern für jedes Ergebnis der gesetzgebenden Gewalt notwendig ist, so kann es nicht unzulässig sein, daß ein Minister, welcher mit einer der Kammern über legislative Maßregeln verhandelt, die Frage erwäge, oder zur Erwägung stelle, ob die Allerhöchste Einwilligung, wie Art. 62 sie verlangt, zu einem bestimmten, von den Häusern des Landtags gestellten Antrage, in Form eines Gesetzentwurfes oder eines Amendements zu einer Vorlage, auf die Zustimmung des Königs werde rechnen können. Daß diese Erwägung dem betreffenden Minister nahe liege, wird jedermann zugeben; daß er ihr nicht soll Ausdruck geben dürfen, ist eine der unpraktischen Fiktionen, die wir aus anderen Staaten überkommen haben, und die dazu dient, die Macht und den Einfluß des Monarchen selbst nach Möglichkeit hinter Vorhängen und Wolken zu halten.“

Die konservative Partei weist allerdings, ihrem Wesen nach, die „parlamentarische Fiktion“ weit von sich ab, nach welcher — um mit der „Nordd. Allg. Ztg.“ zu reden — „von den Absichten und der Person des Monarchen überhaupt nicht die Rede sein darf.“ Diese Fiktion steht allerdings mit unsern verfassungsmäßigen Institutionen nicht in Einklang.

Eben dieser Fiktion hat sich einmal die Majorität des Herrenhauses schuldig gemacht. Wir müssen hier an einen Vorgang aus dem Jahre 1872 erinnern, weil die damals erörterten staatsrechtlichen Theorien einen ausschlaggebenden Beitrag zur richtigen Erkenntnis der Sachlage im Mai 1888 liefern, so wenig analog im übrigen der Fall von 1872 und der letztgenannte sind. Als das Herrenhaus die Kreisordnung verhandelte, sagte der Hauptopponent: „Wir sind entschlossen, nach unserm besten Wissen und Gewissen bei Vorlagen, die die Grundverfassung unseres Landes betreffen, die Grundsäulen des Landes nicht antasten zu lassen... Wir stehen so, daß uns die Grundverfassung des Landes ebenso wert ist, als ein Ministerium... deshalb kann ich Sie nur bitten, stimmen Sie möglichst einmütig zur Wahrung der Selbständigkeit des Hauses und mit dem Bewußtsein, daß Sie die Folgen ohne Ihre Schuld dem

Ministerium allein überlassen, gegen den Entwurf". Die Mehr=
heit des Herrenhauses folgte dieser Aufforderung. Sie konnte nach
der ausdrücklichen Erklärung des Ministers nicht im Unklaren da=
rüber sein, daß es sich bei ihrem Widerstande nicht um einen Kampf
gegen das Ministerium, sondern gegen die bestimmten Absichten der
Krone handelte. Es mußte befremden, aus dem Munde der Führer
der streng monarchischen und konservativen Partei in Preußen
Äußerungen zu hören, welche die Räte der Krone selbst zu trennen
versuchten. Die Altkonservativen, die Fraktion Stahl, hatten bisher
im Sinne und Geiste dieses Staatsrechtslehrers den Unterschied des
monarchischen von dem parlamentarischem Prinzip, und zugleich den
Unterschied des deutschen von dem englischen Verfassungsstaate gerade
darin gefunden, daß es bei uns verpönt sei, die Regierungsakte so
zu bezeichnen, als wenn sie bloß von den Ministern statt vom
Könige ausgingen. Es war daher augenscheinlich eine Abirrung von
dem eigenen Prinzip, wenn die Anhänger der streng monarchischen
Partei nur von einem Kampfe gegen das Ministerium sprachen —
und es entsprach gewiß nicht dem Sinne Stahls, wenn gegenüber
der Versicherung des Ministers, daß die Regierung unter voller
Zustimmung des Kaisers und Königs mit allen verfassungsmäßigen
Mitteln das Gesetz zu Stande bringen wolle, seitens eines der
Führer der Mehrheit die Anforderung an das Haus erging, nun=
mehr „zur Wahrung seiner Selbständigkeit einmütig gegen das
Gesetz zu stimmen und die Folgen dem Ministerium allein zu über=
lassen."

In diesem Sinne erklärten sich damals auch die „Provinzial=
korrespondenz," und die „Nordd. Allg. Ztg." gegen die Mehrheit des
Herrenhauses. Seitdem ist der Erlaß des Königs vom 4. Januar
1882 gekommen, der gegenüber den Verdunkelungen und Verschie=
bungen der rechtlichen Stellung des Königtums in Preußen, welche
von den nach Parlamentsherrschaft strebenden Parteien in mannig=
facher Taktik versucht wurden, eine feste Wahrung des in unserer
Verfassung zur vollen Geltung gebrachten und ihr durchgängig zu
Grunde gelegten monarchischen Systems im preußischen Konstitutio=
nalismus enthält. „Das Recht des Königs, die Regierung und die
Politik Preußens nach eigenem Ermessen zu leiten, ist durch die Ver=
fassung eingeschränkt, aber nicht aufgehoben. Die Regierungsakte

des Königs bedürfen der Gegenzeichnung eines Ministers und sind,
wie dies auch vor der Verfassung geschah, von den Ministern des
Königs zu vertreten, aber sie bleiben Regierungsakte des Königs,
aus dessen Entschließungen sie hervorgehen und der seine Willens=
meinung durch sie verfassungsmäßig ausdrückt. Es ist deshalb
nicht zulässig und führt zur Verdunkelung der verfassungsmäßigen
Königsrechte, wenn deren Ausübung so dargestellt wird, als ob sie
von dem dafür verantwortlichen jedesmaligen Minister und nicht
vom Könige selbst ausginge“. Aus dieser Wahrung der Rechte des
Monarchen und aus dieser Definition der Stellung der Minister
ergiebt sich, daß ein Veto, also ein Gegensatz zwischen dem Monar=
chen und seinen Räten nach dem Durchlauf aller parlamentarischen
Stadien eines Gesetzes unter normalen Zuständen nicht gut eintreten
kann.

In der Lage der Dinge, wie sie unter Friedrich III. statt hatte,
feierte die „Nordd. Allg. Ztg.“ es als einen Triumph, daß durch
Ablehnung des dem Kaiser vorliegenden Gesetzes die Prärogative
der Krone auf dem Gebiet der gesetzgebenden Gewalt wieder einmal
deutlich in die Erscheinung träte. Die Gründe des Königlichen Vo=
tums seien unbekannt. Indessen vom verfassungsrechtlichen Stand=
punkt komme es darauf nicht an. Der König brauche sein Votum nicht
zu motivieren, er ist berechtigt, sich auf sein „sic volo“ zu beschränken.
Die Situation, wie sie sich auch klären möge, habe jedenfalls das er=
freuliche Ergebnis, daß die Partei, welche sich früher als die schärfste
Bekämpferin der verfassungsmäßigen Königsrechte erwiesen, sich von
ihrem Irrtum überzeugt und eingesehen habe, daß Preußen eines
seine Regierung lebendig und persönlich leitenden Monarchen be=
dürfe, der auch unabhängig von der Deckung durch verantwortliche
Minister das Recht habe, persönlich nicht nur auf die Verwaltung,
sondern auch auf die Gesetzgebung des Landes einzuwirken.

Dieser Trost wurde nun allerdings von anderer Seite nicht für
stichhaltig gefunden. Die Folgerung der „Nordd. A. Z.“ sei zwar
von unbestreitbarer Logik, aber leider gehöre gerade die Logik zu den
Dingen, welche der Freisinn als Vorurteil betrachtet. „Herr Richter
wird alles, was er heute geschrieben und gesprochen hat, sobald die
Zeit des Bedürfnisses vorüber ist, als Makulatur einstampfen, wer
sich an diese Überzeugung nicht gewöhnen kann und auch heute noch

mit einer anderen logisch begründeten Erwartung rechnet, der erinnert uns an die Naivität des Dorfkindes, welches sich nicht vorstellen kann, daß der Komödiant, der ihm gestern seine drolligen Lazzi vorgemacht hat, derselbe Mann ist, der sich heute eine Zwiebel in das Schnupftuch wickelt und ein Leichenkarmen singt. Der Freisinn hat jahrelang in den ersten Reihen der Kulturkämpfer gestanden und trägt jetzt mit Grazie und Demut die Schleppe des Herrn Windthorst; er hat sich unzählige Male als „Todfeind" der Sozial-demokratie vorgeführt und läßt diesem Todfeind, wenn die stille Arbeit des Herrn Singer hinter den Kulissen nicht ausreicht, jetzt auch öffentlich in Wahlnöten von seinen Vertretern freundschaftlich die Hand drücken; er hat früher eine Lanze für die „guten Revolutio-näre" gebrochen und sich gegen die Könige von Preußen und ihr Haus so ungezogen wie nur möglich betragen und denunziert heute jeden, der das Hosenmuster des Herrn Mackenzie nicht nach seinem Geschmack findet, dem Staatsanwalt. Es sollte uns leid thun, wenn nach allen diesen Erfahrungen noch irgend jemand in der Beurtei-lung des Freisinns zu einem anderen logischen Schluß kommt, als daß er in dieser Partei und ihren Führern eine Kompagnie von Strebern vor sich hat, deren einzigen stabilen Programmpunkt das Drängen nach der Staatskrippe bildet und der für die Erreichung dieses Platzes jeder Kostentarif recht ist. Gerade diese Beweise seiner wunderbaren Wandlungsfähigkeit und der Stolz, mit welchem er heute, trotz der markanten Züge seiner Parteivergangenheit, die bunte Jacke des Hanswurstes des Royalismus trägt, haben in die Beurteilung der Aspirationen des Freisinns ein Moment getragen, welches sich früher wenigstens nicht mit derselben Bestimmtheit geltend machte und zu den Zeiten eines Hoverbeck oder Ziegler überhaupt nicht vorhanden war. Man konnte sich bisher mit einer gewissen Heiterkeit fragen, welche Thaten wir wohl von einem Ministerium Richter, nach der Hauptrichtung der rednerischen und journali-stischen Arbeit dieses Herrn, zu erwarten haben würden. Ohne Zweifel ein Denkmal für Josephine Chartreuse, ein Verbot an die Offiziersburschen, ihren Herren die Schlittschuhe nachzutragen, und eine Verfügung zu Gunsten der Skatabende der Dorfschullehrer; daneben selbstverständlich eine fleißige Einheimsung der Arbeit seiner Vorgänger. Heute aber hat das Thema dieser Mutmaßungen alle

Heiterkeit verloren; die Frage des Eindrucks eines Ministeriums aus denselben Kreisen, die das gegenwärtige Treiben der „Freis. Ztg. inspirieren, ist die Frage, wieviel der Intelligenz und einigen anderen Grundeigenschaften der öffentlichen Meinung, ohne sie zur Verzweiflung zu treiben, zugemutet werden kann. Wir können uns Ratgeber der Krone von verschiedenem Temperament und auch aus verschiedenen Parteien denken; nur wenn wir uns eine Figur aus dem Kasperletheater an dieser Stelle vorstellen sollen, erlahmt unsere Phantasie. Trotz unserer vollkommen klaren Erkenntnis, wie viel die Versagung der Königlichen Genehmigung zu dem Gesetz über die Verlängerung der Legislaturperiode zur Stärkung der Opposition beitragen müßte und daß der Schaden für die Parteien, welche sich bisher als die regierungsfreundlichen bezeichnen durften, durch keinerlei Gewinn von der Art des von der „Norddeutschen. Allg. Ztg." in Rechnung gesetzten aufgewogen werden würde, bleiben wir aber bei der Ansicht, daß das kritische Moment nicht bei dieser Frage, sondern auf dem Gebiete liegt, dem wir auf Grund dieser Anschauungsweise von Anfang an unsere Hauptbeachtung zugewandt haben, nämlich bei der etwaigen von dem Freisinn geforderten Emanierung einer Königlichen Kundgebung, durch welche die Verfügung des Kaisers Wilhelm vom 4. Januar 1882 beseitigt und betreffs der Pflichten der Beamten bei Wahlen entgegengesetzte Grundsätze proklamiert werden. Einen Schlag, der lediglich die Parteien trifft, müssen und können wir geduldig hinnehmen; eine freiwillige Verzichtleistung der Krone auf Rechte, die ihr unzweifelhaft zustehen und die sie nach unserem Staatsleben nicht preisgeben kann, würde in unseren Augen eine ganz andere Bedeutung haben und uns schwer niederbeugen. Wir würden es denn auch nicht für wahrscheinlich halten können — selbstverständlich, wofern wirklich die von Sr. Majestät angeblich beabsichtigte Kundgebung die vom Freisinn behauptete Tragweite hat, worüber Zuverlässiges ja nicht bekannt ist — daß Fürst Bismarck und Herr v. Puttkamer die Vertretung eines derartigen Regierungsaktes durch Kontrasignierung mit dem Charakter ihrer bisherigen Bethätigung im Staatsleben vereinbar finden werden."

Alle diese Betrachtungen hatten mit einem Schlage ein Ende, als am 7. Juni der Reichs- und Staatsanzeiger das vom Kaiser unterzeichnete Gesetz brachte. Die gefürchtete Kundgebung für die

Wahlfreiheit im Widerspruch zu der Verfügung des Kaisers Wil=
helm vom 4. Januar 1882 blieb aus. Inzwischen hatte Herr v.
Puttkamer dem Kaiser auf dessen Schreiben vom 27. Mai ge=
antwortet. Das Blatt des Fürsten Bismarck berichtete darüber,
indem es verschiedene Angaben des Organs Richters bestritt: „Der
von Herrn v. Puttkamer erstattete Bericht enthält den Nachweis,
daß in der Mehrheit der Fälle die angebrachten Beschwerden un=
begründet waren, und in den Fällen, in welchen eine unstatthafte
Wahlbeeinflussung nachgewiesen wurde, die betreffenden Beamten
zur Verantwortung gezogen und mit Strafen, welche sich bis zur
Dienstentlassung steigerten, belegt worden sind. Es handelt sich in
dem Bericht um Thatsachen, welche juris publici sind, und die der
Redakteur der „Freisinnigen Zeitung“ also eben so gut wissen muß,
wie jedermann, der sich mit parlamentarischen Dingen beschäftigt.
Während der Amtsverwaltung des Herrn von Puttkamer haben
zweimal Wahlen zum preußischen Landtag und dreimal Wahlen
zum Reichstag stattgefunden. Von den vollzogenen 866 Wahlen
für den Landtag sind nur drei für ungültig erklärt worden, und
zwar nicht wegen Beeinträchtigung der Wahlfreiheit, sondern wegen
reglementswidriger Bildung der Urwahlbezirke. Daß dabei höhere
Verwaltungsbeamte eine Schuld treffe, ist nur in einem Falle be=
hauptet und auch in diesem Falle nicht erwiesen worden. Außer
den gedachten drei sind noch zwölf andere Wahlen angefochten
worden. Die in den betreffenden Wahlprotesten behaupteten Wahl=
beeinflussungen haben sich aber als unbegründet oder unerheblich
erwiesen. Unter den 705 Reichstagwahlen, welche seit 1881 bis
heute in Preußen stattgefunden haben, ist nur eine einzige wegen
Wahlbeeinflussungen annulliert worden. Letztere bestanden in der
Hauptsache darin, daß untergeordnete Beamte in Uniform Stimm=
zettel und Wahlflugblätter verteilt hatten. Der Bericht deckte den
Elbinger Fall nicht, welcher in der letzten Sitzung des Abgeord=
netenhauses verhandelt worden ist. Dieser befindet sich bekanntlich
noch im Zustande der Litispendenz. Es liegt erst die Entscheidung
des Abgeordnetenhauses vor, daß die Wahl ungültig sei, und ist
nun durch amtliche Untersuchung festzustellen, ob und welche Re=
gierungsorgane eine Schuld trifft“.

Dieser Bericht soll den Kaiser nicht befriedigt, vielmehr ihn so erregt haben, daß seine Umgebung schlimme Folgen fürchtete. Es erfolgte ein zweites Schreiben an Herrn von Puttkamer, welches diesen zwang, seine Entlassung zu nehmen. Wenn von Fälschung dieses Schreibens gesprochen wird, so ist das nicht so zu verstehen, als ob die Handschrift Kaiser Friedrichs nachgemacht worden wäre. Es unterliegt keinem Zweifel, daß der Rücktritt des Herrn v. Putt= kamer der politischen Gesamtauffassung Kaisers Friedrich entsprach. Aber die Form, in welcher dem Minister die Kaiserliche Unzufrieden= heit kundgegeben wurde, soll sehr ungewöhnlich gewesen sein. Zur Erklärung derselben wurde von der „Nat. Ztg.“ behauptet, der Ent= wurf des Schreibens habe von einem freisinnigen Abgeordneten her= gerührt, dies aber sei dem Kaiser verheimlicht worden; man habe ihm denselben, nachdem er von einer das Vertrauen Friedrichs genießenden Persönlichkeit abgeschrieben worden, als Werk der letz= teren vorgelegt und darauf habe der Kaiser den Brief unterzeichnet.

Darauf deutete auch das Verhalten der „Freisinnigen Zeitung“ hin. Zu jener Version, daß der totkranke Kaiser das ohne sein Wissen von einem deutsch=freisinnigen Abgeordneten entworfene Schreiben ohne weiteres unterzeichnet habe, weil es von der Hand einer sein Vertrauen genießenden Persönlichkeit kopiert und in dieser Form ihm zur Signierung vorgelegt worden sei, bemerkte das Richtersche Organ, das im Ableugnen doch sonst recht frisch und munter ist, mit etwas affektierter Gleichgültigkeit: „Das also ist das Mäuslein, welches der Berg der Reptilienartikel nach wochenlangem Kreisen endlich geboren hat. Es könnte also möglicher Weise der Fall sein, daß in einem Kaiserlichen Schreiben, welches im Sinne der Auffassung der frei= sinnigen Partei zum Schutze der Wahlfreiheit erging, auch eine Wen= dung enthalten war, die ein nicht der freisinnigen Partei angehörender Vertrauter des Kaisers der Feder eines freisinnigen Abgeordneten entnommen hatte. — Mag dies sich nun so oder anders verhalten, vor Kaiser Friedrich brauchte niemand den Zusammenhang seiner Ideen mit der freisinnigen Partei irgendwie zu verbergen, denn Kaiser Friedrich hielt die freisinnigen Abgeordneten für ebenso patri= otisch wie irgend welche andere Personen in seiner Umgebung.“

Weit anders urteilte die „Kreuzzeitung“ über diese Angelegen= heit. Sollte — so meinte sie — die Andeutung der „Nat. Ztg.“ zutreffend sein, so würde allerdings nicht eine Fälschung im Sinne

des Gesetzes vorliegen, wohl aber eine politische Nichtswürdigkeit
ersten Ranges, die dem Nächstbeteiligten seinen Platz unter den
Nachtgestalten der Geschichte sichern würde."

Es ist unwahr, daß Herr von Puttkamer sich an sein Portefeuille geklammert habe. Gerade das Gegenteil traf zu. Schon
bei dem Thronwechsel wollte er aus dem Amte scheiden und erklärte sich nur auf Verlangen seiner Kollegen bereit, bis zur
Besserung der Gesundheit des Kaisers auszuharren. Zur Geschichte der 99 Tage mögen noch die folgenden Bemerkungen dienen:

„Friedrich III. war von der Bedeutung des preußischen Königtums ganz ebenso durchdrungen wie sein Vater; ein „parlamen-
tarischer" Herrscher wäre er ebensowenig geworden. Aber er war
allerdings persönlich aus aufrichtiger Überzeugung konstitutionell gesinnt; wenn nun, wie es unbestreitbar ist, während seiner kurzen
Regierungszeit eine Anzahl schwerer Verstöße gegen den Konstitutio-
nalismus vorgekommen sind, so muß man schon hieraus schließen,
daß die schreckliche Krankheit die Einmischung unberufener Hände er-
möglichte. Gleich der erste Erlaß des kranken Kaisers über die
Landestrauer war staatsrechtlich unwirksam, denn er entbehrte, obgleich er rechtsgültige landes- und ortspolizeiliche Verordnungen
aufheben sollte, der ministeriellen Gegenzeichnung. Es wurde dann
der Versuch gemacht, die Genehmigung des Gesetzes über die Verlängerung der preußischen Legislaturperiode zu verweigern, ohne
ein Ministerium, welches dafür die Verantwortlichkeit zu übernehmen
bereit war — denn den Augenblick für die Beseitigung des Fürsten
Bismarck hielten die, welche diesen Koup vorbereiteten, zur Zeit noch
nicht für gekommen. Herr von Puttkamer wurde ohne Wissen des
Ministerpräsidenten entlassen. Über jede dieser drei Maßregeln würden
die Deutschfreisinnigen als inkonstitutionell einen Höllenlärm erhoben
haben, wenn ihre Interessen dadurch verletzt worden wären. Sie
schwiegen zu der ersteren und hatten bei den beiden anderen die
Hände im Spiele, weil sie ihnen nützlich waren. Kaiser Friedrich
hatte keinen größeren Anteil daran, als den äußerlichen, den man
seitens eines Todkranken höchstens vermuten kann. Die fortschrittlichen Mitglieder und Helfer der Kamarilla sind in der Lage, darauf
hinzuweisen, daß in den 99 Tagen den Staatsinteressen kein schwerer
Schaden zugefügt worden, daß für einen Teil der öffentlichen

Meinung sich sogar die Erinnerung an eine mit Beifall aufgenom=
mene Maßregel, die Entlassung des Herrn von Puttkamer, daran
knüpft. Damit suchen sie dem moralischen Gewicht, von welchem
sie sich, wenn die Wahrheit bekannt wird, bedroht fühlen, zu ent=
gehen. Ihre Absichten sind eben nicht zur Vollendung gelangt; es
ist dem edeln Kaiser erspart geblieben, daß sein Name dazu miß=
braucht wurde, den Staatsmann zu stürzen, welcher das Deutsche
Reich geschaffen hat. Denn dies, der Sturz des Fürsten Bismarck,
war das Ziel, auf welches hingearbeitet wurde. Dreimal wurden
Anläufe dazu genommen. Der erste, gleich nach dem Thronwechsel,
war der ungefährlichste, denn der Kaiser war damals noch verhält=
nismäßig kräftig und dokumentierte deutlich seine Hochschätzung des
Kanzlers, sodaß die fortschrittlichen Hoffnungen eine Zeit lang sehr
sanken. Der zweite, schon gefährlichere Versuch, wurde während
der Battenberg=Affaire unternommen; der dritte, indem man Putt=
kamer dergestalt stürzte, daß der Reichskanzler sich dadurch verletzt
fühlen sollte. Es ist unzweifelhaft, daß man ihn „weggeärgert“
hätte, wenn durch das Schicksal dieses politische Intrigenspiel nicht
beendet worden wäre.“

Wenn die vorstehenden Ausführungen in ihrer Offenheit für
manchen etwas Überraschendes enthalten sollten, so können wir
hinzufügen, daß das Überraschendste dabei noch verschwiegen ist.

––––––––––

Kaiser Wilhelm II.

Während des Jahres 1887 trat die Person des Prinzen Wil=
helm von Preußen infolge der Krankheit des Kronprinzen und
seiner langen Abwesenheit von Berlin mehr und mehr in den Vor=
dergrund. Man erinnerte sich einer Äußerung des Kronprinzen:
„Wer der Sohn eines so großen Vaters und zugleich der Vater
eines so tüchtigen Sohnes ist, der ist, wenn es sein muß, für sein
Volk überflüssig." Dieses bemerkenswerte Zeugnis eines in Beschei=
denheit zurücktretenden Vaters machte viele erst auf den Prinzen
aufmerksam. „Der Prinz ist reich begabt, hat viel Interesse für Politik,
ist Soldat durch und durch, ein Deutscher von Kopf bis zu Fuß
und ein energischer, schneidiger Charakter," war das allgemeine Urteil. Vor jeder bedeutenden Reise, überhaupt vor jedem bedeutenden
Akt finden wir in jenem Jahre den Prinzen beim Reichskanzler zu
längerer Besprechung; so am 15. Juni, als der Prinz nach London
zur Feier des Regierungs=Jubiläums der Königin Viktoria reiste;
am 12. Juli, nach der Rückkehr von da, nachdem der Prinz einige
Tage bei dem Kaiser in Ems geweilt hatte; am 23. September in
Friedrichsruh, wo er mit seinem Bruder, dem Prinzen Heinrich, der
bald darauf zum Korvettenkapitän und Major ernannt wurde, den
Reichskanzler zur Feier seines 28jährigen Ministerjubiläums be=
glückwünschte; am 15. November, an welchem Tage Fürst Bismarck
von Friedrichsruh nach Berlin zurückkehrte, erwartete der Prinz,
der den Tag vorher von San Remo zurückgereist war, den Fürsten
in dessen Wohnung, und am 22. November, bevor letzterer nach
Friedrichsruh zurückfuhr, hatte der Prinz eine lange Unterredung
mit ihm. Dem Jagdsport sehr ergeben, reiste der Prinz am 24.
September nach Ungarn, um an den Jagden auf den Gütern des
Prinzen Philipp von Koburg teilzunehmen, kam am 1. Oktober in

Wien an und nahm auf die Einladung des Kaisers Franz Josef an den Hochwildjagden in Steiermark teil. Von da reiste er nach Baveno zur Feier des Geburtstages seines Vaters, darauf nach Baden-Baden zum Kaiser und kehrte mit diesem nach Berlin zurück. Er war seitdem der beständige Begleiter oder Stellvertreter des Kaisers, als welcher er die nämlichen Funktionen übernahm, die bisher der Kronprinz zur Unterstützung des greisen Kaisers bei hohen Besuchen und anderen Festlichkeiten versehen hatte.

Dieser thatkräftige Prinz, in den nationalen Ideen der letzten Jahrzehnte aufgewachsen, war der chauvinistischen Presse Frankreichs ein Dorn im Auge. Sie bezeichnete ihn, zum Unterschied von seinem friedfertigen Vater, dem Kronprinzen, als die leibhaftige Verkörperung preußischer Kriegslust. Es war dieser Presse eine ausgemachte Thatsache, daß dieser Prinz, welcher die Bismarcksche Politik bewundere, weil sie ihm für seine Zwecke passe, und welcher Frankreich noch weit mehr hasse, als der Reichskanzler, eine Eroberungspolitik im großen Stil eröffne, sobald er auf den Thron komme. „Er brennt bekanntlich vor Verlangen, bald an der Spitze seiner Armee in die Hauptstadt Rußlands einzuziehen, nachdem er die Hauptstadt Frankreichs noch einmal gebrandschatzt hat. Unter Wilhelm II. wird der Kanzler allmächtig bleiben, die selbstherrliche Politik im Innern wird mehr und mehr den Sieg davontragen, während man nach außen die Knechtung Europas durch Allianzen und im Notfall durch den Krieg verfolgen wird." Andere Stimmen riefen beim Gedanken an einen Kaiser Wilhelm II: Finis Germaniae! Sie verkündigten, daß Süddeutschland und Sachsen, kurz alle „Vasallen und eroberten Länder" sich von dem neuen Kaiser lossagen würden, und daß deshalb Deutschland in allernächster Zeit in einer vollständigen Krisis sich befinden werde, geschwächt und zerrissen unter einem jungen abenteuerlichen Kaiser, der fähig sei, das Werk des Reichskanzlers zu gefährden. Der 15. Juni war der Tag, wo dieser teils gefürchtete, teils verspottete junge Fürst den Thron bestieg.

Die französische Presse widmete bewegte und anerkennende Nachrufe dem verstorbenen „Friedensfürsten," drückte aber mehr oder weniger scharf dem Nachfolger ihr Übelwollen aus. Die République Française sagte: „Nicht ohne Beunruhigung steht Europa vor der Thronbesteigung Wilhelms II. Der neue Herrscher hat gewiß die

feste Absicht, die Bahnen seines Vaters und Großvaters zu wan=
deln; allein er zählt erst 30 Jahre. Zwar ist Fürst Bismarck da,
dessen Ratschläge er befolgen wird; aber nichts bürgt dafür, daß
Bismarcks Politik unter Wilhelm II. genau dieselbe sein wird, wie
unter Wilhelm I. Seien wir also auf unsrer Hut, furchtlos und
besonnen."

Der „Mot d' Ordre" (Ranc) schrieb: „Man muß auf alles ge=
faßt sein, selbst auf den Frieden: für uns Franzosen aber schlägt
eine sehr ernste Stunde. So festen Willen wir auch zeigen, alles
zu vermeiden, was als eine Herausforderung zum Kriege angesehen
werden könnte, ist es doch geboten, uns in Stand zu setzen, allen
Angriffen zu begegnen. Halten wir uns bereit! Alle andern Er=
wägungen treten heute vor der gebieterischen Pflicht der nationalen
Verteidigung zurück. Schmach über alle, die dies nicht einsehen
wollen und sich nur von der Rücksicht auf ihre persönlichen Interessen
leiten lassen."

Die „Justice" drückte sich ruhiger aus und bemerkte, es sei
doch nicht so leicht, Krieg gegen den Willen Europas zu führen.
„Wir dürfen die Bestrebungen der deutschen Regierung nicht aus
den Augen lassen, aber wir müssen auch Vertrauen zu uns selber
haben. Frankreich will den Frieden. Der Wille des deutschen
Kaisers fällt für Erhaltung des Friedens gewiß schwer ins Gewicht;
er giebt aber nicht allein den Ausschlag."

Die anderen republikanischen Blätter äußerten sich in ähnlicher
Weise; gewisse radikale und boulangistische Blätter führten eine hef=
tigere Sprache. Nachstehend einige dieser Stimmen:

Das „Journal des Debats:" „Hat der neue Kaiser aus der
Erfahrung, die zu sammeln er sorgfältig in Stand gesetzt wurde,
Nutzen gezogen? Niemand vermöchte dies zu sagen. Er hat das
Publikum, ja sogar seine Umgebung nur selten in seine politischen
Ideen eingeweiht und das Einzige, was keinen Zweifel zuläßt, ist
seine feste Anhänglichkeit an Herrn v. Bismarck. Dieser Ausdruck
zu geben, hat er keine Gelegenheit versäumt ... Die Geschmeidig=
keit und die Leichtigkeit, welche Wilhelm II. inmitten der Verwicke=
lungen des Hoflebens an den Tag legte und gegen diejenigen
bethätigte, deren sittliche Autorität er anerkannte, gestatten die Hoff=
nungen, er werde auch ferner die Ratschläge des Reichskanzlers befolgen,

von dem ſein Großvater ſich niemals trennen zu wollen erklärt
hatte, und der Friede Europas werde, wenigſtens ſo lange Fürſt
Bismarck lebt, durch Deutſchland nicht mehr bedroht ſein, als wäh=
rend der letzten zehn Jahre."

Der „Figaro": „Welches auch die Ideen, die Pläne, die Hoff=
nung eines 29jährigen Kaiſers ſein mögen, er vermag nicht an
einem Tage, in einem Monat die Politik zu ändern, die ſeine Vor=
gänger und der allmächtige Miniſter, deſſen ganzes Trachten ·nach
ſeiner eigenen Behauptung nach dem Frieden ſteht, befolgt haben,
und für die Monarchen, wie für die anderen Menſchen giebt es
bei einem Erbe Verpflichtungen, die ſich nicht umgehen laſſen. Der
junge Kaiſer wird lauter ſprechen als ſein Vater, aber er wird
nicht ſo bald handeln. Der Friede Europas iſt heute ebenſowenig
gefährdet, als geſtern; wenigſtens hoffen wir es und ſind ruhig
und ohne Prahlerei deſſen gewärtig, was die Zukunft uns bringen
wird. Auch iſt daran zu erinnern, daß die Wehrkraft Frankreichs
mit jedem Tage zunimmt, daß man dies auch im Auslande weiß
und daß es der beſte Grund iſt, uns nicht anzugreifen. Ferner
müſſen wir uns ſagen, Frankreich bereite ein Friedenswerk vor, die
Weltausſtellung von 1889, dieſes Werk müſſe gelingen zum Wohle
und zur Größe des Vaterlandes. Ein großes Volk, das ſeiner
Stärke ſicher und entſchieden friedlich geſinnt iſt, wird Europa
mehr imponieren, als die furchtbarſten Heere und die drohendſten
Erklärungen".

„Der „Siècle": „Der Tod Friedrichs III. iſt ein Unglück für
Deutſchland und für Europa; für Deutſchland, weil der verſtorbene
Monarch den feſten Wunſch zu hegen ſchien, dieſer großen Nation
einige der notwendigen Freiheiten wieder zu geben, ohne welche
das öffentliche Leben und der normale Fortbeſtand unmöglich ſind;
für Europa, weil Friedrich III. die allgemeinen Bedürfniſſe der
Zivilisation kannte und fühlte, daß ſeine Dynaſtie ihr Werk nur
durch die Wohlthaten des Friedens befeſtigen kann. Mit ihm ver=
ſchwindet einer der Schilde, welche den Frieden beſchützten; aber noch
giebt es deren genug, damit Regierungen und Völker ohne Beſorg=
nis den Ereigniſſen von morgen und ſogar von übermorgen ent=
gegenſehen können. Wie wenig beruhigend auch für die Zukunft
die Sinnesart des neuen deutſchen Kaiſers ſein mag, ſo liegen die

Geschicke Deutschlands nicht in der Hand eines einzigen Mannes, und hätte er auch acht Millionen Soldaten hinter sich. Der neue Souverän muß Rücksicht nehmen auf den wahren Gründer der deutschen Einheit, und Herr von Bismarck ist weder ein Abenteurer noch ein Schwächling, der das Werk seines ganzen Lebens auf eine einzige Karte setzt. Der neue Souverän muß Rücksicht nehmen auf Deutschland, dessen Könige und Fürsten nicht mehr den Sieger von Sadowa und Sedan vor sich haben; er muß Rücksicht nehmen auf seine Verbündeten, auf die Gesamtheit der Regierungen und Völker, welche Europa heißen und die lange vor der Verantwortung für einen furchtbaren Konflikt zurückbeben werden, in dem nicht nur Millionen von Menschenleben, sondern ganze Staaten untergehen könnten. Die wahre Gefahr für den Frieden wird erst dann auftreten, wenn Herr von Bismarck den beiden Herrschern ins Grab folgen wird, die er von dem preußischen Königsthron auf den deutschen Kaiserthron versetzte".

Das „Petit Journal": „Für Deutschland und Europa beginnt eine neue Ära. Kaiser Wilhelm II. ist nicht mehr der Jüngling, von dem man immer spricht, sondern ein junger, brausender, kriegliebender Mann. Am 27. Januar 1859 geboren, steht er jetzt in seinem 30. Lebensjahre. Ein kriegerischer Kronprinz kann ein friedlicher Kaiser werden und Wilhelm II. wird die furchtbare Verantwortung seiner Machtstellung fühlen, namentlich wenn der drohende Lärm des deutschen Sozialismus bis zu seinem Throne hinaufdringen wird."

Der „Soleil" (Edouard Herva): „Man baut jetzt schon Voraussetzungen auf den Charakter und die Geistesrichtung Wilhelms II. Man beeilt sich vielleicht etwas zu sehr; der persönliche Einfluß des neuen Souveräns wird ohne Zweifel fühlbar werden, aber erst später. Gegenwärtig und noch lange kann er nur der folgsame Vollstrecker des Willens des deutschen Richelieu sein. Seit gestern herrscht Wilhelm II., aber mehr als je ist es Bismarck I., welcher regiert."

Ebenfalls im „Soleil" erhob Jean de Nivelle bittere Klagen darüber, daß für die Verproviantierung von Paris ungenügend, kaum für 14 Tage gesorgt ist, und drang er in den Kriegsminister, für den Fall eines plötzlichen Krieges seinen Pflichten besser nach

zukommen, um zu verhüten, daß eine neue Belagerung die Haupt=
stadt nicht unvorbereitet träfe.

Die russischen Stimmen harmonierten mit den französischen, vom
Artikel des „Journal de St. Petersbourg", der den jungen Kaiser
an die Worte Kaiser Wilhelms erinnerte, er möge Rücksicht auf den
Kaiser von Rußland nehmen, bis auf „Grashdanin", „Novosti",
russische „Petersburger Zeitung", „Moskowst", „Wjedomosti" und
„Novoje Wremja." Gemeinsam war allen die hohe Anerkennung
für die Regierung Kaiser Friedrichs und mehr oder minder ver=
stecktes Mißtrauen gegen das neue Regiment. Die „Novoje Wremja"
deutete an, daß Süddeutschland der neuen Regierung gegenüber
eine andere Haltung einnehmen dürfte und brachte das russisch=
deutsche Verhältnis in Abhängigkeit von der Frage, ob das deutsch=
österreichische Bündnis fortdauern werde oder ob nicht. Kaiser
Friedrich sei nicht weit davon gewesen, mit der Zeit Österreich zu
entsagen und sich Rußland zu nähern. Was werde nun der neue
Herrscher thun? Gerüstet ständen die drei Mächte einander gegen=
über. „Wer wird nun das Signal zu dem schrecklichsten aller Kämpfe
geben?" In fast kategorischer Form wurde darauf hingewiesen, daß
die Welt auf beruhigende Erklärungen von Berlin aus warte. . .

Nun, diese beruhigenden Erklärungen erfolgten sehr bald, aber
wahrlich nicht als Antwort auf die unpassende Sommation russischer
Zeitungen.

In unerträglicher Überhebung schrieben vollends die „Mosk.
Wjed." Sie wiesen darauf hin, daß das Ende Kaiser Friedrichs
beschleunigt worden sei durch den Kampf mit Leuten, welche als
Wächter an den Thron gestellt, ihn erbitterten durch ehrgeizige
Störrigkeit, und Unruhen ins Volk trugen, indem sie es gegen seinen
Kaiser aufstachelten.

„Der neue Monarch — hieß es weiter — ist noch jung. Er
hat vielleicht noch nicht genug Erfahrung und Selbständigkeit er=
werben können. Wird er die Kraft haben, mit den Elementen in
Kampf zu treten, welche durch ihr hartnäckiges Gegenwirken den
Tod seines erhabenen Vaters beschleunigten? Wird er seinen Geist
stählen gegen die verführerischen Sophismen, durch welche die
Leiter der deutschen Politik schon jetzt ihre Thätigkeit zu rechtfer=
tigen suchen?"

In diesem unerhörten Tone ging es dann fort, und wie das
„Journal", erinnerte das Moskauer Blatt zum Schluß an die
Mahnung Kaiser Wilhelms: Pflicht eines Herrschers sei, „den
Frieden um jeden Preis aufrecht zu erhalten". Thue Kaiser Wil-
helm II. das, so könne er auf volle Sympathie von Seiten Ruß-
lands und auf dessen uneigennützige Unterstützung rechnen....

Man ging nicht irre, wenn man annahm, daß die russische
Regierung mit dem beleidigenden und höchst unpassenden Tone
dieser Preßstimmen nichts zu schaffen hatte. Aber sie waren der
Ausdruck einer Stimmung, von der man nur wünschen konnte,
daß sie sobald wie möglich zum Schweigen gebracht würde.

Wir wenden uns nun zu dem Verlauf der Dinge, die der
Thronbesteigung des Kaisers Wilhelm in Potsdam unmittelbar
folgten. Fürst Bismarck war am 15. nachmittags in Potsdam
eingetroffen und nach Schloß Friedrichskron gefahren. Kein Jubel-
ruf ertönte wie sonst dem Kanzler entgegen; seine Züge waren
schmerzlich bewegt und ernst erwiderte er die stummen Grüße des
Publikums. Etwa 2 Stunden lang blieb der Kanzler bei Kaiser
Wilhelm und vollzog mit seinem neuen Herrscher die ersten Regierungsakte. Sir Morell Mackenzie wurde in dieser Zeit ebenfalls zu dem Kaiser befohlen und hatte in Gegenwart des Fürsten
Bismarck eine längere Unterredung mit demselben. Als der Reichskanzler etwa um 4 Uhr Schloß Friedrichskron verließ, begleitete
ihn der Kaiser bis auf die steinerne Schloßrampe und reichte ihm
zum Abschied beide Hände. Der Fürst verbeugte sich tief, richtete
sich dann aber, als der Kaiser seine Hände losließ, hoch auf und
salutierte, die rechte Hand an den Stahlhelm legend, in militärischer
Haltung. Dann eilte er elastischen Schrittes die Stufen hinunter
zum Wagen und fuhr zurück.

Sir Morell Mackenzie erstattete am 16. vormittags auf ausdrücklichen Befehl Kaiser Wilhelms einen Bericht über die Krankheit
Kaiser Friedrichs. In diesem Bericht erklärte Mackenzie Folgendes:

„Nach meiner Meinung war die Krankheit, an der der Kaiser
starb, Krebs. Der Krankheitsprozeß begann wahrscheinlich in den
tieferen Geweben und die knorpelige Struktur des Kehlkopfes wurde
schon zu einer früheren Zeit affiziert. Ein kleines Gewächs, welches
zu sehen war, als ich den verstorbenen Kaiser zum ersten Male

untersuchte, wurde von mir in mehreren intralaringialen Operationen entfernt und alle die auf diese Weise entfernten Teile Professor Virchow behufs Untersuchung unterbreitet. In diesen Teilen konnte er keine Spur von Krebs finden. Dagegen führte eine Untersuchung des Auswurfes, welche Professor Walbeyer anfangs März machte, diesen Pathologen zur Ansicht, daß Krebs jetzt vorliege. Ob die Krankheit ursprünglich krebsartig war, oder den bösartigen Charakter einige Monate später nach ihrem ersten Erscheinen angenommen, ist unmöglich festzustellen. Die Thatsache, daß Perichondritis und Karias der Knorpel eine sehr thätige und wichtige Rolle in der Entwickelung der Krankheit spielten, hat ohne Zweifel sehr viel bei= getragen, es unmöglich zu machen, sich eine bestimmte Ansicht über die Natur der Krankheit bis zu einem ganz kürzlichen Zeitpunkte zu bilden".

Der Bericht Mackenzies war in englischer Sprache geschrieben und umfaßte im ganzen 1½ Quartseiten englischen Briefformats. Der englische Arzt und Diplomat reiste wenige Tage darauf ab.

Noch am 15. wurden ein Armee= und ein Marinebefehl erlassen, erst am Tage des Begräbnisses Friedrich III. erfolgte der Erlaß an das Volk.

Nicht ohne Grund wandte Kaiser Wilhelm II. sich zuerst an das Heer und die Marine; sein Kaiserlicher Vater war durch das heimtückische Leiden, welchem er erlegen ist, verhindert worden, sich mit Heer und Seewehr in unmittelbare Verbindung zu setzen, er konnte keine Heerschau mehr abhalten und sich den Soldaten zeigen, wie er in gesunden Tagen als Kronprinz so oft gethan. Kaiser Wilhelm hielt treu an den Beziehungen fest, die zwischen Preußens Herrscher und der Armee seit Jahrhunderten sich heraus gebildet haben. „Wir gehören zusammen" — rief der jugendliche Impera= tor den tapferen Truppen zu — „Ich und die Armee, so sind wir für einander geboren, und so wollen wir unauflöslich fest zusammen= halten, möge nach Gottes Willen Friede oder Sturm sein." Das war die Sprache, welche sicher ist, in jedem Preußenherzen einen mächtigen Widerhall zu finden. Der besonders herzliche Ton in dem Befehl an die Marine entsprach der großen Hinneigung des Kaisers zu derselben und fand im Auslande namentlich Beachtung. War es doch das erste Mal, daß die deutsche Marine so martig und kraftvoll von dem Throne aus angeredet wurde. Aus den beiden Befehlen an Heer und Flotte wollten die nervösen Politiker des Auslandes etwas wie Gewitterblitzen herauslesen — aber sehr mit Unrecht. Kaiser Wilhelm wird nie anders das Schwert ziehen, als für die Sicherheit des Vaterlandes und zur Wahrung der Ehre des deutschen Namens. Er ist kein kriegslustiger Herr, wie ihn übelwollende Beobachter geschildert haben, er weiß, daß auf dem Frieden die Wohlfahrt der Völker beruht, und hat es in edler Ent= rüstung einmal als „verbrecherischen Leichtsinn" bezeichnet, ohne den allerzwingendsten Grund den Kriegsbrand zu entflammen.

— In dem Aufruf „An Mein Volk!" erklärte der Kaiser und König mit besonderer Feierlichkeit nach dem Beispiel seiner Väter, Gott gelobt zu haben, „dem Volke ein gerechter und milder Fürst zu sein, Frömmigkeit und Gottesfurcht zu pflegen, den Frieden zu schirmen, die Wohlfahrt des Landes zu fördern, den Armen und Bedrängten ein Helfer, dem Rechte ein treuer Wächter zu sein." In diesem Gelöbnis des jungen Herrschers liegt für das Volk die sicherste Bürgschaft, daß die Bahnen nicht verlassen werden, auf denen Preußen von Geschlecht zu Geschlecht unter Führung seiner Fürsten sich emporgerungen hat zu seiner heutigen Größe, alle Hinder= nisse siegreich überwindend.

Vom 16. datiert die Verordnung wegen Einberufung des Reichs= tages zum 25., diejenige wegen Einberufung des preußischen Land= tages zum 27. vom 20. Juni. Der letztere wurde behufs Entgegen= nahme des Eides des Königs auf die Verfassung versammelt. Was den Reichstag betrifft, so war seine Einberufung nicht formell geboten; indem sie erfolgte, geschah es, um im deutschen Reiche den Thron= wechsel in derselben Art feierlich zu konstatieren, wie es nach dem Ableben Kaiser Wilhelms geschah: durch eine Botschaft an den Reichstag.

Am 21. war eine Bundesratssitzung, in der der Reichskanzler die folgende Erklärung abgab:

„Nachdem Se. Majestät der Kaiser und König von Preußen Friedrich am 15. d. M. aus diesem Leben abgerufen worden, hat Se. Majestät der Kaiser Wilhelm als Allerhöchst dessen Nachfolger in der Regierung des Königreichs Preußen die Kaiserwürde mit allen damit verfassungsmäßig verbundenen Rechten und Pflichten übernommen. In tiefem Schmerze über den doppelten Verlust, den das Königliche Haus und die Nation innerhalb weniger Monate erlitten haben, hat Seine Majestät der Kaiser mir den Auftrag zu erteilen geruht, dem Bundesrat hiervon Kenntnis zu geben. Seine Majestät der Kaiser, durchdrungen von der Größe der auf Aller= höchst dessen Schultern gelegten Verantwortung, übernimmt dieselbe in dem Pflichtgefühl des von Gott berufenen Nachfolgers Seines hochseligen Großvaters und Vaters und in dem Vertrauen auf den Beistand, den er in der Erfüllung der Kaiserlichen Pflichten bei Allerhöchst seinen hohen Bundesgenossen zu finden sicher ist. Seine Majestät rechnet bei der Erfüllung der ihm durch die Reichsver= fassung gestellten Aufgaben mit Zuversicht auf die stets bewährte bundesfreundliche Gesinnung und bereitwillige Mitwirkung der ver= bündeten Fürsten und freien Städte. Als die oberste dieser Auf= gaben betrachtet der Kaiser die Aufrechterhaltung der Reichsverfass= ung und Schutz des Reichsgebiets, wie eines jeden innerhab desselben geltenden Rechts. Dieser verfassungsmäßige Schutz deckt die ver= tragsmäßigen Rechte der einzelnen Bundesstaaten nach der gleichen Wirkung wie die der Gesamtheit und Se. Majestät der Kaiser erblickt in der gewissenhaften Handhabung desselben eine Vertrags= pflicht Preußens und eine der Ehrenpflichten, die dem Kaiser obliegen. Das bundesfeste Vertrauen der deutschen Fürsten und freien Städte zu einander und ihre im Bundesrat bethätigte Einigkeit haben das Reich befestigt und stark und die gemeinsamen Bestrebungen aller Bundesglieder für die Wohlfahrt Deutschlands fruchtbar gemacht. Se. Majestät der Kaiser werden dieses Vertrauen und diese Einig= keit unter den verbündeten Regierungen mit der gleichen Sorgfalt zu pflegen bemüht sein, wie dies Seinen in Gott ruhenden Vor= gängern gelungen ist. In der inneren, wie in der auswärtigen Politik will Seine Majestät Sich an die Wege halten, auf denen Seine verewigten Vorgänger in der Kaiserwürde neben der Liebe Ihrer Reichsgenossen das Vertrauen der auswärtigen Mächte da= hin gewonnen haben, daß dieselben in der Stärke des Deutschen Reiches eine Bürgschaft des europäischen Friedens erblicken. Se. Majestät hat, um diese seine Absichten zu verkünden, und um allen darüber verbreiteten Zweifeln persönlich entgegenzutreten, den Reichs= tag auf den 25. d. M. berufen und mich beauftragt, der zuversicht=

lichen Hoffnung Ausdruck zu geben, daß Se. Majestät für die weitere
Durchführung der Absichten, von denen Seine verewigten Väter
seit der Herstellung des Reiches geleitet wurden, auf die bundes=
freundliche Unterstützung des Bundesrats werde rechnen dürfen."
Am 15. erfolgte sodann die mit dem ganzen Pompe, der ähn=
lich bei der Eröffnung des ersten deutschen Reichstages im März
1871 durch Kaiser Wilhelm I entfaltet war, in Szene gesetzte Er=
öffnung des ersten deutschen Reichstages, den Kaiser Wilhelm II.
vollzog, um den Thronwechsel feierlich zu konstatieren und eine Bot=
schaft an den Reichstag zu richten. Zwei Punkte treten in der
Thronrede mit nachdrücklichem Gewichte hervor: die Verkündigung des
Beharrens bei der Politik, durch welche unter Wilhelm I. das Reich be=
gründet und befestigt wurde, und die Versicherung der Absicht, den
Frieden zu wahren, auf deren Erfüllung bestimmtere Hoffnungen aus=
gesprochen wurden, als das seit Jahren in den deutschen und preußischen
Thronreden geschehen war. Die deutsche Presse fast aller politischen
Schattierungen war darüber einig, daß mit dem Tode Kaiser Wil=
helms I. und Kaiser Friedrichs die Probe begonnen habe, welche
nach weit verbreiteter Ansicht das Reich nach dem Ausscheiden der
großen Persönlichkeiten, welche bei der Gründung des Reiches die
Führer waren, zu bestehen haben würde. „Die Gewähr dafür, daß
sie bestanden wird, liegt in der von Allen empfundenen Thatsache,
daß die wichtigste Vorbedingung der nationalen Einheit geblieben
ist und bleibt: der Wille dieses Volkes von 46 Millionen, durch sei=
nen Nationalstaat Herr seiner Geschicke zu sein." Das Erscheinen
der deutschen Bundesfürsten bei der Eröffnungsfeier durfte als Be=
stätigung dessen betrachtet werden. Sie waren vollzählig aus freien
Stücken nach Berlin geeilt; die wenigen, welche durch zwingende
Gründe verhindert waren, persönlich zu erscheinen, hatten sich ver=
treten lassen. Die hohe Bedeutung dieses Vorganges liegt auf der
Hand. Die Verfassung des Deutschen Reiches kennt keine Bekräf=
tigung durch einen Eid; weder der Kaiser noch die Fürsten, noch
die Abgeordneten legen ein Gelübde auf die Verfassung ab. Indem die
deutschen Fürsten aus freien Stücken nach Berlin kamen, um schwei=
gend den Thron zu umstehen, während der neue Kaiser zum ersten=
male zu den Vertretern des Volkes sprach, gaben sie in der ihnen
zugänglichen Form symbolisch zu erkennen, daß sie auch in Zukunft

sich gebunden erachten, treu zum Reiche und seiner Verfassung zu
halten. Kaiser Wilhelm I. war der Begründer des Reiches; Kaiser
Friedrich war als Kronprinz sein thätiger Gehilfe gewesen, auf dem
Schlachtfeld wie im Rate erprobt; so lange einer dieser beiden
Männer lebte, hatte der Fortbestand des Reiches keine Not. Dagegen war, im Auslande wenigstens, vielfach die Ansicht vertreten,
daß das Reich eine schwere Krise zu bestehen haben werde, wenn
der gegenwärtige Kaiser, der noch ein Knabe war, als das Reich
entstand, und der an der Begründung desselben keinen Anteil nehmen konnte, zur Regierung gelangen würde. Indem die deutschen
Fürsten nach Berlin kamen, um dem ersten feierlichen Regierungsakte
des jungen Kaisers beizuwohnen, haben sie mit stummer Beredtsam-
keit die Erklärung abgegeben, daß sie nicht allein dem Wortlaut
der Reichsverfassung auch in Zukunft folgen, sondern auch mit dem
Herzen bei der Sache sein wollen.

Ihrer Haltung entsprach die der Stämme. Vor dem Throne
des jungen Herrschers verstummte der Parteihader, im Reichstage
wie im Landtage, welcher noch am Schlusse der letzten Landtags-
session so giftige Blüten getrieben hatte. Die Eintracht, zu welcher
der Kaiser und Landesherr die Volksvertretung in Reich und Land
aufgerufen, wurde durch keinen Mißklang in der Beratung der
Adressen gestört. Die Persönlichkeit und das Auftreten des jungen
Kaisers, der Patriotismus der deutschen Fürsten, die Staatskunst
des leitenden Staatsmannes, und vor allem der feste und unbe-
siegbare Entschluß des deutschen Volkes, an seiner nationalen
Einheit festzuhalten: das sind die Elemente, welche zusammen-
wirkten, um die schwere Probe, der das deutsche Reich ausgesetzt
war, mit einer Sicherheit und Selbstverständlichkeit des Erfolges
zu überwinden, auf die selbst die optimistischsten Gemüter nicht zu
rechnen wagten.

Selten ist ein junger Monarch in so gehässigen Zügen dem
Auslande vorgeführt worden, wie dies dem Kaiser Wilhelm II. begegnete. Er wurde dem Mißtrauen und der Abneigung Europas
überliefert. Wie schnell hat er dieses Bild verwischt und die Achtung
der Gegner errungen! Er ist im Auslande vor einem ungemein
scharf urteilenden Publikum erschienen und hat die Kritik glänzend
bestanden. Er hat Vertrauen entgegengebracht und Vertrauen davon-

getragen. Man ist fast einig darüber, in der ganzen Persönlichkeit des Kaisers eine Sicherung des Friedens zu sehen.

Kaiser Wilhelm II. hat seine „Antrittsvisiten" mit denen in Rußland und Skandinavien begonnen. In Rußland war in den offiziellen Kreisen der Empfang ein herzlicher, der gastfreundschaftlichen Stimmung in der Bevölkerung gaben die Blätter verschiedenen Ausdruck. Der „Graschdanin" schrieb:

„Wir irrten uns nicht, als wir, den Gast unseres Kaisers und Herrn, Wilhelm II., bewillkommnend, ihm den freudigsten und aufrichtigsten Empfang seitens der Residenzbevölkerung voraussagten."

Ja, die Thatsache allein schon, daß der Deutsche Kaiser, unter freudig erteilter Einwilligung des russischen Kaisers, an der Spitze einer mächtigen Flotte in Rußland seinen Einzug halten konnte — sie beweise an und für sich, wie weit Rußland entfernt sei von jeglicher feindlichen Stimmung Deutschland gegenüber einerseits, und andererseits, wie wenig es sich mit Kriegsplänen beschäftigt, wenn es ruhig eine ganze deutsche Flotte vor Kronstadt auffahren läßt.

Rußland — schloß der Artikel — läßt sich nicht durch Geschenke erkaufen, noch durch Drohungen einschüchtern, noch durch Köder betrügen. „Die Freundschaft Rußlands läßt sich bloß durch ehrliche Freundschaft gewinnen und wenn diese Entrevue einen so hellen Eindruck hinterläßt, so eben darum, weil aus den Zügen und aus der Stimmung des jungen deutschen Herrschers wir Russen die Zeichen aufrichtiger und ehrlicher Freundschaft herausgelesen haben.... Gott gebe, daß dem so sei!"

Die Nowosti brachte einen Leitartikel darüber, daß Kaiser Wilhelm II. eine ganze Reihe von Reisen geplant habe, und meinte, daß dieselben drei Zwecken zu dienen haben, der Festigung von Freundschaftsbeziehungen zu anderen Staaten, der Thronbesteigung des Kaisers größere Feierlichkeit zu verleihen, endlich die Welt von den absoluten Friedenstendenzen der neuen Regierung zu überzeugen. Namentlich der letztere Zweck träte sehr augenfällig zu Tage. Und eben darum mußte das Beginnen des jungen Kaisers um so beruhigender wirken, als ja der neuen Regierung mit einer gewissen Besorgnis und Aufregung entgegengesehen wurde. Zudem stimme ja dieses Beginnen vollkommen überein mit den Zwecken der äußeren Politik des deutschen Reichskanzlers, der allzeit behauptete, daß der Endzweck seiner Thätigkeit „in der Verhinderung aller kriegerischen Konflikte bestehe und daß ihm nichts so sehr am Herzen liege, als eben die Erhaltung eines gut garantierten europäischen Friedens".

In der „Nowoje Wremja" war zu lesen:

„Kaiser Wilhelm ist als teurer und erwünschter Gast bei uns einge= zogen. Unser vaterländischer Gruß kann ihm entgegenschallen seitens des ganzen Rußland, dem es so schwer fiel, sich in den letzten Jahren mit dem Gedanken vertraut zu machen, es könnten feindliche Bezieh= ungen möglich werden zwischen beiden Nachbar=Großstaaten, die so viele Jahre in Friede und Freundschaft miteinander gelebt hatten. Der Nachfolger Wilhelms I. und Friedrichs III. kann davon überzeugt sein, daß der freundschaftliche Empfang, den ihm der Kaiserliche Führer des russischen Volkes bereitet hat, der Ausdruck der Stimmung aller Unter= thanen des russischen Zaren ist... Gott gebe, daß man das überall begriffe, wie wichtig es für die allgemeine Ruhe ist, daß zwischen Deutschland und Rußland hinfort mehr keine betrübenden Mißverständnisse vorkämen."

Aus den offiziösen Berliner Kommentaren, welche die Reise des Deutschen Kaisers zum Zaren noch vor ihrem Antritt erfuhr, ging das eine Faktum deutlich hervor, daß Kaiser Wilhelm dieselbe aus eigenem Antriebe unternahm, und daß diejenigen russischen Kreise irrten, welche dem Besuch gerade deshalb eine so hohe politische Bedeutung zuschrie= ben, weil angeblich der Reichskanzler die Reise veranlaßt habe und dieser dadurch die Umwandlung seiner Feindschaft wider Rußland in das Gegenteil dokumentiere. Abgesehen davon, daß es an sich ein leeres Phantasiespiel war, von einer alten Feindschaft Bismarcks wider Rußland zu sprechen und aus der ihm bezüglich des Besuchs Kaiser Wilhelms in Petersburg zugeschriebenen Initiative politisches Ka= pital zu schlagen, stellte sich auch als sicher heraus, daß Fürst Bis= marck gegenüber dem Entschlusse Kaiser Wilhelms, dem Zar einen Besuch abzustatten, am wenigsten daran dachte, mit der Reise beson= dere Pläne zu verbinden, etwa bei dieser Gelegenheit die Lösung streitiger Fragen, bei denen Deutschland nicht einmal direkt betei= ligt ist, zustande zu bringen oder gar tief eingehende Umwandlungen in der deutschen Politik einzuleiten. Folgende Worte eines hohen Staatsbeamten, die einem englischen Blatte aus Berlin telegraphiert wurden und deren Ursprung ohne Zweifel im Auswärtigen Amte zu suchen war, trafen den Kern der Sache: „Die beiden Kaiser werden Versicherungen der Freundschaft austauschen und sich bestreben, die alte Herzlichkeit zwischen den Romanows und Hohenzollern her= zustellen. Der Deutsche Kaiser wird im stande sein, dem Zaren un= zweifelhafte Beweise seiner friedlichen und freundlichen Gesinnungen gegen Rußland zu geben und ihn versichern, Deutschland denke nicht im mindesten daran, Rußlands Interessen irgendwie zu schädigen. Weiter als dies wird der Kaiser nicht gehen, er wird weder ein Bündnis noch einen Vertrag andrer Natur schließen." In offiziösen Mitteilungen aus Berlin herrschte das sichtliche Bestreben vor, die Bedeutung des Be= suches in Petersburg gegenüber überspannten Erwartungen auf den wahren Wert zurückzuführen. „Aus eigenem Antriebe, getreu dem Rate, welchen der erste Kaiser seinem Enkel und nunmehrigen Erben noch auf dem Sterbebette erteilt hat, sucht Kaiser Wilhelm II. die per= sönliche Freundschaft mit dem Selbstherrscher aller Reußen zu pflegen. Es ist eine Aufmerksamkeit, welche nur dem Gefühle des Herzens, nicht dem Zwang der politischen Verhältnisse entsprungen ist."

Die Reise des deutschen Kaisers wurde offiziös als „Antritts= visite" bezeichnet und damit ihr wahrer Wert bestimmt. Sie war ein „Ausfluß der Kourtoisie." Kaiser Wilhelm machte den Besuch in Petersburg, ohne der russischen Politik gegenüber irgend welche Wünsche oder Forderungen damit unterstützen zu wollen. Man er= innerte an das Wort Bismarcks: „Wir laufen niemand nach." Es war auch bemerkenswert, daß die offiziösen deutschen Blätter sich nicht nur freudiger Begrüßungsartikel enthielten, sondern sogar den Bedingungen gegenüber, unter denen russische Blätter Deutschland ihr Wohlwollen versprechen, Ausdrücke wie „großmäulige Fanfaro= naden" und „unverschämte Großsprechereien" gebrauchten.

Der ursprüngliche, rein persönliche Charakter der Kaiserbegeg= nung schloß insofern eine politische Bedeutung nicht aus, als bei der Machtstellung, welche die deutschen und russischen Herrscher ihren Völkern gegenüber einnehmen, nicht zu verkennen ist, daß die Natur persönlicher Beziehungen der Herrscher zu einander von großem Einfluß auf die politischen Beziehungen zwischen Deutschland und Rußland sind. Jener rein persönliche Charakter schloß auch nicht aus, daß politische Erörterungen in Petersburg stattfanden, wie schon aus dem Empfange des russischen Ministers des Äußern, Herrn v.

Giers, bei dem Kaiser Wilhelm, sowie des Staatssekretärs Grafen Bismarck bei dem Kaiser Alexander von Rußland, ferner aus der der Ankunft des Kaisers Wilhelm schon vorausgegangenen Konferenz zwischen Herrn v. Giers und dem russischen Gesandten in Berlin, Graf Schuwalow, über welche ersterer einen Bericht dem Zaren erstattete, hervorging. Der „Nord" sagte: „Kaiser Wilhelm II. werde von seiner Begegnung mit dem Kaiser von Rußland jedenfalls die Überzeugung mitbringen, daß der Zar von aufrichtiger Friedensliebe beseelt ist und dieser Friedensliebe in Zukunft treu zu bleiben gedenke. Am wenigsten wünsche Rußland die Lösung der schwebenden Fragen zu überstürzen oder durch Maßregeln herbeizuführen, welche den europäischen Frieden stören könnten."

So kamen Rußland und Deutschland sich einander entgegen. Neue Lösungen brachte die Begegnung nicht.

An die Reise nach Rußland knüpfte sich ein gewisses Aufleben der nordschleswigschen Frage. War diese schon berührt worden, als Kaiser Wilhelm Skandinavien besuchte, so waren es hinterher russische Blätter, welche in das Feuer bliesen. Seit dem Tode Kaiser Wilhelms I. hatte die Fabel von der freiwilligen Ausführung des Art. V des Prager Friedens sich in den Köpfen der nordschleswigschen Bevölkerung festgesetzt und der Glaube an die Abtretung deutschen Landes hatte bei Gelegenheit des Kaiserbesuches in Kopenhagen geradezu Berge versetzende Kraft gewonnen. Die unglaublichsten Gerüchte wurden in Umlauf gebracht; bald sollte der russische Thronfolger eine preußische Prinzessin heiraten, die als Morgengabe Nordschleswig bringen werde, bald sollte Dänemark in Berlin ein Trutzbündnis gegen die Preisgabe von Nordschleswig angeboten haben. Alle diese Einbildungen wurden durch das Kaiserwort, das in Frankfurt bei Gelegenheit der Enthüllung des Denkmals des Prinzen Friedrich Karl gesprochen wurde: „Es kann keine Rede davon sein, Errungenes wieder aufzugeben", wie weggeblasen. Ein einflußreiches dänisches Blatt hatte den Mut, offen zu erklären: „Die Hoffnung, die dänisch redenden Nordschleswiger durch eine großmütige Initiative des mächtigen Deutschland mit Dänemark vereint zu sehen, ist mit der Kaiserrede in die Welt des Traums hinabgesunken." In Bezug auf diese Rede wurde offiziös (nämlich in der Köln. Ztg.) geäußert: „In vielen ausländischen Zeitungen

wird die Rede Seiner Majestät des Kaisers in Frankfurt a. O.
dahin ausgelegt, als ob sie eine Warnung an die Adresse russischer
oder französischer Angriffs-Velleitäten enthalte. Unsere Beziehungen
zu Rußland würden aber ein derartiges Avertissement nicht recht=
fertigen, und daß Deutschland, ohne auf der Wahlstatt niedergeworfen
zu sein, das alte Reichsland am Rhein nicht zurückgeben wird, ist
zu selbstverständlich, als daß es einer so starken Betonung bedurft
hätte. Wenn überhaupt eine spezielle Ideenverbindung gesucht werden
soll, so möchten wir vielmehr vermuten, daß es sich um die Absicht
gehandelt hat, Zumutungen von Abtretungen zurückzuweisen, welche
im Interesse welfischer oder dänischer Aspirationen den Kanal naher
Blutsverwandtschaft zu benutzen geneigt sein mögen. Diese unsere
Vermutung hat keinen uns bekannten Untergrund im amtlichen Ver=
kehr; sie beruht auf Vermutungen, zu denen wir in den Beziehungen
Deutschlands zu seinen Nachbarn und in dynastischen Sympathien
die Berechtigung schöpfen."

Dieser Erklärungsversuch wurde von der deutsch=freisinnigen
Partei wieder als eine „niederträchtige Verdächtigung" bezeichnet,
da er „es so darstelle, als ob Mitglieder der Dynastie Hohenzollern
infolge von verwandtschaftlichen Verhältnissen mit antinationalen
Bestrebungen Sympathien haben könnten, und eine solche Ver=
dächtigung gegen die Hohenzollernfamilie geeignet wäre, die Anhäng=
lichkeit des Volkes an die Dynastie und die Monarchie zu vermindern."
Aber die „Verdächtigung" wendete sich in keiner Weise gegen „Mit=
glieder der Dynastie der Hohenzollern", nicht einmal, soweit es sich
um die Stellen handelte, denen jene Aspirationen entgegengebracht
sein mögen und über deren aktive Sympathien mit den betreffenden
Bestrebungen das rheinische Blatt kein Wort sagte.

Dem Stockholmer „Dagblad" wurde in derselben Sache von
seinem Petersburger Korrespondenten geschrieben: „Ich bin heute in
der Lage, Ihnen eine Mitteilung senden zu können, die möglicher
Weise einiges Aufsehen auch außerhalb der Grenzen Schwedens er=
regen dürfte, weil sie den Schlüssel zu der bedeutungsvollen Rede
liefert, die der deutsche Kaiser kürzlich in Frankfurt a. O. hielt und
deren Ursache man bisher nicht hat ausfindig machen können. Die
Lösung ist in diesen Tagen von einer besonders hochgestellten Dame,
die dem russischen Hofe angehört, geliefert worden. Anfang dieser

Woche trafen in T., wo dieſe Dame ihre Sommerreſidenz hat, ver=
ſchiedene deutſche Zeitungen ein, in welchen die gewiſſermaßen in=
ſpirierte Andeutung gemacht wurde, daß des Kaiſers Rede durch
Beſtrebungen veranlaßt worden ſei, welche von Perſonen ausgingen,
die ſich ihrer verwandtſchaftlichen Verbindungen zu Gunſten welfiſcher
oder däniſcher Aſpirationen bedienen wollten. Als dieſe Äußerung
vor der Dame verleſen wurde, von welcher hier die Rede iſt, rief ſie
mit großer Lebhaftigkeit aus: „So iſt doch etwas von jener kleinen,
höchſt eigentümlichen Epiſode während des hieſigen Beſuches des
deutſchen Kaiſers bekannt geworden! Ich will Ihnen (dem voll=
ſtändig zuverläſſigen Gewährsmann Ihres Korreſpondenten) jetzt
mitteilen, wie es ſich damit verhält..... Die ſchleswigſche Frage
iſt mit keinem einzigen Worte während der ſechs Feſttage in Peter=
hof erwähnt worden, weder in Unterredungen zwiſchen den beiden
Kaiſern, noch zwiſchen den Staatsmännern derſelben; aber gerade
als die hohen Herrſchaften ſich von den Kaiſerlichen Gäſten am Bord
der „Hohenzollern“ zu verabſchieden im Begriffe waren, machte eine
hochſtehende Perſönlichkeit mit ausgeſuchter weiblicher Feinheit und
Eleganz eine Andeutung bezüglich jener Frage. Der Kaiſer von
Deutſchland war im höchſten Grade erſtaunt, „ganz paff“, und blieb
die Antwort ſchuldig. Durch die Rede in Frankfurt hat er ſeine
Schuld liquidiert.' Mein Gewährsmann iſt eine — ich wiederhole
es nochmals — vollſtändig zuverläſſige Perſönlichkeit, die das un=
begrenzte Vertrauen der in Frage ſtehenden Dame genießt, und er
ſagt mir, daß die Epiſode faſt wortgetreu mitgeteilt worden iſt, wie
ſie hier von mir wiedergegeben wird, nur mit dem Unterſchiede, daß
ich abſichtlich die Perſon zu nennen unterlaſſe, welche mit der
Andeutung dem Kaiſer von Deutſchland gegenüber hervortrat.“

Dieſem Petersburger Berichte des „Stockholmer Dagblad“ fügte
der Stockholmer Berichterſtatter eines deutſchen Blattes folgendes
hinzu: „Das genannte Blatt ſteht nicht nur mehreren hervor=
ragenden älteren Mitgliedern unſeres gegenwärtigen Kabinetts,
ſondern auch dem Könige nahe, und allgemeiner Annahme zufolge
gehört der Petersburger Referent desſelben der ſchwediſch=norwegiſchen
Geſandtſchaft in Petersburg an. Die Vertrauenswürdigkeit dieſes
Berichterſtatters ſteht alſo außer allem Zweifel. Der Umſtand, daß
die „beſonders“ hochſtehende Dame in T. ſich eines deutſchen

Ausdrucks („ganz paff") bedient hat, läßt ohne Schwierigkeit
erkennen, wer dieselbe ist; ebensowenig kann ein, Zweifel darüber
sein, wer die hohe Dame war, welche Kaiser Wilhelm bezüglich Nord=
schleswigs „auf den Zahn zu fühlen" gedachte. Außer der russi=
schen Kaiserin selbst wird kaum eine Dame derartiges wagen."
Jedenfalls war sie aber nicht die Adresse der Frankfurter Rede.

Die Könige von Dänemark und Schweden haben die ihnen
von Kaiser Wilhelm gemachten „Antrittsvisiten" bereits in Berlin
erwidert. Nach den nordischen Höfen werden Rom und Wien,
also die engeren Bundesgenossen, an die Reihe kommen. Über
London herrscht tiefes Stillschweigen, dasselbe, welches die Thron=
rede vom 25. Juni beobachtete, während diese doch alle anderen
mehr oder weniger befreundeten Mächte erwähnte. Den folgenden
Kommentar geben wir hier nach einer halboffiziösen Quelle wieder:

„Ein Nichtbesuch Englands erklärt sich auf die natürlichste
Weise von selbst durch die auf den geschichtlichen Vorgängen der letzten
Jahrzehnte beruhende und durch einen Blick auf die augenblick=
liche allgemeine politische Lage bestätigte Erwägung, daß England
für sich allein und ohne Bündnis mit einer anderen Großmacht
aufgehört hat, wie sonst, ein maßgebender Faktor in der euro=
päischen Politik zu sein. Ein Bündnis Englands mit Rußland als
seinem natürlichen, und seit mehr denn fünfzig Jahren mit unaus=
gesetztem Mißtrauen beobachteten Gegner in Asien ist ausgeschlossen,
ebenso aber auch für jetzt wenigstens ein Bündnis mit Frankreich,
dessen nordafrikanische Interessen England so einschneidend ver=
letzen. Hat man doch, als vor wenigen Wochen infolge des Lärms
über Englands militärische Schwäche der panikartigen Furcht vor
einem fremden Angriff in allen englischen Blättern Ausdruck ge=
geben wurde, gerade auf Frankreich als den allein zu fürchtenden
Gegner hingewiesen. Wächst doch selbst in Frankreich die Anzahl
derjenigen, welche, von einem Revanchekrieg gegen Deutschland ab=
mahnend, auf England als diejenige Macht hinzeigen, die zu
allen Zeiten der verderblichste Gegner Frankreichs gewesen sei. In
dem deutsch=österreichisch=italienischen Friedensbunde aber ist für Eng=
land mit seiner bloß von Selbstsucht geleiteten Politik kein Platz.
Weder der eine noch der andere der verbündeten drei Staaten hat
Lust, sich als Englands Hammer für den Ambos an unserer Ost=

oder Westgrenze gebrauchen zu lassen. Deutschland, dessen junge
Kolonialpolitik bei jedem Schritte auf Englands Eifer= und Scheel=
sucht tritt, hat am wenigsten Veranlassung, für England sich
besonders zu erwärmen oder gar für dasselbe die Kastanien aus
dem Feuer zu holen."

In der kurzen Regierungszeit des Kaisers Friedrich war unsre
Spannung vorzugsweise von inneren Angelegenheiten, von dem
Ausgang der Krankheit des Monarchen in Anspruch genommen.
Zu jener Zeit brachte die „Nordb. Allg. Ztg." einen Artikel zur
Beurteilung der politischen Gesamtlage, aus welchem mit aller
Deutlichkeit hervorging, daß seit dem 6. Februar die auswärtige
Konstellation keine wesentliche Änderung erfahren hatte, daß viel=
mehr die Ansichten, welche der Reichskanzler Fürst Bismarck in
seiner zu so großer und verdienter Berühmtheit gelangten Parla=
mentsrede jenes Tages aussprach, noch ihre volle Gültigkeit besaßen.
„Eine Rekapitulation," so wurde von anderer Seite dazu bemerkt,
des damaligen Gedankenganges unsres leitenden Staatsmannes
würde den Beweis liefern, daß das inzwischen verflossene Viertel=
jahr in den charakteristischen Grundzügen des Bildes der europäischen
Politik durchaus keine Veränderung hat zuwege bringen können.
Thatsache ist es, daß innerhalb dieses Vierteljahres die Entwickelung
der Dinge stationär geblieben ist. Der schon damals vorhanden ge=
wesene Konfliktsstoff hat vielleicht keine Vermehrung, jedenfalls aber
auch keine Herabminderung erfahren. Die bisherige erfolgreiche
Verteidigung des Völkerfriedens ist ein Verdienst der deutschen Po=
litik, bei dessen gebührender Schätzung die ungemein erschwerenden
Umstände, unter denen es errungen wurde, resp. behauptet wird,
nicht außer Ansatz bleiben sollten. Es ist nicht zuviel gesagt, wenn
wir behaupten, daß nur mittels Anspannung der letzten Kräfte den
Friedensmächten die Erfüllung ihrer Mission überhaupt noch mög=
lich wird. Ist dem so, dann kann der Ausblick in die Zukunft
gerade keine übermäßigen Hoffnungen erwecken. Denn jedes, auch
das größte Kräftereservoir kommt, falls es nicht eben unerschöpflich
ist, über kurz oder lang am Ende seiner Leistungsfähigkeit an, wenn
nicht vorher die Gründe, aus denen es in Anspruch genommen
wird, in Wegfall gelangen. Die Gründe, welche die Friedensmächte
das Schwert in der Scheide lockern heißen, hat Fürst Bismarck am

6. Februar deutlich genug gekennzeichnet. Sie nennen sich: Panfla=
wismus und Chauvinismus, und beide haben seitdem an Stichhaltig=
keit nicht nur nichts eingebüßt, sondern noch gewonnen. Mit der
wachsenden Intensivität der deutschfeindlichen Bestrebungen im
Westen und Osten wächst aber folgerichtig auch die Spannung der
politischen Atmosphäre überhaupt. Der „Stillstand," welcher das
politische Leben Europas charakterisiert, ist daher mehr ein oberfläch=
licher, der nicht hindert, daß in der Tiefe die zersetzenden Kräfte
ihr bedrohliches Werk ununterbrochen fortführen."

Seitdem so geschrieben wurde, sind sich der Regierungsantritt
Wilhelms II., seine Ansprachen, seine Reisen nach Rußland und Skan=
dinavien, die Gegenbesuche, die er bis in die letzten Tage hinein
erhalten hat, schnell gefolgt. Uns dünkt, das Bild ist nicht mehr
ganz so trübe, wie das, welches die Berliner Presse vor drei Mo=
naten entwarf. Gewiß sind die feindlichen Kräfte, die gegen Deutsch=
land arbeiten noch ungebrochen, und das Bild, das der Reichskanzler
am 6. Februar d. J. entwarf, trifft noch in der Hauptsache zu. Aber
ist es schon ein Gewinn, daß die Freundschaft der skandinavischen
Monarchen mit unserem Kaiserhause niemals so in die unzweifel=
hafteste Erscheinung getreten ist, wie heute, wo der jüngste Sohn
des Deutschen Kaisers den Namen des Königs von Schweden bei
der Taufe erhalten hat, so herrscht jetzt am Petersburger Hofe, wo=
für gute Zeugnisse vorliegen, gegenwärtig eine Stimmung für
Deutschland, die für mehr als die nächste Zeit die Möglichkeit eines
Krieges ausschließt. Der „Kreuzzeitung" wird aus Petersburg ge=
schrieben, es herrsche dort die allgemeine Empfindung, daß die Reise
des Kaisers Wilhelm II. die Kriegsgefahr momentan verschoben
habe. „Die liebenswürdige Initiative, mit welcher der Kaiser die
Reise in Angriff nahm, die herzliche Art der Begegnung und der
Eindruck, den er hinterlassen hat, daß er mit fester Hand sein Land
und Reich verteidigen und es dem Feinde schwer machen wird, etwas
für sich zu gewinnen, das sind Dinge, die nicht nur bei dem Kaiser
Alexander einen offenbar tiefen Eindruck hinterlassen, sondern auch
die Umgebung einige Zeit mindestens stutzig gemacht haben, so daß
es augenblicklich bei Hofe nicht zum bon ton gehört, gegen Deutsch=
land irgendwie zu schüren. Wie lange das dauern wird, kann man
ziemlich genau bestimmen, nämlich so lange, bis nicht andere mäch=

tige Einflüsse die Gemüter gefangen nehmen, oder bis nicht gar
die elementare Volksstimmung sich Luft macht und das große Staats=
schiff mit solcher Gewalt gegen die westlichen Grenzen treibt, daß
auch die Hemmkraft des einzelnen nicht mehr die nötige Macht
besitzt, das Fahrzeug zum Halten zu bringen." Nun gut, eine Ver=
schiebung der Kriegsgefahr für die nächste Zeit ist immerhin eine
Errungenschaft. Warten wir ab, bis an die Stelle der jetzt in
Petersburg vorherrschenden friedlichen Momente wieder die alten
feindseligen treten. Fürst Bismarck sagte in seiner berühmten Note
aus dem Monat Juli 1870: „Ich war nicht der Meinung derjenigen
Politiker, welche dazu rieten, dem Kriege mit Frankreich deshalb
nicht nach Kräften vorzubeugen, weil er doch unvermeidlich sei. So
sicher durchschaut niemand die Absichten göttlicher Vorsehung bezüg=
lich der Zukunft, und ich betrachte auch einen siegreichen Krieg an
sich immer als ein Übel, welches die Staatskunst den Völkern zu
ersparen bemüht sein muß. Ich durfte nicht ohne die Möglichkeit
rechnen, daß in Frankreichs Verfassung und Politik Veränderungen
eintreten könnten, welche beide große Nachbarvölker über die Not=
wendigkeit eines Krieges hinweggeführt hätten — eine Hoffnung,
welcher jeder Aufschub des Bruches zugute kam". Diese Worte
(Fürst Bismarck hat sie oft variiert, sie fassen ein politisches System
in sich), lassen sich ganz allgemein so fassen: „Ich bin nicht der
Meinung derjenigen, die einen Aufschub des Krieges deswegen nicht
für erwünscht halten, weil er über kurz oder lang doch ausbrechen
muß. So sicher durchschaut niemand die Absichten der göttlichen
Vorsehung bezüglich der Zukunft, daß er bestimmt die Unvermeid=
lichkeit eines Krieges behaupten kann. Man darf nicht ohne die
Möglichkeit rechnen, daß in dem feindlichen Lande Änderungen ein=
treten, welche die großen Nachbarvölker über die Notwendigkeit
eines Krieges hinwegführen, eine Hoffnung, welcher jeder Aufschub
eines Krieges zugute kommt."

Es ist daher durch die Verstärkung der persönlichen Beziehungen
des Kaisers Wilhelm zum russischen Herrscherhause immerhin ein
großes Resultat erreicht worden, wenn auch die Presse bald wieder
in das alte Fahrwasser geraten ist.

Fürst Bismarck dient dem dritten Kaiser so treu und standhaft
wie dem ersten und dem zweiten. Er hat sich nach dessen Thron=

besteigung in einem Gespräche mit einigen Mitgliedern des Herren=
hauses über die politische Lage wie über den Kaiser Wilhelm II. aus=
führlich geäußert. Er sprach sich zunächst mit solcher Anerkennung
über die Begabung und Tiefe der Auffassung des Kaisers in Betreff
der ihm gewordenen Aufgabe und über den Eifer, die Bereitwilligkeit
und Hingebung,- sowie die Festigkeit des Willens, mit welcher der
junge Kaiser sich der übernommenen Leitung der Regierungsgeschäfte
widme, aus und wußte nicht genug die Ruhe und das Verständnis her=
vorzuheben, welche Kaiser Wilhelm in allen Punkten der mannigfachen
Vorkommnisse in der innern wie äußeren Politik, wie auch in den
vielfachsten Angelegenheiten der Verwaltung zu erkennen gebe, und die
einem erfahrenen Verwaltungsbeamten alle Ehre machen würden.

Der Fürst hob sodann ganz besonders hervor, daß Kaiser
Wilhelm bei jeder Gelegenheit und zu wiederholten Malen seine
Friedensliebe nach allen Seiten hin zu erkennen gegeben habe, daß
der Kaiser ihm auf das entschiedenste und eingehendste versichert
habe, wie er die Aufrechthaltung des Friedens, soweit es sich irgend
mit der Ehre, Würde und den Interessen des Reiches und seiner
Angehörigen vereinbaren lasse, als das wichtigste und schwer=
wiegendste Vermächtnis seines Großvaters und Vaters übernommen
habe und zur Durchführung zu bringen bestrebt sein werde. Dies
erachte er als seine erhabenste Mission nach außen hin, wie er die
Fortsetzung der sozialpolitischen Gesetzgebung, die Ausgleichung
der religiösen Differenzen und die Hebung der Produktivität
des Landes durch Förderung der Landwirtschaft, des Gewerbes,
der Industrie und des Handels in gleichem Maße und nach gleicher
und gerechter Verteilung der Kräfte als ein gleich wertvolles und er=
habenes Vermächtnis seiner beiden großen Vorfahren erachte und das=
selbe allezeit vor Augen habe und zur Ausführung bringen wolle.

Ihm in diesem Bestreben wie bisher seinem Großvater und
seinem Vater in gleicher Weise treu zur Seite zu stehen und ihn
unterstützen zu wollen, darum habe ihn Kaiser Wilhelm recht auf=
richtig und innig gebeten, und er (der Kanzler) habe ihm (dem
Kaiser) auch die feste Versicherung gegeben, daß er, so lange ihm
dies Leben und Gesundheit gestatten, nicht von seiner Seite weichen
werde. Und dies Versprechen werde er (der Kanzler) auch bis zu
seinem letzten Atemzuge halten.

Diese Zusicherung gab der Kanzler voller Begeisterung und mit Thränen im Auge und sie wurde auch von den Mitgliedern in derselben Weise aufgenommen und allseitig mit warmem Hände= druck bekräftigt.

Der Kanzler habe sodann hinzugefügt, daß er die feste Über= zeugung habe, daß unter den jetzt bestehenden Verhältnissen der Weltfriede nicht gestört werde, wenn nicht in anderen Staaten die Veranlassung hierzu gegeben würde. Auf Befragen äußerte der Kanzler den Herren, daß er eine derartige Befürchtung für Rußland nicht hege und die feste Überzeugung habe, daß die Differenzen, die früher zwischen Berlin und St. Petersburg schwebten, jetzt voll= kommen beigelegt seien. Allerdings wünsche er wohl, daß er die gleiche Zuversicht in Betreff des westlichen Nachbars auch hegen könne; dies sei ja möglich, so lange es den jetzigen Machthabern in Frankreich gelinge, den verschiedenen, dort bestehenden Parteien gegenüber die Hand oben zu behalten. Allein bei dem reichen Zündstoff, welchen Frankreich biete, und bei der leichten Erregbar= keit seiner Bevölkerung sei es schwer, eine Garantie zu übernehmen, daß dieser Zustand auf die Dauer erhalten werde. Der Tropfen, welcher ein volles Gefäß überlaufen mache, schwebe in jenem Lande ständig in der Luft und könne zu einem Zeitpunkt und von einer Stelle aus herabfallen, wo man dies am allerwenigsten erwarte, und was dann geschehen werde, lasse sich schwerlich jetzt voraus= sagen. Vorläufig aber glaube er, daß auch hier sobald nicht andere Zustände eintreten werden. Von den Ereignissen und Anstrengungen der letzten Monate auf das äußerste angegriffen, zog sich Fürst Bismarck nach seinem Landsitz Friedrichsruh zurück. Die Politik feierte auch dort nicht. Hervorragende Besuche waren die von Crispi und Graf Kalnoky.

In den jüngsten Tagen schwirrten Gerüchte durch die Zeitungen von Änderungen in der Organisation der Reichsämter, insbesondere von Loslösung einzelner derselben von der Person des Reichs= kanzlers. Die „Nordd. Allg. Ztg." dementierte sie. Da brachte die „Indépendance Belge" den folgenden Artikel unter der Über= schrift „Wilhelm II. und Fürst Bismarck":

„In den dem Fürsten Bismarck sehr viel näher stehenden politischen Gruppen, als es die Gruppe des Herrn Eugen Richter ist, soll man diese Nachricht (von den Änderungen der Reichsämter) lanciert haben zu dem alleinigen Zweck, in diskreter Weise dem Fürsten von Bismarck nahezulegen, daß es Zeit wäre, sich einen eventuellen Nachfolger zu bezeichnen, wie es der Feldmarschall von Moltke gethan hat, um ohne Erschütterungen und nutz= loses Tasten den Übergang der sehr ausgedehnten Machtvollkommenheit des Kanzlers in andere Hände, die notwendiger Weise weniger erfahren sind, vor= zubereiten. Der Kanzler, es ist wahr, ist von der Last der Jahre nicht so bedrückt, wie der Feldmarschall von Moltke, er ist heute 73 Jahre alt; aber es wird bemerkt, daß lange Zeit, bevor der ehemalige Chef des Generalstabes dieses Alter erreicht hatte, er die Wahl eines späteren Nachfolgers in der Person des Grafen von Waldersee getroffen hat, der in der That ihm nachgefolgt ist. Im übrigen war Graf Moltke im Generalstabe weit davon entfernt, in einer solchen Lage zu sein, wie diejenige des Kanzlers ist, welcher in seinen Händen alle Machtbefugnisse vereinigt und in gewisser Weise allmächtig ist, dergestalt, daß keine nur irgendwie wichtige Frage von allgemeinem Interesse sich ohne seine Mitwirkung regeln läßt. Einer der gerechtesten Vorwürfe, welche man dem Reichskanzler selbst in befreundeten Kreisen macht, ist, daß in dem Reiche alles so eingerichtet ist, wie wenn er allein da wäre, um eine Frage entscheiden zu können und wie wenn er für immer sich seiner geistigen Fähigkeiten und seiner Arbeitskraft erfreuen sollte. Die Thatsache, daß die Nachricht einer Re= organisation der Reichsämter anfangs durch notorisch liberale Zeitungen ge= laufen und nicht sofort durch die offiziöse Presse widerlegt worden ist, zeigt deutlich an, daß diese ganze Geschichte sich in einem Kreise entwickelt hat, welchen man über die Neigungen des jungen Kaisers gut unterrichtet erachten mußte. Es würde in der That eigentümlich sein, daß, nachdem der Kaiser in der Armee dem jungen Element einen so weiten Spielraum eingeräumt und nach= dem er so deutlich seinen Willen einer allgemeinen Verjüngung zu erkennen gegeben hat, er in der Regierung des Reiches es beim Alten lassen sollte. Hieraus erklärt sich auch das Gerücht, welches mehr als einmal entstanden ist, daß zwischen dem Kanzler und seinem Souverän eine Meinungsverschiedenheit besteht. Die Frage der Reorganisation der Reichsämter scheint in der That nur ein ballon d'essai, eine nicht feindliche, sondern freundliche Andeutung, gerichtet an die Adresse des Fürsten Reichskanzlers, gewesen zu sein; darum ist sie durch Zeitungen in die Welt geschleudert worden, die im allgemeinen wenig für Phantasien oder Nachrichten nach Art der fortschrittlichen Presse zugänglich sind. In den dem Kanzler befreundeten Kreisen befürchtet man in der That, daß, wenn er nicht selbst, wie der Feldmarschall von Moltke, die patriotische Initiative ergreift, seinen Rücktritt vorzubereiten, es sich leicht er= eignen könnte, daß er zum Rücktritt gezwungen würde, mehr vielleicht als dies beim Grafen Moltke der Fall war. Wilhelm II. bewundert sicher als Kaiser den Kanzler ebenso, wie er ihn bewundert hat als Prinz von Preußen und Kronprinz. Aber Wilhelm II. als Kaiser ist nicht wie Wilhelm I. durch ein unwiderrufliches „Niemals" verpflichtet. Wilhelm II. ist 28 Jahre alt und Fürst Bismarck ist für einen so jungen Fürsten ein Ratgeber von unbequemem Alter. Er hat überdies den Nachteil, lange Zeit die Geschäfte unter einem sehr alten Monarchen geleitet zu haben. Ein Minister, besonders ein Minister von dem Charakter und dem hohen Werte des Herrn von Bismarck kann nicht ein Minister sein, den ein Monarch wünscht, noch dazu ein so junger Monarch,

wie es der gegenwärtige Kaiser ist. Die klarsehenden Freunde des Fürsten
Bismarck geben sich in dieser Beziehung keiner Täuschung hin. Noch neulich drückte
einem solchen Freunde gegenüber ein Konservativer, welcher den Rücktritt des
Herrn von Puttkamer bedauerte, die Überzeugung aus, daß die so kurze
Regierung von Friedrich III. zu lange gedauert hätte; der Freund des Kanzlers
antwortete, „wir sollten uns vielmehr beglückwünschen, daß Friedrich III. einige
Tage hat regieren können; während dieser 100 Tage hat sich Fürst Bismarck
notwendiger Weise an den Gedanken gewöhnen müssen, daß er nicht mehr der
Ratgeber eines 90jährigen Greises sei, und er hat sich vorbereiten können, die
Geschäfte mit einem jungen und lebensvollen Souverän zu führen". In diesen
wenigen Worten liegt eine sehr klare Übersicht der Lage. Die Regierung des
kranken Friedrich III. hat einen zu radikalen Regierungswechsel verhindert und
hat sehr nützlich als Zwischenglied zwischen der Regierung Wilhelms I. und
derjenigen seines Enkels gedient. Es sind dies dieselben klar sehenden Freunde
des Kanzlers, welche die jetzt dementierte Nachricht in die Welt gesetzt haben,
um Herrn von Bismarck begreiflich zu machen, daß es für ihn Zeit ist, seine
Isolierung aufzugeben und junge Kräfte an seine Arbeiten zu fesseln, um sich
in seiner Geschäftsleitung unter einem Kaiser von jugendlichem Enthusiasmus
zu erhalten. Das Dementi der „Nordd. Allg. Ztg." wird demnächstige Änderungen in dem angedeuteten Sinne aller Wahrscheinlichkeit nach nicht verhindern.
Herr von Bismarck ist ein zu eifriger Patriot und ein zu umsichtiger Staatsmann, um nicht selbst zu merken, daß die Zeiten sich geändert haben und daß
er selbst nicht mehr der ist, der er war. Früher oder später wird sich Herr
von Bismarck darein finden müssen, daß er nicht mehr selbst regiert, und er wird
sich begnügen müssen, auf die Geschäfte eine analoge Oberaufsicht zu üben wie diejenige war, welche der Feldmarschall Graf Moltke in den Militärangelegenheiten
geübt hat. Was dagegen den Zeitpunkt anlangt, ob sich diese Veränderungen in
einem Monat oder in einem Jahre vollziehen werden, so würde jede Prophe-
zeiung in dieser Hinsicht eine zu kühne sein. Die Note der „Nordd. Allg. Ztg."
hat uns allein belehrt, daß die Veränderungen nicht unmittelbar bevorstehen."

Die „Nordd. Allg. Ztg." druckte diesen Artikel ohne Kommentar
ab, nur mit der Bemerkung, daß der Verfasser mit den Berliner
Verhältnissen wohlvertraut sei, und daß es nicht konservative, sondern liberale Kreise sind, aus denen die Mitteilungen jenes Artikels
stammen. Die höfliche Miene, die die „Nordd. Allg. Ztg." zu den
Äußerungen des belgischen Blattes machte, sowie ihre Enthaltung
von weiteren Bemerkungen dazu, ließ darauf schließen, daß sie durch
die bloße Wiedergabe des Artikels wirken wollte, d. h. nur den
Zweck verfolgte, die Existenz von Leuten zu bezeugen, die den Kaiser
gern dahin lenken möchten, daß das in der Armee angewandte
Prinzip der Verjüngung auch auf die Regierung des Reiches
übertragen würde. Die „Nordd. Allg. Ztg." denunziert sie, sozu-
sagen, dem größeren Publikum.

Inhalt:

Rede

des

Reichskanzlers Fürsten Bismarck

über das

Bündniß zwischen Deutschland

und

Oesterreich-Ungarn

vom 7. Oktober 1879.

(Nach dem amtlichen stenographischen Bericht über die Reichstags-Verhandlung
am 6. Februar 1888.)

Mit einem Anhange, den Text des Vertrages enthaltend.
(Nach dem „Reichs- und Staats-Anzeiger" vom 3. Februar 1888.)

Dritte Auflage.

Berlin, 1888.
Puttkammer & Mühlbrecht.
Buchhandlung für Staats- und Rechtswissenschaft.

Wenn ich heute das Wort ergreife, so ist es nicht, um die Vorlage,*) die der Herr Präsident eben erwähnte, Ihrer Annahme zu empfehlen; ich bin nicht in Sorge darüber, daß sie angenommen werden wird, und ich glaube nicht, daß ich irgend etwas dazu beitragen könnte, die Mehrheit, mit der sie angenommen wird, und auf die allerdings im Inlande wie im Auslande ein hoher Werth zu legen ist, zu steigern. Die Herren werden in allen Fraktionen darüber ihren Sinn festgestellt haben, wie sie stimmen werden, und ich habe das volle Vertrauen zum deutschen Reichstag, daß er diese Steigerung unserer Wehrkraft zu einer Höhe, auf die wir im Jahre 1867 bis 1882 allmählich verzichtet haben, daß er die uns wiedergeben wird, nicht in Ansehung der augenblicklichen Lage, in der wir uns befinden, nicht in Ansehung der Befürchtungen, die heutzutage die Börse und die öffentliche Meinung bewegen können, sondern in voraussichtsvoller Beurtheilung der Gesammtlage Europas. Ich werde deshalb, wenn ich das Wort ergreife, mehr über die letztere zu reden haben, als über die Vorlage.

Ich thue es nicht gern, denn in dieser Sache kann ein Wort, welches ungeschickt gesprochen wird, viel verderben, und viele Worte können nicht viel nutzen, lediglich die Aufklärung der eigenen Landsleute und auch des Auslandes über die Situation fördern, die ja ohnehin sich finden wird. Ich thue es ungern; aber ich fürchte, daß, wenn ich schweigen würde, dann nach den Erwartungen, welche sich an die heutige Debatte geknüpft haben, die Beunruhigung in der öffentlichen Meinung, die nervöse Stimmung in unserer und der fremden Bevölkerung sich eher steigern als mildern würde. Man würde glauben, daß die Sache so schwierig und so kritisch ist, daß ein auswärtiger Minister gar nicht wagte, die Situation zu berühren. Ich spreche deshalb, aber ich kann sagen, mit Widerstreben.

Ich könnte mich darauf beschränken, auf die Aeußerungen zu verweisen, die ich von dieser selben Stelle vor etwas mehr als Jahr und Tag gethan habe. Es hat sich seitdem in der Situation wenig geändert. Mir ist heute ein Zeitungsausschnitt zugegangen, eine Zusammenstellung in der „Frei=

---

*) Entwurf eines Gesetzes, betreffend die Aufnahme einer Anleihe für Zwecke der Verwaltung des Reichsheeres.

finnigen Zeitung", einem Blatte, welches, glaube ich, meinem politischen Freunde dem Abgeordneten Richter näher steht als mir (Heiterkeit); derselbe könnte einen passenden An= knüpfungsgegenstand bilden, um daran die weitere Lage zu entwickeln. Ich kann nur ganz allgemein darauf Bezug nehmen, auf die Hauptpunkte, die da angeführt sind mit der Erklärung, daß, wenn die Lage seitdem geändert ist, sie eher zum guten als zum schlimmen geändert ist.

Wir hatten Sorgen damals hauptsächlich vor einem Anstoß zum Kriege, der uns von Frankreich her kommen konnte. Seitdem ist in Frankreich ein friedliebender Präsident von der Regierung abgetreten, ein friedliebender ist ihm gefolgt. Das ist schon ein günstiges Symptom, daß die französische Regierung bei der Anstellung eines neuen Staatsoberhauptes nicht in die Pandorabüchse gegriffen hat, sondern daß wir darauf rechnen können, daß die friedliche Politik, als deren Vertreter der Präsident Grevy galt, von dem Präsidenten Carnot fortgesetzt werden wird. Wir haben außerdem in dem französischen Ministerium Aenderungen, deren beruhigende Bedeutung noch stärker ist als die des Präsidentenwechsels, der mit anderen Gründen zusammenhängt. Solche Mitglieder des Ministeriums, die geneigt sein könnten, den Frieden ihres Landes und den Frieden Europas ihren persönlichen Plänen unterzuordnen, sind ausgeschieden, und andere, denen gegenüber wir diese Befürchtung nicht haben, sind eingetreten. Ich glaube also konstatiren zu können — und thue es gern, weil ich wünsche, die öffentliche Meinung nicht aufzuregen, sondern zu beruhigen —, daß die Aspekten nach Frankreich hin fried= licher, viel weniger explosiv aussehen als vor einem Jahre.

Die Befürchtungen, die im Laufe dieses Jahres auf= getaucht sind, haben sich auch viel mehr an Rußland geknüpft als an Frankreich, oder, ich kann sagen, an den Austausch von gegenseitigen Aufregungen, Drohungen, Beschimpfungen und Herausforderungen, welche zwischen der russischen Presse und der französischen Presse im Laufe des Sommers statt= gefunden haben.

Ich glaube aber auch, daß in Rußland die Sache nicht anders liegt, als sie im vorigen Jahre lag. Die „Frei= sinnige Zeitung" hat mit besonders fettem Druck hervorge= hoben, daß ich im vorigen Jahre gesagt habe:

Unsere Freundschaft mit Rußland hat in der Zeit unserer Kriege gar keine Unterbrechung erlitten und ist auch heute über jeden Zweifel erhaben. Wir erwarten von Rußland durchaus weder einen An= griff noch eine feindselige Politik.

Daß dies durch fetten Druck hervorgehoben ist, ist vielleicht in der Absicht geschehen, mir die Anknüpfung daran zu er=

leichtern (Heiterkeit), vielleicht auch in der Hoffnung, daß ich in=
zwischen anderer Meinung geworden sein könnte und heute über=
zeugt wäre, ich hätte mich in diesem Vertrauen zur russischen
Politik vor einem Jahr geirrt. Das ist nicht der Fall. Die
Gründe, die dazu hätten Anlaß geben können, liegen theils in der
russischen Presse, theils in den russischen Truppenaufstellungen.

Was die Presse anbelangt,· so kann ich der ein entschei=
dendes Gewicht an sich nicht beilegen. Man sagt, in Rußland habe
sie mehr zu bedeuten als in Frankreich. Ich bin gerade um=
gekehrt der Meinung: in Frankreich ist die Presse eine Macht,
die auf die Entschließungen der Regierung einwirkt; in
Rußland ist sie das nicht und kann das nicht sein; in beiden
Fällen aber ist die Presse für mich Druckerschwärze auf
Papier, gegen die wir keinen Krieg führen. Es kann für
uns darin eine Herausforderung nicht liegen. Hinter jedem
Artikel in der Presse steht doch nur ein einzelner Mensch, der
die Feder geführt hat, um diesen Artikel in die Welt zu
schicken; — auch in einem russischen Blatt — nehmen wir
an, es ist ein unabhängiges russisches Blatt —, das mit
den französischen geheimen Fonds in Beziehungen steht,
ist das vollständig gleichgiltig. Die Feder, die einen deutsch=
feindlichen Artikel darin schreibt, hat an sich niemand hinter
sich als den, der sie in der Hand führt, den einzelnen
Menschen, der in seinem Arbeitskabinet diese Elukubration
zu Stande bringt, und den Protektor, den ein russisches Blatt
zu haben pflegt, d. h. den mehr oder weniger in die Partei=
politik verrannten höheren Beamten, der diesem russischen Blatt
gerade seine Protektion widmet; — beide wiegen federleicht gegen
die Autorität Seiner Majestät des Kaisers von Rußland.

In Rußland hat die Presse nicht denselben Einfluß
wie in Frankreich auf die öffentliche Meinung; es ist höchstens
der Barometer dafür, was nach Lage der russischen Preß=
gesetze zugelassen wird, aber ohne die russische Regierung und
Seine Majestät den Kaiser von Rußland irgendwie zu
engagiren. Gegenüber den Stimmen der russischen Presse
habe ich das unmittelbare Zeugniß des Kaisers Alexander
selbst, nachdem ich seit mehreren Jahren vor einigen Monaten
wieder die Ehre gehabt habe, von dem Zaren in Audienz
empfangen zu werden. Ich habe mich auch da wiederum
überzeugt, daß der Kaiser von Rußland keine kriegerischen
Tendenzen gegen uns hegt, keine Absicht hat, uns anzugreifen,
überhaupt Angriffskriege zu führen. Der russischen Presse
glaube ich nicht; den Worten des Kaisers Alexander glaube
ich und vertraue ich absolut. Wenn beide mir gegenüber
auf der Wage liegen, so schnellt das Zeugniß der russischen
Presse mit ihrem Haß gegen Deutschland federleicht in die
Höhe, und das Zeugniß des Kaisers Alexander persönlich hat

das durchschlagende Gewicht für mich. Ich sage also: die Presse veranlaßt mich nicht, unsere Beziehungen zu Rußland heute schlechter aufzufassen als vor einem Jahre.

Ich komme zu der anderen Frage, der Frage der Truppenaufstellungen. Sie haben früher in ausgedehntem Maße stattgefunden, sie sind in der jetzigen bedrohlich erscheinenden Form namentlich seit 1879, nach Beendigung des türkischen Krieges, aufgetreten. Es hat ja sehr leicht den Anschein, als ob die Anhäufung russischer Truppen, die in der Nähe der deutschen und der österreichischen Grenzen stattfindet, in Gegenden, wo ihre Unterhaltung theurer und schwieriger ist als im Innern des Landes, nur von der Absicht eingegeben werden könnte, eins der Nachbarländer — sans dire: gare! — mir fehlt gerade der deutsche Ausdruck — unvorbereitet zu überfallen und anzugreifen. Nun, das glaube ich nicht. Einmal liegt es nicht im Charakter des russischen Monarchen und stände mit seinen Aeußerungen in Widerspruch, und dann würde der Zweck davon ganz außerordentlich schwer verständlich sein. Rußland kann keine Absicht haben, preußische Landestheile zu erobern; ich glaube auch nicht, österreichische. Ich glaube, daß Rußland reichlich so viel polnische Unterthanen besitzt, wie es zu haben wünscht, und daß es keine Neigung hat, die Zahl derselben zu vermehren. (Heiterkeit.) Etwas anderes von Oesterreich zu annektiren, wäre noch schwieriger. Es liegt gar kein Grund vor, kein Vorwand, der einen europäischen Monarchen veranlassen könnte, nun ganz plötzlich über seine Nachbarn herzufallen. Und ich gehe so weit in meinem Vertrauen, daß ich überzeugt bin, selbst dann, wenn wir durch irgend eine explosive Erscheinung in Frankreich, die niemand vorher berechnen kann, und die von der heutigen Regierung in Frankreich sicher nicht beabsichtigt wird — wenn wir uns durch deren Eintreten in einen französischen Krieg verwickelt fänden, daß darauf der russische nicht unmittelbar folgen würde; umgekehrt, würden wir in einen russischen Krieg verwickelt, so würde der französische ganz sicher sein; keine französische Regierung würde stark genug sein, ihn zu hindern, auch wenn sie den guten Willen dazu hätte. Aber Rußland gegenüber erkläre ich noch heute, daß ich keines Ueberfalls gewärtig bin, und nehme von dem, was ich im vorigen Jahre gesagt habe, nichts zurück.

Sie werden fragen: wozu denn die russischen Truppenaufstellungen in dieser kostspieligen Form? Ja, das sind Fragen, auf die man von einem auswärtigen Kabinet, welches dabei betheiligt ist, nicht leicht eine Aufklärung fordern kann. Wenn man Erklärungen darüber zu fordern anfinge, so könnten sie geschraubt ausfallen, und die Triplik ist auch wieder ungeschraubt. Das ist eine gefährliche Bahn, die ich nicht gerne betrete. Truppenaufstellungen sind meines Erachtens Erscheinungen, über die man nicht — mit einem Studentenausdruck — „foramirt", kategorische Erklärungen fordert (Heiterkeit), sondern denen gegenüber man mit derselben Zurückhaltung und Vorsicht seine Gegenmaßregeln trifft. Ich kann also über die Motive dieser russischen Aufstellungen keine authentische Erklärung geben; aber ich kann mir doch als jemand, der mit der auswärtigen und auch mit der russischen Politik seit einem Menschenalter vertraut ist, meine eigenen Gedanken darüber machen; die führen mich dahin, daß ich annehme, daß das russische Kabinet die Ueberzeugung hat — und die Ueberzeugung wird wohl begründet sein —, daß in der nächsten europäischen Krisis, die eintreten könnte, das Gewicht der russischen Stimme in dem diplomatischen Areopag von Europa um so schwerer wiegen wird, je stärker Rußland an der europäischen Grenze ist, je weiter westlich die russischen Armeen stehen. Rußland ist als Verbündeter und als Gegner um so schneller bei der Hand, je näher es seinen westlichen Grenzen steht mit seinen Haupttruppen oder wenigstens doch mit einer starken Armee.

Diese Politik hat die russischen Truppenaufstellungen schon seit langer Zeit geleitet. Sie werden sich erinnern, daß während des Krimkrieges schon eine so große Armee im Königreich Polen stets versammelt war, daß, wenn sie rechtzeitig nach der Krim abgegangen wäre, der Krimkrieg vielleicht eine andere Wendung genommen hätte. Wenn man weiter zurückdenkt, so wird man finden, daß die Bewegung von 1830 Rußland unvorbereitet und unfähig zum Eingreifen fand, weil es keine Truppen im Westen seines Reiches in hinreichendem Maße hatte. Ich brauche also aus einer russischen Truppenanhäufung an den westlichen Provinzen (sapadni Guberni, wie die Russen sagen) noch nicht nothwendig den Schluß zu ziehen, daß damit die Intention, uns zu überfallen, verbunden sei. Ich nehme an, daß man etwa auf eine neue orientalische Krisis wartet, um dann in der Lage zu sein, die russischen Wünsche mit dem vollen Gewicht einer nicht gerade in Kasan, sondern weiter westwärts stehenden Armee geltend zu machen.

Wann eine orientalische Krisis nun eintreten kann? — Ja, darüber haben wir keine Sicherheit. Wir haben in diesem Jahrhundert meines Erachtens vier Krisen gehabt, wenn ich die kleineren und nicht zur vollen Entwickelung gekommenen abrechne: eine im Jahre 1809, die mit dem Friedensschluß endigte, der Rußland die Pruthgrenze gab; dann 1828; dann 1854 den Krimkrieg, und 1877, — also in Etappen von ungefähr 20 Jahren von einander entfernt

und etwas darüber; warum sollte denn nun gerade die nächste
Krisis früher als etwa nach dem gleichen Zeitraum, also un=
gefähr 1899, eintreten, auch 22 Jahre später? Ich möchte
wenigstens mit der Möglichkeit rechnen, daß die Krisis hint=
angehalten werden kann und nicht sofort einzutreten braucht.
Außerdem gibt es auch andere europäische Ereignisse, die in
gleichen Perioden einzutreten pflegen. Beispielsweise pol=
nische Aufstände. Früher hatten wir schon alle 18 bis 20
Jahre einen solchen zu gewärtigen. Vielleicht ist auch das
ein Grund, warum Rußland so stark sein will in Polen, um
solche zu verhindern. Ebenso Wechsel der Regierungen in
Frankreich; sie pflegen auch alle 18 bis 20 Jahre einzutreten,
und niemand kann leugnen, daß ein Wechsel in der Regie=
rung Frankreichs eine Krisis herbeiführen kann, die es jeder
betheiligten Macht wünschenswerth machen muß, mit vollem
Gewicht in sie eingreifen zu können — ich meine, nur auf
diplomatischem Wege, aber mit einer Diplomatie, hinter
der ein schlagfertiges und nahe bereites Heeres steht.

Wenn das die Absicht Rußlands ist, wie ich rein auf
Grund des technisch=diplomatischen Urtheils, das ich mir nach
meiner Erfahrung bilde, viel eher vermuthe, als daß sie den
ziemlich rüden Drohungen und Renommagen der Zeitungen
entsprechen würde, so ist für uns absolut noch kein Grund,
in unsere Zukunft schwärzer zu sehen, als wie wir es seit
40 Jahren überhaupt gethan haben. Es ist ja die wahr=
scheinlichste Krisis, die eintreten kann, die orientalische. Wenn
sie eintritt, so sind wir bei der gerade nicht in erster Linie
betheiligt. Wir sind da vollkommen, und ohne irgend welcher
Verpflichtung zu nahe zu treten, in der Lage, abzuwarten,
daß die im Mittelländischen Meere, in der Levante, nächst=
betheiligten Mächte zuerst ihre Entschließungen treffen und,
wenn sie wollen, sich mit Rußland vertragen oder schlagen.
Wir sind weder zu dem einen noch zu dem anderen in erster
Linie in der orientalischen Frage berufen. Jede Großmacht,
die außerhalb ihrer Interessensphäre auf die Politik der
anderen Länder zu drücken und einzuwirken sucht und die
Dinge zu leiten sucht, die periklitirt außerhalb des Gebietes,
welches Gott ihr angewiesen hat, die treibt Machtpolitik und
nicht Interessenpolitik, die wirthschaftet auf Prestige hin.
Wir werden das nicht thun; wir werden, wenn orientalische
Krisen eintreten, bevor wir Stellung dazu nehmen, die
Stellung abwarten, welche die mehr interessirten Mächte
dazu nehmen.

Es ist also kein Grund, unsere Situation im Augenblicke
so ernst zu betrachten, als ob gerade die gegenwärtige Lage
der Anlaß wäre, weshalb wir die gewaltige Vermehrung der
Streitkräfte, die die Militärvorlage in Vorschlag bringt, heute

versuchen sollten. Ich möchte die Frage der Wiedereinrichtung
der Landwehr zweiten Aufgebots, kurz, die große Militär=
vorlage, mit der anderen, der Finanzvorlage, ganz loslösen
von der Frage, wie unsere augenblickliche Situation ist. Es
handelt sich da nicht um eine momentan vorübergehende Ein=
richtung, es handelt sich um eine dauernde, um ein dauerndes
Stärkerwerden des deutschen Reichs.

Daß es sich nicht um eine momentane Einrichtung
handelt, das, glaube ich, wird einleuchtend gefunden werden,
wenn ich Sie bitte, mit mir die Kriegsgefahren durchzugehen,
welche wir seit 40 Jahren gehabt haben, ohne in eine nervöse
Unruhe zu irgend einer Zeit gerathen zu sein.

Wir haben im Jahre 1848, wo die Deiche und Schleusen
zerbrachen, die bis dahin vielen Gewässern ihren ruhigen Lauf
gewiesen hatten, gleich zwei kriegsschwangere Fragen zu ver=
arbeiten gehabt: es war die polnische und die schleswig=
holsteinsche Frage. Das erste Geschrei nach den Märztagen
war: Krieg gegen Rußland zur Herstellung Polens! — Bald
darauf war die Gefahr, durch die schleswig=holsteinsche Frage
in einen großen europäischen Krieg verwickelt zu werden,
außerordentlich nahe. Ich brauche nicht hervorzuheben, wie
1850 durch das Abkommen von Olmütz eine große Konfla=
gration, ein Krieg im großen Stile, verhindert wurde. Es
folgten darauf vielleicht zwei Jahre ruhigerer Art, aber voller
Verstimmung. Es war damals, als ich zuerst in Frankfurt
Gesandter war. Im Jahre 1853 schon machten sich die
Symptome des Krimkrieges fühlbar, von 1853 bis 1856
dauerte dieser Krieg; während der ganzen Dauer desselben be=
fanden wir uns unmittelbar am Rande — des Abgrundes, will
ich nicht sagen, aber des Abhanges, auf dem wir in den Krieg
hineingezogen werden sollten. Ich erinnere mich, daß ich damals
von 1853 bis 1855 genöthigt worden bin, ich möchte sagen, wie
ein Perpendikel zwischen Frankfurt und Berlin hin= und her=
zugehen, weil der hochselige König bei dem Vertrauen, das
er mir schenkte, mich im Grunde als den Anwalt für seine
unabhängige Politik benutzte, wenn der Andrang der West=
mächte ihm gegenüber, daß wir auch unsererseits Rußland
den Krieg erklären sollten, zu stark und der Widerstand
seines Ministeriums ihm zu weich wurde. Dann hat — ich
weiß nicht wie oft — das Stück sich abgespielt, daß ich her
zitirt wurde, daß ich eine mehr russenfreundliche Depesche
für Seine Majestät zu entwerfen hatte, daß diese Depesche
abging, daß Herr von Manteuffel seinen Abschied verlangte,
und daß, nachdem die Depesche abgegangen war, ich mir von
Seiner Majestät den Auftrag ausbat, zu Herrn von Manteuffel
aufs Land oder sonst wohin zu fahren und ihn zu bewegen,
daß er sein Portefeuille wieder übernehme. Jedesmal war

aber doch das damalige Preußen dicht am Rande eines großen Krieges: es war der Feindschaft von ganz Europa außer Rußland ausgesetzt, wenn es sich weigerte, auf die westmächtliche Politik einzugehen, anderenfalls aber zum Bruch mit Rußland genöthigt, vielleicht auf lange Zeit, weil der Abfall Preußens vielleicht am schmerzlichsten von Rußland empfunden worden wäre.

Wir waren also in ununterbrochener Kriegsgefahr während des Krimkrieges. Derselbe dauerte bis 1856, wo er schließlich im Pariser Frieden seinen Abschluß fand und uns bei dieser Gelegenheit eine Art von Canossa bereitete im Pariser Kongresse, wofür ich die Verantwortung nicht auf mich genommen haben würde, und von der ich damals vergeblich abgerathen habe. Wir hatten gar keine Nothwendigkeit, eine größere Macht zu spielen als wir waren, und die damaligen Verträge zu unterzeichnen. Aber wir antichambrirten, um schließlich zur Unterschrift zugelassen zu werden. Das wird uns nicht wieder passiren. (Heiterkeit.)

Das war 1856. Schon im Jahre 1857 bedrohte uns die Neufchâteller Frage mit Krieg; das ist nicht so bekannt geworden. Ich bin damals von dem hochseligen Könige im Frühjahr 1857 nach Paris geschickt worden, um mit dem Kaiser Napoleon über den Durchmarsch preußischer Truppen zum Angriff auf die Schweiz zu verhandeln. Was das zu bedeuten hat, wenn darauf eingegangen wurde, daß das eine weitgreifende Kriegsgefahr werden konnte, daß das uns in Verwickelung mit Frankreich sowohl als auch mit anderen Mächten führen konnte, wird jeder einsehen, dem ich dies mittheile. Kaiser Napoleon war nicht abgeneigt, darauf einzugehen. Meine Unterhandlungen in Paris wurden dadurch abgeschnitten, daß Seine Majestät der König sich inzwischen mit Oesterreich und der Schweiz über die Sache auf gütlichem Wege verständigt hatte. Aber die Kriegsgefahr lag doch auch in dem Jahre vor. Ich kann sagen, daß schon, wie ich auf der damaligen Mission in Paris mich befand, der italienische Krieg in der Luft lag, der ein Jahr und etwas später ausbrach, und der uns auch wieder um Haaresbreite beinahe in einen großen europäischen Koalitionskrieg hineinzog. Wir kamen bis zur Mobilmachung; ja, wir hätten losgeschlagen ganz unzweifelhaft, wenn der Friede von Villafranca nicht etwas verfrüht für Oesterreich, vielleicht rechtzeitig für uns, geschlossen wurde; denn wir hätten den Krieg unter ungünstigen Umständen zu führen gehabt; wir hätten aus dem Kriege, aus einem italienischen, der er war, einen preußisch-französischen gemacht, dessen Abschluß, Ende und Friedensschluß nachher nicht mehr von uns abhing, sondern von den Freunden oder Feinden, die hinter uns standen.

So kamen wir, ohne daß das Kriegsgewölk auch nur ein Jahr den Horizont uns freigelassen hätte, bis in die sechsziger Jahre hinein.

Schon 1863 war eine kaum minder große Kriegsgefahr, die dem großen Publikum ziemlich unbekannt blieb, und die ihren Eindruck erst machen wird, wenn dermaleinst die geheimen Archive der Kabinette der Oeffentlichkeit übergeben sein werden. Sie werden sich des polnischen Aufstandes erinnern, der 1863 stattfand, und ich werde es nie vergessen, wie ich in jener Zeit des Morgens den Besuch zu haben pflegte von Sir Andrew Buchanan, dem englischen Botschafter, und Talleyrand, dem französischen Vertreter, die mir die Hölle heiß machten über das unverantwortliche Festhalten der preußischen Politik an der russischen und eine ziemlich drohende Sprache uns gegenüber führten; am Mittag desselben Tages hatte ich nach= her die Annehmlichkeit, im preußischen Landtag ungefähr die= selben Argumente und Angriffe zu hören, die die beiden fremden Botschafter am Morgen auf mich gemacht hatten. (Heiterkeit.) Ich hatte das ruhig ausgehalten, aber dem Kaiser Alexander riß die Geduld, und er wollte den Degen ziehen gegenüber den Chikanen von Seiten der Westmächte. Sie werden sich erinnern, daß die französische Kriegsmacht damals schon mit amerikanischen Projekten und in Mexiko engagirt war, sodaß sie nicht mit der vollen Macht auftreten konnte. Der Kaiser von Rußland wollte sich die polnischen Intriguen von Seiten der anderen Mächte nicht mehr gefallen lassen und war bereit, mit uns im Bunde den Ereignissen die Stirn zu bieten und zu schlagen. Sie werden sich erinnern, daß damals Preußen in seinem Innern in einer schwierigen Lage war, daß in Deutschland die Gemüther bereits gährten und der Frank= furter Fürstentag sich in der Vorbereitung befand. Man kann also zugeben, daß die Versuchung für meinen aller= gnädigsten Herrn, diese schwierige innere Lage durch Eingehen auf ein kriegerisches Unternehmen im größten Style abzu= schneiden und zu saniren, daß sie wohl vorhanden war, und es wäre damals ganz zweifellos zum Kriege gekommen von Preußen und Rußland im Bunde gegen diejenigen, welche den polnischen Aufstand uns gegenüber beschützten, wenn Seine Majestät nicht zurückgeschreckt wäre vor dem Gedanken, innere Schwierigkeiten, preußische wie deutsche, mit fremder Hilfe zu lösen, (Bravo!) und wir haben damals, ohne die Gründe unseres Verfahrens gegenüber den uns feindlichen Projekten anderer deutscher Regierungen geltend zu machen, stillschweigend abgelehnt. Der Tod des Königs von Dänemark hat nachher alle Betheiligten auf andere Gedanken gebracht. Aber es bedurfte nur eines Ja statt eines Nein aus Gastein, von Seiner Majestät dem König, und der große Krieg, der

Koalitionskrieg, war 1863 schon vorhanden. Ein anderer als ein deutscher Minister würde vielleicht zugeredet haben aus Utilitätsrücksichten, als Opportunist, um unsere inneren Schwierigkeiten damit zu lösen; im eigenen Volke wie im Auslande hat man eben kaum eine richtige Vorstellung von dem Maß von nationalem Sinn und pflichttreuer Gewissenhaftigkeit (Bravo! rechts), welches Monarchen und Minister beim Regieren deutscher Länder leitet. (Allseitiges Bravo.)

Das Jahr 1864 — wir sprachen eben von 1863 — brachte neue dringlichste Kriegsgefahr. Von dem Augenblicke an, wo unsere Truppen die Eider überschritten, bin ich in jeder Woche gefaßt gewesen auf die Einmischung des europäischen Seniorenkonvents (Heiterkeit) in diese dänische Angelegenheit, und Sie werden mir zugeben, daß das im höchsten Grade wahrscheinlich war. Schon damals aber haben wir wahrnehmen können, daß Oesterreich und Preußen, wenn sie geeinigt sind, obschon der ihnen zur Seite stehende deutsche Bund damals bei weitem nicht die militärische Bedeutung hatte wie dieselben Länder heute, doch nicht so leicht von Europa angegriffen werden konnten. (Bravo!) Das hat sich schon damals gezeigt; die Kriegsgefahr blieb aber dieselbe.

1865 wechselte sie die Front, und es fing schon damals die Vorbereitung zu dem Kriege von 1866 an. Ich erinnere nur an eine Konseilsitzung preußischer Minister, wie sie zur Beschaffung von Geldern im Jahre 1865 in Regensburg stattfand, die durch den Gasteiner Vertrag nachher erledigt wurde. Aber Anno 1866 kam ja der Krieg im vollen zum Ausbruch, und es war die große Gefahr vorhanden, welche wir nur durch vorsichtige Benutzung der Umstände hintangehalten haben, daß aus diesem Duell zwischen Preußen und Oesterreich nicht ein großer europäischer Koalitionskrieg wiederum entbrannte, bei dem es sich um die Existenzfrage, um Kopf und Kragen handelte.

Das war 1866, und schon 1867 folgte die Luxemburger Frage, wo es doch auch nur einer etwas festeren Antwort von uns — wie wir sie vielleicht gegeben haben würden, wenn wir damals so stark gewesen wären, um mit Sicherheit einen guten Erfolg vorauszusehen — bedurfte, um den großen französischen Krieg schon damals herbeizuführen. Von da ab, 1868, 1869, sind wir bis 1870 ununterbrochen in der Befürchtung vor dem Krieg, vor den Verabredungen geblieben, die zur Zeit des Herrn von Beust in Salzburg und anderen Orten zwischen Frankreich, Italien und Oesterreich getroffen wurden, und von denen man besorgte, daß sie auf unsere Kosten geschehen waren. Es war damals die Befürchtung vor dem Kriege so groß, daß ich in dieser Zeit als Ministerpräsident den Besuch von Kaufleuten und Industriellen erhalten habe, die mir sagten: Diese Unsicherheit ist ja ganz unerträglich; schlagen Sie doch lieber los! lieber Krieg, als länger in diesem Druck auf allen Geschäften zu verharren! Wir haben ruhig abgewartet, bis auf uns losgeschlagen wurde, und ich glaube, wir haben wohl daran gethan, uns so einzurichten, daß wir die An= gegriffenen blieben und nicht die Angreifer waren.

Nun, nachdem dieser große Krieg von 1870 geschlagen war, frage ich Sie: ist irgend ein Jahr ohne Kriegsgefahr gewesen? Anfangs der siebziger Jahre — schon gleich, wie wir nach Hause kamen, hieß es: wann ist denn der nächste Krieg? wann wird die Revanche geschlagen werden? in fünf Jahren doch spätestens? Man sagte uns damals: die Frage, ob wir den Krieg führen sollen und mit welchem Erfolg — es war das ein Abgeordneter des Zentrums, der mir das im Reichstag vorhielt —, hängt doch heutzutage nur von Rußland ab; Rußland allein hat das Heft in Händen. — Auf diese Frage komme ich vielleicht später zurück. — Ich will einstweilen nur noch das vierzigjährige Bild durch= führen, indem ich erwähne, daß im Jahre 1876 schon wieder die Kriegsunwetter im Süden sich zusammenzogen, im Jahre 1877 der Balkankrieg geführt wurde, der doch nur durch den in Berlin abgehaltenen Kongreß verhindert wurde, eine Kon= flagration von ganz Europa herbeizuführen, und daß nach dem Kongresse sich plötzlich ein ganz neues Bild uns im Ausblick nach Osten eröffnete, da Rußland uns unser Ver= halten auf dem Kongreß übel genommen hatte. — Ich komme vielleicht auch darauf später zurück, wenn meine Kräfte mir das erlauben.

Es trat dann eine gewisse Rückwirkung der intimen Beziehungen der drei Kaiser ein, die uns eine Zeit lang mit mehr Ruhe in die Zukunft sehen ließ; aber bei den ersten Symptomen von der Unsicherheit der Beziehungen der drei Kaiser oder von dem Ablauf der Verabredungen, die sie mit einander getroffen hatten, bemächtigte sich unserer öffentlichen Meinung dieselbe nervöse und, wie ich glaube, übertriebene Aufregung, mit der wir heute und die letzten Jahre zu kämpfen haben — namentlich halte ich sie heute für besonders unmotivirt.

Ich bin nun weit entfernt, aus der Thatsache, daß ich sie heute für unmotivirt halte, den Schluß zu ziehen, daß wir einer Verstärkung der Wehrkraft nicht bedürften, sondern umgekehrt. Daher dieses vierzigjährige Tableau, das ich eben, vielleicht nicht zu Ihrer Erheiterung, aufgerollt habe, — und ich bitte um Verzeihung; aber wenn ich ein Jahr hätte fehlen lassen von denen, welche Sie doch alle schaudernd selbst mit erfahren haben, so würde man nicht den Eindruck haben, daß der Zustand der Besorgniß vor großen Kriegen, vor weiteren Verwickelungen, deren Koalitionsergebnisse niemand vorher beurtheilen kann, daß dieser Zustand ein permanenter ist bei uns, und daß wir uns darauf ein für allemal einrichten müssen; wir müssen, unabhängig von der augenblicklichen Lage, so stark sein, daß wir mit dem Selbst= gefühl einer großen Nation, die unter Umständen stark genug ist, ihre Geschicke in ihre eigene Hand zu nehmen, auch gegen jede Koalition — (Bravo!) mit dem Selbstvertrauen und mit dem Gottvertrauen, welches die eigene Macht verleiht und die Gerechtigkeit der Sache, die immer auf deutscher Seite bleiben wird nach der Sorge der Regierung —, daß wir damit jeder Eventualität entgegensehen können und mit Ruhe entgegensehen können. (Bravo!)

Wir müssen, kurz und gut, in diesen Zeiten so stark sein, wie wir irgend können, und wir haben die Möglichkeit, stärker zu sein als irgend eine Nation von gleicher Kopf= stärke in der Welt; (Bravo!) — ich komme darauf noch zu= rück —, es wäre ein Vergehen, wenn wir sie nicht benutzten. Sollten wir unsere Wehrkraft nicht brauchen, so brauchen wir sie ja nicht zu rufen. Es handelt sich nur um die eine nicht sehr starke Geldfrage, — nicht sehr starke, wenn ich beiläufig erwähne — ich habe keine Neigung, auf die finanziellen und militärischen Ziffern einzugehen —, daß Frankreich in den letzten Jahren 3 Milliarden auf die Verbesserung seiner Streit= kräfte verwandt hat, wir kaum 1½ mit Einschluß dessen, was wir Ihnen jetzt zumuthen. (Hört, hört! rechts.) Indessen ich überlasse es dem Herrn Kriegsminister und den Vertretern der Finanzabtheilung, das auszuführen.

Wenn ich sage, wir müssen dauernd bestrebt sein, allen Eventualitäten gewachsen zu sein, so erhebe ich damit den Anspruch, daß wir noch größere Anstrengungen machen müssen als andere Mächte zu gleichem Zwecke, wegen unserer geographischen Lage. Wir liegen mitten in Europa. Wir haben mindestens drei Angriffsfronten. Frankreich hat nur seine östliche Grenze, Rußland nur seine westliche Grenze, auf der es angegriffen werden kann. Wir sind außerdem der Gefahr der Koalition nach der ganzen Entwickelung der Weltgeschichte, nach unserer geographischen Lage und nach dem vielleicht minderen Zusammenhang, den die deutsche Nation bisher in sich gehabt hat im Vergleich mit anderen, mehr ausgesetzt als irgend ein anderes Volk. Gott hat uns in eine Situation gesetzt, in welcher wir durch unsere Nach= barn daran verhindert werden, irgendwie in Trägheit oder Versumpfung zu gerathen. Er hat uns die kriegerischste und unruhigste Nation, die Franzosen, an die Seite gesetzt, und er hat in Rußland kriegerische Neigungen groß werden lassen, die in früheren Jahrhunderten nicht in dem Maße vorhanden waren. So bekommen wir gewissermaßen von beiden Seiten die Sporen und werden zu einer Anstrengung gezwungen, die wir vielleicht sonst nicht machen würden. Die Hechte im europäischen Karpfenteich hindern uns, Karpfen zu werden (Heiterkeit), indem sie uns ihre Stacheln in unseren beiden Flanken fühlen lassen; sie zwingen uns zu einer Anstrengung, die wir freiwillig vielleicht nicht leisten würden, sie zwingen uns auch zu einem Zusammenhalten unter uns Deutschen, das unserer innersten Natur widerstrebt (Heiterkeit); sonst streben wir lieber auseinander. Aber die französisch-russische Presse, zwischen die wir genommen werden, zwingt uns zum Zusammenhalten und wird unsere Kohäsionsfähigkeit auch durch Zusammenbrücken erheblich steigern, sodaß wir in dieselbe Lage der Unzerreißbarkeit kommen, die fast allen anderen Nationen eigenthümlich ist, und die uns bis jetzt noch fehlt. (Bravo!) Wir müssen dieser Bestimmung der Vorsehung aber auch entsprechen, indem wir uns so stark machen, daß die Hechte uns nicht mehr thun als uns ermuntern. (Heiterkeit.)

Wir hatten ja früher in den Zeiten der heiligen Alliance — mir fällt ein altes amerikanisches Lied dabei ein, welches ich von meinem verstorbenen Freunde Motley gelernt habe; der sagt: In good old colonial times, when we lived under a king — nun, das waren eben patriarchalische Zeiten, da hatten wir eine Menge Geländer, an denen wir uns halten konnten, und eine Menge Deiche, die uns vor den wilden europäischen Fluthen schützten. Da war der deutsche Bund, und die eigentliche Stütze und Fortsetzung und Vollendung des deutschen Bundes, zu deren Dienst er gemacht, war die heilige Alliance. Wir hatten Anlehnung an Rußland und Oesterreich, und vor allen Dingen: wir hatten die Garantie der eigenen Schüchternheit, daß wir niemals eine Meinung äußerten, bevor die anderen gesprochen hatten. (Heiterkeit.) Das alles ist uns abhanden gekommen (sehr gut! rechts); wir müssen uns selber helfen. Die heilige Alliance hat Schiffbruch erlitten im Krimkriege — nicht durch unsere Schuld. Der deutsche Bund ist durch uns zerstört worden, weil die Existenz, die man uns in ihm machte, weder für uns noch für das deutsche Volk auf die Dauer erträglich war. Beide sind aus der Welt geschieden. Nach der Auflösung des deutschen Bundes, nach dem Kriege von 1866, wäre also für das damalige Preußen oder Norddeutschland eine Isolirung eingetreten, wenn wir darauf hätten rechnen müssen, daß man uns von keiner Seite die neuen Erfolge, die großen Erfolge, die wir errungen hatten, verzeihen würde; gern sind die Erfolge des Nachbarn von der anderen Macht niemals gesehen.

Unsere Beziehungen zu Rußland waren aber durch das Erlebniß von 1866 nicht gestört. Anno 66 war die Erinnerung an die Politik des Grafen Buol, an die Politik Oesterreichs während des Krimkrieges in Rußland noch zu frisch, um dort den Gedanken aufkommen zu lassen, daß man der österreichischen Monarchie gegen den preußischen Angriff beistehen, daß man den Feldzug erneuern könne, den der Kaiser Nikolaus im Jahre 1849 für Oesterreich geführt hatte. — Ich bitte um Entschuldigung, wenn ich mich einen Augenblick setze; ich kann so lange nicht stehen.

Für uns blieb deshalb die natürlichste Anlehnung immer noch die russische, die, abgesehen vom vorigen, in diesem Jahrhundert ihren sehr berechtigten Ursprung in der Politik des Kaisers Alexander I. genommen hat. Ihm war Preußen in der That Dank schuldig. Er konnte 1813 an der polnischen Grenze ebenso gut umkehren und Frieden schließen; er konnte später Preußen fallen lassen. Damals haben wir in der That die Herstellung auf dem alten Fuß wesentlich dem Wohlwollen des Kaisers Alexander I. oder — wenn Sie skeptisch sein wollen — sagen Sie, der russischen Politik, wie sie Preußen brauchte, zu danken gehabt.

Diese Dankbarkeit hat die Regierungszeit Friedrich Wilhelms III. beherrscht. Das Saldo, welches Rußland im preußischen Konto hatte, ist durch die Freundschaft, ich kann fast sagen, durch die Dienstbarkeit Preußens während der ganzen Regierungszeit des Kaisers Nikolaus ausgenützt und in Olmütz, kann ich sagen, getilgt worden. In Olmütz nahm der Kaiser Nikolaus nicht für Preußen Partei, schützte uns nicht einmal vor üblen Erfahrungen, vor gewissen Demüthigungen, wie der Kaiser Nikolaus überhaupt doch im ganzen mehr Vorliebe für Oesterreich als für Preußen hatte; der Gedanke, daß wir Rußland während seiner Regierung irgendwelchen Dank schuldig wären, ist eine historische Legende.

Wir haben aber, so lange der Kaiser Nikolaus lebte, unsererseits doch die Tradition Rußland gegenüber nicht gebrochen; wir haben im Krimkriege, wie ich vorher schon erzählte, unter erheblichen Gefahren und Bedrohungen festgehalten an der russischen Aufgabe. Seine Majestät der hochselige König hatte keine Neigung — was damals, wie ich glaube, möglich gewesen wäre —, mit einer starken Truppenaufstellung eine entscheidende Rolle in dem Kriege zu spielen. Wir hatten Verträge geschlossen, nach denen wir verpflichtet waren, zu einer gewissen Zeit 100 000 Mann aufzustellen. Ich schlug Seiner Majestät damals vor: stellen wir nicht 100 000, sondern 200 000 Mann auf, und stellen wir sie à cheval auf, sodaß wir sie nach rechts und

links gebrauchen können; so sind Eure Majestät heute der
entscheidende Richter des Krimkrieges Ihrerseits. Indessen
der hochselige König war für kriegerische Unternehmungen
nicht geneigt, und das Volk kann ihm dafür nur dankbar
sein. Ich war damals jünger und unerfahrener als ich
heutigen Tages bin. Indessen haben wir immerhin für Olmütz
keine Rancüne getragen während des Krimkrieges; wir kamen
aus dem Krimkriege als Freunde Rußlands heraus, und ich
habe in der Zeit, wo ich Gesandter in Petersburg war, die
Frucht dieser Freundschaft durch eine sehr wohlwollende Auf=
nahme am Hof und in der Gesellschaft genießen können. Auch
unsere Parteinahme für Oesterreich im italienischen Kriege
war nicht nach dem damaligen Geschmack des russischen
Kabinets, aber sie hatte keine nachtheilige Rückwirkung. Unser
Krieg 1866 wurde eher mit einer gewissen Genugthuung ge=
sehen; man gönnte den Oesterreichern das damals in Ruß=
land. Im Jahre 1870 in unserem französischen Kriege hatten
wir wenigstens noch die Satisfaktion, gleichzeitig mit unserer
Vertheidigung und siegreichen Abwehr dem russischen Freund
einen Dienst im Schwarzen Meere erweisen zu können. Es
wäre die Freigebung des Schwarzen Meeres durch die
Kontrahenten keineswegs wahrscheinlich gewesen, wenn nicht
die deutschen Truppen siegreich in der Nähe von Paris ge=
standen hätten. Wenn sie z. B. geschlagen wären, so, glaube
ich, wäre der Abschluß des damaligen Londoner Abkommens
zu Gunsten Rußlands so leicht nicht gewesen. Also auch der
Krieg von Anno 70 hinterließ keine Verstimmung zwischen
uns und Rußland.

Ich führe diese Thatsachen an, um Ihnen die Genesis
des Vertrags mit Oesterreich darzulegen, der vor wenig
Tagen publizirt worden ist, und um die Politik Seiner
Majestät gegen den Vorwurf zu rechtfertigen, daß sie die
Kriegsmöglichkeiten für das deutsche Reich erweitert hätte
durch Hinzufügung derjenigen, welche Oesterreich ohne sein
Verschulden betreffen könnte. Ich bin deshalb im Begriff,
Ihnen zu schildern, wie es kam, daß die von mir persönlich
stets mit Vorliebe gepflegten traditionellen Beziehungen
zwischen uns und Rußland sich so gestalteten, daß wir zum
Abschluß des vorgestern publizirten Vertrags veranlaßt
wurden.

Die ersten Jahre nach dem französischen Kriege ver=
gingen noch im besten Einverständniß; im Jahre 1875 trat
zuerst eine Neigung meines russischen Kollegen, des Fürsten
Gortschakow, zu Tage, sich mehr um Popularität in Frank=
reich als bei uns zu bemühen und gewisse künstlich herbei=
geführte Konstellationen dazu zu benutzen, um der Welt durch
ein hinzugefügtes Telegramm glauben zu machen, als hätten

wir 1875 irgend einen entfernten Gedanken daran gehabt, Frankreich zu überfallen, und als wäre es das Verdienst des Fürsten Gortschakow, Frankreich aus dieser Gefahr errettet zu haben. Das war das erste Befremden, welches zwischen uns auftrat, und welches mich zu einer lebhaften Aussprache mit meinem früheren Freunde und späteren Kollegen veranlaßte. Demnächst und gleichzeitig hatten wir immer noch die Aufgabe festgehalten, den Frieden zwischen den drei Kaisern festzuhalten, die Beziehungen fortzusetzen, die zuerst eingeleitet waren durch den Besuch der Kaiser von Rußland und von Oesterreich 1872 hier in Berlin und durch die darauf folgenden Gegenbesuche. Es war uns das auch gelungen. Erst 1876 vor dem türkischen Kriege traten uns gewisse Nöthigungen zu einer Option zwischen Rußland und Oesterreich entgegen, die von uns abgelehnt wurden. Ich halte nicht für nützlich, in die Details darüber einzugehen; sie werden mit der Zeit auch einmal bekannt werden. Es hatte unsere Ablehnung die Folge, daß Rußland sich direkt nach Wien wandte, und daß ein Abkommen — ich glaube, es war im Januar 1877 — zwischen Oesterreich und Rußland geschlossen wurde, welches die Eventualitäten einer orientalischen Krise betraf, und welches Oesterreich für den Fall einer solchen die Besetzung von Bosnien u. s. w. zusicherte. Dann kam der Krieg, und wir waren recht zufrieden, wie das Unwetter sich weiter südlich verzog, als es ursprünglich Neigung hatte. Das Ende des Krieges wurde hier in Berlin durch den Kongreß definitiv herbeigeführt, nachdem es vorbereitet war durch den Frieden von San Stefano. Der Friede von San Stefano war meiner Ueberzeugung nach nicht viel bedenklicher für die antirussischen Mächte und nicht sehr viel nützlicher für Rußland, als nachher der Kongreßvertrag gewesen ist. Der Friede von San Stefano hat sich ja, kann man sagen, nachher von selber eingefunden, indem das kleine, ich glaube, 800 000 Seelen umfassende, Ostrumelien eigenmächtig die Wiederherstellung der — nicht ganz — der alten San Stefano-Grenze auf sich nahm und sich Bulgarien anfügte. Es war also der Schaden, den der Kongreß in den Abmachungen von San Stefano angerichtet hat, nicht so sehr schlimm. Ob diese Abmachungen von San Stefano gerade ein Meisterwerk der Diplomatie waren, das lasse ich dahingestellt sein. Wir hatten damals sehr wenig Neigung, uns in die orientalischen Sachen zu mischen, ebenso wenig wie heute. Ich war schwer krank in Friedrichsruh, als mir von russischer Seite das Verlangen amtlich mitgetheilt wurde, zur definitiven Beilegung des Krieges einen Kongreß der Großmächte nach Berlin einzuberufen. Ich hatte zunächst wenig Neigung dazu, einmal weil ich in

der körperlichen Unmöglichkeit war, dann aber auch), weil ich
keine Neigung hatte, uns so weit in die Sache zu verwickeln,
wie die Rolle des Präsidirens eines Kongresses nothwendig
mit sich bringt. Wenn ich schließlich bennoch nachgegeben
habe, so war es einerseits das deutsche Pflichtgefühl im
Interesse des Friedens, namentlich aber das dankbare An=
denken, das ich an die Gnade des Kaisers Alexander II. für
mich stets bewahrt habe, das mich veranlaßte, diesen Wunsch
zu erfüllen. Ich erklärte mich dazu bereit, wenn es uns ge=
länge, die Einwilligung von England und von Oesterreich zu
beschaffen. Rußland übernahm, die Einwilligung von Eng=
land zu besorgen, ich nahm auf mich, sie in Wien zu befür=
worten; es gelang, und der Kongreß kam zu Stande.

Während des Kongresses, kann ich wohl sagen, habe ich
meine Rolle, so weit ich es irgend konnte, ohne Landes=
interessen und befreundete Interessen zu verletzen, ungefähr
so aufgefaßt, als wenn ich der vierte russische Bevollmächtigte
gewesen wäre auf diesem Kongreß (Heiterkeit); ja ich kann fast
sagen, der dritte; denn den Fürsten Gortschakow kann ich als
Bevollmächtigten der damaligen russischen Politik, wie sie durch
den wirklichen Vertreter Grafen Schuwalow vertreten war,
kaum annehmen. (Heiterkeit.)

Es ist während der ganzen Kongreßverhandlungen kein
russischer Wunsch zu meiner Kenntniß gekommen, den ich nicht
befürwortet, ja, den ich nicht durchgesetzt hätte. Ich bin
infolge des Vertrauens, das mir der leider verstorbene Lord
Beaconsfield schenkte, in den schwierigsten, kritischsten Mo=
menten des Kongresses mitten in der Nacht an dessen Kranken=
bett erschienen und habe in den Momenten, wo der Kongreß
dem Bruch nahe stand, dessen Zustimmung im Bett er=
reicht; — kurz, ich habe mich auf dem Kongreß so verhalten,
daß ich dachte, nachdem er zu Ende war: nun, den höchsten
russischen Orden in Brillanten besitze ich längst, sonst müßte
ich den jetzt bekommen. (Heiterkeit.) Kurz, ich habe das
Gefühl gehabt, ein Verdienst für eine fremde Macht mir
erworben zu haben, wie es selten einem fremden Minister
vergönnt gewesen ist.

Welches mußte also meine Ueberraschung und meine
Enttäuschung sein, wie allmählich eine Art von Preßkompagnie
in Petersburg anfing, durch welche die deutsche Politik an=
gegriffen, ich persönlich in meinen Absichten verdächtigt
wurde. Diese Angriffe steigerten sich während des darauf
folgenden Jahres bis 1879 zu starken Forderungen eines
Druckes, den wir auf Oesterreich üben sollten in Sachen,
wo wir das österreichische Recht nicht ohne weiteres an=
greifen konnten. Ich konnte dazu meine Hand nicht bieten;
denn wenn wir uns Oesterreich entfremdeten, so geriethen

2*

wir, wenn wir nicht ganz isolirt sein wollten in
Europa, nothwendig in Abhängigkeit von Rußland. Wäre
eine solche Abhängigkeit erträglich gewesen? Ich hatte
früher geglaubt, sie könnte es sein, indem ich mir sagte:
wir haben gar keine streitigen Interessen; es ist gar kein
Grund, warum Rußland je die Freundschaft uns kündigen
sollte. Ich hatte wenigstens meinen russischen Kollegen, die
mir dergleichen auseinandersetzten, nicht geradezu widersprochen.
Der Vorgang betreffs des Kongresses enttäuschte mich, der
sagte mir, daß selbst ein vollständiges Indienststellen unserer
Politik (für gewisse Zeit) in die russische uns nicht davor
schützte, gegen unseren Willen und gegen unser Bestreben mit
Rußland in Streit zu gerathen. Dieser Streit über In=
struktionen, die wir an unsere Bevollmächtigten in den Ver=
handlungen im Süden gegeben oder nicht gegeben hatten,
steigerten sich bis zu Drohungen, bis zu vollständigen Kriegs=
drohungen von der kompetentesten Seite.

Das ist der Ursprung unseres österreichischen Vertrages.
Durch diese Drohungen wurden wir gezwungen, zu der von
mir seit Jahrzehnten vermiedenen Option zwischen unseren
beiden bisherigen Freunden zu schreiten. Ich habe damals
den Vertrag, der vorgestern publizirt worden ist, in Gastein
und Wien verhandelt, und er gilt noch heute zwischen uns.

Die Publikation ist in den Zeitungen zum Theil, wie
ich gestern und vorgestern gelesen habe, irrthümlich aufgefaßt
worden; man hat in derselben ein Ultimatum, eine Warnung,
eine Drohung finden wollen. Das konnte um so weniger
darin liegen, als der Text des Vertrags dem russischen
Kabinet seit langem bekannt war, nicht erst seit dem November
vorigen Jahres. Wir haben es der Aufrichtigkeit einem loyalen
Monarchen gegenüber, wie der Kaiser von Rußland es ist, ent=
sprechend gefunden, schon früher keinen Zweifel darüber zu lassen,
wie die Sachen liegen. Ich halte es auch nicht für möglich,
diesen Vertrag nicht geschlossen zu haben; wenn wir ihn
nicht geschlossen hätten, so müßten wir ihn heute schließen.
Er hat eben die vornehmste Eigenschaft eines internationalen
Vertrags, nämlich er ist der Ausdruck beiderseitiger dauernder
Interessen, sowohl auf österreichischer Seite wie auf der
unsrigen. (Bravo!) Keine Großmacht kann auf die Dauer in
Widerspruch mit den Interessen ihres eigenen Volkes an dem Wort=
laut irgend eines Vertrags kleben, sie ist schließlich genöthigt, ganz
offen zu erklären: die Zeiten haben sich geändert, ich kann das
nicht mehr, — und muß das vor ihrem Volke und vor dem
Vertrag schließenden Theile nach Möglichkeit rechtfertigen.
Aber das eigene Volk ins Verderben zu führen an dem Buch=
staben eines unter anderen Umständen unterschriebenen Ver=
trags, das wird keine Großmacht gutheißen. Das liegt aber

in diesen Verträgen in keiner Weise brin. Sie sind eben —
nicht nur der Vertrag, den wir mit Oesterreich geschlossen
haben, sondern ähnliche Verträge, die zwischen uns und
anderen Regierungen bestehen (hört, hört! rechts), nament=
lich Verabredungen, die wir mit Italien haben, — sie
sind nur der Ausdruck der Gemeinschaft in den Bestrebungen
und in den Gefahren, die die Mächte zu laufen haben.
Italien sowohl wie wir sind in der Lage gewesen, das Recht,
uns national zu konsolidiren, von Oesterreich zu erkämpfen.
Beide leben jetzt mit Oesterreich in Frieden und haben mit
Oesterreich das gleiche Bestreben, Gefahren, die sie gemein=
sam bedrohen, abzuwehren, den Frieden, der dem Einen so
theuer ist wie dem Anderen, gemeinsam zu schützen, die innere
Entwickelung, der sie sich widmen wollen, vor Angriffen ge=
schützt zu sehen. Dieses Bestreben und dabei auch das gegen=
seitige Vertrauen, daß man die Verträge hält, und daß durch
die Verträge Keiner von dem Anderen abhängiger wird, als
seine eigenen Interessen es vertragen, — das alles macht
diese Verträge fest, haltbar und dauerhaft. (Bravo!)

Wie sehr unser Vertrag mit Oesterreich der Ausdruck
des beiderseitigen Interesses ist, das hat sich schon in Nikols=
burg und hat sich 1870 gezeigt. Schon bei den Verhand=
lungen in Nikolsburg waren wir unter dem Eindruck, daß
wir Oesterreich — und ein starkes, aufrechtes Oesterreich —
auf die Dauer doch nicht missen könnten in Europa. 1870,
als der Krieg zwischen uns mit Frankreich ausbrach, war ja
die Versuchung für manches verletzte Gefühl in Oesterreich
außerordentlich naheliegend, diese Gelegenheit zu benutzen,
um dem Feind von 1866 gegenüber Revanche zu üben; aber
die besonnene und voraussichtige Politik des österreichischen
Kabinets mußte sich fragen: was ist dann die Folge? in
welche Stellung gerathen wir, wenn wir jetzt den Franzosen
beistehen, um Preußen respektive Deutschland zu besiegen?
Was wäre dann die Folge gewesen, wenn Frankreich mit
Hilfe Oesterreichs über uns gesiegt hätte? Oesterreich
hätte bei einer solchen Politik doch kaum einen anderen Zweck
haben können, als wiederum seine frühere Stellung in
Deutschland einzunehmen, denn das war eigentlich das Einzige,
was es im Jahre 1866 aufgegeben hat; andere Bedingungen
waren nicht, die pekuniären Bedingungen waren ganz un=
bedeutend. Nun, wie wäre die Lage Oesterreichs in dem
deutschen Bunde als Präsidialmacht gewesen, wenn es sich
sagen mußte, daß es Deutschland das linke Rheinufer im
Bunde mit Frankreich genommen, daß es die süddeutschen
Staaten wiederum in eine Rheinbundsabhängigkeit von Frank=
reich gebracht, und daß es Preußen unwiderruflich zur An=
lehnung an Rußland und zur Abhängigkeit von Rußlands

künftiger Politik verurtheilt hätte? Eine solche Stellung war für österreichische Politiker, die nicht vollständig von Zorn und Rache verblendet waren, unannehmbar.

Dasselbe ist aber auch bei uns in Deutschland der Fall. Denken Sie sich Oesterreich von der Bildfläche Europas weg, so sind wir zwischen Rußland und Frankreich auf dem Kontinent mit Italien isolirt, zwischen den beiden stärksten Militärmächten neben Deutschland, wir ununterbrochen zu jeder Zeit einer gegen zwei, mit großer Wahrscheinlichkeit, oder abhängig abwechselnd vom einen oder vom anderen. So kommt es aber nicht. Man kann sich Oesterreich nicht wegdenken: ein Staat wie Oesterreich verschwindet nicht, sondern ein Staat wie Oesterreich wird dadurch, daß man ihn im Stich läßt, wie es in den Villafrancafeststellungen angenommen wurde, entfremdet und wird geneigt werden, dem die Hand zu. bieten, der seinerseits der Gegner eines unzuverlässigen Freundes gewesen ist.

Kurz, wenn wir die Isolirung, die gerade in unserer angreifbaren Lage für Deutschland besonders gefährlich ist, verhüten wollen, so müssen wir einen sicheren Freund haben. Wir haben vermöge der Gleichheit der Interessen, vermöge dieses Vertrages, der Ihnen vorgelegt ist, zwei zuverlässige Freunde, — zuverlässig nicht aus Liebe zu einander; denn Völker führen wohl aus Haß gegen einander Krieg; aber aus Liebe, das ist noch gar nicht dagewesen, daß sich das eine für das andere opfert. (Heiterkeit.) Sie führen auch aus Haß nicht immer Krieg. Denn wenn das der Fall wäre, dann müßte Frankreich in ununterbrochenem Kriege nicht nur mit uns, sondern auch mit England und Italien sein; es haßt alle seine Nachbarn. (Beifall und Zustimmung.) Ich glaube auch, daß der künstlich aufgebauschte Haß gegen uns in Rußland weiter nicht von Dauer sein wird. Mit unseren Bundesgenossen in der Friedensliebe einigen uns nicht nur Stimmungen und Freundschaften, sondern die zwingendsten Interessen des europäischen Gleichgewichts und unserer eigenen Zukunft.

Und deshalb glaube ich: Sie werden die Politik Seiner Majestät des Kaisers, die das publizirte Bündniß abgeschlossen hat, billigen, (Bravo!) obschon die Möglichkeit eines Krieges dadurch verstärkt wird.

Es ist ja unzweifelhaft, daß durch die Annahme dieses neuen Gesetzes das Bündniß, in dem wir stehen, außerordentlich an Kraft gewinnt, weil das durch das deutsche Reich gebildete Mitglied seinerseits außerordentlich verstärkt wird. Die Vorlage bringt uns einen Zuwachs an waffentüchtigen Truppen, einen möglichen Zuwachs — brauchen wir ihn nicht, so brauchen wir ihn auch nicht zu rufen, dann können wir ihn zu Hause lassen; haben wir ihn aber zur Verfügung, haben wir die Waffen für ihn — und das ist ja durchaus nothwendig; ich erinnere mich der von England 1813 für unsere Landwehr gelieferten Karabiner, mit denen ich noch als Jäger ausexerzirt worden bin; das war kein Kriegsgewehr. Das können wir ja nicht plötzlich anschaffen; haben wir aber die Waffen dafür, so bildet dieses neue Gesetz eine Verstärkung der Friedensbürgschaften und eine Verstärkung der Friedensliga, die gerade so stark ist, als wenn eine vierte Großmacht mit 700 000 Mann Truppen — was ja früher die höchste Stärke war, die es gab — dem Bunde beigetreten wäre. (Bravo!)

Diese gewaltige Verstärkung wird, wie ich glaube, auch beruhigend auf unsere eigenen Landsleute wirken und wird die Nervosität unserer öffentlichen Meinung, unserer Börse und unserer Presse einigermaßen ermäßigen. Ich hoffe, sie werden Linderung fühlen (Heiterkeit), wenn sie sich das klar machen, daß nach dieser Verstärkung und von dem Augenblick an, wo das Gesetz unterzeichnet und publizirt ist, die Leute da sind; die Bewaffnung wäre nothdürftig auch jetzt vorhanden; aber wir müssen sie besser anschaffen, denn wenn wir eine Armee von Triariern bilden, von dem besten Menschenmaterial, das wir überhaupt in unserem Volke haben, von den Familien= vätern über 30 Jahre, dann müssen wir auch für sie die besten Waffen haben, die es überhaupt gibt, (Bravo!) wir müssen sie nicht mit dem in den Kampf schicken, was wir für unsere jungen Linientruppen nicht für gut genug halten, (sehr gut!) sondern der feste Mann, der Familienvater, diese Hünen= gestalten, deren wir uns noch erinnern können aus der Zeit, wo sie die Brücke von Versailles besetzt hatten, müssen auch das beste Gewehr an der Schulter haben, die vollste Be= waffnung und die ausgiebigste Kleidung zum Schutz gegen Witterung und alle äußeren Vorkommnisse. (Lebhaftes Bravo.) Da dürfen wir nicht sparen. Aber ich hoffe, es wird unsere Mitbürger beruhigen, wenn sie sich nun wirklich den Fall denken, an den ich nicht glaube, daß wir von zwei Seiten gleichzeitig überfallen würden — die Möglichkeit ist ja, wie ich Ihnen vorhin an dem vierzigjährigen Zeitraum entwickelt habe, für alle möglichen Koalitionen doch immer vorhanden —; wenn das eintritt, so können wir an jeder unserer Grenzen eine Million guter Soldaten in Defensive haben. Wir können dabei Reserven von einer halben Million und höher, auch von einer ganzen Million, im Hinterlande behalten und nach Bedürfniß vorschieben. Man hat mir gesagt: das wird nur die Folge haben, daß die anderen auch noch höher steigen. Das können sie nicht. (Bravo! — Heiterkeit.) Die Ziffer haben sie längst erreicht. Wir haben die Ziffer im Jahre 1867 heruntergesetzt, weil wir glaubten, jetzt haben wir den norddeutschen Bund, wir können es uns jetzt leichter machen, da können wir die Leute über 32 Jahr freilassen. In der Folge haben unsere Nachbarn eine längere Dienstzeit adoptirt, viele eine zwanzigjährige Dienstzeit. — Der Herr Kriegsminister, wenn er das Wort ergreifen will, wird Ihnen das näher auseinandersetzen können; in der Ziffer sind sie ebenso hoch wie wir, aber in der Qualität können sie es uns nicht nachmachen. (Sehr richtig!) Die Tapferkeit ist ja bei allen zivilisirten Nationen gleich; der Russe, der Franzose schlagen sich so tapfer wie der Deutsche; aber unsere Leute, unsere 700 000 Mann sind kriegsgedient, rompus au métier, ausgediente Soldaten, und die noch nichts verlernt haben. Und was uns kein Volk in der Welt nachmachen kann: wir haben das Material an Offizieren und Unter= offizieren, um diese ungeheure Armee zu kommandiren. (Bravo!) Das ist, was man nicht nachmachen kann. Dazu ge= hört das ganz eigenthümliche Maß der Verbreitung der Volksbildung in Deutschland, wie es in keinem anderen Lande wieder vorkommt. Das Maß von Bildung, welches erforderlich ist, um einen Offizier und Unteroffizier zum Kommando zu befähigen nach den Ansprüchen, die der Soldat an ihn macht, existirt bei uns in sehr viel breiteren Schichten als in irgend einem anderen Lande. Wir haben mehr Offiziermaterial und Unteroffiziermaterial als irgend ein an= deres Land, und wir haben ein Offizierkorps, welches uns kein anderes Land der Welt nachmachen kann. (Bravo!)

Darin besteht unsere Ueberlegenheit und ebenso in der Ueberlegenheit unseres Unteroffizierkorps, welches ja die Zög= linge unseres Offizierkorps bilden. Das Maß von Bildung, welches einen Offizier befähigt, nicht nur die sehr strengen Anforderungen an seinen Stand, an Entbehrungen, an Pflege der Kameradschaft unter sich, sondern auch die außerordentlich schwierigen sozialen Aufgaben zu erfüllen, deren Erfüllung nothwendig ist, um die Kameradschaft, die bei uns, Gott sei Dank, im höchsten Grade in rührenden Fällen existirt zwischen Offizieren und Mannschaften, um die ohne Schaden der Auto= rität herzustellen, — das können uns die anderen nicht nach= machen, das Verhältniß, wie es in deutschen Truppen zwischen Offizieren und Mannschaften namentlich im Kriege mit we= nigen üblen Ausnahmen besteht — exceptio firmat regulam; aber im ganzen kann man sagen: kein deutscher Offizier läßt seinen Soldaten im Feuer im Stich und holt ihn mit eigener Lebensgefahr heraus, und umgekehrt: kein deutscher Soldat läßt seinen Offizier im Stich — das haben wir erfahren. (Bravo!)

Wenn andere Armeen gleiche Truppenmassen, wie wir sie hiermit zu schaffen beabsichtigen, mit Offizieren und Unter=

offizieren besetzen sollen, so werden sie unter Umständen ge=
nöthigt sein, Offiziere zu ernennen, denen es nicht gelingen wird,
eine Kompagnie durch ein enges Thor herauszuführen (Heiterkeit),
und noch viel weniger, die schweren Obliegenheiten zu erfüllen,
die ein Offizier seinen Mannschaften gegenüber hat, um sich
deren Achtung und deren Liebe zu bewahren; das Maß von
Bildung, welches dazu erforderlich ist, und das Maß von
Leistung, welches überhaupt bei uns an Kameradschaft und
Ehrgefühl aus dem Offizier herausgebrückt wird, das kann
ja kein Reglement und keine Anordnung der Welt im Aus=
lande aus dem Offizierstande herausbrücken. Darin sind wir
jedermann überlegen, und deshalb können sie es uns nicht
nachmachen. (Bravo!) Ich bin also darüber ohne Sorge.

Außerdem aber ist noch ein Vortheil der Annahme dieses
Gesetzes: gerade die Stärke, die wir erstreben, stimmt uns
selbst nothwendig friedfertig. Das klingt paradox, es ist
aber doch so.

Mit der gewaltigen Maschine, zu der wir das deutsche
Heerwesen ausbilden, unternimmt man keinen Angriff. Wenn
ich heute hier vor Sie treten wollte und Ihnen sagen — wenn
die Verhältnisse eben anders lägen, als sie meiner Ueber=
zeugung nach liegen —: wir sind erheblich bedroht von
Frankreich und Rußland; es ist vorauszusehen, daß
wir angegriffen werden; meiner Ueberzeugung nach
glaube ich es als Diplomat nach militärischen Nachrichten
hierüber, es ist nützlicher für uns, daß wir als Defensive
den Vorstoß des Angriffes benutzen, daß wir jetzt gleich
schlagen; der Angriffskrieg ist für uns vortheilhafter
zu führen, und ich bitte also den Reichstag um einen Kredit
von einer Milliarde oder einer halben Milliarde, um den
Krieg gegen unsere beiden Nachbarn heute zu unternehmen, —
ja, meine Herren, ich weiß nicht, ob Sie das Vertrauen
zu mir haben würden, mir das zu bewilligen. Ich hoffe nicht.
(Heiterkeit.)

Aber wenn Sie es thäten, würde es mir nicht genügen.
Wenn wir in Deutschland einen Krieg mit der vollen Wirkung
unserer Nationalkraft führen wollen, so muß es ein Krieg
sein, mit dem alle, die ihn mitmachen, alle, die ihm Opfer
bringen, kurz und gut, mit dem die ganze Nation einver=
standen ist; es muß ein Volkskrieg sein; es muß ein Krieg
sein, der mit dem Enthusiasmus geführt wird wie der von
1870, wo wir ruchlos angegriffen wurden. Es ist mir noch
erinnerlich der ohrengellende, freudige Zuruf am Kölner Bahn=
hofe, und so war es von Berlin bis Köln, so war es hier
in Berlin. Die Wogen der Volkszustimmung trugen uns in
den Krieg hinein, wir hätten wollen mögen oder nicht. So
muß es auch sein, wenn eine Volkskraft wie die unsere zur vollen

Geltung kommen soll. Es wird aber sehr schwer sein, den Pro=
vinzen, den Bundesstaaten und ihren Bevölkerungen das klar zu
machen: der Krieg ist unvermeidlich, er muß sein. Man
wird fragen: Ja, seid Ihr denn dessen so sicher? wer weiß?
Kurz, wenn wir schließlich zum Angriff kommen, so wird das
ganze Gewicht der Imponderabilien, die viel schwerer wiegen
als die materiellen Gewichte, auf der Seite unserer Gegner
sein, die wir angegriffen haben. Das „heilige Rußland"
wird entrüstet sein über den Angriff. Frankreich wird bis
an die Pyrenäen hin in Waffen starren. Ganz dasselbe wird
überall geschehen. Ein Krieg, zu dem wir nicht vom Volks=
willen getragen werden, der wird geführt werden, wenn
schließlich die verordneten Obrigkeiten ihn für nöthig halten
und erklärt haben; er wird auch mit vollem Schneid und vielleicht
siegreich geführt werden, wenn man erst einmal Feuer bekommen
und Blut gesehen hat. Aber es wird nicht von Hause aus der Elan
und das Feuer dahinter sein wie in einem Kriege, wenn
wir angegriffen werden. Dann wird das ganze Deutsch=
land von der Memel bis zum Bodensee wie eine Pulver=
mine aufbrennen und von Gewehren starren, und es wird
kein Feind wagen, mit diesem furor teutonicus, der sich bei
dem Angriff entwickelt, es aufzunehmen. (Bravo!) Diese
Ueberlegenheit dürfen wir uns nicht entgehen lassen,
selbst wenn wir, was viele Militärs, nicht nur die unserigen,
annehmen, jetzt unseren künftigen Gegnern überlegen sind.
Die unserigen glauben das alle: natürlich, jeder Soldat
glaubt das; er würde beinahe aufhören, ein brauchbarer
Soldat zu sein, wenn er nicht den Krieg wünschte und an
seinen Sieg darin glaubte. Wenn unsere Gegner etwa ver=
muthen, daß es die Furcht vor dem Ausgange ist, der uns
friedfertig stimmt, dann irren sie sich ganz gewaltig. (Sehr
richtig!) Wir glauben ebenso fest an unseren Sieg in gerechter
Sache wie irgend ein ausländischer Lieutenant in seiner Gar=
nison beim dritten Glase Champagner glauben kann (Heiterkeit),
und wir vielleicht mit mehr Sicherheit. Also es ist nicht
die Furcht, die uns friedfertig stimmt, sondern gerade das
Bewußtsein unserer Stärke, das Bewußtsein, auch dann,
wenn wir in einem minder günstigen Augenblicke angegriffen
werden, stark genug zu sein zur Abwehr und doch die
Möglichkeit zu haben, der göttlichen Vorsehung es zu über=
lassen, ob sie nicht in der Zwischenzeit doch noch die Noth=
wendigkeit eines Krieges aus dem Wege räumen wird.

Ich bin also nicht für irgendwelchen Angriffskrieg, und
wenn der Krieg nur durch unseren Angriff entstehen könnte —
Feuer muß von irgend jemandem angelegt werden, wir
werden es nicht anlegen — (Bravo!) nun, weder das Be=
wußtsein unserer Stärke, wie ich es eben schilderte, noch das

Vertrauen auf unsere Bündnisse wird uns abhalten, unsere bisherigen Bestrebungen, den Frieden überhaupt zu erhalten, mit dem bisherigen Eifer fortzusetzen. Wir lassen uns da durch keine Verstimmung leiten und durch keine Abneigung bestimmen. Es ist ja unzweifelhaft, daß die Drohungen und die Beschimpfungen, die Herausforderungen, die an uns gerichtet worden sind, auch bei uns eine ganz erhebliche und berechtigte Erbitterung erregt haben, (sehr richtig!) und das ist beim Deutschen recht schwer, denn er ist dem Nationalhaß an sich unzugänglicher als irgend eine andere Nation; wir sind aber bemüht, sie zu besänftigen, und wir wollen nach wie vor den Frieden mit unseren Nachbarn, namentlich aber mit Rußland suchen. Wenn ich sage: namentlich mit Rußland, so bin ich der Meinung, daß Frankreich uns bei diesen Bemühungen keine Sicherheit auf Erfolg gewährt, wenngleich ich nicht sagen will, daß es nichts hilft; wir werden nie Händel suchen, wir werden Frankreich nie angreifen, wir haben in den vielen kleinen Vorfällen, die die Neigung unserer Nachbarn, zu spioniren und zu bestechen, verursacht hat, immer eine sehr gefällige und freundliche Beilegung herbeigeführt, weil ich es für ruchlos halten würde, um solcher Lappalien willen einen großen nationalen Krieg zu entzünden oder auch nur wahrscheinlich zu machen. Das sind Fälle, wo es heißt: der Vernünftigere gibt nach. (Heiterkeit. Sehr gut!)

Ich nenne also vorzugsweise Rußland, und da habe ich dasselbe Vertrauen auf das Gelingen, in welchem ich vor einem Jahre gesprochen habe, und welches dieses freisinnige Blatt hier so fett gedruckt hat, ohne ein Nachlaufen oder, wie ein deutsches Blatt sich roh ausdrückt, „Wettkriechen" vor Rußland! — Die Zeit ist vorbei; um Liebe werben wir nicht mehr, weder in Frankreich noch in Rußland. (Sehr gut! Lebhaftes Bravo.) Die russische Presse, die russische öffentliche Meinung hat einem alten mächtigen und zuverlässigen Freunde, der wir waren, die Thür gewiesen; wir drängen uns nicht auf. Wir haben versucht, das alte vertraute Verhältniß wieder zu gewinnen, aber wir laufen niemand nach. (Allseitiges Bravo.) Das hält uns aber nicht ab, — im Gegentheil, es ist uns ein Sporn mehr, die Vertragsrechte, die Rußland uns gegenüber hat, mit doppelter Genauigkeit zu beobachten.

Zu den Vertragsrechten gehören auch solche, die nicht von allen unseren Freunden anerkannt werden: ich meine, dazu gehören die Rechte, die wir auf dem Berliner Kongreß Rußland in Betreff Bulgariens erworben haben, und die bis 1885 ganz unangefochten bestanden haben. Es ist gar keine Frage für mich, der ich die Kongreßbeschlüsse mit vorbereitet und mit unterzeichnet habe, daß wir alle damals der Meinung waren, daß der vorwiegende Einfluß in Bulgarien Rußland zufallen sollte, nachdem es seinerseits auf Ostrumelien ver= zichtet hatte, indem es die mäßige Satisfaktion gab, die Grenze des seinem Einflusse anheimfallenden Gebiets um 800 000 Seelen auf 3 Millionen ungefähr zurückzuschrauben. In Folge dieser Auffassung des Kongresses hat Rußland bis 1885 zunächst den Fürsten ernannt, einen nahen Verwandten des Kaiserhauses, von dem damals niemand annahm und annehmen konnte, daß er etwas anderes würde sein wollen als ein getreuer Anhänger der russischen Politik. Es hat die Kriegsminister, einen großen Theil der Offiziere ernannt, kurz und gut, es hat in Bul= garien geherrscht; da ist gar kein Zweifel daran. Die Bulgaren oder ein Theil von ihnen oder der Fürst — ich weiß nicht, wer — sind nicht damit zufrieden gewesen, es hat ein Staatsstreich, ein Abfall von Rußland stattgefunden. Dadurch ist ein faktisches Verhältniß entstanden, welches wir mit Gewalt der Waffen zu remediren keinen Beruf haben, welches aber die Rechte, die Rußland aus dem Kongreß nach Hause gebracht hat, doch theoretisch nicht alteriren kann. Ob, wenn Rußland die Rechte gewaltsam geltend machen wollte, sich daran Schwierigkeiten knüpfen würden, das weiß ich nicht; das geht uns auch nichts an. Wir werden ge= waltsame Mittel nicht unterstützen und auch nicht dazu rathen; ich glaube auch nicht, daß Neigung dazu da ist, — ich bin ziemlich gewiß, daß sie nicht vorhanden ist. Wenn aber Rußland auf diplomatischem Wege ver= sucht, sei es auch durch eine Anregung auf das Einschreiten des Oberherrn von Bulgarien, des Sultans, wenn es versucht, das herbeizuführen, so halte ich es für die Aufgabe einer loyalen deutschen Politik, sich dabei rein an die Bestimmungen des Berliner Vertrags zu halten und an die Auslegung, die wir ihnen damals ganz ohne Ausnahme gegeben haben, und an der — mich wenigstens — die Stimmung der Bulgaren nicht irre machen kann. Bulgarien, das Ländchen zwischen Donau und Balkan, ist überhaupt kein Objekt von hinreichender Größe, um daran die Konsequenzen zu knüpfen, um seinetwillen Europa von Moskau bis an die Pyrenäen und von der Nordsee bis Palermo hin in einen Krieg zu stürzen, dessen Ausgang kein Mensch voraussehen kann; man würde am Ende nach dem Kriege kaum mehr wissen, warum man sich geschlagen hat. (Heiterkeit.)

Also das kann ich erklären, daß die Unfreundlichkeiten, die wir in der russischen öffentlichen Meinung, in der russischen Presse namentlich, erfahren haben, uns nicht abhalten werden, sobald Rußland den Wunsch ausspricht, die diplomatischen Schritte diplomatisch zu unterstützen, welche Rußland eben

thun kann, um seinen Einfluß auf Bulgarien wieder zu ge=
winnen. Ich sage absichtlich: sobald Rußland den Wunsch
ausspricht. Wir sind früher mitunter bemüht gewesen, russische
Wünsche auf vertrauliche Andeutungen hin zu erfüllen; wir
haben aber erleben müssen, daß russische Blätter sich fanden,
die sofort nachzuweisen versuchten, daß gerade diese Schritte
der deutschen Politik die feindseligsten gegen Rußland gewesen
wären, und die uns deshalb angriffen, weil wir den russischen
Wünschen vorausgegangen waren in der Erfüllung. Wir haben
das auch auf dem Kongreß gethan; es wird uns aber nicht
wieder passiren. Wenn Rußland uns amtlich auffordert,
die Schritte zur Herstellung der kongreßmäßigen Situation in
Bulgarien beim Sultan als Souverän zu unterstützen, so
trage ich kein Bedenken, Seiner Majestät dem Kaiser zu
rathen, daß das geschieht. Dies erfordern die Verträge von
unserer Loyalität dem Nachbar gegenüber, mit dem wir, mag
die Stimmung sein, wie sie will, doch immer das grenznach=
barliche Verhältniß und große und gemeinsame monarchische
Interessen, sowie Interessen der Ordnung allen Gegnern der
Ordnung in Europa gegenüber zu vertreten haben, und dessen
Monarch vollständiges Verständniß hat für diese Aufgaben der
verbündeten Monarchen. Daß der Kaiser von Rußland,
wenn er findet, daß die Interessen seines großen Reiches von
hundert Millionen Unterthanen ihm gebieten, Krieg zu führen,
daß er dann Krieg führen wird, daran zweifle ich gar nicht.
Aber die Interessen können ihm ganz unmöglich gebieten,
diesen Krieg gerade gegen uns zu führen; ich halte es auch
nicht für wahrscheinlich, daß ein solches Interessengebot über=
haupt nahe liegt. Ich glaube nicht an eine unmittelbar bevorstehende
Friedensstörung — wenn ich mich resümiren soll — und
bitte, daß Sie das vorliegende Gesetz unabhängig von diesem
Gedanken und dieser Befürchtung behandeln, lediglich als eine
volle Herstellung der Verwendbarkeit der gewaltigen Kraft,
die Gott in die deutsche Nation gelegt hat für den Fall, daß
wir sie brauchen; brauchen wir sie nicht, dann werden wir
sie nicht rufen; wir suchen den Fall zu vermeiden, daß wir
sie brauchen. Dieses Bestreben wird uns noch immer einigermaßen
erschwert durch drohende Zeitungsartikel vom Auslande, und
ich möchte die Mahnung hauptsächlich an das Ausland
richten, doch diese Drohungen zu unterlassen. Sie führen zu
nichts. Die Drohung, die wir — nicht von der Regierung —
aber in der Presse erfahren, ist eigentlich eine unglaubliche
Dummheit (Heiterkeit), wenn man bedenkt, daß man eine große
und stolze Macht, wie es das deutsche Reich ist, durch eine
gewisse drohende Gestaltung der Druckerschwärze, durch Zusammen=

ſtellung von Worten glaubt einſchüchtern zu können. (Bravo!)
Man ſollte das unterlaſſen, dann würde man es uns leichter
machen, unſeren beiden Nachbarn auch gefälliger entgegen=
zukommen. Jedes Land iſt auf die Dauer doch für die
Fenſter, die ſeine Preſſe einſchlägt, irgend einmal verant=
wortlich; die Rechnung wird an irgend einem Tage präſentirt
in der Verſtimmung des anderen Landes. Wir können durch
Liebe und Wohlwollen leicht beſtochen werden — vielleicht zu
leicht —, aber durch Drohungen ganz gewiß nicht! (Bravo!)
Wir Deutſche fürchten Gott, aber ſonſt nichts in
der Welt (lebhaftes Bravo); und die Gottesfurcht iſt
es ſchon, die uns den Frieden lieben und pflegen
läßt. Wer ihn aber trotzdem bricht, der wird ſich
überzeugen, daß die kampfesfreudige Vaterlandsliebe, welche
1813 die geſammte Bevölkerung des damals ſchwachen,
kleinen und ausgeſogenen Preußen unter die Fahnen rief,
heutzutage ein Gemeingut der ganzen deutſchen Nation iſt,
und daß derjenige, welcher die deutſche Nation irgendwie an=
greift, ſie einheitlich gewaffnet finden wird, und jeden Wehr=
mann mit dem feſten Glauben im Herzen: Gott wird mit
uns ſein! (Lebhafter, andauernder Beifall.)

Das Bündniß zwiſchen Deutſchland und Oeſterreich-Ungarn.

(Reichs= und Staats-Anzeiger vom 3. Februar 1888.)

Die Regierungen Deutſchlands und der öſterreichiſch=
ungariſchen Monarchie haben ſich zu der Veröffentlichung
ihres am 7. Oktober 1879 abgeſchloſſenen Bündniſſes ent=
ſchloſſen, um den Zweifeln ein Ende zu machen, welche an
den rein defenſiven Intentionen deſſelben auf verſchiedenen
Seiten gehegt und zu verſchiedenen Zwecken verwerthet werden.
Beide verbündete Regierungen ſind in ihrer Politik von dem
Beſtreben geleitet, den Frieden zu erhalten und Störungen
deſſelben nach Möglichkeit abzuwehren; ſie ſind überzeugt,
daß die Bekanntgabe des Inhalts ihres Bündnißvertrages
jeden Zweifel hierüber ausſchließen wird und haben deshalb
beſchloſſen, denſelben zu veröffentlichen. Der Text lautet:
Jn Erwägung, daß Jhre Majeſtäten der Deutſche
Kaiſer, König von Preußen, und der Kaiſer von
Oeſterreich, König von Ungarn, es als Jhre unabweis=
liche Monarchenpflicht erachten müſſen, für die Sicherheit

Ihrer Reiche und die Ruhe Ihrer Völker unter allen Um=
ständen Sorge zu tragen;

In Erwägung, daß beide Monarchen, ähnlich wie in
dem früher bestandenen Bundesverhältnisse, durch festes Zu=
sammenhalten beider Reiche im Stande sein werden, diese
Pflicht leichter und wirksamer zu erfüllen;

In Erwägung schließlich, daß ein inniges Zusammen=
gehen von Deutschland und Oesterreich=Ungarn niemanden
bedrohen kann, wohl aber geeignet ist, den durch die Berliner
Stipulation geschaffenen europäischen Frieden zu konsolidiren,
haben Ihre Majestäten
der Kaiser von Deutschland
und
· der Kaiser von Oesterreich, König von Ungarn,
indem Sie einander feierlich versprechen, daß Sie ihrem rein
defensiven Abkommen eine aggressive Tendenz nach keiner Rich=
tung jemals beilegen wollen, einen Bund des Friedens und
der gegenseitigen Vertheidigung zu knüpfen beschlossen.

Zu diesem Zwecke haben Allerhöchstdieselben zu Ihren
Bevollmächtigten ernannt:
Seine Majestät der Deutsche Kaiser
Allerhöchstihren außerordentlichen und bevoll=
mächtigten Botschafter, Generallieutenant
Prinzen Heinrich VII. Reuß 2c. 2c.
Seine Majestät der Kaiser von Oesterreich, König
von Ungarn,
Allerhöchstihren Wirklichen Geheimen Rath,
Minister des Kaiserlichen Hauses und des
Aeußern, Feldmarschall = Lieutenant Julius
Grafen Andrássy von Csik=Szent=Király und
Krazna=Horka 2c. 2c.
welche sich zu Wien am heutigen Tage vereinigt haben und
nach Austausch ihrer gut und genügend befundenen Voll=
machten übereingekommen sind, wie folgt:

Artikel I.

Sollte wider Verhoffen und gegen den aufrichtigen Wunsch
der beiden Hohen Kontrahenten Eines der beiden Reiche von
Seiten Rußlands angegriffen werden, so sind die Hohen Kon=
trahenten verpflichtet, einander mit der gesammten Kriegsmacht
Ihrer Reiche beizustehen und demgemäß den Frieden nur ge=
meinsam und übereinstimmend zu schließen.

Artikel II.

Würde Einer der Hohen kontrahirenden Theile von
einer anderen Macht angegriffen werden, so verpflichtet sich
hiermit der andere Hohe Kontrahent, dem Angreifer gegen
Seinen Hohen Verbündeten nicht nur nicht beizustehen, sondern

minbeſtens eine wohlwollende neutrale Haltung gegen den Hohen Mitkontrahenten zu beobachten.

Wenn jedoch in ſolchem Falle die angreifende Macht von Seite Rußlands, ſei es in Form einer aktiven Kooperation, ſei es durch militäriſche Maßnahmen, welche den An= gegriffenen bedrohen, unterſtützt werden ſollte, ſo tritt die im Artikel I dieſes Vertrags ſtipulirte Verpflichtung des gegen= ſeitigen Beiſtandes mit voller Heeresmacht auch in dieſem Falle ſofort in Kraft und die Kriegführung der beiden Hohen Kontrahenten wird auch dann eine gemeinſame bis zum ge= meinſamen Friedensſchluß.

Artikel III.

Dieſer Vertrag ſoll in Gemäßheit ſeines friedlichen Charakters und um jede Mißdeutung auszuſchließen, von beiden Hohen Kontrahenten geheim gehalten und einer dritten Macht nur im Einverſtändniſſe beider Theile und nach Maß= gabe ſpezieller Einigung mitgetheilt werden.

Beide Hohe Kontrahenten geben Sich nach den bei der Begegnung in Alexandrowo ausgeſprochenen Geſinnungen des Kaiſers Alexander der Hoffnung hin, daß die Rüſtungen Rußlands ſich als bedrohlich für Sie in Wirklichkeit nicht erweiſen werden, und haben aus dieſem Grunde zu einer Mittheilung für jetzt keinen Anlaß, — ſollte ſich aber dieſe Hoffnung wider Erwarten als eine irrthümliche erweiſen, ſo würden die beiden Hohen Kontrahenten es als eine Pflicht der Loyalität erkennen, den Kaiſer Alexander mindeſtens vertraulich darüber zu verſtändigen, daß Sie einen Angriff auf Einen von Ihnen als gegen Beide gerichtet betrachten müßten.

Urkund deſſen haben die Bevollmächtigten dieſen Vertrag eigenhändig unterſchrieben und Ihre Wappen beigedrückt.

Geſchehen zu Wien, am 7. Oktober 1879.

H. VII. P. Reuß.   Andraſſy.
   (L. S.)   (L. S.)

Druck der Norddeutſchen Buchdruckerei, Berlin SW., Wilhelmſtr. 32.